特别感谢研究阐释党的二十大精神国家社科基金重大项目"我国强化产业现代化人才支撑的实现路径与对策研究"（项目批准号：23ZDA065）

数字素养

概念框架、区域评价与工作场所实践

Digital Literacy

Conceptualization,
Regional Evaluation, and
Workplace Practices

高中华　林晨　周锦来　著

经济管理出版社
ECONOMY & MANAGEMENT PUBLISHING HOUSE

图书在版编目（CIP）数据

数字素养：概念框架、区域评价与工作场所实践 /
高中华，林晨，周锦来著. -- 北京：经济管理出版社，
2024

ISBN 978-7-5096-9589-0

Ⅰ. ①数… Ⅱ. ①高… ②林… ③周… Ⅲ. ①信息技
术 Ⅳ. ①G202

中国国家版本馆 CIP 数据核字（2024）第 029814 号

责任编辑：梁植睿
助理编辑：亢文琴
责任印制：许　艳
责任校对：张晓燕

出版发行：经济管理出版社
　　　　　（北京市海淀区北蜂窝 8 号中雅大厦 A 座 11 层　　100038）
网　　址：www. E-mp. com. cn
电　　话：（010）51915602
印　　刷：唐山玺诚印务有限公司
经　　销：新华书店
开　　本：720mm×1000mm/16
印　　张：22. 75
字　　数：459 千字
版　　次：2025 年 2 月第 1 版　　　2025 年 2 月第 1 次印刷
书　　号：ISBN 978-7-5096-9589-0
定　　价：98. 00 元

前　言

　　随着互联网、大数据、人工智能等新一代信息技术的快速发展，数字经济已成为推动经济增长的新引擎。与此同时，数字技术正以前所未有的速度改变着人类的生活方式、工作模式乃至社会结构。作为 21 世纪的重要公民能力之一，数字素养不仅关乎个人在数字时代的适应力与竞争力，更是国家长远发展与国际竞争的关键要素，已经成为衡量一个国家和地区竞争力的重要指标。拥有良好的数字素养，意味着能够有效利用数字资源进行学习、工作和社交活动，进而提高生活质量和社会效率。因此，培养全民数字素养具有重要的战略意义，不仅是个人成长的需求，也是社会进步的要求。一方面，数字素养是实现数字包容的基础，有助于缩小数字鸿沟，促进社会公平正义；另一方面，数字素养的普及有助于激发全社会的创新活力，为我国数字经济的发展提供源源不断的智力支持。因此，提升全民数字素养是实现数字中国战略不可或缺的一环。

　　在数字经济蓬勃发展的今天，数字中国战略是我国推进国家治理体系和治理能力现代化的重大举措。近年来，党中央高度重视全民数字素养的提升，将其视为推进国家数字化转型、建设数字中国的重要组成部分，出台的一系列政策文件呈现出明显的连贯性和递进性，形成了从宏观战略到具体实施的完整链条。

　　在顶层设计上，2021 年 10 月 18 日，习近平总书记在中共中央政治局第三十四次集体学习时强调，要提高全民全社会数字素养和技能，为进一步推动全民数字素养提升提供了方向性的指导。在战略部署上，《中华人民共和国国民经济和社会发展第十四个五年规划和 2035 年远景目标纲要》首次明确提出，加强全民数字技能教育和培训，普及提升公民数字素养，并将其作为国家战略的一部分。在行动计划上，2021 年 10 月，《提升全民数字素养与技能行动纲要》明确了全民数字素养提升的具体目标和实施路径，设定了 2035 年基本建成数字人才强国的目标。2021 年 12 月，《"十四五"国家信息化规划》将全民数字素养与技能提升作为提升数字化发展基础能力和全面数字化转型的优先行动，进一步细化了实施步骤和措施。在此基础上，从 2022 年开始，连续三年在年初时发布当年的

"提升全民数字素养与技能工作要点"。这些政策不仅涵盖数字技能教育与培训，还包括数字资源的开发与利用、数字安全与伦理、数字政府建设等多个方面，形成了多部门参与、跨部门协作的有效衔接和协同推进机制。

本书撰写历时两年，期间课题组广泛收集国内外关于数字素养的相关文献资料，并结合实地调研、问卷调查等多种研究方法，对数字素养进行了深入系统的探讨。在撰写过程中，我们曾面临诸多挑战。首先，数字素养是一个跨学科领域，涉及管理学、教育学、心理学、经济学等多个学科的知识，这要求我们具备深厚的理论功底和广博的知识面。其次，数字素养的研究需要大量一手数据的支持，因此我们花费了大量的时间和精力进行实地调研和数据收集。最后，为了确保研究成果的科学性和实用性，我们不断地与政府官员、专家学者、行业人士进行交流沟通，不断完善研究方法和技术路线。

本书分为三个部分，共十四章。第一部分为数字素养的概念与框架。从数字素养的定义出发，探讨了数字素养的作用、群体特征、测量方法以及其对个人和社会的影响。随后，介绍了国外在数字素养领域的先进经验和框架，包括欧盟的DigComp、DigComp 2.0 和 DigComp 2.1、DigCompEdu 以及联合国教科文组织的Digital Literacy Global Framework（DLGF）、数字智能联盟的 Digital Intelligence Framework（DQ）。第二部分为数字素养的区域发展评价。通过对我国各省、直辖市和自治区的数字素养建设情况进行综合评价，揭示了数字素养区域建设的特点和问题，并提出了相应的改进建议。第三部分为数字素养的工作场所实践。系统分析了工作场所中员工数字素养发挥的关键作用、我国发展工作场所中员工数字素养提升面临的主要问题，以及从工作动机、事件系统理论和个体学习理论等多个视角分析数字素养在职场中的影响因素和作用机制。

党的二十届三中全会指出，"加快构建促进数字经济发展体制机制，完善促进数字产业化和产业数字化政策体系"。数字素养是推动数字经济与实体经济融合、促进产业数字化与数字产业化的关键因素之一，对于激活数字经济的潜力，使其成为经济社会发展的新引擎具有重要意义。近年来，各地区各部门围绕党中央决策部署以及网络强国、数字中国建设目标，采取多举措扎实推进全民数字素养与技能的提升工作。不断优化城市数字资源供给、改善居民数字生活基础设施、健全数字学习及培训机制，就提升人民数字工作胜任力、数字创新能力、数字安全保护意识及法治道德规范取得长足进步。而伴随全民数字素养与技能提升行动的纵深发展，如何客观、合理地评价区域数字素养的建设成效，尤其针对现代化建设中的重大需求，如何有效激活劳动者数字素养对产业高质量发展的支撑效应，成为有待解答的问题，需要我们在未来的研究中不断探索和完善。

本书的撰写离不开课题组的辛勤付出，他们的智慧和经验极大地丰富了本书的内容，使本书能够较为全面地反映数字素养这一重要议题。在此，我想特别感谢我的两位合作者：林晨博士和周锦来博士。此外，在课题研究和本书编辑出版期间中，课题组获得了相关领导、同事和编辑的指点、关怀和帮助，谨此表示由衷的感谢！

高中华

2024 年 12 月

目　录

第一篇　数字素养的概念与框架

第二篇　数字素养的区域发展评价

第三篇　数字素养的工作场所实践

第一篇　数字素养的概念与框架

自 21 世纪初进入 Web 2.0 时代以来，数字技术和平台经济逐渐渗透到人们日常生活的方方面面，而伴随互联网平台和数字商业生态的日益壮大，数字素养已然成为个体工作、学习、创新、生活等过程中不可或缺的重要素养。伴随人工智能、物联网、云计算等新兴科技的变革和数字产业的进一步演化，丰富多样的数字化场景在不断涌现，也对公民的数字素养提出了新的要求。根据中央网络安全和信息化委员会（以下简称中央网信委）印发的《提升全民数字素养与技能行动纲要》（以下简称《纲要》），数字素养与技能是数字社会公民学习工作生活应具备的数字获取、制作、使用、评价、交互、分享、创新、安全保障、伦理道德等一系列素质与能力的集合，也是我国实现从网络大国迈向网络强国的必由之路，是弥合数字鸿沟、促进共同富裕的关键举措。然而，即便《纲要》将全民数字素养提升作为一项影响我国国际竞争力和软实力的关键指标，但数字素养的理论概念在长期的发展过程中依旧存在定义不清、内涵模糊等问题。这主要源于两个方面的因素：

一方面，数字素养具有动态性。从既往研究和学者的观点来看，数字素养具备复杂的概念内涵，且其含义可能具有伴随时代发展和数字技术演进而发展变化的动态性。例如，在计算机和互联网还没有广泛普及的 20 世纪 90 年代，学者们主要将数字素养视为一种使用计算机和读取电子化内容的本领；而在数字技术与实体经济、人民日常生活深入融合的当今时代，对电子信息的处理、数字媒介的使用以及对数字资源的获取、创作、分享、分析等已然成为公民必备的生存技能，而数字素养作为一项与公民适应数字时代息息相关的胜任力，其含义和本质也在逐渐嬗变（Cartelli，2010），成为一种与个体的思考方式、心智模式紧密相连的基础素养。这种动态特征决定了我们必须从动态视角对数字素养这一概念本身展开剖析，并不断完善和更新其概念内涵。

另一方面，数字素养具备情境敏感性特征。以往关于数字素养的研究主要集中于教育（Brevik et al.，2019；耿荣娜，2020）、图书情报

（朱红艳、蒋鑫，2019）及企业战略（管运芳等，2022；柳学信等，2022）等领域，主要针对农民（苏岚岚、彭艳玲，2022）、老年人（罗强强等，2022）、消费者（Brecko and Ferrari，2016）及大学生（凌征强，2020）等研究对象。对于不同对象，所需培养的数字素养存在差异。以员工群体为例，虽然近年来员工的数字素养逐渐引发学者关注，并且有学者对工作场所的数字素养做出了总结并提出了相应的内涵框架（Murawski and Bick，2017；Oberländer et al.，2019）。然而，这类框架通常基于从事办公室工作的知识工作者提炼而来，且样本构成相对繁杂，既包括管理岗位，也包括研发、IT 等技术岗位，缺乏新就业形态下员工的适用性和针对性。作为互联网、大数据、人工智能等前沿数字技术与实体经济深度融合的产物，新就业形态反映了新时代的用工新趋势，与过去工业时代的就业形式存在明显差异（王娟，2019）。无论是新就业形态下的生产资料相比以往更具智能化、数字化及信息化（杜连峰，2022），还是新就业工作方式的去组织化（Shevchuk et al.，2019），抑或是新就业形态下的供需配对须大量依赖信息技术和大数据后台运算，这些特征变化决定了新就业形态下的员工在工作内容和形式上与传统办公室白领存在较大区别，新就业形态要求员工具备与平台化、互联网化乃至碎片化的在线工作环境以及大数据、云计算等技术应用场景相适配的认知、知识和技能。这说明，数字素养具体蕴含哪些概念内涵，需要结合具体情境展开探讨。

综合上述分析，由于数字素养本身在概念层面上的动态性和情境敏感性，概念不清可能会对建设、发展和评估全民数字素养造成深远阻碍。为进一步探讨数字素养的影响以及我国在提升全民数字素养的过程中所遇到的困难、瓶颈，并就提升全民数字素养提供建设性的解决方案，我们需要首先明确在数字经济时代下数字素养的概念内涵。

第一章　数字素养及其作用

一、数字素养的内涵

数字素养（Digital Competence/Literacy）由以色列学者 Yoram Eshet-Alkalai 于 1994 年首次提出（Eshet-Alkalai，2004，2012），虽经历过长期的发展完善，但由于该概念本身具有随数字技术变革而发展演化的动态特性（Bawden，2008），目前学界对数字素养的概念内涵依旧缺乏统一认识。以往研究对数字素养本质的理解经历了从"能力"到"知识技能"再到"特征集合"的三个阶段，具体如图 1-1 所示。

第一阶段：能力
•用户在数字环境中有效应用所需技能的能力（Eshet-Alkalai, 2004） •获取、理解、整合、应用及评判数字信息的能力（Gilster, 1997） •使用数字技术定位、组织、理解、评估和分析信息的能力（Tabusum et al., 2014）

第二阶段：知识技能
•在数字化环境中管理信息和通信的基本技能（Summey, 2013） •在数字环境中执行任务和解决问题的技术、认知和社会技能（Eshet-Alkalai, 2004）

第三阶段：特征集合
•对数字信息的态度、情感、价值观及数字思维等内容的综合范畴（王淑娉、陈海峰, 2021） •个体在数字时代所需具备的数字意识、数字知识、数字能力和数字伦理等综合素养（潘燕桃、班丽娜, 2022） •感知数字信息的重要性、合理使用数字工具、获取利用数字资源及沟通、传播、共享资源的意识、态度、能力及道德准则（朱红根等, 2022）

图 1-1　数字素养的概念演进

第一阶段发生于数字素养研究的早期，彼时学者主要将数字素养视为一类读取多媒体和网络信息的能力（Bawden，2008）。这类能力聚焦于信息或技术的应用。例如，Eshet-Alkalai 在 1994 年最初提出数字素养时，将这一概念视为用户在数字环境中有效应用所需技能的能力（Eshet-Alkalai，2004）；Gilster（1997）在专著中将数字素养视为获取、理解、整合、应用及评判数字信息，准确理解电脑显示的数字资源及信息真正含义的能力；Allan 和 Grudziecki（2006）将数字素养视为一种正确使用数字工具的意识、态度和能力，并将其划分为数字基本能力、数字使用、数字转化等从简单到复杂的三个层次，这三个层次分别对应使用数字技术的技能、概念、方法，使用专业化和学科应用导向的数字技术，以及对数字技术的创新和创造三方面的素养；Tabusum（2014）将数字素养视为使用数字技术定位、组织、理解、评估和分析信息的能力；Sharma 等（2016）将数字素养定义为利用互联网和新媒体访问和批判性评估不同格式和类型的数字信息，进而参与数字内容创作、沟通和交流，以及社会经济活动的能力。除这些学者的早期研究之外，也有部分机构就数字素养的概念内涵展开了系统性的界定。美国图书馆协会（The American Library Association，ALA）将数字素养定义为利用认知和技术技能，使用信息和通信技术来查找、理解、评估、创建和交流数字信息的能力；英国的联合信息系统委员会（Joint Information Systems Committee，JISC）提出，数字素养是个体在数字化的社会中生存、学习以及工作所需要掌握的基本能力，主要包括利用数字技术开展学术研究、撰写报告以及进行批判性思考等方面的能力；欧盟委员会（European Commission，EC）将数字能力作为有关终身学习的八项关键能力之一，欧盟委员会提出的公民数字能力框架包含信息数据素养、沟通协作、数字化内容创作、安全、问题解决五个方面的能力；联合国教科文组织（United Nations Educational, Scientific and Cultural Organization，UNESCO）于 2018 年发布的《数字素养全球框架》（Digital Literacy Global Framework），将数字素养描述为数字社会公民利用数字技术安全妥善地获取、管理、理解、集成、交流、评估和创造信息的能力；国际图书馆协会联合会（International Federation of Library Associations and Institutions，IFLA）则将数字素养定义为一种个体能够充分发挥数字工具潜力的能力，换句话说，具有良好数字素养的个体通常可以在工作和生活中有效、合理且充分地使用数字技术；美国国际开发署（United States Agency for International Development，USAID）将数字素养描述为一种个体能够通过数字设备或网络技术，安全合理地访问、管理、认知、归纳、交流、评价、创造有关经济社会和政治生活等方面信息的能力。这类概念主要秉持实用主义，认为数字素养是个体适应信息时代的能力，而未深入到个体的认知层面。

随着概念的演化，部分学者将数字素养延伸到知识和技能层面，由此进入概念演化的第二阶段。例如，国内学者胡斌武等（2019）基于 KSAO 理论框架，对教师群体的数字素养展开了系统性解析，认为数字素养可以被视为理解和有效使用数据来为决策提供信息的能力，但该能力的基础则是特定的技能集和知识库；Summey 在 2013 年的专著《发展数字素养：专业学习的框架》（*Developing Digital Literacies：A Framework for Professional Learning*）中将数字素养定义为纯粹以技术为中心的技能，如在数字化环境中定位、过滤、共享数字信息并完成协作、组织、控制、创作、重复利用和解决问题等工作的基本技能。伴随互联网社交、在线办公和虚拟团队的推广，基于数字技术的社会互动逐渐成为个体适应数字时代的重要基础。跟随时代背景的转变，部分学者更新了数字素养的内涵框架。例如，Torres-Coronas 和 Vidal-Blasco（2011）认为，数字素养不再以数字技术为中心，还涉及个体对数字的认知能力、情感态度和社会互动关系。也有学者将数字素养视为个体为适应数字技术发展而具备的，在数字环境中执行任务和解决问题的技术、认知和社会技能（Eshet-Alkalai，2004）。此外，部分学者也在探讨数字素养的社会属性时发表了自己更独特的看法。例如，王佑镁等（2013）探讨了数字素养和数字能力的关系，将当前时代的数字能力视为高于数字素养的概念，即数字素养指个体适应数字化情境的一般性能力，而数字能力则是强调在数字社会中所需的更高级别的能力，主要由学习和创新技能，信息、媒体和技术技能，生活和职业技能，数字化的思维方式、工作方式和生活方式等能力构成。除上述学术性定义之外，一些研究机构和公共组织也从知识和技能层面对数字素养展开了概念解读。例如，美国的新媒体联盟（New Media Consortium，NMC）于 2015年发布的《新媒体联盟地平线报告（2015 基础教育版）》认为，数字素养要求个体在实践中能够运用复杂的数字技能，对数字信息展开多重分析，并以创新性思维来解决问题。

近年来，伴随数字素养概念的进一步发展，这一概念逐渐衍生出除能力和技能之外的其他特征（Bawden，2008）。单一的术语已不再适用于解释当下数字素养的多面属性和复杂特征，因此数字素养的概念发展进入以特征集合为主的第三阶段。部分学者试图将态度、意识等内涵融入数字素养当中来作为原先概念的扩展，例如，Allan 和 Grudziecki（2006）把数字素养视为个体使用数字工具来识别、访问、管理、整合、评估和综合分析数字资源，以及构建新知识、提高表达和与他人交流的意识、态度和能力。Eshet-Alkalai（2004）将数字素养认定为照片视觉素养、复制素养、索引素养、信息素养、社会情感素养五种基本素养的集合体：①照片视觉素养是指个体在多大程度上可以从视觉中学习阅读。这被视为一种使用"视觉思考"的认知技能。②复制素养是指个体进行创造性复制的能力。这涉及使用数字工具来编辑、组合、重塑新的或预先存在的材料（文本、音频、视频、图像等），使其成为新的艺术作品或数字内容的能力。③索引素养一般涉及个体能否在创建非线性信息媒介时使用超文本，并能够自由浏览显示的信息的能力。具有索引能力的个体具有良好的在数字空间定向的能力，并能够在网络超链接环境中创建心理模型、概念图和其他形式的抽象表示。④信息素养通常与个体的批判性思维相关，涉及个体是否具备有效搜索、定位和评估网络信息的能力。⑤社会情感素养是指个体的在线社交、合作和承担日常家务（如网上银行和购买）的情感和社会方面相关的素养。社会情感素养较高的个体具备高度的批判和分析能力，以避免掉入在线"陷阱"，如能够识别聊天室中虚假的信息，避免网络恶作剧和病毒等。Ng（2012）在研究中基于 Eshet-Alkalai 对数字素养的定义构建了自己的数字素养框架体系，主要包括技术层面、认知层面和社会情感层面三方面：①数字素养的技术层面广义上意味着个体拥有在学习和日常活动中使用信息和通信技术的操作技能。这意味着个体能熟练地连接和使用各类数字设备，如耳机、外部扬声器和智能板等。一个懂数字技术的人能够较好地管理文件、传输数据、下载和安装应用程序、使用移动设备、了解数据收费成本、建立和使用通信社交网络等。②数字素养的认知层面与个体在处理数字信息中的批判性思维有关。它意味着个体能够较好地评估和选择合适的软件程序来完成特定任务。这种数字素养要求个体了解与利用数字资源的在线交易和内容复制相关的伦理、道德和法律问题。③数字素养的社会情感层面主要涉及个体在多大程度上能够负责任地使用互联网进行交流、社交和学习，包括遵守"网络礼仪"、保护个人安全和隐私、识别网络威胁等。Martínez-Bravo 等（2022）提出了 21 世纪的数字素养能力框架，他们基于联合国教科文组织、欧盟等国际组织对数字素养的内涵界定，将数字素养划分为批判性素养、认知性素养、社会性素养、操作性素养、情感性素养、投射性素养六个维度：①批判性素养，主要是指个体在面对各种情况时能否采取合适的立场、态度和价值观，是否能培养自己的社会责任意识和公民责任意识，在面对风险时能否有效地评估和做出决策判断，能够在多大程度上培养自我控制、自主和灵活性的态度。②认知性素养，这是一个综合了高水平能力的维度，包括解决问题，管理复杂内容，应对复杂环境，以及发展逻辑推理、分析、比较、解释、评估、创造和生产等方面的认知能力。③社会性素养，该素养对个体产生全球化的认知、网络化社区的归属感、多元文化愿景，以及参与网络和数字生态系统中的交流起到了支撑作用，涉及在数字化环境中进行团队合作和协作、运用领导技能、创造交流机会，以及满足需求、解决问题或创造新的产品和想法等过程。④操作性素养，这涉及个体能否从更具工具性、技术性的角度来解决问题，使用工具来实现数字资源的交换、交互和执行任务的能力，以及个体在多大程度上可以适应数字环境及其协议的动态性质。⑤情感性素养，这个维度包括个体的情绪管理、自身行为以及健康关系的构建等过程。因此，该素养涉及在社交互动中辨别、管理自己和他人的情绪、动机和行为的能力，包括发展交流和合作的人际交往技能，管理数字身份、保护自己在互联网上免受身心伤害的能力，以及培养好奇心，为自身学习提供欲望和动力等。⑥投射性素养，这一维度与适应复杂和动态变化的环境的认知和意识息息相关。该素养涉及获取知识以便根据创新技术做出预测和解决问题的能力，包括创新、创造、未来思维、计算思维、算法思维、识别模式、建模和数据管理等方面的能力，理论化、检验思想和理论、为过程建模等方面的能力，改变思维、态度或行为以更好地适应当前或未来的能力。

在以特征集合为主的第三阶段，国内学者对数字素养也产生了丰富的理解。雷晓燕和邵宾（2023）在总结既往文献的基础上，基于数智融合建设的时代背景，认为智能化时代下的数字素养应当是个体在数智环节中收集、理解、整合、使用、创建、传播和评估各类信息资源以及应用数字工具或采取数字安全措施的能力，但除此之外还包括确保数字信息合理合规使用的积极态度。他们认为，当前时代的数字素养不仅应当包含信息素养、计算机素养或通信技术素养等比较传统的数字素养类别，同样需要深入到对 ChatGPT、NetObjex 等更加专业化的数字技术的应用，包括基于这些智能化技术开展浏览、查找、筛选、评价和管理、创造、传播信息等活动，同时个体也应当具备批判性、创造性、开放性、情感性和跨学科的多元化思维。王淑娉和陈海峰（2021）将数字素养视为数字技能，以及对数字信息的态度、情感、价值观及数字思维等内容的综合范畴。潘燕桃和班丽娜（2022）将数字素养界定为个体在数字时代所需具备的数字意识、数字知识、数字能力和数字伦理等综合素养。朱红根等（2022）指出，数字素养应当是感知数字信息的重要性、合理使用数字工具、获取利用数字资源以及沟通、传播、共享资源的意识、态度、能力及道德准则。武小龙和王涵（2023）在总结前人研究的基础上，认为数字素养包含数字能力、数字意识、数字规范、数字交互等内在构成，是数字获取、应用、评估、共享、创新创造、安全保障、伦理道德等一系列内在外在素质和能力的集合。他们认为，数字素养在狭义上可以作为一类技能和能力，但在广义上也可以是一种涵盖知识、动机、技能、态度、情感、伦理的复杂的价值观集合体。裴英竹（2022）在考察了数字素养概念的历史演变以及学术界对数字素养的各类界定之后，认为数字素养不是简单地运用数字技术工具的能力，而是指个体充分使用数字信息资源和数字通信技术进行实践和创新的一种综合性技能，既可以与自然科学有关，也可能是与人文科学、社会科学相关的跨学科的综合性概念，是人们适应数字化环境工作、学习和生活所需要具备的数字理念和关键技能，是数字化情境下的思维、知识、文化、技能、智能、能力、治理、责任、伦理的集成体。包晓峰（2022）在考察了全球各国及各类国际组织对数字素养概念内涵的解读后，参照《提升全民数字素养与技能行动纲要》构建了相应的数字素养框架，认为全面数字素养包括知识与认知、实践与参与、情感与价值三个维度主体，并且在动态视角下，可以依据前中后三个阶段将数字素养的三个维度分别划分为 12 个一级评测指标：①知识与认知维度主要考察了个体对于数字素养相关因素的准备程度和成熟度，包括软硬件操作知识、信息渠道和社交平台、数字语言、互联网跨文化意识等内涵。②实践与参与维度主要考察了个体在参与实践数字化活动过程中的能力，主要包括沟通合作能力、信息甄别以及分享和创造、数字化内容生产、安全与自我防护等方面。③情感与价值维度主要考察了个体在数字化活动后的反思能力以及对下一次活动的影响作用，包括基本情感判断、互联网伦理与礼仪、数字获得感和数字美学思维等方面。蒋敏娟和翟云（2022）在借鉴海内外数字素养内容框架的基础上，对数字素养的概念内涵进行了进一步拓展和界定，从认知逻辑的数字素养"五力"模型出发，将数字素养拓展为感知力、融通力、吸纳力、创新力和发展力"五力"的集合体：①感知力主要是指个体具有良好的数字意识，对数字信息的价值比较敏感且具备洞察力，对数字技术的应用秉持着比较积极的态度，能够比较自觉地顺应信息化浪潮并主动洞察数字技术的进步和革新，实时地把握数字信息在经济社会发展和工作生活中的主要影响和背后逻辑。感知力构成了公民数字素养的基础部分。②融通力主要是指个体在多大程度上可以通过数字技术和平台进行互动交流，并且能够熟练地运用软件和技术设备开展团队协作，共创共享资源和知识的能力。融通力是公民数字素养的重要支撑。③吸纳力是指个体是否擅长基于问题和应用导向，应用批判性思维或者理性思维，在获取和整合现有信息体系的基础上评判信息的真伪性、可靠性，并有效地选择、处理和应用数字信息的能力。吸纳力构成了公民数字素养的拓展功能。④创新力主要是指个体能够在多大程度上理解现有数字知识体系以及既有内容，并基于此创造出新的知识、发现新的问题、探索新的规律，进而能够创造性地解决问题。创新力是公民数字素养的升华部分。⑤发展力通常涉及个体在数字环境中能否具备安全和隐私保护意识，是否能合法、安全地使用数字基础设施和数据，对自身的数字素养缺陷是否具备清晰的认知以及能否在追求自身数字素养的基础上帮助他人提高数字素养等过程，是一种保持与时俱进的能力。发展力属于公民数字素养的保障部分。郑云翔等（2020）基于既往研究对数字素养的解读，对数字公民素养展开了全方位的刻画。他们认为，数字公民素养包括数字理解、数字素养、数字使用和数字保护四个方面：①数字理解包括数字公民身份认同与管理、数字意识、数字情感与价值观三个方面，一般涉及对自身和他人数字公民身份的认同感，对数字技术发展的关注程度，积极主动利用数字技术来学习的程度，以及基于数字技术进行对话和人际互动时能否正确识别和表达情感等方面。②数字素养则包括数字技术知识、数字技能两个方面，前者通常与个体是否具备数字技术的相关科学知识有关，后者一般是指个体在多大程度上可以利用数字技术进行创造、工作、分享、调查和学习等，以及能否利用数字技术来解决实际问题。③数字使用主要包括数字参与、数字交往与协作以及数字商务三个方面，主要涉及个体能否较好地运用数字技术参与政治、经济、社会、文化等公共事务，能否选择合适的通信手段、协作方式与他人在线交往或者协作完成相关任务，以及能否利用数字手段进行网络交易等。④数字保护主要包括数字安全、数字健康以及数字权责与法律三个方面，通常涉及个体能否在数字社会中保护好自己、他人和周围环境，能否具备较好的自制力来抵御网络中的各种不良信息，保障自身的身心健康，以及在数字社会中能否遵守相关的规章制度和法律法规等。王春生（2013）描述了信息素养的全新定位，认为信息素养是各类相关素养的基础，同时也是多种素养的聚合产物，并且指出信息素养的基本要求是个体应当具备进行信息检索、获取、评价、吸收、利用的能力，以及在评价信息时应当具备辩证思维，基于信息素养，会衍生出侧重点各不相同的素养能力，如视觉素养主要关注对视觉信息的获取、评价、吸收、利用等。正因为信息素养是各类相关素养的基础和前提，信息素养可以被看作相关素养的"元素养"。李德刚（2012）的研究对比了数字素养与传统媒介素养之间的差异，认为数字素养的概念构成更加复杂，综合性更强，养成的难度也更高。依据其对数字素养的刻画，数字素养主要包括数字技术素养、针对动态文本的思辨能力、创造性生产与自我表达的能力、互动交往能力、数字媒介伦理五个模块。

　　除了上述学者对特征集合型数字素养的学术性界定之外，部分组织也给出了相关的概念解读。例如，2021 年由中央网络安全和信息化委员会印发的《提升全民数字素养与技能行动纲要》使用了"数字素养与技能"的概念，并将其界定为"数字社会公民学习工作生活应具备的数字获取、制作、使用、评价、交互、分享、创新、安全保障、伦理道德等一系列素质与能力的集合"。又如，数字智能联盟（The Coalition for Digital Intelligence，CDI）在 2019 年提出了数字智商（Digital Intelligence Quotient，DQ）框架，将数字素养界定为两大领域之间的交织产物：一方面，在横向上包括数字身份、数字使用、数字安全、数字防护、数字情商、数字交流、数字素养、数字权利八类数字能力模块；另一方面，在纵向上可以划分为数字公民力、数字创造力、数字竞争力三类从低到高的象征数字能力成熟度的层级。丁文姚（2023）基于该理论框架构建了虚拟知识社区知识贡献者的数字素养能力框架，主要包括：数字公民身份、平衡使用技术、网络行为风险管理、个人网络安全管理、数字同感、数字足迹管理、媒介与信息素养、隐私管理等知识贡献公民力，数字共同创造者身份、健康使用技术、网络内容风险管理、网络安全管理、自我意识与管理、线上交流与合作、内容创造和计算素养、知识产权管理等知识贡献创造力，以及数字变革者身份、公民性使用技术、商业和社会网络风险管理、组织网络安全管理、关系管理、公共与大众传播、数据和人工智能素养、参与权管理等知识贡献竞争力。

二、数字素养的群体特征

数字素养的研究涉及管理学、教育学、图书情报等多个领域，而不同领域的学者将研究聚焦于不同群体，进而演化出数字素养在各类情境下的丰富内涵。本书通过梳理发现，既有文献针对农民、学生、教师、数字出版编辑、图书馆馆员和用户、政府公务员、劳动者等群体的探讨研究较多，接下来本书将详细介绍既有研究对上述群体数字素养的内涵解读。

1. 农民数字素养

国外学者 Cho（2018）将数字农业视为一种基于知识的互联农业生产系统，该系统通过采用智能网络和数据管理工具，实现农业可持续过程的自动化，包括基于全球定位系统等技术实现农业精准化大规模运作，以及基于农业数据分析技术实现科学决策。在数字技术带动"农业革命4.0"的大背景下，数字农民应当有意识地决定在农业的各个生产环节中采用数字技术。为推动数字农业发展，Cho 从四个方面提出建议，包括搭建基于农业移动通信技术实现农场现代化管理的基础设施、解决数字化农业运营中的法律问题、制定资助数字化农业以及推动农民参与数字化教育的政策措施、鼓励更多的知识青年加入到数字化农业的经营管理中等。Alant 和 Bakare（2021）从农民对信息和通信技术的细分视角对数字素养展开了探讨。他们认为，信息和通信技术可以被视为允许互动、传输、交换和收集数据的任何设备、工具或应用，其中农民所采用的技术主要包括无线电、卫星图像等大规模生产技术以及移动电话、电子汇款等通用数字技术。基于此，Alant 和 Bakare 将数字素养定义为从使用数字技术的日常生活技能到掌握产业变革性技术的一系列技能和能力的集合，并进一步将其划分为五个主要维度：①获取信息的能力，即了解并知道如何收集和检索信息；②管理信息的能力，通常涉及应用现有的组织和分类方法对数字信息展开梳理的过程；③整合信息的能力，包括解释和表达信息的能力；④评估信息的能力，包括对信息的质量、相关性、有用性、有效性等技术属性做出判断；⑤基于信息的创造能力，这一般涉及通过改编、应用、设计、发明、创作等手段来产生信息成果的过程。

除此之外，国内学者也结合乡村振兴等本土政策背景，针对我国农民的数字素养展开了概念研究。苏岚岚等（2021）、苏岚岚和彭艳玲（2022）将农民数字素养界定为数字化情境下农民在生产生活实践中所具备的或形成的有关数字知识、数字能力和数字意识的综合体。基于该定义，他们将农民数字素养划分为数字化通用素养、数字化社交素养、数字化创意素养和数字化安全素养四个维度，这四个维度分别对应农民个体针对数字工具的认知和使用能力、利用数字技术促进社交和增强社交主动性的能力、基于数字技术激活创造力和创新内容的能力、促进个体参与公共安全与权益维护的能力。李春秋等（2023）将农民的数字素养划分为五大维度：①农民数字通用素养。该素养对应农民的数字生存需求，一般是指农民通过利用手机 App 来监测农业生产数据，并且能操作无人机、智能灌溉系统等数字设备的技能素养。②农民数字安全伦理素养。该素养对应数字安全伦理范畴，主要是指农民在参与数字生活、发展数字农业等活动中能否妥善预防个人信息、重要生产数据等泄露，防范购物、支付、贷款等活动中的网络、电信、金融等方面的诈骗风险。③农民数字交流素养。该素养主要与个体的社交生活相关，主要是指农民能否利用微信、短视频等网络社交媒体来进行有关农作物种植和技术运用等方面的知识共享，以及关于乡村旅游、民宿运营、农村电商等方面的产业合作交流。④农民数字创作素养。该素养主要对应农民的数字创作需要，一般涉及对数字农业技术的开发和创新，以及推动农业生产生活方式的数字化变革等过程。⑤农民数字问题解决素养。该素养对应数字问题解决方面的需求，包括农民参与村务智慧管理、农业智能生产、乡村数字治理等方面的能力和技能。武小龙和王涵（2023）将农民数字素养界定为，农民主体在农业数字化生产和乡村数字化生活中具备的各种数字基础知识、数字专业技能、数字创新特质、数字价值态度等要素的总和，他们基于胜任素质伦理，就农民的数字素养展开了概念的解构，认为农民的数字素养包括意识态度、个体特质等深层内隐的概念构件，也包括专业技能、基础知识等浅层外显的组件。首先，数字意识态度主要包括数字安全与健康素养、数字伦理与道德素养两方面。前者是指农民能够在多大程度上保护个体的数字、信息和隐私的安全，并能够合理健康地使用数字技术来推动数字乡村的建设和发展；后者则聚焦于农民能否在数字乡村中履行自己的数字责任、遵守相关的数字规则以及礼仪等一系列行为和能力。其次，数字个体特质主要包含数字文化素养和数字创意素养两个方面。前者主要是指农民个体的文化教育素质和思想品格动机素养，与农民是否能够积极参与数字技能培训、激活数字乡村内在活力、拥有乐观正直等在数字世界成长的良好品质，以及是否具备持续性学习的责任心、好奇心和求知欲等息息相关；后者则涉及农民对乡村文化、景观、产品等内容展开加工、编辑和包装等过程，通常还伴随着创意化的表达、输出和传播等步骤，而且通常与农民所掌握的数字编辑与创造技能、数字创新意识以及对数字内容的创意化表达等方面的能力具有紧密关联。农民的数字专业技能主要涉及农民在数字乡村的建设过程中所需要具备的应用性技能，包括数字金融素养、数字农业素养和数字政务素养三个方面。其中，数字金融素养主要包括农民利用数字技术或依托数字平台开展金融活动的金融知识、金融技能和金融行为，是凭借数字技术搭建金融赋能数字乡村建设桥梁的基本能力；数字农业素养主要是指农民个体"爱农业""懂技术""善经营"等新型职业农民所应当具备的能力素养，能够囊括数字生产、数字生态、数字管理等方面的素养；数字政务素养是指农民在参与乡村民生服务、智慧党建、综合治理、应急治理等过程中所需要具备的知识、技能和行为能力，这通常要求农民具备一定的数字参与技能，通过政务 App 或小程序等数字化媒介参与教育、医疗、养老等公共事业，同时还应当具备主动参与乡村数字化治理以及涉农政务服务的积极性、能动性。最后，在数字基础知识方面，主要包括数字获取素养、数字社交素养两个方面。其中，数字获取素养通常是指农民能否正确使用数字工具来搜寻数字信息，并且对数字内容展开有效识别的知识能力，主要涉及对数字信息的获取、收集、过滤等过程。这种素养对农民提出了三个方面的要求：一是要求农民具备如何操作数字工具的相关知识，能够借助软硬件来获得边界的数字信息进而提升生活质量；二是要求农民具备搜寻数据和信息的基本素养，包括独立浏览、检索、筛选数据信息的基本能力等；三是要求农民具备识别和管理数字内容的能力，如能够选择合法的数字信息的获取渠道，能够对错综复杂的数字内容展开精准识别、客观评价和高效梳理等。

2. 学生数字素养

宋灵青等（2023）参考《信息科技课程标准》对信息科技课程核心素养的总结描述，从信息意识、计算思维、数字化学习与创新、信息社会责任四个方面展开了研究，认为初中生的数字素养应当包含数字意识、数字知识与技能、计算思维、数字社会责任、数字合作交流、数字化学习与创新六个维度：①数字意识是指个体对数字内容的敏感程度以及对数字信息价值的内在判断，主要涉及个体对数字内容的感知、辨别、评估以及对数字安全和应用的掌握程度等方面；②数字知识与技能主要是指个体对相关数字知识的学习能力以及对数字软硬件设备及工具的使用熟练程度等；③计算思维主要是指个体在多大程度上可以采用计算机科学的思维模式，在实践问题解决的过程中采用抽象、建模和算法等思维方式；④数字社会责任则主要是指个体在当前智能化时代中所应当具备的文化修养、道德规范和行为自律等方面的内在价值体系以及相关的责任意识；⑤数字合作交流通常与个体基于数字媒介或数字技术与他人安全、合理地进行分享、沟通、合作等的能力相关；⑥数字化学习与创新主要涉及个体能否在日常生活和工作中应用数字软硬件工具或资源来有效地管理学习过程和学习资源，或者开展探索性学习和创新性问题解决等活动。李晓静等（2023）通过对来自东部和中西部地区12个省、自治区、直辖市的中学生开展深度访谈，就青少年的数字素养展开了全面剖析。其研究结果发现，青少年的个体数字素养可以划分为设备与软件操作、数字内容创造、数字化学习、数字参与、数字安全和信息素养六个方面：①设备与软件操作主要是指青少年能在多大程度上掌握数字硬件工具、技术以及相关的应用软件工具；②数字内容创造主要涉及青少年能否具备创建、编辑、加工数字内容和信息的能力，是否具备使用数字产品的经历等；③数字化学习则是指青少年是否具备适应在线学习的态度，以及利用数字设备获取知识的渠道和方式等；④数字参与通常与青少年基于数字媒介参与政治议题和公共事件的过程相关，涉及实践的关注、点赞、做法、评论等一系列行为，同时也要求个体具备自主发表观点和见解的能力；⑤数字安全一方面与个体对个人数据和隐私的重视和保护程度相关，另一方面涉及能否对不良、危险的数字信息加以防范和应对等；⑥信息素养是指对自身的信息需求的了解程度，以及查阅、辨别、判断、加工和管理信息的能力。除了上述的个人数字素养之外，李晓静等的研究还表明，青少年的数字素养还与个人设备、校园设备等硬件接入，课堂教学、学科融合等课程建设，以及管制措施、支持系统等社会支持密切相关。李秋实等（2023）对高校大学生数字素养的教育供需模型展开了深入解析，认为大学生数字素养主要可以划分为数字意识及认知、数字获取分析利用评价、数字创建与交流、数字安全、数字道德与伦理五个维度，而数字素养教育要求满足期望型需求、基本型需求和魅力型需求共三个方面的需求：期望型需求一般包括数字基础设施、通用软件安装、专业软件安装、多媒体教育空间以及各类参考资源等；基本型需求主要包括一站式门户网络、合作教育机制、分层次主题培训、图书馆馆员教育能力、嵌入式教学等方面；魅力型需求主要包括线上交互课程、在线测评工具、专题学习平台、竞赛活动、通识课程、专题研讨会、学科化教育、战略方案等。在这项研究中，研究者认为，应当加强政府、高校教学单位、教学管理部门、图书馆、行业学会、新闻媒体之间的多主体协同，通过需求识别、多元供给、资源整合、全周期追踪等有助于大学生数字素养培养的供需协同的教育优化路径，解决既有数字素养教育中的数量质量不足、内容单一、结构同一化、环境支持欠缺等困难。王淑娉和陈海峰（2021）聚焦数字化时代下大学生数字素养的培育，提出了大学生数字素养的七个维度，包括正确认知数据信息的能力、收集和获取数字信息的能力、数据交流和沟通能力、数据分析和评价能力、保护数字安全的能力、解决数字问题的能力、数字品德和价值观：①正确认知数据信息的能力主要涉及大学生能否应用马克思主义的立场、观点和方法等来认识数字信息的一般性特征以及政治、经济、文化和社会属性。②收集和获取数字信息的能力主要是指大学生在多大程度上可以应用数字技术来查找、访问、收集所需要的数字信息，并且能够高效地在纷繁复杂的数字信息中明确识别出自己所需要的信息。③数据交流和沟通能力主要涉及大学生能否通过各种数字技术和工具与他人交流互动、传输信息、共享资源并且参与网络社会和空间，而且能够用数字信息正确表达自己的诉求，以及能否正确识别和解读他人的数字信息所传达的意思的能力，除此之外还涉及有关网络文化交流的意识和网络沟通所需要具备的行为规范等。④数据分析和评价能力通常涉及大学生能否利用相关的数字工具对数字信息进行简单的分析、判断，并且能够辨别数据信息的真伪，理解信息之间的关系，对信息进行批判性的思考，正确区分有害和无害的信息等。⑤保护数字安全的能力主要与大学生在多大程度上了解网络的安全风险和威胁，了解数字安全的知识、法规和保护措施，学会保护个人的设备以及具备较强的隐私保护意识等，同时也与良好的上网习惯和自制能力相关。⑥解决数字问题的能力主要涉及个体能否在生活、学习和工作中运用数字化的手段来解决实际问题、开发数字资源、创造数字产品，以及利用数字工具和技术来实现自己的诉求，并及时地跟随数字技术的发展趋势。⑦数字品德和价值观主要反映大学生在利用数字技术时能否坚持服务于人的幸福美好生活，能否坚持正确的价值导向，恪守正确的道德伦理，合理利用数字信息、数据和内容，不侵犯他人的数据信息隐私等一系列顺应数字时代发展的良好的道德伦理价值观。马星和冯磊（2021）就大学生的数字素养教育的核心目标进行了探讨，认为大学生数字素养包括数字交流能力、数字创新能力和数字批判能力三类主要核心目标：①数字交流能力主要是指大学生在数字智能时代生存和生活的最基本素养，包括数字获取能力和数字传播能力。其中，数字获取能力是指大学生能否在数字时代通过计算机、互联网、大数据等数字技术来获取、筛选和管理数字信息；而数字传播能力主要涉及大学生能否与他人或其他组织对个人或他人的数字成果以沟通、协作等方式进行传播和分享，除此之外，还涉及大学生是否具备数字安全意识以及数字版权、授权等相关知识。②数字创新能力是指大学生能否根据需要创造性地使用数字技术来提出新的观点和思路，并且能够解决实际问题的能力。他们在研究中强调，大学生是未来数字时代的创作者，数字创新能力是其数字素养突破"工具化的操作技能"转向"综合化的创造能力"的核心竞争力。

③数字批判能力主要涉及在数字交流、内容创造以及数字工具设计中对批判性思维的运用，这种能力一方面是为了确保自身数字信息的安全，另一方面则是要求传达和表现出对整个社会公平与正义的维护。数字创新中的批判性思维主要强调大学生的伦理意识和社会责任，具体是指能否通过对数字技术和工具开展批判性、反思性的思考和应用，进而促进社会公平与正义的实现。王兆平和叶茜（2020）考察了智能推荐策略下的数字素养教育课程设计体系，他们从媒介素养、数据素养、信息素养、技术素养四个方面构建了数字素养的教育体系：①媒介素养主要包括学生能否批判性地接触新媒体，是否具备利用媒体的能力，以及能否在数字环境中自我完善和发展。②数据素养主要涉及搜索数据的能力、数据转换处理的能力、数据分析处理的能力以及数据可视化表达的能力。③信息素养包括信息意识指导、信息获取能力、信息鉴别能力和信息融合利用四个方面的能力。④技术素养涉及的方面相对较多，涉及计算机及配套设备的基本应用能力、协同通信和合作共享的基本能力、文件管理与存储的能力、数据录入与传输的能力、数字图表的设计能力、数字文档处理的能力、信息发布与演示的能力以及数据集合处理的能力等多个方面。除此之外，他们还在研究中设计了数字素养教学的过程，主要包括培训准备阶段、知识学习阶段、实操阶段以及评测阶段：①培训准备阶段主要包括对学习者的基础展开评估并且基于此设计个性化的学习策略。②知识学习阶段主要涉及学习地图的导览、在线学习资源的使用以及学习效果反馈等过程。③实操阶段主要涉及操作技能训练、项目制小组协作以及延展阅读计划等过程。④评测阶段主要涉及培育效果的鉴定。施歌（2016）针对中小学生数字素养的内涵构成进行了系统性的解构，认为中小学生的数字素养包括六种素养域分类：①信息处理素养，主要涉及中小学生能在多大程度上获得、接受、识别、检索、遴选、存储各种形态的数字信息，并准确地判断信息的相关性、准确性、有效性。②沟通交流素养，主要涉及中小学生能否利用数字化社交工具，寻找、确定、连接交流对象进行信息的传递、共享、评价互动，是否具有国际视野和跨文化意识。③内容建构素养，主要是指中小学生能在多大程度上结合个人生活经验、知识技能和已获得的数字信息，利用数字化技术创造性地生产内容、表达内容，有创新意识和思辨能力。④问题解决素养，主要涉及中小学生能否合理地应用数字化手段分析问题、解决问题、满足需求。⑤信息安全素养，主要是指中小学生是否具有个人隐私防护、数字身份保护、知识产权维护和数据安全的基本意识和能力。⑥网络道德素养，主要用于评价中小学生在网络社会活动中能够多大程度上理解、尊重他人，不主动传播有害信息，具备价值判断和信息辨识能力，具有网络道德规范、文明素质及行为自控能力。黄燕（2015）在阐述大学生数字素养的基本内涵时认为，数字素养已经上升为公民的生存技能，主要包含获

取数字信息的能力、进行数字交流的能力、创建数字内容的能力、提升数字安全的能力、解决数字问题的能力五种维度：①获取数字信息的能力主要是指大学生能否通过数字资源和数字工具来浏览和检索信息，是否能对信息进行过滤、保存，以及对信息的使用价值进行评价。②进行数字交流的能力主要是指大学生是否可以熟练地运用数字工具进行沟通互动，与他人进行信息与内容共享等，以及通过网络参与社会活动，通过数字化渠道与他人合作，遵守网上行为规范的能力。③创建数字内容的能力通常包含大学生利用现有资源生成数字新内容的能力，包括对原有的知识和内容进行整合处理，创新数字信息的表达形式，并利用合适的媒体进行输出等。④提升数字安全的能力通常是指大学生能否合理地运用数字技术，能否有效地防范相关风险，以及是否具备对数据进行维护，保护数字身份和采取可控的安全措施等方面的能力。⑤解决数字问题的能力是指大学生在特定情况下，根据自身对数字信息的需求，进而选择合适的数字工具或者技术，以及具备对使用的数字技术进行改良创新，在生活、学习和工作等场景中使用数字化的手段来解决实际问题的能力。Vodă 等（2022）在探讨学生的数字素养时，将数字素养划分为沟通和协作数字技能、创意数字技能、批判性思维数字技能、信息数字化技能、解决问题数字技能、技术数字技能六个方面：①沟通和协作数字技能是指学生使用数字环境传输信息、分享自己或他人制作的在线内容以及与同龄人合作的能力。②创意数字技能主要是指学生通过将信息转化为新知识来创造内容的能力。③批判性思维数字技能是指学生反思和熟练判断数字信息的能力，该能力可为他们提供一个安全、可持续和易于访问的软件及物理环境，并有助于学生形成自己的观点。④信息数字化技能主要包括学生搜索、评估和组织数字信息的能力。⑤解决问题数字技能是指学生为问题找到解决方案或制定策略，以及选择最佳数字化解决方案的能力。⑥技术数字技能是指学生不断适应新技术的能力。

3. 教师数字素养

国外学者针对教师数字素养进行了广泛的探讨和研究。Hobbs 和 Tuzel（2017）在研究培育教师数字素养的动机时，认为数字素养动机包括专业技术、教学内容、社会交流、内容受众、媒体系统、学习认知六个方面：①专业技术主要包括专业性和技术性两个方面，专业性代表教师愿意在多大程度上培养学生的创作能力和实践技能，帮助他们成为未来的作家、艺术家、媒体专业人士，而技术性是指教师愿意在多大程度上使用数字媒体技术和工具让学生更深入地参与学习实践。②教学内容主要包含品位培育和专业性两个方面，品位培育主要是指教师在多大程度上希望学生欣赏历史、艺术、文学和科学中具有重要文化意义的数字媒体，而专业性主要是指教师是否希望学生通过使用数字媒体和技术来提高学习目标，从而获得内容知识。③社会交流包括积极性以及教师2.0两个方面，积极性是指教师在多大程度上愿意通过参与数字媒体和技术来解决现实世界中的问题，从而支持学生的公民参与，而教师2.0是指教师在多大程度上愿意帮助学生使用媒体和技术，进而作为网络数字公民与他人联系和学习。④内容受众包括启发性和潮流性两个方面，其中启发性是指教师在多大程度上愿意用有别于传统的方法来挑战学生寻找、使用、思考和创造创新性的数字内容，而潮流性是指教师在多大程度上可以融入学生的文化世界，将课堂与当前的流行文化联系起来，进而与学生产生共鸣。⑤媒体系统包括监视性和洞察性两个方面，其中监视性是指教师在多大程度上希望学生把数字媒体和技术的经济和政治背景视为塑造我们生活的系统，洞察性主要是指教师在多大程度上希望学生可以具备看到数字信息背后的逻辑规律和真相的批判性思维能力。⑥学习认知包括精神指南和动机性两个方面，其中精神指南是指教师在多大程度上希望致力于帮助学生利用数字媒体来支持他们的社交和情感健康，而动机性是指教师可以在多大程度上培养学生的自主性，使他们成为独立的学习者，推动他们在合适的舞台发挥他们的创造力。Garcia-Martin 和 Garcia-Sanchez（2017）在探讨职前教师的数字素养时，参考了既往研究对数字素养的概念界定，从工具能力、认知心智能力、社会沟通能力、价值能力、情绪能力五个方面展开了探讨：①工具能力是指教师使用数字工具的功能知识。②认知心智能力包括促进信息搜索、分析和传递的能力。③社会沟通能力涉及使用网络工具进行沟通的整个过程，以及相关的必要的社交技能的发展，如团队合作。④价值能力是指教师在多大程度上能对数字技术的使用及其影响展开评估。⑤情绪能力是指教师在数字化环境中控制和合理使用情感的能力。Hobbs 和 Coiro（2016）使用数字素养课程框架为教师构建了有助于培育学生数字素养的教学设计模型，该模型被称为花朵模型。该模型要求教育工作者在设计教学方案时考虑六个要素，并为课程开发提供了一种系统的方法：①背景：深入反思学习者的需求，考虑背景、社区以及教师作为教育者的价值观和优先事项。教学是一种情境性和背景性的社会实践。②目的：确定课程的教学成果、标准或目标。③内容：作为教师，要厘清在教育实践中将使用哪些资源，将如何使用打印、可视化、声音或数字媒体等文本或工具。④教育学：要考虑什么样的教学实践会影响学习过程中发生的事情。⑤评估：需要思考学生将创作哪些作品，评估学生学习的标准是什么等。⑥任务或活动：作为教师，要学会使用令人信服的问题或场景将教学任务与现实世界联系起来，这个组成部分要求具备创造性的想法，需要通过考虑模型的其他五个元素来加以完善和发展。List 等（2020）研究了188位来自美国和121位来自瑞典的职前教师的数字素养，职前教师被要求以开放式的方式定义数字素养，并从提供的 24 项技能中选择他们认为对数字素养至关重要的技能，根据职前教师的开放式回答，List等确定了数字素养概念的四个方面，即技术导向、数字阅读导向、目标导向、批判性使用。Akayolu（2019）的研究调研了教师群体的数字素养，通过定性分析发现，职前教师对数字素养的理解出现了五个主题：①接受新信息的能力，对于该层面，数字素养包括广泛阅读、了解情况、知道何时以及如何进行合适的批判以及何时接受新信息和新想法。②数字阅读和写作，该能力主要强调教师应当适应数字时代的阅读和写作工作。③理解和使用信息，该能力强调教师应对数字工具加强理解，并有意识地有效使用它们。④创造、共享和合作，该能力并不意味着只使用，还意味着理解、创建信息并共享信息等方面的能力。⑤批判性思维和评估，该能力主要强调教师使用信息、发现有用信息、创造信息以及评估信息的能力。List（2019）在研究中探讨了教师的数字素养，确定了数字素养发展的三个概念：数字原住民、数字技能和数字社会文化。该研究采用定性的方法检验了职前教师对数字素养发展的理解，结果与这三个概念是一致的。对于数字素养发展，职前教师最常提及的是基于技能的观点，但有关数字原住民和数字社会文化的观点也有很多受访者提及。通过进一步分析，其发现学生将驱动数字素养发展的动力划分为自主开发、技术驱动和项目驱动三种，学生的三种数字素养发展形式与教师的三种数字素养概念具有一定的关联：①自主开发。自主开发与数字原住民的观点有关，一些学生将数字素养描述为通过自己对各种技术工具的独立探索进而自主获得的一种能力素养。以自主为中心的数字素养发展与数字原住民的观点相似，因为两者都是将学生获得数字素养的过程描述为一个独立的过程，只是区别在于是否从家长或老师那里获得足够的支持，特别是对于从小就沉浸在技术中的原住民来说，获得数字素养是毫不费力和渗透性的。②技术驱动。一些学生讨论了数字发展素养的技术因素，特别是他们能够获得和使用特定的技术工具来培育相关的数字素养，包括笔记本电脑和手机。技术工具的作用可以被视为数字原住民、数字技能和数字社会文化对数字素养培育的映射。数字原住民的观点特别强调，数字素养是学生长期使用各种技术工具的结果，随着越来越多不同类型的技术融入生活，学生通过使用它们培养了更先进的数字素养，这说明技术驱动与数字素养发展的数字原住民概念是相一致的。基于技能的视角着眼于培养学生使用各种工具的能力，是学生数字素养技能发展的组成部分。如何使用各种技术工具的知识被认为是学生数字素养的重要组成部分。社会文化视角将学生的技术使用视为他们以社会规定的方式参与特定文化活动的过程。在该研究的调研中，部分学生受访者将获得和使用某些技术工具描述为他们学校以 STEM 为重点的社会学习的一部分，这符合数字社会文化的概念内涵。③项目驱动。考虑到基于技能和社会文化的数字素养发展观，一些学生受访者认为数字素养发展涉及创造一些有形的产品或成果，无论是研究论文、演讲还是网站，这些学生将数字素养的发展理解为创造某种价值成果的一种手段。这些描述建立在对数字素养发展的技能观之上，也就是根据开发特定产品所需的技能来汇集或组成数字素养的技能集合。此外，这些观点往往强调推动项目进行和基于数字技术合作或社会交往的能力。这意味着基于项目的数字化协作或个人工作都有可能促进数字素养发展。Barragán-Sánchez 等（2020）的研究探讨了护理教育工作者对信息素养教育的看法，并构建了有助于教育者安排课程内容以提升学习者数字素养的理论框架，具体如表1-1所示：

表1-1　护理教育工作者的课程安排

课程知识点	重要性	培育时点
确认信息的必要性，并确定所需信息的性质和范围		
探索一般信息来源，以提高对主题的熟悉度	高	早
确定关键概念和术语，以制定重点问题	高	无共识
了解信息的组织和传播方式	高	早
认识到主题的背景在不同学科之间发生变化	高	无共识
区分并重视各种潜在信息源	高	无共识
区分主要信息源和次要信息源	高	早
审查初始信息以澄清、修订或完善问题	高	中
使用一系列信息源来理解问题	高	无共识
使用信息进行决策和解决问题	高	无共识
有效、高效地查找所需信息		
调查各种调查方法或研究问题的好处和适用性	高	无共识
与图书馆馆员和其他信息专业人员协商，以帮助确定信息访问工具	高	早
制定适合研究问题的搜索计划	高	无共识
确定关键词、同义词，以及所需信息的相关术语	高	早
使用适当的命令构建和实施搜索策略	高	中
使用搜索更新服务	中	无共识
对信息和信息寻求过程进行批判性评估		
分析支持论点或方法的结构和逻辑	高	中
识别和质疑偏见、欺骗或操纵	高	无共识
审查使用的信息访问工具，并根据需要扩展到包括其他工具	中	中

课程知识点	重要性	培育时点
管理收集或生成的信息		
区分引用的来源类型，并了解广泛资源的正确引用风格	高	早
能够访问正确的引用风格信息	高	早
记录所有相关的引用信息以供将来参考和检索	高	早
以所需的书目格式编译参考文献	高	早
应用先前的和新的信息来构建新的概念或创造新的理解		
确定信息是否满足研究或其他信息需求，以及信息是否与其他来源的信息相矛盾或相互验证	高	中
识别概念之间的相互关系，并根据收集的信息得出结论	高	中
选择为主题提供证据的信息，并总结收集的信息	高	无共识
在更高的抽象层次上扩展初始综合信息，以构建新的假设	中	晚
在创建产品时使用一系列适当的信息技术应用（如报告、论文、期刊）	中	中
能够结合适合环境的设计和沟通原则	中	中
以支持预期受众目的的方式进行清晰的沟通	高	早
使用信息时要理解并承认围绕信息使用的文化、伦理、经济、法律和社会问题		
理解并尊重使用信息的土著和多元文化观点	高	早
运用推理来确定是否纳入或拒绝所遇到的观点	高	中
根据知识和经验保持一套内部一致的价值观	高	无共识
理解什么是剽窃，并正确承认他人的工作和想法	高	早
按照公认的做法（如 Netiquette）参与在线讨论	高	早
理解教育和研究材料获取和传播方面的公平处理	高	早
尊重所有用户的访问权，不损害信息资源	高	早
获取、存储和传播文本、数据、图像	高	早
展示对知识产权、版权和合理使用受版权保护的材料的理解	高	早

国内教育领域学者对教师数字素养也进行了丰富的研究。孔令帅和王楠楠（2023）基于联合国教科文组织对数字素养的定义，将教师的数字素养定义为教师批判性使用数字设备、技术、软件，以及获取、管理、整合、评估、交流各种数字信息，并且能够基于此凭借数字技术来重组学习环境、加工和创造数字资源，能够将数字技术与教学实践充分融合，进而促进课堂教学成效、实现知识创新的一系列能力。基于这类观点，教师的数字素养本质上是一种综合能力，包括

对数字信息和数字技术的使用及对各类复杂数字信息的认知、社交和情感处理等方面的能力，以及教师能够在数字环境中理解和传播思想的能力。胡小勇等（2023）从既往的各项政策中提炼出教师数字素养的培养路径，认为增强教师数字素养主要可以从数字能力、技术创新教育教学、教师素养智能升级、终身学习能力、技术融入学科教学实践五个方面展开：①数字能力主要是指教师在数字时代下的基本生存能力，主要可以描述为个体在应用信息社会技术时的能力效能；②技术创新教育教学通常是指教师能否具备借助数字技术来改善课堂，实现教学实践的优化迭代的能力；③教师素养智能升级主要关注教师数字素养的可持续性发展，要求教师具备从数字化向智能化发展转型的过渡能力；④终身学习能力是指教师不断适应现代化社会的发展需要，不断提升自身数字素养的能力；⑤技术融入学科教学实践一般是指教师在多大程度上可以将数字技术应用到学科教育中，一般具备良好的数字素养的教师可以充分释放数字技术在教学中的效能，提升教学效率，改善教学成效，进而提升教学的整体质量。杜希林和孙鹏（2022）在参考海内外数字素养的教育内容之后，指出我国公共图书馆在组织数字素养教育内容时，不应当把所有内容混杂在一起，而需要分门别类地，有指向性、主题性地进行内容梳理，方便教育工作者和受教育者获取相关的内容。他们将数字素养教育内容从低到高划分为初级篇、中级篇、高级篇：①初级篇主要包括数字素养的内涵、意义和重要性，涉及的内容比较广泛，包括数字基础设施、数字产业、数字民生、数字政府、数字产品、数字服务、数字教育、数字医疗、数字养老、数字金融等建设状况及未来发展态势，其目的旨在普及数字素养知识，并建立相关的认知。②中级篇主要是基于数字技术的技能，包括计算机操作、无线网络搭建、网络信息查询、工具软件介绍与使用、智能手机使用以及基于智能手机的软件安装、移动支付、网络购物、在线学习、预约挂号、隐私保护、信息甄别、金融服务、视频剪辑等，目的在于培育基础型数字素养能力。③高级篇主要与数字研究和创新相关，包括针对学术、科研、教育等的资源检索、挖掘、组织与利用，涉及竞争力分析、决策报告研制、知识产权管理、论文写作指导、数据库利用、课题指导、投稿指南等方面，目的是培育高阶型数字素养能力。王乐等（2021）系统性地回顾了语言教育中的数字素养，他们认为，语言教育领域的数字素养定义不会过多地强调信息和技术要素，而是把语言、意义、交际以及身份等要素作为核心要素。他们认为：一方面，数字素养主要关注数字实践活动对语言学习的影响，而在全新的在线语言学习的情境下，数字素养的关注点将会从传统执笔读写能力和面对面交际能力转向在数字实践中表达新意义和创建新交际的能力；另一方面，数字素养须整合多个与语言学习和在线交际密切相关的维度，强调具体的能力要求，特别是在语言教育的情境下，需要关注意义呈现方式、人际互动方式、数字行为模式、交际价值观念和身份认同构建等维度。杨爽和周志强（2019）对高校教师的数字素养进行了全方位评价，他们在总结既往文献的基础上开发出数字素养的指标架构，该架构包括数字技术使用、数字信息管理、数字内容创造、数字社群构建以及数字安全能力五个维度：①数字技术使用主要包括数字办公软件使用能力、数字教学软件使用能力、电子邮件使用能力、社交媒体使用能力四个方面。②数字信息管理涉及信息检索能力、信息评价能力、信息组织能力、信息共享能力四个方面。③数字内容创造涉及数字教学内容、数字办公内容、个性化内容三个方面。④数字社群构建包含了信息沟通能力、任务协作能力、问题解决能力三个方面。⑤数字安全能力则包括抄袭检测能力、数字公民能力、数据安全能力、隐私安全能力四个方面。

除学术性定义之外，部分社会组织也针对教师数字素养给出了独特的见解。欧盟的《公民数字能力框架（2.1）》（Digital Competence Framework for Citizens，DigComp 2.1）针对教师的数字素养展开了系统性解析，认为教师应当注重数字能力的培养，包括数字信息和数据的素养、基于数字技术交流和协作的素养、数字内容创作的素养以及有关数字安全和问题解决等方面的能力。《成败在此一举：英国的数字化未来》（Make or Break：The UK's Digital Future）一书指出，应当加强和引入新的教师计算机技能培训，通过强化现有的或新晋的教职工对计算机和数字行业的接触和理解，来帮助其将相关的数字知识传授给年轻人。欧盟委员会也在《数字教育行动计划（2021—2027）》［Digital Education Action Plan (2021-2027)］中指出，教师和教育工作者的数字素养对于鼓励年轻人核实数字信息，对数字内容开展批判性的思考，培育针对虚假数字信息的伦理道德等方面具有十分重要的作用，应将培养教师和教育工作者的数字素养和处理虚假信息的能力作为教育数字化转型的一项重点工作。

4. 数字出版编辑数字素养

部分图书情报领域的研究针对数字出版编辑的数字素养进行了解读。国内学者周强等（2023）解析了数字出版编辑的基本能力架构，将数字素养、技术素养和媒介素养视为数字编辑所需要具备的三大基本能力素养。其中，数字素养是指数字出版编辑在数字出版各个环节中采集、存储、分析、处理、发布和使用数据的基本能力，以及在数据生存、管理和运营当中所需要具备的道德伦理和行为规范；技术素养则主要涉及数字出版编辑对数字技术的理解、掌握、运用、管理和评价等方面的基本能力，以及与使用数字技术相关的伦理道德和价值观念；媒介素养主要是指数字出版编辑在各个出版环节中有效甄别数字信息内容真伪和优先级的能力，通过识别内容在媒介中所处的定位，能够很好地把控特定媒介的呈现方式及其背后的利害关系，同时也能较好地洞察媒介信息所传递的价值观和情绪偏好。张新新和刘一燃（2022）对编辑的数字素养与技能体系进行了解构，认为编辑的数字素养主要由数字化胜任力以及数字化创造力组成：①数字化胜任力是指编辑群体尤其是数字编辑在数字出版、融合出版、出版转型等数字化工作中所需要具备的能够满足岗位需求的能力。他们基于胜任力理论中的冰山素质模型，认为编辑的数字素养包括动机、特质、自我概念、社会角色和技能五个方面，并且从工作性质和工作环节的角度出发，将数字化胜任力划分为四种主要类型，即数字产品研发胜任力、数字技术应用胜任力、数字营销胜任力和数字管理胜任力。②数字化创造力是指编辑基于专业的数字知识和素质，应用数字化技术、工具、方法或路径，以数字科技创新为重点，引领和带动包含出版产品、服务、模式、业态、管理等在内的出版全面创新体系形成，以出版全面创新体系作为驱动，取代要素驱动、投资驱动来推动出版业高质量发展的能力，包括内容创新力、技术创新力和渠道创新力三个方面。孟轶和李景玉（2022）对我国高质量出版人才的数字素养展开了探讨，认为高质量出版人才的能力体系包含数字素养、数字技能两个方面，其中数字素养要求出版人才不断伴随数字技术的发展而建立、更新数字技术知识体系，学习、理解和掌握数字技术原理，为数字技术和出版业的深度融合做好知识储备和素养积累；而数字技能主要包括产品创意能力以及数字场景应用和复制能力两个方面。

5. 图书馆馆员数字素养

郭瑞（2022）以《欧盟教育者数字素养框架》为蓝本，结合图书馆馆员的数字素养培养内容，设计了针对我国图书馆馆员的数字素养培养体系。该体系一共覆盖了六个领域和二十二种能力：①专业发展领域，包括组织沟通、专业合作、反思性实践、利用数字资源促进专业可持续发展四种能力。该研究认为，数字素养属于数字时代图书馆馆员专业发展的一个方向，图书馆应当重视馆员的数字素养相关教育培训，为其专业成长提供支持。②数字资源领域，包括选择数字资源，创建和修改数字资源，管理、保护和共享数字资源三个方面的能力。数字资源领域主要包括对数字信息进行遴选、整合、修改、分析、存储、共享与重用的能力，图书馆馆员应当根据自身的知识结构对数字资源、工具和技术进行全面评估、选择、修改并增强版权保护意识、合理行使使用权等。③教与学，主要包括教学、指导馆员、促进馆员协作学习、促进馆员自主学习四种能力，是馆员数字素养培育的重点，也是馆员行使知识传播职能的主要基础能力。④评估，包括评估策略、分析数据以及根据反馈调节教学三种能力，该领域注重批判性思维，同时要求图书馆利用创新数字技术来监测馆员学习进度，进而有效获取学习的反馈信息，并及时调整教学策略。⑤增强馆员能力，包括可访问性和包容性、满足馆员多样化学习需求、培养馆员积极性和创造性三个方面，所谓的增强馆员能力旨在赋能学习者领域，其中的学习者是指图书馆馆员，这是馆员数字素养培育方案的核心要素之一。⑥提升馆员数字素养，包括信息、数据、数字与媒介素养，数字交流与协作，数字内容创作，合理使用数字技术以及数字问题解决五个方面的能力，通过有效提高图书馆馆员的数字素养以更好地为用户提供服务。同时，对于不同阶段的图书馆馆员，该研究提供了不同的数字素养培育策略，主要包括三个阶段：首先，对于新入职的馆员，需要通过以老带新、培训等形式帮助新入职馆员提高其数字素养；其次，对于一般馆员，需要注重数字资源和工具的使用，通过开放、包容的态度，将数字技术与教学策略和方法相互融合，以更多的实验和反思促进馆员创造性、批判性地使用数字技术，提升自身的数字能力；最后，对于数据馆员，应当注重其数字创新能力和创造力的培养，推动其为图书馆创造核心竞争力以及提升用户满意度做出贡献。陈利燕（2021）的研究探讨了大数据环境下的图书馆馆员的数字素养，并基于既往研究和文献对数字素养的描述，从层次维度总结了数字素养的概念内涵，包括理论层次、应用层次、社会层次、思维层次四个主要层级：①理论层次主要涉及个体对本领域数字信息问题以及理论意义的理解程度，对数字信息源、数字信息环境的理解，对数字信息网络（包括虚拟网络和人际网络）的认识程度，能在多大程度上与数字信息专家交流并获取前沿的数字信息认知，以及对数字信息的敏感程度，科学地理解数字信息知识和获取数字信息的能力。②应用层次主要包括个体获取数字信息、对数字信息进行组织和整合、利用数字信息分析工具处理复杂数字信息、运用数字信息存储技术以及利用数字信息进行创新的能力。③社会层次主要涉及个体能在多大程度上参与数字信息共享的规则制定，是否能够理解数字信息管理过程中的道德和法律法规，是否能够符合国家相关政策的要求，能否顺应社会发展的前进方向，以及是否具备社会网络数字信息中的伦理道德等。④思维层次主要与个体的数字信息美学、数字信息的价值观及对数字信息的态度、批判性思维的运用、定位目标数字信息的思维以及批判性地对数字信息展开评价和总结等能力相关。基于上述数字素养概念内涵的总结，该研究进一步更具体地提出了图书馆馆员的数字素养能力体系架构，该架构主要包括数字信息的转换、数字信息可视化处理、数字信息的归类、数字信息的关联与数字信息边界、数字信息的应用等方面：①数字信息转换能力，一般涉及个体对数字信息本身进行转化的过程，也就是将特定的数字信息表现形式转化为另外一种表现形式。②数字信息可视化处理能力主要涉及个体能否将数字信息转化为包含形式、形状和色彩的可视化图形。③数字信息归类能力主要涉及个体是否具备对数字信息进行分类、整合、聚类的技术能力，是否具备对数字信息在美学、分类决策、战略发展等方面进行综合分析的能力。④数字信息的关联能力是指图书馆馆员在多大程度上可以从不断变化的数字信息源和图书馆竞争环境信息中进行监测，并查询出图书馆数据库是否具备相关的资源信息，若该信息为新出现的信息，则需要将其扩增至图书馆数据库中。数字信息的边界能力是指图书馆馆员要将数字信息的边界定义在什么样的范围才能使资源信息的产出更有利于支持图书馆高层决策。⑤数字信息的应用能力是指图书馆馆员在图书馆竞争的实践活动中，能否将数字信息提供给需要此类信息的人员，并且帮助他们完成对数字信息的应用，进而有效地释放数字信息和图书馆馆员的价值。王阳等（2020）将图书馆职业素养划定为媒介素养和信息素养两大类：①媒介素养主要涉及图书馆职业的职业能力，一般包括媒介环境控制（即管控性）和网络、系统软硬件操作（即操作性）。前者主要涉及图书馆职业在多大程度上可以进行数字信息辨识、信息环境管控，以及个人隐私数据安全及保护等活动；后者主要与网络环境接入、软件使用维护、硬件使用维护三方面息息相关。②信息素养主要代表图书馆职业的专业能力，涉及数据意识（创造性），交流和互动能力（协作性），以及信息获取、推送和评价的能力（批判性）三个方面。首先，数据意识主要涉及数据的分析、归纳、关联、挖掘，数据收集、整理，数据资产管理等活动；其次，交流和互动能力主要包括数字内容的开发、整合、组织、呈现以及交互、数字内容共享等方面的能力；最后，信息获取、推送和评价的能力主要与个体能否很好地评估、管理数字内容，浏览、搜索和过滤数字内容，以及登录、注销数字账户、密码管理等过程息息相关。

6. 图书馆用户数字素养

与针对图书馆馆员的数字素养研究文献相比，有关图书馆用户数字素养的文献较少。付露瑶等（2023）系统性地分析了高校图书馆用户在接受知识服务过程中所需要的数字素养需求，通过对参考咨询服务、学科知识服务、情报服务、教育培训服务、科研服务五类知识服务体系展开系统性梳理，从事务性咨询、学习咨询、教学咨询、学科服务平台、学科服务、知识库服务、基础文献服务、查收查引、定题服务、专利情报分析、信息素养、科研素养、数字素养、科研咨询、科研数据管理平台等知识服务内容出发，认为高校图书馆用户在使用知识服务过程中的数字素养需求主要包括12个类型：直观阅读数字媒体内容并获取所需信息；在数字化环境中进行沟通并获得帮助；数字工具的熟练使用；数字平台的使用；利用数字化手段解决问题并制定相应对策；基于互联网搜索引擎的相关技能；明确信息需求，能有效搜寻并合理利用信息；谨慎判断超文本链接引用材料的有效性和完整性；区分内容和呈现形式，对网络资源进行精准判断；从现有内容中再创造有意义的数字内容；掌握数字技能来管理数据、创造内容沟通协作，以确保工作顺利进行；保护个人设备与数据安全。孙鹏和王宇（2022）在分析高校图书馆读者的数字素养时，认为读者数字素养可以被视为读者跨学科解决复杂问题的一种综合能力，被广泛应用到自然科学、社会科学以及人文科学等多个领域，不局限于理解和使用信息检索的能力，而且涉及更高层次的创造力、批判力等方面，具备良好的数字素养意味着能够较好地利用数字技术或工具来高效满足个体、社会以及专业领域的信息需求。张路路等（2020）系统性地论述了国外高校图书馆用户的数字素养，他们在基于已有研究的基础上提出，图书馆用户的数字素养能力是一种在数字技术高速发展和人文理念不断变化的过程中，图书馆用户所需具备的多种素养综合体，是一种开放的、动态变化的能力，强调的是在不同技术、信息、知识、创新等文化背景下对用户综合能力的要求。

7. 政府公务员数字素养

国内学者张红春和杨欢（2023）系统性地分析了政府公务员的数字素养的概念内涵，他们基于胜任特征理论的洋葱模型，提出了公务员数字素养的陀螺模型，认为公务员数字素养主要包括数字心理素质、数字技能素质、数字行政能力、数字治理能力四个方面：①数字心理素质包括数字认知素质、数字情感素质、数字伦理意识，是数字素养"知情意"三方面在微观心理层面的具体映射，是公务员对数字政府的认知、理解、情感、态度、价值观等构成的完整体系；②数字技能素质包括数字设备操作技能、数字资源管理技能、数字信息管理技能，基于二分法原则可将公务员的技能素质划分为动作技能和智慧技能，覆盖了公务员参与数字政务所需掌握的有关数字技术、设备、工具的操作性技能以及有效管理数字资源并从中提炼有效信息的知识性技能；③数字行政能力包括数字行政决策能力、数字行政执行能力、数字行政监督能力，涉及公务员参与数字政务的决策、执行、监督三大类主要行政职能；④数字治理能力包括数字经济发展能力、数字监管能力、数字社会治理能力、数字公共服务能力，能够覆盖参与数字政务工作中的基本职能模块对个体公务员所提出的主要能力要求。

8. 劳动者数字素养

国内学者赵晨等（2023）针对新就业形态劳动者的数字素养展开了全面的解析，该研究基于胜任特征理论，结合"属+种差"的定义方法，对新就业形态劳动者的数字素养展开了全方位的刻画，指出个体在工作情境下获得卓越表现的基本特征包括特质、动机、自我概念、知识、技能五个维度。首先，对于"属"，该研究包含以下三方面的论述：①内核层包括特质和动机。与之对应，新就业形态数字素养在特质方面，要求劳动者具备对数字信息实时思考的反应能力及自组织、识别碎片信息等适应平台工作的心智能力；在动机维度，要求具备主动扩展数字技能和探索数字创新的动机。②由特质和动机进一步衍生出中间层，即自我概念。新就业形态下数字化就业、灵活用工等属性要求劳动者具备新的数字工作自我：树立包容和理性对待多渠道信息和数字生产要素的态度，缔造拥抱数字革新浪潮、融入数字化新职业的工作价值观，塑造独立自主、多元就业的数字劳动者形象。③自我概念推动形成汲取数字知识的技能，构成外显层。新就业形态数字素养同样需具备这些外显要素，要求劳动者在知识维度具备更多有助于在线工作和理解数据要素的知识；在技能方面，掌握更多与平台及智能技术交互的技能。综合来看，新就业形态数字素养具备胜任特征的典型特点，胜任特征也能全面诠释数字素养的复杂属性。其次，对于"种差"，该研究通过刻画新就业形态的特征来总结新就业形态数字素养与其他素养概念的主要区别。该研究参考以往研究文献，总结认为新就业形态呈现出工作要素数字化、网络化，工作形式平台化、碎片化、弹性化，雇佣模式灵活化等特征。一方面，这些特征描述了新就业形态与传统就业的本质差异，认为适应这类工作特征是劳动者融入新就业形态的必要环节；另一方面，这些特征通常与"数字"主题密切相关，是数字工作环境的外在映射，能较好地与数字素养这一概念建立关系纽带。因此，该研究将上述特征作为描述新就业形态数字素养的"种差"。

除此之外，赵晨等（2023）还对新就业形态劳动者的数字素养展开了层级解构，主要出于以下两方面考虑：①数字素养的概念本质具备多层级特征。无论是欧盟数字素养框架 DigComp 等政策解读，还是国内外学者的理论建构，均反映出数字素养具有从易到难的内容层次。②新就业形态有行业广、工种多等特征，针对不同复杂程度的任务，劳动者对数字素养的需求会呈现出层次化特征。因此，要探明新就业形态数字素养的培育路径，应先就概念展开层级解构。为此，他们参考既有理论框架中国内学者杜希林和孙鹏（2022）、国外学者 Allan 和 Grudziecki（2006）的数字素养框架，将数字素养划分为数字基本能力、数字应用能力、数字转化能力三个层级。各层级与新就业形态劳动者存在以下联系：①数字基本能力作为第一层级，主要涉及读取、使用数字信息的技能、方法和态度，通常与网约劳动者相关，这类劳动者通常仅从移动应用程序中发现并读取平台下达的数字指令并由指令辅助完成任务；②数字应用能力作为第二层级，主要涉及查找、处理信息及完成相关任务和解决问题的能力，通常与自由职业者及数字创作者相关，这类劳动者通常需收集、分析原有信息并创造数字内容；③数字转化能力作为第三层级，主要涉及将数字信息转化为专业知识的能力，通常与数据决策者和数据工程师相关，这类劳动者通常需要从数据中挖掘规律、创造知识或研发新的技术和产品。因此，该研究从数字基本能力、数字应用能力、数字转化能力三个层级对新就业形态数字素养展开了解构，研究者基于上述层级划分，以 2063 篇招聘文本为样本，对数字素养的内涵展开了编码分析，结果显示：①内核层包括开展在线服务、数字创新、数字研究及适应数字工作等方面的特质，以及学习动机和探索动机；②中间层的自我概念包括自我管理意识，对数字要素的态度和价值观；③外显层在知识方面包括在线服务知识、数据专业知识和数据工作规范，在技能方面包括软硬件操作等使用数字工具的技能，在线沟通、运营、创作等管理数字平台的技能，数据处理、运维、编程、研发等挖掘数据价值的技能。这些维度全面、清晰地反映出新就业形态数字素养作为胜任特征的内涵架构。该研究进一步对三个层级进行了比较，结果发现：①针对内核层。在特质方面，第一层级聚焦在线服务特质，第二层级除此之外还要具备数字创新特质和数字适应能力，第三层级则以数字研究思维为主；在动机方面，第一、二层级以学习动机为主，第三层级中学习动机和数字探索呈现出彼此并重的关系。②针对中间层。第一层级侧重自我管理意识，与网约工自雇佣、自组织的性质相关，第二、三层级中则侧重形成适应数字要素的价值体系。③针对外显层。在知识方面，第一层级要求兼顾数字工作规范和在线服务知识，第二层级中数字工作规范占比较大，要求熟练掌握更复杂的工作流程，而对在线服务知识的要求则相对宽松，第三层级主要以数字专业知识为主；在技能方面，第一层级中软件操作的占比较大，第二层级以在线运营、在线创作、在线沟通、数据处理为重心，而第三层级主要聚焦于数据运维、数据处理、数据研发等专业技能。总体来看，新就业形态下的不同职业对数字素养的需求呈现出明显的差异和层次性。具体而言：第一层级主要适用于在线劳动平台，具有以应用为导向、服务为中心的特点；第二层级主要适用于数字创作和专业工作情境，具有以分析为导向、运营为中心的特点；第三层级主要适用于数字决策和研发情境，具有以研究为导向、探索为中心的特点。

国外也有关于劳动者数字素养的研究探讨。Mrnjavac 和 Bejakovic（2020）在研究中指出，随着数字技术越来越多地融入经济部门的日常生产任务，数字素养对大多数员工来说越发重要。一些工作受到解雇的威胁，但大多数现有工作正在经历所需知识、能力和技能的变化，即数字化的发展和增长导致了员工对数字素养、能力和技能的需求增加。越来越多的工作要求员工使用信息和通信技术并拥有数字技能，根据欧盟委员会的数据（2016 年），超过十分之九的工作至少需要基本的计算机技能，尤其在中等技能的就业市场中，需要数字技能的工作和不需要的工作之间的差距越来越大。Oberländer 等（2019）在梳理了既往有关数字素养的文献后，基于 KSAO 理论框架，指出工作场所数字素养是使人们能够在工作中高效、顺利地完成涉及数字媒体的工作任务的一系列基础知识、技能、才能以及其他特质，并且采用文献综述和访谈两条途径整理出了数字能力的 25 个维度：硬件处理、软件处理、编程、应用程序处理、创新能力和创造力、识别自己的知识差距、搜索、数据分析、评估、数据组织、有效使用、沟通、协作、网络运作、网络礼仪、与他人共享数据、文化、安全和法律、责任、目标和动机、学习和开放的意愿、道德和伦理、自主和独立、解决问题、培训和教育他人。

三、数字素养的测量

针对数字素养的衡量方法，国内外学者展开了广泛的探讨。本书对既有文献展开了梳理，并对其中数字素养的测量工具展开以下介绍：

苏岚岚和彭艳玲（2021）依据既往文献，从数字化通用素养、数字化社交素养、数字化创意素养和数字化安全素养四个维度对农民数字素养展开了衡量。该测量体系包括 12 个测量题项，具体如表 1-2 所示，每个测量题项的赋值均为 0 或者 1。

表 1-2　农民数字素养的测量题项

维度	题项
数字化通用素养	是否会使用智能手机的一般功能？ 是否会对电脑的简单应用进行正确操作？ 是否会使用微信的一般功能？
数字化社交素养	是否经常使用微信或 QQ 的朋友圈功能？ 是否能够熟练参与线上聊天互动？ 是否能够熟练进行线上信息分享？
数字化创意素养	是否会制作生活相关短视频？ 是否会制作工作或职业相关的短视频？ 是否会利用线上平台进行直播（包括直播销售）？
数字化安全素养	使用微信、QQ 等线上社交工具时，是否考虑账号、密码等信息安全问题？ 使用网上银行、支付宝等互联网金融工具时，是否采取措施（如绑定手机号、动态验证码等）维护账号及密码等信息的安全？ 使用网上银行、支付宝等互联网金融工具时，是否采取措施（如动态口令和交易码、人脸识别、指纹识别等）维护线上交易的资金安全？

宋灵青等（2023）针对初中生数字素养制定了一套测量题项。该量表主要测量了数字意识、数字知识与技能、计算思维、数字社会责任、数字合作交流、数字化学习与创新六个维度，通过单项选择题和五点李克特量表的形式进行测量，

一共包含了 36 个测量题项。但是在他们的研究中，这些题项未被公开。

孟玺（2023）在考察社交媒体用户的数字素养在虚假信息识别过程中的作用时，在借鉴了国内外相关研究的成熟量表的基础上，采用三题项的量表对数字素养进行了测量，包括我能轻松学习新技术、我紧跟重要的新技术、我知道如何解决自己的技术问题三个题项。

温涛和刘渊博（2023）在参考既往文献对数字素养的定义的基础上，将数字素养划分为数字设备、数字搜集、数字交流、数字创作、数字安全和问题解决六个测量维度，一共包含 14 个测量题项，通过赋值 0 或者 1 的形式来为个体农民的数字素养进行打分，具体如表 1-3 所示。

表 1-3　个体农民数字素养的测量题项

维度	题项
数字设备	您是否拥有智能手机？ 您家是否拥有电脑？ 您家是否开通宽带？ 您是否能够独立下载手机 App？
数字搜集	您是否会手机网络浏览、搜索自己想要的数据或信息？ 您是否会记录、收藏所搜集的数据或信息？
数字交流	您是否会通过手机 App 进行网络购物？ 您是否能够用手机通信软件与家人和朋友沟通？
数字创作	您是否能够用手机在网络上发表自己的观点和看法？ 您是否能够用手机视频软件创作或发表短视频？
数字安全	您是否能够清楚识别"网络诈骗"？ 您是否能够清楚识别"电信诈骗"？
问题解决	您是否能够使用手机或电脑解决现实中的问题？ 您是否有使用与工作或生产经营相关的手机 App？

孙鹏和王宇（2022）结合了叶继元教授的"全评价"体系框架，设计了针对高校读者的数字素养教育环境的评价框架（见表 1-4），主要包括形式评价、内容评价和效用评价三个方面：①形式评价主要与数字素养教育中的师资、空间、项目、课程、培训和读者等指标相关，采用量化的评价数值来代表评价结果。②内容评价方面依旧涉及师资、空间、项目、课程、培训和读者等方面，但主要采用定量和定性相结合的评价方法，通常由同行专家学者围绕具体的指标细分内容对评价对象展开评价。③效用评价主要涉及评价对象的操作能力、专业能力、资源能力、学习能力和创新能力，采用定量和定性相结合的评价方法。

表 1-4　高校读者数字素养教育环境的测量题项

维度	主要指标	指标细分或内容界定
形式	师资	馆员、专任教师、社会力量
	空间	类型、数量、功能
	项目	类型、数量、规模
	课程	类型、数量、对象
	培训	类型、数量、对象
	读者	类型、数量、参与
内容	师资	学科背景、专业成果、学术贡献
	空间	主题特征
	项目	专业特征、能力训练
	课程	专业特征、课程内容
	培训	专业特征、培训内容
	读者	专业背景、数字技能、学习能力、特长
效用	操作能力	数字设备及软件的使用
	专业能力	专业合作、实践、专业发展
	资源能力	选择、创建、修改、管理、保护、共享
	学习能力	协作学习、自主学习
	创新能力	数字沟通与协作、负责任使用、数字问题解决

　　姚争和宋红岩（2022）以传媒大学生为考察对象，借鉴参考联合国教科文组织的《全球数字素养框架》，通过多轮专家论证和多次测试制定了数字素养的测量量表。该量表主要包括五个方面：数字接触与使用、数字理解与评估、数字安全、数字传播与创新、数字就业与发展（见表 1-5）。其中，数字接触与使用能力包括数字使用、数字获得、数字接触三个维度，数字理解与评估能力包括数字理解和数字评估两个方面，数字安全能力包括安全能力和安全设置两个维度，数字传播与创新能力包括数字传播、数字参与和数字创造三个维度，数字就业与发展能力包括数字发展单个维度。该量表的探索性因子分析和验证性因子分析结果显示，其具有良好的信度和效度。

表1-5　大学生数字素养的测量题项（姚争和宋红岩）

数字素养能力	维度	题项
数字接触与使用	数字使用	我知道如何将手机/相机中的照片导入电脑 我知道如何使用蓝牙连接手机 我知道自己使用的电脑的内存有多大 我会设置手机等设备的密码、地址 我会使用电脑制作PPT
	数字获得	我经常上网浏览信息 网络是自己获取信息尤其是新闻的最主要渠道 我会通过不同渠道，依据它们不同的使用特性来查找自己想要的资料
	数字接触	我总能很早地关注到网络的新应用，并尝试使用 我经常通过网络结交新的朋友与圈子
数字理解与评估	数字理解	我可以快速地理解当前网络流行用词的含义，如内卷 我可以正确理解不同交谈对象发来的表情包含义 我知道至少一个网络平台的运营规则 我知道媒介内容是受特定社会文化影响的 我可以识别不同软件的功能，如微信
	数字评估	对于媒介与信息传播，我总是有很强的传媒专业的敏感力 我能够轻易地区分网络博主发布信息中的"暗广" 我会区分网络中的不良信息或行为 我会通过不同渠道来确定媒介信息的真实性 在转发或分享媒介信息前，我总会先判断其是否真实
数字安全	安全能力	我经常会提醒他人注意电脑使用的信息安全 当自己利益受到侵害时，我能通过申诉、投诉、举报等方式进行网络维权 遇到涉及暴力等不良网络信息，我会通过合理渠道举报 当知道App在进行大数据收集个人信息时，我会减少或尽量不使用 我会关注网络治理方面的政府文件，如中央网信办出台的"清朗"专项行动等
	安全设置	在下载新软件时，我都会认真阅读它的隐私政策 对于不同的网络平台账号，我会设置安全等级高的密码，且不重复使用
数字传播与创新	数字传播	我经常关注网络上的社会热点问题和新闻事件 我会根据不同的对象和场景，使用文字、视频、语音等进行互动交流 我会用文字、图片、视频等形式把自己的想法表达出来 我在使用不同社交软件时会展现出不同的形象角色 我会通过多种媒介或工具来分享网络信息、内容和知识 我会用微博、微信、QQ等来表达自己的想法或观点
	数字参与	我会在网络上发布自己对一些事件的观点与看法 看到喜欢的文章或视频，我会发微信朋友圈
	数字创造	我能将不同的视频片段剪辑成新的作品 我能熟练进行数字媒体内容制作（如短视频等）

续表

数字素养能力	维度	题项
数字就业与发展	数字发展	我学习过新闻采编写拍评等相关专业知识 我会通过网络学习新的专业知识或技能（如视频剪辑等） 我会利用微信公众号、微博等媒介获取与专业相关的实习等信息 我会关注最新的传媒制作设备与技术，如无人机等，并应用到自己的专业学习中 我会利用媒介获取行业最新信息，并以此来创业 我已基本掌握自身就业方向的传媒行业所需的数字技术和应用 我了解自己所学专业在今后传媒行业中的定位 我能运用所学专业的知识去分析传媒行业动态 我能够使用自己所学的专业知识/技能来创作媒体内容

罗强强等（2023）在考察老年人数字素养与数字获得感之间的关系时，基于数字鸿沟伦理以及相关研究，将数字素养划分为物理接入能力、信息搜索能力、沟通协作能力、数据安全意识、数字内容创造力五个维度，并开发出相关的量表测量工具（见表1-6）。该量表的探索性因子分析和验证性因子分析结果显示，该量表具备良好的信度和效度。

表1-6　老年人数字素养的测量题项

维度	测量题项
物理接入能力	拥有智能手机并能接入网络
信息搜索能力	在网上查找到想要的信息并不难
沟通协作能力	在网上建群商讨事情并不难
数据安全意识	在网上转发消息会先验证再相信
数字内容创造力	在网上创建论坛、贴吧并不难

朱红根等（2022）在调查农户数字素养与生活垃圾分类治理的影响机制时，结合我国农村居民的特点将农民数字素养划分为数字认知认同、数字评估应用和数字沟通共享三个维度，采用7道五点李克特题项进行测量（见表1-7）。

表1-7　农户数字素养的测量题项（朱红根等）

测量题项
您认为您生活在数字时代，信息对生产生活非常重要
您希望在生产生活遇到问题时，通过查询信息以解决问题

测量题项
您比较了解与信息有关的理论、知识、方法
您能从手机等渠道获取生产生活所需信息并且判断信息真假
您会利用获取信息来辅助解决生产生活问题并做出决策
您能将所拥有的信息通过微信等软件传播分享给他人
您能在寻找评价利用传播信息的活动中自觉遵循道德准则

李晓静等（2022）在研究农户数字素养和创业行为的关系时，参照欧盟数字素养框架的分类标准，并结合了既往的研究做法，开发了自己的数字素养测量量表，主要包括信息和数据素养、沟通与协作素养、数字内容创建素养、数字安全素养和问题解决素养五个维度（见表1-8），该量表采用五点李克特量表的形式，该量表的验证性因子分析结果显示，该量表具有较好的信度和效度。

表1-8　农户数字素养的测量题项（李晓静等）

维度	测量题项
信息和数据素养	会使用网络工具浏览、搜索和筛选数据及信息 能够辨别网络获取数据及信息内容来源的可信度 会存储和提取所获取的数据及信息
沟通与协作素养	会使用聊天软件与他人线上交流 会利用数字工具分享网络中所获取的有益信息 能够利用数字化工具和服务参与社区事务
数字内容创建素养	会通过整合网络信息撰写软文在朋友圈和微博发布 会制作相关网络小视频、短视频并发布 会使用网络直播平台进行直播
数字安全素养	知道数字环境中可能存在的安全及安保风险 会采取相关措施保护个人数据及隐私（如设置密保） 能在数字环境中保护自己及他人利益不被损害（如网络霸凌、网络诈骗）
问题解决素养	能利用数字化工具解决所遇到的现实问题 理解和认识到自己需要在哪些方面提升数字素养 能借助数字化工具清晰识别自身所面临的问题

华维芬（2020）针对英语专业本科生的数字素养进行了调研，将数字素养划分为应用能力、获取知识、分享与交流、解决难题和娱乐放松五个维度，每个维度均采用一定题项加以测量（见表1-9）。

表 1-9　英语专业本科生数字素养的测量题项

维度	测量题项
应用能力	熟练使用 Excel 和 SPSS 软件 利用数字工具对知识归类、排序，使其条理化 概括中心思想，获取知识
获取知识	上英文网站了解国际动态 观看网易公开课拓展知识 收听英语广播
分享与交流	上网和朋友聊天以沟通感情 熟练运用电子邮件、微信等与师生交流 采用多种途径与同学共享资料
解决难题	上网自行解决学习中的问题 用微信或 QQ 向师生请教 上网向陌生人求教
娱乐放松	上网打游戏 上网看英语视频 上网学习英语歌曲

杨爽和周志强（2019）在研究高校教师的数字素养时，基于数字技术使用、数字信息管理、数字内容创造、数字社群构建以及数字安全能力等方面开发了自己的测量量表（见表 1-10）。该量表采用七点李克特量表的形式，该量表的验证性因子分析和探索性因子分析结果显示，该量表具有较好的信度和效度。

表 1-10　高校教师数字素养的测量题项

维度	测量题项
数字技术使用	我能够熟练使用数字办公软件完成工作任务 我能够熟练使用数字教学软件完成教学任务 我能够通过电子邮件与同事、学生或者其他人进行正式沟通 我能够通过社交媒体发布适当的信息
数字信息管理	我能够通过网络搜索所需信息 我能够判断网络信息的可信度或者价值 我能够将所获取的信息进行整理、使用 我能够通过一些数字渠道与他人分享信息
数字内容创造	我能够创造满足教学任务最低要求的数字化内容 我能够创造满足工作任务最低要求的数字化内容 我能够根据工作或者学习要求创造更高标准的数字化内容

续表

维度	测量题项
数字社群构建	我能够通过数字化手段向同事、学生或者其他人清晰地表述自己的意思 我能够通过数字化手段与同事、学生或者其他人进行合作以完成任务 我能够通过数字化手段解决工作或者学习中遇到的问题
数字安全能力	我能够通过数字化手段对自己创造的内容进行抄袭检测 我能够以网络公民素质规范自己在网络环境中的行为 我能够在一定程度上保护自己的工作或者学习中产生的数据和信息 我能够在信息共享过程中保护自己的隐私安全

　　Ng（2012）在研究中将数字素养划分为技术层面、认知层面以及社会情感层面，并针对三个层面分别采用不同的题项展开测量（见表1-11）。

表1-11　数字素养的测量题项（Ng）

维度	测量题项
技术层面	我知道如何解决自己的技术问题 我可以很容易地学习新技术 我掌握许多重要的先进技术 我知道很多不同的数字技术 我具备使用信息和通信技术进行学习所需的技术技能，并能够制作、展示我对所学知识理解的数字作品（如通过数字技术来演示以及创建数字故事、维基百科和博客） 我具有良好的信息和通信技能
认知层面	我对自己从网络获取信息方面的搜索和评估技能充满信心 我熟悉与网络活动相关的问题，如网络安全、搜索问题、网络盗窃
社会情感层面	信息通信技术使我在项目工作和其他学习活动中更好地与同龄人合作 我经常通过互联网从朋友那里获得学习、工作的帮助，如通过Skype、Facebook、博客等渠道

　　Hargittai（2005）基于个体对自身技能的感知，认为数字素养主要包括他们对重要IT相关术语和规范的认识，并基于此来衡量个体的IT相关能力。该研究提出了七个题项的量表来衡量数字素养，具体如表1-12所示。

表1-12　数字素养的测量题项（Hargittai）

测量题项
你知道如何将文件从万维网下载到你的电脑上吗？
你对以下术语有多熟悉？MP3

测量题项
你对以下术语有多熟悉？偏好设置（Preference Setting）
你对以下术语有多熟悉？刷新/重新加载（Refresh/Reload）
你对以下术语有多熟悉？新闻组（Newsgroup）
你对以下术语有多熟悉？PDF
你对以下术语有多熟悉？高级搜索（Advanced Search）

Cetindamar 等（2021）探讨了员工的数字素养与理解和运用云计算技术之间的关系，采用了五维度的数字素养量表，从信息和数据、交流和协作、数据内容创作、数字安全、问题解决等方面对数字素养展开测量（见表1-13）。

表1-13　员工数字素养的测量题项

维度	测量题项
信息和数据	我对浏览、搜索、过滤数据和信息数字内容充满信心 我经常使用云信息存储服务或外部硬盘 我擅于核实我找到的信息来源
交流和协作	我在工作中积极使用各种在线交流工具 我选择数字工具和技术进行协作 我在使用云计算和在数字环境中互动时有网络礼仪
数据内容创作	我可以制作不同格式的复杂数字内容（例如，图像和视频） 我可以利用不同工具的格式转换功能（例如，邮件合并）来制作内容 我尊重版权和许可规则，我知道如何在使用数字信息和内容时遵守这些法律法规
数字安全	我能够调试特定软件和程序的高级设置 我会定期检查我的隐私设置，并更新我用于访问互联网的设备上的安全程序（例如，防病毒程序） 我能够选择安全合适的数字工具，并且与其他工具相比，这些工具既高效又划算
问题解决	我能够解决技术问题，或者当技术不起作用时能良好应对 我可以使用数字技术（设备或服务）来解决（非技术性的）问题 我能够使用各种媒体创造性地表达自己的想法（例如，图片、视频）

Park 和 Nam（2014）在研究中就互联网使用素养、互联网制作素养、智能设备使用知识、智能设备生产知识四个领域对数字素养展开了衡量。受访者的每一项数字素养维度被分配了一个分值：0分，缺乏所有四个素养类别的知识；1分，入门级素养水平；2分，中级素养水平；3分，高级素养水平。四个素养类别是：①互联网使用素养（数据和信息搜索；基于互联网的多媒体服务；预订和

预售；电子政务使用；网上银行；会议、俱乐部、博客订阅；电子购物）。②互联网制作素养（电子邮件；制作和上传视频、照片和音乐；参与评论和讨论；对政府政策发表评论，发布投诉；连接数字设备、计算机和互联网）。③智能设备使用知识（信息和数据搜索；新闻；银行和股票；购物；音乐和视频播放）。④智能设备生产知识（电子邮件；社交网站通信；从智能设备到计算机的文件传输；应用程序下载；智能设备配置；发送文件；将文件从智能设备上传到互联网）。

Guzmán-Simón 等（2017）分别针对学生的信息素养、ICT 素养制定了调查问卷，但这并非量表型的测量工具，只是聚焦于反映学生数字素养的相关行为习惯，受访者针对每一个题项进行 1~6 分的打分来反映他们使用某种数字素养习惯的频率，具体如表 1-14 所示。

表 1-14　学生数字素养的测量题项（Guzmán-Simón 等）

测量方向	测量题项
信息素养	你（学生）倾向于在……的地方，进行网上阅读： 　　只有书面文本 　　书面文本并附有图像或视听元素 　　存在其他页面链接 当开始阅读文本时，你会如何阅读文档？ 　　阅读全部内容 　　文本的片段或一部分 　　快速或肤浅地阅读概述 　　我在标题或章节中寻找我感兴趣的信息 当阅读书籍、杂志等时，如果在理解方面有困难或想拓宽自己的知识面，你会怎么做？ 　　使用字典 　　使用互联网 　　使用百科全书 　　使用知识导图、索引等 　　使用图纸或说明图 你在图书馆经常使用的数字格式或电子资源是： 　　电子书收藏：电子书 　　数字设备（Kindle、iPad、阅读器等） 　　数字杂志 　　谷歌图书 　　数据库：拨号网、ERIC、Francis 等 　　大学图书馆目录 你是否查阅过图书馆里的以下格式的杂志或文章： 　　数字格式 　　打印在纸上

续表

测量方向	测量题项
ICT 素养	你通常用于书写的设备是： 纸张（课堂笔记本、日常计划书等） 电脑 手机 平板或笔记本电脑 你最常用的社交媒体是： 社交网络（Facebook、Tuenti 等） 个人博客（日记、评论等） 专题页面（粉丝小说、角色、论坛、聊天等） 在写文本时，你一般使用什么形式？ 博客 纪实与虚构相结合的电影（或书等） 短故事 参与式写作网页 YouTube 频道 使用数字媒体写作时，你一般采用哪些内容形式？ 照片或图像 视频 动画 计算机模拟 你平时的购书地点是： 书店 互联网 文具店 报摊

Vodǎ 等（2022）在探讨学生的数字素养时，将数字素养划分为沟通和协作数字技能、创意数字技能、批判性思维数字技能、信息数字化技能、解决问题数字技能、技术数字技能六个维度（见表 1-15），他们分别采用以下题项对这五个方面展开了测量，该量表采用五点李克特量表的形式。

表 1-15　学生数字素养的测量题项（Vodǎ 等）

维度	测量题项
沟通和协作数字技能	我可以使用 Skype、WhatsApp 等或使用基本功能（如语音信息、短信、文本交换）与他人交流 我可以使用多种通信工具的高级功能（例如，使用 Skype 和共享文件） 我积极使用各种沟通工具（电子邮件、短信、即时消息、博客、社交网络）进行在线沟通

续表

维度	测量题项
沟通和协作数字技能	我可以使用协作工具（例如，项目管理软件、在线电子表格），并帮助编辑他人创建和共享的文档/文件（OneDrive、Google Drive、Dropbox 等） 我知道我可以使用在线服务（例如，电子银行、电子政府、电子医院、在线支付等） 我在网上（例如，通过社交网络工具或在线社区）与他人传递或分享知识
创意数字技能	我知道如何从现有的在线图像、音乐或视频中创建/编辑新内容 我对在博客、网站或论坛上创作内容充满信心 我有信心把我创作的文字/视频/图像内容放到网上 我可以使用数字工具以至少一种格式创建数字内容（例如，文本、表格、图像、音频、视频文件） 我可以使用工具创建网页或博客 我可以使用各种数字工具和环境，以不同的格式创建复杂的多媒体内容
批判性思维数字技能	我知道什么时候该和不应该在网上分享信息以及哪种信息 我知道如何提取/突出文本中的基本概念和参考文献 我知道如何识别和提取社交媒体等来源的特定信息 我知道我的凭据（用户名/密码）可能会被盗，而且我知道我不应该在网上泄露私人信息 我知道在互联网上并不是所有的信息都是可靠的，而且我知道如何检查不同的信息来源和评估不同的在线内容
信息数字化技能	我可以使用高级搜索策略在互联网上找到可靠的信息源（例如，使用网络订阅） 我在搜索时使用了一些过滤器来比较和评估我找到的信息的可靠性 我可以使用一系列标准来评估信息的有效性和可信度 我可以保存或存储文件或内容，并在保存或存储后检索它们 我使用文件夹有条不紊地对信息进行分类，并且我对存储的信息或文件进行备份 我可以保存在互联网上找到的各种格式的信息，并且我可以使用云信息存储服务
解决问题数字技能	我可以采取基本措施来保护我的设备（例如，使用防病毒和密码） 我在用于访问互联网的设备上安装了安全程序（例如，防病毒、防火墙） 我使用不同的密码访问设施、设备和数字服务，并定期对其进行修改 如果我的电脑被病毒感染，我知道如何应对，并且我可以配置或修改我的数字设备的防火墙和安全设置 当出现技术问题或使用新程序时，我会寻求到相关的支持 我可以解决使用数字技术时出现的大多数的频繁问题
技术数字技能	我可以为网站添加书签，还可以下载/上传文件 我可以填写在线表格 我可以将基本格式（例如，插入脚注、图表、表格）应用于我或其他人制作的内容 我知道如何将数据导入特定的程序和工具（例如，STATA、SPSS、EViews、MonkeyLearn、Aylien、Google Cloud NLP API、Amazon Comprehend、Brandwatch、RapidMiner、MeaningCloud）

续表

维度	测量题项
技术数字技能	我知道如何在特定的程序和工具中进行简单的数据处理（例如，STATA、SPSS、EViews、MonkeyLearn、Aylien、Google Cloud NLP API、Amazon Comprehend、Brandwatch、RapidMiner、MeaningCloud） 我知道如何引用和重用版权所涵盖的内容 我可以选择正确的工具、设备、应用程序、软件或服务来解决非技术性的问题 我了解新的技术发展，并且我了解技术是如何工作的 我定期更新我的数字技术技能，并且我能够意识到自己的局限性，努力填补空白

　　Sánchez-Cruzado 等（2021）聚焦教师的数字素养，在他们的研究中，他们从教师的信息素养、沟通协作素养、创造和数据素养、安全素养、问题解决素养五个方面出发，设计了相关题项来评价教师对上述五个方面的知识和技能的掌握程度（见表1-16）。这些题项用4点分值，分别代表从低到高来打分，受访者需要同时就特定方面的知识掌握情况和实践运用情况进行评价。

表1-16　教师数字素养的测量题项（Sánchez-Cruzado 等）

维度	测量题项
信息素养	从事互联网浏览和执行标记等基本任务，恢复浏览历史等 使用搜索引擎在不同的设备和格式上定位和选择最相关的信息 使用从互联网上选择、组织和分类信息的工具 严格评估网络内容 保存文件及编辑相关内容 文件及内容的存储和管理 使用存储联机文件的工具 使用学校软件
沟通协作素养	使用与教育部门成员在线交流的工具：论坛、即时消息、聊天 使用博客和维基为学生开发在线学习系统 根据接受者的需要，在社交网络、社区和在线空间中共享信息和教育内容 理解在教育背景下使用网络进行交流的基本规则 理解在教育背景下创建和管理数字身份的优势和风险 跟踪学生的数字记录，利用这些信息改善他们的学习过程 加入与数字技术相关的合作学校项目

续表

维度	测量题项
创造和数据素养	使用教育视频（使用电脑、Web 2.0 或平板电脑等） 使用创建信息图形、交互式图形的工具 使用创建时间表的工具 使用创建二维码的工具 使用创建概念图和编辑图形的工具 使用创建播客的工具 使用帮助在学习过程中引入游戏化的工具 使用交互式数字板的工具或软件 使用创建增强现实的工具 使用开放教育资源（OER） 使用创建评估的工具 使用创建评估准则的工具 使用创建演示文稿的工具 使用信息和通信技术来检验和监察
安全素养	与数字内容相关的作者权利和不同类型的许可证 保护数字设备、文件和密码 信息和通信技术使用、安全和隐私管理等方面的法律和道德问题 修改软件和应用程序的编程技术 负责任地、健康地使用数字技术 意识到技术对环境的影响
问题解决素养	执行电脑或平板电脑的基本维护任务，以避免可能出现的问题 解决由于在课堂上使用数字设备而产生的技术问题 评估数字工具和设备在课堂上的有效性 评估外围设备的连接和兼容性 进行云服务中的存储和管理 使用数字资源来适应学校教育项目和学校设施 促使数字资源契合于任务、活动的需要 从包容性的角度帮助学生在课堂上使用多样性的数字工具 使用数字工具来评测、计算学费或管理学生 培训和更新自身的数字能力 执行与学生一起培养数字能力的教学任务 由于技术的使用而产生的教育类的创意和创新产品

　　Hamutoglu 等（2017）的研究基于 Ng（2012）对数字素养的刻画，开发了17 个题项的数字素养量表（见表 1−17）。该量表主要从通用素养、技术素养、变革素养、社交素养四个方面展开测量，该量表的探索性因子分析和验证性因子分析结果显示，该量表具备较好的信度和效度。

表 1-17　数字素养的测量题项（Hamutoglu 等）

维度	测量题项
通用素养	我喜欢在学习过程中使用信息和通信技术 我会熟练地使用信息和通信技术 我对使用信息和通信技术学习更有兴趣 我会激励我利用信息和通信技术进行学习 我经常通过 Skype、Facebook 等工具从朋友那里获得互联网帮助 我能够通过独立使用信息和通信技术进行学习 我知道如何解决我遇到的技术问题
技术素养	我可以很容易地学会使用新技术 我可以驾驭我认为重要的新技术 我对不同的技术了解很多 我掌握了使用信息和通信技术来学习和创造新事物的技能 我相信我的研究和评估技能，可以从互联网上获取需要的信息 在学习过程中，我经常使用移动技术（掌上电脑、平板电脑、智能手机等）
变革素养	我的老师在上课时应该更多地使用信息和通信技术 信息和通信技术使我能够与朋友一起从事项目工作和其他学习活动
社交素养	我擅长信息和通信技术 我知道通过互联网进行社交活动

Alt 和 Raichel（2020）的研究考察了采用游戏化方式的基于问题的学习对大学生数字素养和创造性自我概念的影响，在该研究中，研究者采用了一个包含 15 个题项的量表来测量大学生的数字素养，该量表包含分析素养、访问素养、评估素养三个维度（见表 1-18）。该量表的探索性因子分析结果显示，该量表具备较好的信度和效度。

表 1-18　大学生数字素养的测量题项（Alt 和 Raichel）

维度	测量题项
分析素养	一般来说，我可以很容易地整理我在网上阅读的信息，以满足与我的学术相关的要求 当我在网上阅读信息时，我很容易识别与我的作业相关的部分 一般来说，在网上阅读时，我可以区分事实和作者的解释 在阅读时，我可以很容易地区分对我的工作来说什么是重要的，什么是不重要的 当我观看在线视频时，我可以很轻松地识别与我的工作相关的信息 我通常知道数字信息源是否可靠

维度	测量题项
访问素养	我通常知道如何获得可能有助于我完成作业的特定在线信息 我通常了解哪些网站或其他互联网资源可能与我的作业相关 我通常知道如何访问在线数据库（例如，期刊或权威机构的数据库、政府资源） 我通常知道如何找到可能与我的任务相关的在线信息来源（例如，杂志、期刊、报纸） 事实上，我通常会使用互联网上找到的任何可能有助于我完成任务的信息来源（反题项） 我通常知道如何缩小搜索范围并获得我所需要的内容
评估素养	我通常会检查数字来源是学术来源（例如，书籍、学术期刊文章或已发表的专家报告等）还是非学术来源 我在网上阅读时通常会注意来源信息（例如，作者、出版日期） 一般来说，我很难决定信息来源是否可靠，我需要帮助（反题项）

Akayolu 等（2019）的研究调研了教师群体的数字素养。他们在研究中制作了衡量感知数字使用能力的题目，以及数字素养主题的半结构化开放式面试题（见表 1-19）。

表 1-19　教师数字素养的半结构化开放式面试题

感知数字使用能力
了解数字工具
了解数字工具和数字世界
能够使用数字工具
能够使用数字工具进行交流
能够将数字工具用于语言教学
能够将数字工具用于各种目的
能够随心所欲地使用数字工具
了解使用数字工具时的目标和风险

半结构化开放式面试题	
输出素养	你使用哪些在线媒体与朋友、家人、同事互动？
文本素养	你理解网上使用的缩写吗，比如 CU、G8？
超文本素养	当你在线写作时，你会创建到其他网页的链接吗？
视觉媒体和多媒体素养	你是否曾经在线创建、录制和共享图像、声音文件和视频，什么时候，为什么？
游戏素养	你是否玩网络游戏或参与虚拟世界，如第二人生，具体如何做？
移动素养	你把手机用于教育目的吗，具体如何做？
代码和技术素养	你能更改布局或在博客中嵌入一个对象吗？

续表

半结构化开放式面试题	
搜索素养	你是如何搜索所需的信息的?
信息素养	你如何评估你在网上收到的信息,包括社交媒体上的信息?
标记素养	你是否对网站和信息进行分类、标记、存储和检索,具体如何做?
个人素养	你有编辑在线个人资料/身份吗?
网络素养	你加入过什么样的网络团体,能举例说明吗?
参与式素养	你公开在网上写作吗,能举例说明吗?
文化和跨文化素养	你在网上与来自其他文化的人互动吗,具体如何?
混合素养	你能编辑图像、声音和视频文件吗,具体如何做?
英语教学数字素养	你在大学的导师/教授使用哪些技术工具?

Hatlevik 等(2015)在考察学生使用信息通信技术的能力时,制作了一项包含 17 个题项的问卷,从数字判断、获取和整合数字信息、处理和产生数字信息、数字通信四个维度对学生的数字素养展开了刻画(见表 1-20),但值得注意的是,该问卷并非量表工具,只应用于刻画学生数字素养各方面的基本情况。

表 1-20 学生数字素养的测量题项(Hatlevik 等)

维度	测量题项
数字判断	你能知道你在网上遇到的人的身份吗? 你能够删除你在网上发布的图片吗? 你能接受在网上散布关于他人的谣言吗? 当你在网上发布照片时,正确的做法是什么? 其他人能识别您访问的网站吗?
获取和整合数字信息	要找到主持电视节目的人,合适的搜索词是什么? 你能相信来自维基百科的信息吗? 有多少国家得分超过 100 分(展示电子表格中的图片)? 你能做什么来检查在互联网上找到的信息的准确性? 瑞典有多少次得分超过 90 分(展示一张来自电子表格的图片)?
处理和产生数字信息	当一个文件以 .jpg 结尾时,这意味着什么? 你能用什么样的数字工具来测量一条 4 千米长的道路? 在文档中移动文本的最佳方式是什么? 如果你在网上找到了一首诗,你如何在作业中使用这首诗? 哪个单元格被标记(显示电子表格中的图片)? 如何在文本编辑器中进行搜索和替换?
数字通信	若有人在论坛上发布了一条消息,你一般能看懂吗?

Zhao 等（2021）在考察大学教师数字素养的研究中，从信息和数据素养、沟通与协作素养、创造素养、安全素养、问题解决素养五个方面对数字素养展开了全方位评测，具体如表 1-21 所示。

表 1-21　大学教师数字素养的测量题项

维度	测量题项
信息和数据素养	我为教学找到了有趣的信息来源 我知道受版权保护的教育资源的限制 我评估在线教育资源的质量，以确保其准确性以及其与课程的一致性 我使用社交媒体来收集和整合教学资源
沟通与协作素养	我创造数字工作环境来和我的学生交流 我通过数字工具组织互动活动，并通过图片、链接和视频分享这些活动 我选择不同社交媒体和虚拟社区中的教育内容和资源 我根据教育用途来识别数字服务 我积极参与虚拟社区和社交网络，目的是更新和推动职业发展
创造素养	我创建网站，发布适合学生学习需求的多媒体教育内容 我对数字资源进行再加工，把它们变成新的、有创造性的数字内容，我还可以适当地为它们授权 我创造性地重复使用虚拟教学社区的数字内容 我知道适用于使用在线教育材料的法规，也知道如何授权我自己的数字产品 我根据学生的个人学习风格和兴趣定制数字媒体的高级功能
安全素养	我经常更新和保护我的设备 我知道我的私人数据是如何被收集和使用的 在管理和保护我自己和我学生的数字身份时，我保持积极的态度 我知道而且我能够在使用数字媒体时，良好地应对社会和心理的突发情况 我知道技术的使用对环境的正面和负面影响
问题解决素养	在手册或可用技术信息的帮助下，我可以解决不复杂的技术问题 我可以批判性地评估数字环境、数字工具和数字服务进而处理教学工作相关任务的不同情况 我可以利用技术来分析我的日常工作需求，并管理创新的解决方案 我试图使用新兴的数字技术来帮助我跟上时代，并缩小我的教学和职业发展所需的数字能力方面的差距

Barragán-Sánchez 等（2020）在研究中设计了一个有效、可靠的量表工具，来衡量教师在行使技术生态责任方面的自我感知数字能力，该量表由 4 个维度和 14 个题项构成（见表 1-22）。该量表的探索性因子分析和验证性因子分析结果显示，其具有较好的信度和效度。

表 1-22　教师数字素养的测量题项（Barragán-Sánchez 等）

维度	测量题项
教师在正式或非正式层面上就技术使用对环境影响的了解程度	我清楚技术的使用对环境的影响 我听说过使用技术对环境造成的影响 我可以清楚地定义什么是使用技术造成的环境影响 我参加过有关使用技术对环境造成影响的课程 我知道如何完美地识别造成环境影响的技术使用
以实际的方式将数字知识应用于学生和家庭教学工作的可能性	根据我目前掌握的知识，我可以为学生准备一份教学指南，以防止使用技术对环境造成不良影响 根据我目前掌握的知识，我可以为家庭准备一份教学指南，以防止使用技术对环境造成不良影响
识别技术使用对环境的影响并减少其负面影响的教学技能	我认为自己有能力识别对环境影响最大的技术行动 我能够制定指施，减少使用技术造成的负面环境影响 作为一名教师，我将能够在使用技术防止负面影响的基础上制定应遵循的程序
培训学生和家庭预防数字负面影响的教学技能	我能够帮助另一个人应对技术对环境所造成的重大不良影响 作为一名教师，我能够告知学生使用技术对环境所造成的风险 作为一名教师，我能够告知家庭使用技术对环境所造成的风险 作为一名教师，我能够设计针对学生和家庭的行动，以防止使用技术对环境影响造成的风险

Rokenes 和 Krumsvik（2016）研究了如何教育实习教师使用信息通信技术进行教学，他们对四组研究生教师开展了四个学期的调查。在他们的研究中，他们对教师自我感知数字素养、数字素养训练需求、教育实践数字素养、对信息通信技术的教学使用等概念展开了调研并设计了相应测量问卷题项，主要的问卷题项如表 1-23 所示。

表 1-23　实习教师数字素养的测量题项

数字素养概念	测量题项
教师自我感知数字素养	初级 ICT 技能——在业余时间（工作和学校之外）掌握使用笔记本电脑和数字工具（如网上银行和社交媒体）的能力 基本 ICT 技能——在学习中熟练掌握使用数字工具（如学习管理系统、Word、Excel 和 PowerPoint）的能力 教学 ICT 技能——掌握使用数字工具（如 ESL 中的数字学习资源）的能力，进而在教学中提高学生的学科学习效果 数字学习策略——掌握指导学生专注、持久、流畅和连贯地阅读数字文本的能力 数字教育——知道如何指导学生应对数字生活中存在的道德挑战（例如，非法下载、抄袭、复制等） 总体数字能力——基于前面的问题，评估整体的数字教学能力

数字素养概念	测量题项
数字素养训练需求	为了提高学生利用信息和通信技术的潜在学习成果，实习教师希望培养哪些方面的数字工具使用能力？ 　　用于学科教学的基本数字工具（如 Word、PowerPoint、Google 等） 　　用于学科教学的社交媒体学科（如 YouTube、Facebook 等） 　　用于学科教学的数字学习资源（如 NDLA、数字教材） 　　用于学科教学的基本数字工具和社交媒体 　　用于学科教学的社交媒体和数字学习资源 　　用于学科教学的基本数字工具和数字学习资源 　　我需要使用其他类型的数字工具来开展教育实践 　　我根本不需要培训任何数字能力 　　我不知道
教育实践数字素养	设定学习目标——在多大程度上，实习教师同意他们帮助学生在学科学习中使用信息通信技术来设定明确的学习目标 提高潜在的学习成果——在多大程度上，实习教师同意他们可以就学生在学科中使用信息通信技术时如何提高其潜在学习成果给出明确的指示 讲授者的研究知识储备——在多大程度上，实习教师认为他们学科的讲授者熟悉关于学校学生如何最好地使用信息通信技术学习的研究 数字能力发展——实习教师在多大程度上同意教师教育的校园培训有助于发展他们的数字能力 教学的数字能力——实习教师在多大程度上同意他们的数字能力已经充分发展，可以在当今的校园中使用信息和通信技术进行教学 通过学科教学提高数字能力——与教师教育项目的其他方面相比，实习教师在多大程度上同意他们通过学科教学实践或者教学研讨会发展了数字能力 通过学校实习培养数字能力——与教师教育项目的校园教学相比，实习教师在多大程度上同意他们通过学校实习发展了数字能力 教师的专业数字能力——在多大程度上，实习教师同意他们的专业数字技能对他们未来的教师职业很重要 学生学习的专业数字能力——在多大程度上，实习教师同意他们的专业数字技能对未来学生的潜在学习成果是重要的
对信息通信技术的教学使用	教学信息和通信技术使用——实习教师以何种方式使用信息和通信系统进行教学： 　　我使用信息通信技术，以便学生能够更好地记住学科内容（例如，记住概念和定义） 　　我使用信息通信技术，以便学生能够更好地记住、理解学科内容（例如，把理论学科的内容形象化） 　　我使用信息通信技术，以便学生能够更好地记住、理解和应用学科内容（例如，解决与学科相关的任务） 　　我使用信息通信技术，以便学生能够获得比仅使用教科书更好的学习效果 　　我不以任何方式使用信息通信技术 数字化学习策略——实习教师掌握什么样的数字化学习策略来指导学生：

续表

数字素养概念	测量题项
对信息通信技术的教学使用	我可以在基础水平上指导小学生阅读屏幕中的文本 我掌握#1（特定的数字技术或技能，下同），并且我可以指导小学生专注、持续、连贯、流畅地阅读屏幕中的文本 我掌握#1和#2，我可以指导学生搜索、定位和比较来自不同数字源的信息 我掌握#1、#2和#3，我可以指导学生转换和对比来自不同数字源的信息 我掌握#1、#2、#3和#4，我可以指导学生评估和批评数字源 我掌握#1、#2、#3、#4和#5，我可以指导学生解释和分析数字源

除了既往研究中所采用的量表测量方式，一些国际组织也提出了数字素养的相关测量方法。其中，比较具有代表性的是欧盟教师数字素养测评工具 Dig-CompEdu Check-In。该工具采用计分法则，通过对专业效能、数字资源、教学与学习、数字评估、赋能学习、促进学习者数字素养六个方面展开分析，通过个体在不同题项上的得分来判断他们的数字素养所处的等级水平。其中，低于 20 分的被判定为新手，即很少使用数字技术进行沟通；20 分到 33 分的被判定为探索者，该阶段个体会利用数字技术与学生、家长、同事以及相关技术人员展开沟通交流；34 分到 49 分的被判定为观察者，该阶段个体的典型特征在于会根据沟通的目的和使用情境，采用不同的数字技术和工具，且具备一定的网络礼仪，了解一定的在线沟通规则；50 分到 65 分的被判定为专家，该阶段的个体一般能够较好地依据情境来选择最合适的数字技术和工具以及相关的使用策略；66 分到 80 分的被判定为领导者，该阶段个体的典型特征在于，他们会将相关的评价、反思融入到如何将数字技术有效地应用到实际问题当中，同时能够在教学实践中有效地通过数字技术来实现透明化管理，进而对未来的教学和学习策略做出科学、合理的规划；80 分以上的被判定为先驱者，这类人群通常致力于数字技术的开发和创新活动，是相关数字技术和工具使用规范的制定者和引领者。由于具体的问卷内容十分冗长，本书在此不再翻译和陈列，请需要的读者自行查阅相关公开资料。

四、数字素养的影响

在对数字素养的测量方法进行研究后，部分研究者针对数字素养的前因后果展开了探讨。本书在此梳理了相关的研究文献，以详细介绍数字素养的形成机制和影响机制。

1. 数字素养的影响因素

第一，针对数字素养的影响因素的研究往往致力于解决"如何提升个体数字素养"的问题，关于如何提升学生群体数字素养的问题，部分学者研究总结出了限制学生数字素养发展的关键阻碍。裴英竹（2022）在考察大学生数字素养的研究中认为，当前培养大学生数字素养主要受到六方面的局限：①顶层设计缺失，培养目标模糊。目前，我国教育行政主管部门尚未针对大学生数字素养或数字人才培养建立一套系统性的完整体系，导致各高等院校的数字化学科建设以及数字化人才培养缺乏明确、清晰的目标定位，存在标准不一等问题，不利于大学生数字素养的提升。②基础支撑不强，数字环境失序。目前，各高等院校的数字化基础设施存在参差不齐的问题，数字网络、服务和平台建设存在城乡差距大的问题，尤其是边疆少数民族地区的高等院校，网络基础设施依旧相对落后，在网络物理连接、数字资源的可访问性、数字接入及相关维护的成本性方面存在不同程度的劣势。这种劣势在新冠疫情期间比较突出，特别是部分来自农村和偏远地区的师生难以进行线上教学的现象比较严重。③课程改革滞后，数字"金课"缺失。在裴英竹（2022）的研究中记载，虽然多达300多所高等院校已经成功申请了大数据相关的职业，一些高校也在布局数字经济、数字媒体、数字电路、数字电子技术、数字音乐、数字化转型、大数据管理与应用、数据库知识、数理逻辑等与数字技术紧密相关的课程，但是大学生数字素养的相关课程改革依旧相对滞后，诸如数字思政等课程依旧在酝酿中，与数字相关的高阶性、创新性、挑战性较强的数字素养"金课"依旧比较少。④数字教师紧缺，师资队伍薄弱。目前，数字师资队伍的建设情况依旧不够乐观。一方面，部分高等院校的师资不足，裴英竹（2022）的研究指出，边疆少数民族地区的地方院校生师比达到30：1，有的冷门专业达到50：1，与教育部规定的高等院校生师比合格标准18：1相差较远，而其中熟练掌握数字技能的教师更是凤毛麟角；另一方面，受到不同户籍区域、年龄结构、教育程度等影响，高校教师整体在使用数字资源基础设施以及数字教学方面存在较大的差距，导致数字师资队伍在一些地区处于落后位置。⑤教学研用脱节，数字广度有限。虽然我国数字经济蓬勃发展并创造了大量的就业机会，但也出现了较大的数字人才缺口。目前，数字人才的培养速度和质量研究难以跟上数字经济的发展步伐，数字人才不足依旧是数字经济发展的主要阻碍。其中，大学生数字技能教育、培训、研究和应用的缺失以及相关教育内容与产业发展实践相脱节是重要原因之一。⑥多元协同失位，共育机制欠缺。目前，我国许多高校虽然开设了有关数字技术的专业，如数据科学与大数据技术、计算机科学与技术等，但其中更多的是侧重传统计算机电子技术或电子政务的应用能力的培育，针对云计算、人工智能、区块链等新一代数字技术的专业化人才共育培养体系依旧有待健全，政产学研之间针对大学生数字素养协同培养的合作机制还需进一步完善。

吴砥等（2022）在探讨学生数字素养时认为，当前提升学生数字素养的关键任务在于弥合数字鸿沟和发展差距，包括数字基础设施建设和提升学生的数字技术应用能力两个方面。他们在研究中着重指出，当前提升学生数字素养的主要矛盾在于重视程度不够、系统化不足和滞后性突出三个方面。①存在重视程度不够的问题：一方面，学生数字素养教育长期存在教师资源少、课时少、经费少等问题，尤其是中小学生信息技术教育长期处于发展真空期，信息技术教师长期被边缘化，离职率越来越高，同时学校软硬件配备不到位问题也依旧严重；另一方面，不同教育阶段的信息技术课程标准依旧有待进一步完善，当前我国有关数字素养和技能的课时模块依旧较少，教学质量参差不齐，同时东部、中部、西部三个区域的中小学生在数字素养教育的总体水平上依旧存在较大差距。②存在系统化不足的问题，主要包括数字素养相关教育内容在学科之间协同不够、学段之间衔接不够以及在主体之间配合不够三大困难，导致数字素养教育依旧存在碎片化问题。③存在滞后性突出的问题，目前，我国数字素养的培育意识、教育方式和教学内容均有待更新：首先，在培育意识方面，大量教师依旧缺乏在教学过程中主动融入数字素养相关内容的主动性，家长对数字素养的培育也比较滞后，认为数字技术等同于"玩电脑"，导致学生在家庭教育中难以获得有效的数字素养培育；其次，在教育方式方面，目前信息技术课程教学依旧停留在以教师、教材、课堂为中心的传统阶段，难以培育学生的计算思维、人机协作技能以及问题解决等实践能力；最后，在教学内容方面，目前大数据、人工智能等技术快速崛起，数字技术呈现出迭代周期短、更新速度快等特点，但与此同时，信息技术课程内容更新速度依旧较慢，教学内容与时代实践相脱节的问题依旧严重。

耿荣娜（2020）系统性地探讨了信息化时代大学生的数字素养教育的影响因素，该研究从主体、客体、工具或中介、共同体、劳动分工和规则五个维度系统性地分析了高等院校数字素养教育的影响前因。该研究认为：高校政策、文化环境、ICT 基础设施、教学管理、评价体系等是在高等院校数字素养教育中起到驱动作用的最关键因素；除了上述的因素之外，多元教育、机构合作以及数字资源也发挥了比较重要的作用，而监督机制则发挥辅助作用；此外，教师素养、是否为数字原住民、数字化意识等在系统中属于相对独立的因素。

Nguyen 和 Habók（2021）针对越南大学 1661 名英语学习者展开了有关数字素养的调研，他们研究发现：大多数越南大学生能够在家里和学校里使用数字技术，学生在数字素养方面具备足够的知识水平，而且技能水平也从低到高呈现出参差不齐的分布，然而他们在学习英语的时候基本没有广泛地使用数字技术；男性比女性同龄人具备更好的数字知识和技能，尽管女性比男性更清楚学习数字技术的好处，但男性往往比女性更广泛地使用数字技术；不同年龄组之间也存在一定的差异，大四的学生具备最好的数字知识，而大一的学生拥有最高的数字技术技能水平，而且大三和大四的学生对在英语学习中应用数字技术的态度比大一和大二的学生更积极。

Meneses 和 Mominó（2010）针对西班牙加泰罗尼亚地区的 350 所学校的 6602 名中小学生展开了调研，进而评估了培育基本数字技能所需的社会基础因素。他们的研究表明，与中小学生在日常生活的异质背景下的社交实践相比，学校对数字素养的培育似乎发挥着次要作用，这不仅包括互联网培训方面，同时在提供发展和掌握基本数字技能的机会方面也存在类似的结果。

Yuan 等（2021）提出了一种创新的教育教学方法，也就是通过将数据可视化技术与批判性思维训练相结合，进而提高学生的决策素养。该研究对 79 名参与者进行了一项课程实验，采用一组测试前和测试后相互对比的实验设计，研究数据包括地理数据图、可视化数据图和统计测试，实验依据学生在批判性思维、学术自信和学习成绩等方面的得分将受试者分为高、中、低三个成就组。对于数据分析，他们采用自举法（重复采样 1000 次）、配对样本 t 检验和协方差分析法进行了数据分析，以比较每个独立组之间的差异。他们的研究结果表明，测试后的成绩会显著地高于测试前成绩，说明基于数据可视化和批判性思维的创新教学方法能够较好地推动人才的决策素养。

Vodă 等（2022）探讨了社会学科与人文学科学生的数字素养，他们基于 2021 年 3 月至 2021 年 5 月进行的问卷调查数据，在结构方程模型（SEM）中使用单因素方差分析（ANOVA）和验证性因素分析（CFA）检验了几个研究假设。他们的研究结果表明，在社会学科专业的学生中，沟通、批判性思维、解决问题和技术数字技能更为普遍，而其他数字技能（即创造力和信息）在人文学科的学生中更为普遍。此外，他们的研究结果还表明，除了创造力和解决问题相关的数字技能外，所有的数字技能都在不同教育水平学生中存在显著差异。

Karagul 等（2021）探讨了 2019 年新冠疫情期间学校教育所受到的主要挑战，该研究的样本由 510 名参与者组成，受访者代表不同的学校、年龄组和性别。此外，一个较小的代表性群体（n = 30）透露了他们自己对数字素养水平的评估，以及他们在在线学习中面临的技术相关挑战。这项研究结果表明，学生的数字素养与他们的性别和学校学位之间存在统计学上显著的关系。例如，这项研究中的男性在通识性知识方面比样本中的女性表现得更好，而通识性知识、日常使用能力、专业创造能力等数字素养均伴随着学位的上升而提高；而年龄并不是一个统计上显著的变量。这项研究中的定性自我报告数据表明，当下的学习者具有足够的数字素养，而与技术相关的主要挑战是缺乏必要的技术支撑，导致学习者难以适应新的学习方法。

Liang 等（2021）的研究使用一般认知诊断模型框架调查了中国香港小学生的数字素养技能的掌握情况。该研究分析了从中国香港 642 名小学三年级学生收集的数据，先将一般认知诊断模型与数据进行拟合，以确定学生对五种数字技能的掌握情况以及测试特性；随后进行了潜在的逻辑回归分析，以确定技能掌握与协变量之间的关系。这项研究结果表明，一般认知诊断模型分析是分析数字素养绩效数据的合适方法，其在性别和社会经济地位方面表现出测量的不变性。尽管这项研究中的小学生对所有数字技能的掌握比例都较低，但学生的技能掌握程度可以被准确分类。这项研究中潜在的逻辑回归结果表明，儿童的背景特征（即性别、教育愿望、家庭语言、社会经济地位和使用数字设备的机会）与他们对每种数字技能的掌握有不同的关系。

Alt 和 Raichel（2020）的研究考察了采用游戏化方式的基于问题的学习对大学生数字素养和创造性自我概念的影响。该研究在研究组中引入了游戏化学习的实验干预，结果显示，仅研究组在数字素养和创造性自我概念因素上的前、后测试之间存在显著差异——后测试的得分显著高于前测试，对照组的前、后测试之间显示出无显著差异。研究结果还表明，数字素养和创造性自我概念的因子之间存在显著的弱联系和中等联系。该研究中的定性数据分析揭示了与数字素养技能有关的四个主要类别：技术促成的协作、感知创造力、知识转让和技能转让。

Jin 等（2020）的研究开发了一种适用于测量不同年龄段数字素养表现的测试，并且使用来自三个年龄组学生（一个来自小学，两个来自中学）的数据，检验了数字素养和成绩差异。他们的研究结果表明，与小学生相比，中学生具备了更高水平的数字素养；中学生在数字素养方面存在性别差距，在中学组中，女生的表现优于男生，但在小学组中，两者没有明显差距。他们认为，后续还需要进一步研究，通过纵向研究了解数字素养表现中性别差距的产生原因。

Lazonder 等（2020）的研究以 151 名五年级和六年级学生为样本，每年进行三次测试，以监测他们收集、创建、转换和安全使用数字信息的技能进展情况。该研究中几个小组水平的结果显示：所有四项技能都呈稳定的线性增长，但个别儿童在一年内交替大幅增长，而在下一年则进展甚微，反之亦然；儿童在收集信息的能力方面进步最大，而创造信息的能力进步最小；大多数技能的发展与性别、年级水平、移民背景以及数字接触频率的提高有一定的相关性和独立性；儿童的社会经济地位与收集和安全使用信息的能力相关性较弱，并且与其他两种数字识字技能无关。

Hatlevik 和 Christophersen（2013）对来自 24 所高中的 4087 名学生进行了研究，研究的目的是探讨影响学生数字能力的因素，这里的数字素养被划分为数字判断、获取和处理数字信息以及产生数字信息等方面的能力。这项研究结果显示：学校之间和学校内部的学生数字能力存在很大差异；学生的语言融合、文化资本，以及所掌握的专业方向和学术抱负能够预测他们的数字能力，并解释了数字能力差异的很大一部分。Hatlevik 等（2015）的研究目的是根据能力目标识别学生使用信息通信技术的能力，并考察可以影响学生数字能力的因素。该研究使用了来自 125 所学校的 1793 名学生和 125 名学校领导的样本，研究结果显示，学生和学校之间的数字能力存在差异。该研究中多层次分析的结果表明：较高水平的掌握取向和自我效能感（即动机）以及学生的家庭背景（即语言融合和家里的书籍数量）是学生数字能力水平的影响因素；此外，当学校领导报告学校教师的专业发展文化水平较高时，学生的数字能力水平也有所提高；学校和教师在支持学生积极性和强调数字包容性方面仍然面临挑战。

第二，除学生群体之外，部分研究还针对影响教师数字素养的因素展开了探讨。孔令帅和王楠楠（2023）的研究认为，决定教师的数字素养的动因主要包括适应技术发展和弥合数字鸿沟两个方面。前者的主要逻辑在于，数字技术的发展推动了教育变革，也要求教师提升自己的数字素养，为教育在数字时代的未来发展提前做好准备。伴随教育的数字化变革，数字技术对教育的冲击也会对教师职业造成挑战，尤其是在 2019 年新冠疫情之后，数字化课堂和在线网课在疫情期间和后疫情时期推动了教学范式的转变，这其中形成了倒逼教师群体提升数字素养以拥抱现代化教育模式的驱动力。该研究中所讲的弥合数字鸿沟则主要涉及不同国家、地区之间，乃至地区内部存在的数字鸿沟问题，他们指出，要充分发挥全球教师的作用来推动世界各地全面数字素养和技能的提升，加强教师数字素养建设已经成为重要的任务。数字鸿沟与多种因素具有紧密联系，且在全球范围内正在不断突显。数字鸿沟首先与各地区之间信息技术基础设施的建设程度相关，这决定公民获取数字信息的能力，进而影响到信息技术使用的能力，以及运用信息技术来创造福祉的能力。当前，全球各国已经高度重视数字基础设施建设，但是对于人民使用数字信息能力的培养尚处于起步阶段，而教师在知识传播和技能培育工作中发挥着中流砥柱的作用，提升教师数字素养不仅是为提升学生的数字素养保驾护航，同样也是地区未来发展数字经济的重要任务。对于教师数字素养的培育路径，孔令帅和王楠楠在自己的研究中主要提及"搭建沟通平台，共享开发教师教育资源"，"开发并发展框架，应用于教师教育行动"，"推行培训项目，组织教师教育实践"三个方面。Güneş 和 Bahçivan（2017）的研究聚焦于教师的科学教学信念及教学观与其数字素养之间的关系，他们对 979 名职前科学教师的数据进行了结构方程建模分析，定量研究了变量之间的结构关系。他们的研究结果表明：职前科学教师的科学教学信念对其建构主义观念产生了积极影响；同时，他们的科学教学信念也与他们的传统观念有着消极的联系；如果职前教师持有建构主义概念，他们的教学观对他们的数字素养有更积极的贡献；职前科学教师之前的经历也会影响他们的信仰和数字素养。

第三，对于图书情报领域，部分研究针对读者数字素养的培育问题以及图书馆在提升全民数字素养中的作用展开了探讨。孙鹏和王宇（2022）在分析读者数字素养时认为，影响数字素养发展的因素包括外因和内因两个方面，其中外因比较复杂且存在较多的不可抗力，主要涉及读者所接触的外界物理环境和接触数字信息的机会。由于外因的复杂性和具有多种不可抗力，孙鹏和王宇主要分析了高校读者数字素养的内因，包括认知、能力、阶层三个主要方面：①认知层面主要涉及个体对网络信息的识别能力。由于不同读者对网络数字信息的识别能力存在根本性的差异，认知因素从根本上导致了不同读者接受相同的数字信息时会产生不同的理解和服务效果，这是导致不同读者之间数字素养鸿沟的深层因素。②能力层面主要涉及读者对数字素养工具的驾驭能力。例如，读者对不同数字工具的掌握程度和使用时长存在差异，对于数字信息的收集、过滤、整合、处理、分析等方面具备不同的优势和劣势，这也导致了读者群体之间的数字鸿沟的产生。③阶层背景主要与读者的年龄、专业、成长环境等差异相关，不同的阶层背景导致了读者具备不同的数字信息认知视野和接受能力。李秋实等（2022）通过深度访谈对公共图书馆数字素养的影响因素展开了分析，认为公共图书馆数字素养教育效能的影响因素包括用户、馆员、服务、资源、管理、环境等方面：①用户因素主要包括个体提升需求、素养认知状态、参与兴趣意愿三个方面，分别对应着用户自身对职业发展、生活学习等数字素养提升的需要和诉求，用户对公共图书馆数字素养教育的整体感知和评价，以及公众对数字素养教育活动的感兴趣程度和参与意愿。②馆员因素主要包括数字教育意识、专业数字能力和培训学习激励三个方面，分别代表着馆员自身的数字素养以及教育的主观认知和参与意识，馆员具备的专业数字技能和领域知识，以及为馆员提供的数字素养提升的学习培训机会和相应的晋升激励机制等。③服务因素主要包括内容形式创新、过程交互反馈和效用价值契合三个方面，分别代表数字素养教育的活动主体、方式新颖性及对公众的吸引力，教育服务过程中对用户教育需求的调研及效果跟踪反馈，以及教育活动的效果、价值功能与公众数字素养提升需求之间的契合程度。④资源要素主要包括内容供需匹配、空间数字设施、技术平台整合三个方面，分别对应着数字教育资源内容的完备程度、可用易用性、分类组织整合等与用户需求的匹配程度，教育活动空间配备、网络计算机等数字基础设施的配置程度，以及数字技术引进、应用和平台系统的建设和整合等。⑤管理要素主要与标准规范明晰、评估考核体系、多方合作联动三方面息息相关，分别对应着教育内容、形式、质量的教育标准规范的制定，教育效果的评价方案及绩效考核管理体系的制定，以及公共图书馆与外部高校、教育培训企业等社会力量联合开展教育的联动程度。⑥环境因素主要涉及政策制度引导、经费投入支持和社会化媒体推广三个方面，分别对应国家及地方政府的政策引导、支持和制度保障，政府管理部门、图书馆决策部门对教育活动的投入拨款支持，以及各类社会媒体对图书馆数字素养教育的宣传推广。其中，李秋实等的研究也指出，这些影响因素之间存在相关关系，该研究主要提出了"用户→教育效能""馆员→教育效能""资源→教育效能""服务→教育效能""管理→教育效能""环境→教育效能""服务→用户""资源→服务""馆员→服务""管理→馆员""管理→服务""环境→资源""环境→管理"十三种相关关系。在上述诸多的影响因素中，该研究还指出，采用基于模糊集理论（DEMATEL）方法的关键因素识别方式，可以分析出八种公共图书馆数字素养教育效能的关键影响因素：培训学习激励、专业数字能力、效用价值契合、主题形式创新、经费投入支持、过程交互反馈、内容供需匹配、空间数字设施。

第四，部分研究针对互联网用户的数字素养展开了探讨，试图探明影响用户数字素养培育的关键因素。Huerta 和 Sandoval-Almazán（2007）的研究探讨了墨西哥的边缘化人群中的互联网用户在互联网中面临的问题，他们的研究发现，墨西哥的网络用户难以在非线性环境中通过导航以找到所需信息，并且缺乏分析和整合检索到的信息的能力，以及分析和综合检索到的信息的能力，同时，还面临着一些技术性的阻碍，如互联网的访问速度会影响用户在搜索信息时的行为；另外，英语是互联网上的主要语言，缺乏英语知识是缩小墨西哥数字鸿沟的一个障碍。Choi 和 Behm-Morawitz（2017）以 YouTube 上的美容大师作为研究对象进行了研究，发现尽管 YouTube 美容大师的主要目的是娱乐以及向观众介绍美容、化妆和时尚，但他们的内容也可能传达与视频制作相关的技术信息和技能。该项研究结果表明，研究中所观察到的 YouTube 美容大师应用了各种技术（例如，在视频中添加文本和社交媒体链接），并且其视频中包含积极的教育信息（例如，教育他人了解文化）。该研究进一步发现，在一项在线实验中，观看 YouTube 美容大师的视频可以激励观众制作视频，这是通过来源吸引力来调节的。总体来说，这项研究说明 YouTube 内容创作者能够发挥在数字技术领域的引领作用，这有助于提升观众的技术使用。这项研究对 STEAM 教育中的数字素养提升具有重要意义。Park 和 Nam（2014）基于韩国国家信息社会局的数据开展了研究，他们在样本中提取了互联网和智能设备用户，研究了残疾、性别和年龄对个体互联网和智能装置使用以及相关生产知识的交互影响。他们的研究采用广义线性模型进行分析，发现残疾、性别、年龄和教育对互联网使用和生产知识具有显著的影响。其中，残疾与年龄的交互项、残疾和教育的交互项对网络使用素养的影响具有统计学意义，除此之外，该研究还观察到残疾和年龄的交互作用对生产知识的显著影响，然而，残疾、性别和教育对智能设备使用和生产知识的主要影响并不显著。

第五，除了上述人群之外，部分研究还考察了其他样本的数字素养。例如，Polizzi（2020）基于案例质性研究探讨了专家学者们如何参与和评估在线内容，以了解数字素养的含义。其研究结果表明，评估在线内容的能力是实地调查结果中比较突出的，是数字素养的一个关键方面，它不仅涉及对信息的性质和来源、语境知识和多种来源的使用的反思，关于互联网的实用技能和知识，还涉及对与互联网公民潜力和局限相关的数字环境和互联网公司运营形式的了解，以及上述条件之间的相互关系，即使用互联网的技能和知识与更广泛的数字环境的知识之间的交互作用。又如，Prodromou 和 Lavranos（2019）的研究聚焦于欧洲老年人数字素养，他们采用德尔菲方法编制了一份由 12 个问题组成的封闭式问卷，邀请了 6 个国家共计 188 名响应者参与本次调查，响应率为 89.5%，其中女性为 51.5%。该样本的年龄在 20~75 岁，而且存在较大的差异。其调研结果发现，关于现有的信息和通信技术技能，受访的来自各个国家的与会者都熟悉计算机和互联网的基本使用，但很少有人会使用高级的数字服务，而且大家一致认为，在家人或朋友的帮助下可以促进学习数字技术或者工具的使用。其研究还发现，提升老年人数字素养的主要障碍包括缺乏培训人员以及积极和合适的教育工作者，而且信息和通信技术没有被充分用于老年人的健康教育。

2. 数字素养的作用机制

第一，数字素养对于不同群体和情境具备多种影响效果，对于农民，数字素养往往有助于农业现代化建设，能促使农民有效利用数字技术以提高自身社会参与度及创造财富的能力。苏岚岚和彭艳玲（2022）以乡村精英为出发点，就农民数字素养展开了解析。通过对既往文献的梳理分析，她们认为，当前我国农民数字素养建设存在三方面不足：首先，数字技术在我国乡村治理中的应用依旧有待重视，既往研究较少从微观层面就农民参与数字乡村治理的内在心理和外显行为展开刻画；其次，针对本土化情境的农民数字素养的衡量手段依旧有待挖掘，这对后续研究基于数字素养视角就农民的数字乡村治理过程展开探讨造成了障碍；最后，研究者注意到不同类型的乡村精英身份对农民参与数字乡村治理具有差异化的作用，有必要深入解析其内在的理论逻辑。为了填补这些研究不足，她们分别从数字化党群教育、数字化村务管理、数字化民主监督三个方面展开了探析。

她们研究发现，数字素养能够有效促进农民参与数字乡村治理，其中相较于普通村民身份，经济能人身份虽未显著增加农民对数字乡村治理的参与程度，但是村干部身份、经济能人身份和村干部双重精英身份均有利于显著增加农民对数字乡村单一领域的参与度以及整体参与度。苏岚岚和彭艳玲（2021）考察了农民的数字素养对数字购物、数字医疗、数字生活服务、数字出行等数字生活领域的影响，结果发现，数字化教育有助于促进农民在数字购物、数字医疗、数字生活服务、数字出行等方面的参与程度，同时，数字素养能够在上述关系中发挥中介作用。马丽和杨艳梅（2022）指出，农民的数字素养有助于农民参与数字社交、数字娱乐、数字学习和数字商业等活动，进而推动乡村的组织振兴、文化振兴、人才振兴以及产业振兴、生态振兴，有助于乡村振兴工程的整体推进。温涛和刘渊博（2023）考察了数字素养、金融知识与农民数字金融行为之间的关系逻辑，结果发现，数字素养和金融知识都是影响农民数字金融行为响应的关键因素，对数字金融行为是否响应以及响应的广度均有明显的提升作用，同时数字素养和金融知识对数字金融行为的影响效应之间存在替代关系，其中数字素养发挥了主导作用，而对于数字金融行为响应的深度方面，二者的效应存在互补关系，能够共同促进农民对数字金融的依赖程度和农民的融资强度。黄敦平和倪加鑫（2022）就返乡创业对农户多维相对贫困的影响展开了研究，他们基于中国劳动力动态调查数据，测度了我国农户的多维相对贫困，实证检验了返乡就业对农户多维相对贫困的影响机制。该研究发现，返乡创业有助于缓解农户的多维相对贫困程度，通常来讲，返乡就业可以缓解经济维度、社会发展维度和生态环境维度的贫困。他们通过进一步分析发现，数字素养在返乡就业和农户多维相对贫困之间起到中介作用，即返乡就业可以有效提升农户的数字素养，该效应进一步通过数字素养传导并作用于农户多维相对贫困。但是这项研究并没有明确提出数字素养的测量方法，只是针对调查数据中有关个体接收和获取信息化能力的相关题项打分进行了因子分析，进而得出数字素养的得分，包括"使用网上银行""网上购买火车票""用手机发短信"等问题。与此相似，王杰等（2022）也针对农民的相对贫困展开了调查分析，他们发现数字素养对多维相对贫困具有显著的负向作用，同时，该效应是数字素养通过提升农村居民的创业活动来实现的。他们通过进一步分析发现，在动态减贫的过程中，数字素养的减贫效应会伴随着相对贫困深度的增加而提升。朱红根等（2022）研究了数字素养对农户生活垃圾分类意愿及行为的影响机制，他们基于对苏南地区农村的微观调查，发现农户数字素养水平总体偏低，生活垃圾分类意愿较高，其中数字素养能够显著提升生活垃圾分类治理的意愿，并促进了农户进行垃圾分类的实践。聂昌腾（2022）在研究网络基础设施建设与农村居民消费之间的关系时，发现农村居民的数字素养的提升有助于增加居民的消费数量和消费类目，其中网络基础设施对农村居民消费审计的影响呈现出"门槛效应"，即当居民的数字素养达到一定的阈值后，网络基础设施对农村居民消费升级才会表现出显著的促进作用。王子艳和曹昂（2022）的研究聚焦于乡村旅游发展与返乡青年的数字素养之间的关系，通过对河北和川渝地区两个从事乡村旅游开发的返乡青年团队进行调查分析，发现乡村旅游发展对不同层次的数字素养具有需求，该研究在案例分析中指出，返乡青年团队对微信公众号、微信小程序、App 等数字媒介平台的经营以及基于不同平台的视频网站和应用程序的宣传推广，均有助于推动村庄价值挖掘、传播与变现等乡村旅游建设。单德朋等（2022）的研究主要探讨了农户数字素养、财产性收入与共同富裕之间的关系，结果发现，农户的数字素养对财产性收入的积累具有正向作用，呈现出益贫性的特征，数字素养对财产性收入的影响取决于数字基础设施的目的，其中若以数字社交为基本目的，则对于农户的财产性收入的提升没有显著的作用，但是严肃类的数字活动更能够促进农户财富的积累，从机制分析来看，数字素养能够降低知识和有效信息的获取成本，培养和导入市场经济意识，拓展既有资产价值的转化路径，改善资产决策和配置效率，进而增加财产性收入。他们进一步对异质性展开了分析，研究发现，数字素养对中老年农户和受教育程度较低的农户的财产性收入的提升具有更加明显的效果。李晓静等（2022）聚焦农户数字素养对其创业行为的影响，他们对陕西和四川的 686 家农户展开了调研分析，研究结果发现，农户数字素养提升不仅可以促进其创业行为，而且对地理位置附近的农户的创业行为也会产生正向的溢出效应。在进一步的分析中，他们发现，在返乡创业试点县内部，农户数字素养对创业行为存在显著的正向空间溢出效应，但是在非试点县这一效应则不明显。

第二，除农民群体之外，学生和教师群体也是数字素养及技能提升工作所要关注的重点人群，为此，教育情境在数字素养研究领域中也得到了广泛的探讨。许志红（2022）针对大学生群体就数字素养与网络健康使用的关系展开了调研，结果发现：数字素养与政策法规认知、情绪智力、网络健康使用等均呈现出显著正相关性；政策法规认知在数字素养与网络健康使用之间呈现出中介作用；情绪智力在政策法规认知和网络健康使用之间具有显著的调节作用，情绪智力越高，政策法规认知对网络健康使用的正向关系就会越强。华维芬（2020）的研究聚焦于数字素养与英语学习之间的关系，该研究以 243 名英语专业的本科生为研究对象，结果发现，受试学生具备一定的数字素养且拥有较高的学习愿望，而自我管理能力则一般处于中等水平，其中，学生的数字素养与其自主学习的能力呈现出正相关关系。Yu（2022）研究了 2019 年新冠疫情期间的在线学习情况，认为新冠疫情导致线下的教育机构关闭或暂停运营，进而促使学生提升自己的数字素养。然而，目前学生的数字素养依旧有待提升，同时，学生的数字素养和社会监管有助于他们提高在线学习的成绩，具体而言，良好的教学策略、师生合作、游戏化和计算机的应用可以提高在线学习成绩。同样是基于 2019 年新冠疫情情境，Li 和 Yu（2022）考察了教师的数字素养，他们发现，教师在新冠疫情期间也和学生一样发生了身份和角色上的改变，他们认为，教师的数字素养可以有效地在线上混合教学模式中提升教师的职业满意度、职业角色认同。Al-Qallaf 和 Al-Mutairi（2016）针对小学英语教学展开了研究，他们对 23 名五年级学生的博客进行了为期一学期的调查分析，并且分析了这些学生以及他们老师的看法，研究发现，教育工作者热衷于在教学过程中使用网络技术，这种做法有助于推动小学生英语学习，然而，该研究也发现，目前教师在教学实践中相关的数字素养和技术使用行为依旧有待改善，而且缺乏数字内容的访问能力。Sánchez-Cruzado 等（2021）聚焦教师的数字素养对 4883 名不同教育水平的西班牙教师的数字技能进行了测量，总体而言，教师对其数字技能的自我认知较低。他们通过进一步研究发现，目前教师的数字素养水平还尚未达到有效改善教学过程的程度，教师迫切需要一个培训计划来达到最佳的数字技能水平，从而实现教育范式的真正转变，最终将方法论和教育策略相结合。Alakrash 和 Razak（2021）的研究认为，2019 年新冠疫情凸显了数字技术和数字素养在英语教学中的重要性，该研究的目的在于：首先，探讨数字技术在英语教学中的应用和教学者、学习者的数字素养水平；其次，测量英语教师和学生在英语课堂上使用技术和数字文字的能力分布。他们向 150 名学生和 40 名教师分发了两份问卷，并对问卷数据进行了描述性分析，研究结果显示，学生对数字技术的使用在词汇学习方面最高，在阅读技能方面最低，而教师对一般教学实践的使用最高，在写作技能方面最低。Durak 和 Seferolu（2020）的研究检验了数字素养、学术表现和错失恐惧对社交媒体使用的影响效应，该研究以 1284 名学生作为样本，通过描述性统计和线性多层次回归分析对数据进行了分析，结果发现：人口统计学变量被认为是社交媒体使用经历的重要预测因素，而数字素养预测了使用社交媒体和参与社交环境的频率，进而推动个体的社会互动、沟通和教育学习等过程；此外，错失恐惧在解释社交媒体环境中朋友或追随者的数量，以及学生为了了解和被了解而参与社交媒体环境的频率和相关的使用态度方面具有重要的影响；同时，年龄变量与使用社交媒体的频率之间的关系，年龄变量与为了了解和被了解教育目的而使用社交媒体的行为之间的关系都是负向的。Coklar 等（2017）的研究调查了信息素养、数字原生性与在线信息搜索能力之间的关系。这项研究的参与者是 398 名本科生，研究结果表明：信息搜索能力与信息素养呈高水平相关，与数字原生性呈低水平相关；与诞生和成长在数字环境中相比，信息素养对在线信息搜索的影响更大。Mehrvarz 等（2021）的研究旨在探讨数字非正式学习在高等教育学生数字能力与学业成绩之间的中介作用。他们对伊朗设拉子大学的 319 名学生展开了调研，结果发现：学生的数字能力对其数字非正式学习和学习成绩有积极影响；此外，数字非正式学习作为中介变量，对数字能力与学生学习成绩之间的关系起到积极效应。因此，他们提出，为了提高学生的学习成绩，教育工作者和课程设计者应该考虑学生的数字能力和数字非正式学习。

第三，部分研究考察了互联网用户的数字素养对其心理和行为结果的影响。孟玺（2023）考察了社交媒体用户的数字素养对虚假信息识别的影响，发现数字素养能够激活社交用户对虚假信息的风险感知、感知行为控制、主观规范以及识别意识，同时存在"数字素养→风险感知→感知行为控制→识别意向"以及"数字素养→感知行为控制→识别意向"两条中介路径。Park（2013）研究了数字素养的三个维度（即个体对互联网技术方面的熟悉程度、对常见制度实践的认识以及对当前隐私政策的理解）与在线隐私行为之间的关系，他们对 419 名互联网成年用户的调查数据展开了回归分析，结果发现：数字素养的三个维度能够有效地促进互联网用户的隐私保护行为，而这些影响还会受到年龄、性别、收入和教育等社会人口特征的调节。

第四，部分学者针对老年人群体的数字素养展开了调研。罗强强等（2023）的研究检验了数字素养对老年人数字获得感的影响机制，发现老年人的数字素养能够正向影响老年人的数字获得感，其中数字社会参与在数字素养影响数字获得感的过程中起到中介作用，数字反哺也正向调节了数字素养对老年人数字获得感的影响，以及数字素养对老年人数字参与度的影响。

第五，在管理学领域，学者们更加关注员工或者人才的数字素养对生产经营的影响。陈怀超等（2022）探讨了数字经济、人才数字素养与制造业结构升级之间的关系，结果发现，数字经济与制造业结构合理化、高级化具有显著的互相促进的作用，数字经济和制造业结构高级化对人才数字素养具有持续性的促进作用。他们的研究发现：制造业结构合理化对人才数字素养的促进作用不显著，说明制造业结构尚未达到较高的合理化水平，还未实现人才要素的市场化配置；同时，人才数字素养也尚未发挥对数字经济以及制造业结构合理化、高级化的促进作用，因此人才数字素养的提升尚存在一定的滞后性，无法及时满足数字经济对数字化人才的需求。Mohammadyari 和 Singh（2015）的研究认为，员工的数字素养水平通过影响员工在学习过程中的效果期望和努力期望来影响个体的学习表现。他们将数字素养的概念与技术接受和使用统一理论（UTAUT）相结合，并采用了新西兰会计师的调查数据来测试研究模型，研究结果表明，数字素养对效果期望和努力期望具有显著的正向影响，而效果期望能够有效促进持续使用数字技术来进行学习活动的意图，进而对学习表现产生正向影响。这些说明个人数字素养有助于个体开展电子学习。Cetindamar 等（2021）的研究探讨了员工的数字素养在理解和运用数字技术方面的作用。他们的研究基于计划行为理论，针对124 名澳大利亚员工的技术使用意向和行为数据展开了调查分析，结果表明，员工的数字素养与公司的云技术使用呈现出正相关关系，具体而言，组织内部的知识共享文化与赋能知识共享的数字基础设施之间具有正相关关系，而知识共享的数字基础设施可以推动员工的数字素养，并且数字素养进一步影响员工对云计算技术的使用意向，最终促进云计算的使用行为。Kanafi 等（2022）聚焦于员工的数字素养，探讨了信息和数字素养在员工对数字技术的有用性和易用性的感知中所起的作用，进而探讨他们在工作场所实践中使用技术的意图。该研究使用的数据集由 121 名受访者的问卷数据组成，并使用了结构方程模型，研究结果表明，信息素养和数字素养都对感知的技术易用性有直接影响，但对感知的有用性没有直接影响。他们在研究中还发现，信息素养和数字素养都通过使用态度对在工作中使用数字技术的意图产生了间接影响。因此，他们提出，在实践中，管理者和决策者应密切关注员工的数字素养水平，由于数字素养是数字时代的一项重要技能，管理人员和首席信息官可能希望先确定哪些工作组或个人需要数字素养培训和指导，然后提供具体和相关的培训或干预措施，进而帮助那些缺乏足够数字素养能力的人。Mrnjavac 和 Bejakovic（2020）考察了劳动力的数字素养的重要性，他们的研究利用欧盟统计局的数据，证明了欧盟劳动力的数字技能和就业率之间具备统计显著的相关性。这意味着政府和企业雇主寻求、提出和实施新的数字素养提升战略的重要性，未来应当进一步促进数字包容性以及素养培训，且不仅要针对新型信息和通信技术领域的专业人员，还要针对整个劳动力市场。他们认为，数字技能，特别是数字素养，是影响社会经济发展和劳动力就业能力的重要因素，如果没有足够的数字素养，劳动力就难以参与数字经济和社会活动，而且除了工作环境，数字素养还会影响人们其他方面的生活和交流方式。

第二章 国外的数字素养

本章将介绍国外具有代表性的数字素养框架，具体包括欧盟的 DigComp 和 DigCompEdu、联合国教科文组织的 Digital Literacy Global Framework（DLGF）、数字智能联盟的 Digital Intelligence Framework（DQ）四个全球性的数字素养框架。

一、欧盟的 DigComp

欧盟于 2013 年发布的 DigComp 1.0 中将数字素养划分为信息素养、沟通素养、内容创作素养、安全素养和问题解决素养五个方面，具体如图 2-1 所示。

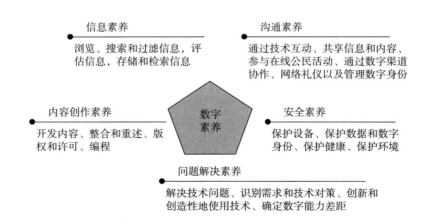

图 2-1 欧盟的 DigComp 1.0 数字素养框架

资料来源：DigComp 1.0。

1. 信息素养

信息素养包含三个主要能力：浏览、搜索和过滤信息，评估信息，存储和检索信息。

首先，浏览、搜索和过滤信息的能力主要涉及访问和搜索在线信息，阐明信息需求，查找相关信息，有效选择数字资源，在在线资源之间寻找合适的导航以及制定个人信息策略等过程。从个体的熟练程度来看，基础级别的浏览、搜索和过滤信息的能力主要取决于个体能否通过搜索引擎进行一些在线搜索，以及个体能否知道不同的搜索引擎可以提供不同的结果；更进阶的能力则需要个体具备可以浏览互联网、获取信息，在线搜索信息，清楚地表达自身的信息需求，并且可以寻找到适当信息等一系列能力；前沿级别的能力要求个体在网上搜索信息和浏览时，可以使用各种各样的搜索策略，可以过滤和监控自己收到的信息，并且知道在网上信息共享的地方（如微博）应该关注谁。DigComp 1.0 指出，从知识结构来看，具备浏览、搜索和过滤信息能力的个体一般了解信息是如何生成、管理和提供的，知晓不同的搜索引擎，了解哪些搜索引擎或者数据库最能满足自身的信息需求，了解如何在不同的设备和媒体中找到需要的信息，了解搜索引擎如何对信息进行分类以及其中的提要机制是如何工作的，明白搜索过程中的索引原则等；从技能结构来看，若个体具备良好的浏览、搜索和过滤信息的能力，那么他们就能够根据特定需求调整搜索策略，梳理清楚以超链接和非线性形式呈现的信息，使用过滤器和代理来查找自己需要的信息，细化信息搜索的流程并选择合适的关键词来搜索特定的数字内容，他们的搜索过程往往具备目标导向，通常还可以根据算法的构建方式修改信息搜索模式，或者根据特定的搜索引擎、应用程序或设备来调整搜索策略；从态度视角来看，具备良好的浏览、搜索和过滤信息的能力意味着个体也需要拥有对查找信息的积极主动态度、关注信息检索技术的积极方面、寻求自身生活中不同方面信息的主动性并且对信息系统及其功能感到好奇。根据 DigComp 1.0 的描述，个体浏览、搜索和过滤信息的能力一般包含两类应用目的，即学习和工作。在以学习为导向时，基础级别的能力是指个体能够使用搜索引擎来查找特定类型的详细热点信息；更进阶的能力包括个体还可以通过输入适当的关键词来查找到一系列关于特定形式热点信息的来源，并可以使用更为精细的搜索方式来定位最合适的信息源；而前沿级别的学习能力则包括个体可以使用不同的搜索引擎和高级搜索找到一系列关于特定主题的热点信息源，以及个体可以使用在线数据库和通过链接参考进行搜索等。在以工作为导向时，个体的基础能力一般是指能够使用通用搜索引擎找到工作任务或安排的详细信息；而更高级的能力则包括可以使用许多搜索引擎和多家门户网站找到相关任务所需要的详细信息，并且可以针对相关时间信息进行选择与预定；而比较超前的能力包括个体能够同时使用和对比多种搜索引擎、公司门户网站的详细信息，进而查找到最合适的工作信息，如外出航班的成本和预定时间等。

其次，评估信息的能力主要涉及收集、处理、理解和批判性评估信息等过程。从个体对能力的掌握来看，基础的信息评估能力主要涉及个体能否知道并非所有的在线信息都是安全、可靠的；而更进阶的信息评估能力包括个体需要具备比较不同信息来源的能力，甚至对所收集的信息持有批判态度，并且能够通过交叉验证等方法来评估信息的有效性和可信度。从个体的知识结构来看，具备良好的信息评估能力的个体可以分析检索到的信息和评估数字媒体的内容，就互联网或媒体上发现的数字内容的有效性展开评价和解释，同时还需要了解在线和离线的信息来源以及不同来源的可靠性，能对不同信息来源进行交叉检查，将信息转化为知识以及了解网络世界中不同势力分布的能力。从技能方面来看，具备良好信息评估能力的个体一般能够处理各类数字应用向用户推送的信息，并且可以评估各类信息的有用性、及时性、准确性和完整性，比较和整合不同来源的信息，乃至区分可靠信息和不可靠的信息。从对待数字信息的态度来看，具备良好信息评估能力的人一般可以认识到并非所有信息都能在互联网上找到，对所找到的信息会持批判的态度，同时这类个体通常会意识到在全球化的互联网中，某些国家在互联网上的代表性依旧更强，而且搜索引擎的机制和算法在显示信息时不一定是中立的。对于信息评估能力的应用目的，在学习方面，初级的学习评估能力主要是指个体能够通过数字技术或工具，从不同的来源找到一些数字内容，但个体可能难以判断这些信息的价值；而对于具备更进阶的评估能力的个体，他们不仅能够从不同的来源寻找自身所需的信息，而且还能够很好地判断这些信息的价值；具备较为优秀的信息评估能力的个体不仅能从多种来源探索信息，而且还会将不合格的信息源筛除，并能有效地检查这些信息的细节，进而确保这些信息的有效性。在工作方面，比较初级的信息评估能力主要是指个体能否通过数字手段来查看工作信息，如某些产品的销售数据，但是这类个体往往不能确定这些数据的可靠性；若具备更进阶的信息评估能力，个体不仅可以有效地获取工作所需的信息，还可以在一定程度上确保这些信息的可靠性；而拥有前沿的信息评估能力的个体往往能较好地识别出所获取的工作信息是否可靠，能将看起来不可靠的信息从众多的信息中筛选出去，并且这类个体往往会将所获取的信息与同事或者专家一起核实，以确保这些信息是有效的。

最后，存储和检索信息的能力主要涉及个体操作和存储数字信息及内容以便用于检索，以及个体组织信息和数据等过程。从掌握能力的熟练程度来看，初级的存储和检索信息能力主要是指个体能否采取合理的手段来保存文件和内容（如文本、图片、音乐、视频和网页等），知道如何返回和查找到他们之前所保存的内容；更进阶的存储和检索信息能力不仅包括保存、存储或标记文件、内容和信息等过程，还包括个体能够具备自己的存储数字内容的策略，可以根据自己的策略来检索和管理自己所保存的信息和内容；而对于具备比较优秀的存储和检索信息能力的个体而言，他们能够应用不同的方法和工具来组织文件、内容和信息，同时还能部署一套策略来检索自己或其他人所组织和存储的内容。在知识结构方面，具备存储和检索信息能力要求个体能够理解不同设备和服务上的信息存储方式，列举出不同的存储介质，并选择最合适的存储方式。在技能方面，良好的存储和检索信息能力要求个体能够对所获得的数字资源和内容进行结构化和分类，按照分类体系或特定的方法进行组织，并使用不同的分类方案来存储和管理数字资源和信息；除此之外，个体还应当能够使用信息管理服务、软件和应用程序，能够检索和获取之前存储的信息和内容，并且能适当地标记内容。在态度方面，存储和检索信息的能力要求个体意识到不同存储设备和服务（无论是在线还是本地存储）的优缺点，意识到备份的重要性，认识到具有可理解性和实用性的存储系统或者方案的重要性，并意识到在将内容存储为私有或公共数据时的后果。对于存储和检索信息的目的，在学习方面，个体应当能够创建笔记文档，并将文本和图像保存到桌面上；而对于具备更进阶的存储能力的个体，他们能够将笔记以不同的文件格式保存，并且通过有组织的命名文件夹来管理这些文件；若个体具备优秀的存储和检索能力，他们一般能够将笔记保存到硬盘上的文件夹中，还能够保存到文件托管服务（如云存储）中，并且使自己和其他人能够轻松地检索和共享这些文件。在工作方面，具备初级的存储和检索能力的个体能够处理工作的各个方面，知道如何保存以文本、pdf 或视频等格式创建的文件；而具备更进阶的能力的个体则不仅可以妥善地保存工作中所涉及的材料的文本、pdf 和视频文件，并将其归档到命名文件夹中，以便以后可以很容易地检索到它们；具有优秀的存储和检索能力的个体除了可以将文本、pdf、视频和音频文件以及备份副本保存在硬盘和共享文件服务器上之外，还可以供其他地区和国家的人员轻松访问和共享这些文件。

2. 沟通素养

沟通素养主要涉及个体在数字环境中交流，通过在线工具共享资源，与他人联系和合作，与社区和网络互动并参与其中等过程，同时还要求个体具备跨文化意识，主要包括通过技术互动、共享信息和内容、参与在线公民活动、通过数字渠道协作、网络礼仪以及管理数字身份等方面的能力。

第一，通过技术互动可以被描述为个体通过各种数字设备和应用程序进行交互，了解数字通信是如何分布、显示和管理的，知晓通过数字手段进行通信的适当方式，理解不同的通信格式，以及使通信模式和策略适应特定受众等方面的能力。从个体掌握的程度来看，最基础的通过技术互动的能力要求个体能够使用通信工具的基本功能（如手机、VoIP、聊天或电子邮件）与他人互动；更进阶的互动能力要求个体可以使用更多种类的数字工具和更高级的通信工具来进行互动；而具备优秀的互动能力的个体不仅可以广泛使用在线交流工具，而且能采用最符合目的的数字通信模式和方式，为交流对象量身定制沟通的形式，并管理自己收到的不同类型的通信信息。在知识结构方面，具备通过技术互动的能力的个体应当了解不同的数字通信方式（如电子邮件、聊天、VoIP、视频会议、SMS），明白消息和电子邮件的存储和显示方式，知晓几个常用通信软件的功能，以及不同通信方式的优点和局限性，并根据情境采用最合适的通信方式。在技能结构层面，具备技术互动能力的个体应当具备发送电子邮件，写博客、短信等技能，同时知道如何编辑不同联系人的信息以便通过多种方式进行交流，同时能够评估交流对象并根据对象来定制沟通的方式，确保他们收到适当的信息。在态度层面，DigComp 1.0 指出，在个体的数字化交流中，个体需要对通过数字媒体进行沟通和表达充满信心，并在该过程中感到舒适；同时，还要意识到与情境相契合的行为准则和与未知人群进行在线沟通的风险，愿意积极参与在线沟通并根据不同目的选择最合适的沟通方式。在应用目的层面，对于个体的学习过程，初级的在线沟通一般是指个体能否使用聊天或讨论的论坛工具来与其他学生交流课程；进阶的能力则额外包括必要时使用群聊并进行沟通或者使用 VoIP 与其他学生交谈；而更高级的能力则要求个体可以使用屏幕共享、录制对话、直播等功能并且知道根据目的和受众规模选择哪种通信工具。在工作过程中，个体应当能够使用数字技术来安排工作流程，并使用手机和电子邮件与他人交流；更进阶的互动能力要求个体会使用电子邮件和 VoIP 与他人交流以及组织与更多同事的讨论；更高级的能力则要求个体会使用不同的功能（如文件、屏幕共享、对话记录等），还可以在远程站点之间运行视频会议并进行调试，知道何时使用 VoIP 和何时使用视频会议工具。

第二，共享信息和内容的能力涉及与他人分享发现的信息内容和位置，愿意且能够分享知识、内容和资源，充当信息交流过程中的媒介，积极主动地传播新闻、内容和信息，在内容创作过程中知道如何引用其他文献资料并将新信息整合到现有的知识体系中等过程。初级的共享信息和内容的能力是指个体可以通过简单的技术手段与他人共享文件和内容（如发送电子邮件附件、在互联网上传图片等）；更进阶的能力要求个体能够参加社交网站和在线社区，在那里传递或分享知识、内容和信息；而更高级的做法则涉及平台协作、内容实时共享等过程。在知识层面，具备共享信息和内容的能力的个体知道与同事共享内容和信息的好处（无论是对自己还是对他人），知道如何判断所共享的资源的价值以及与之共享的目标受众是谁，知道哪些内容、知识或资源可以公开共享，知道如何或何时确认特定内容的来源等。在技能层面，个体应当能够检查内容的产权，知道如何分享互联网上的内容（如如何在社交网站内分享视频），知道如何使用社交媒体来宣传自己的工作成果等。在态度层面，具备共享信息和内容能力的个体一般在资源、内容和知识共享方面具备积极主动的态度，对共享实践、利益、风险和限制有自己的见解，而且能较好地了解版权问题。

第三，参与在线公民活动的能力是指通过在线参与社会活动，在使用技术和数字环境方面寻求自我发展和赋权的机会，意识到技术对公民参与的潜力等一系列能力。低级别的在线参与公民活动是指个体了解技术可以用来与服务互动，并且被动地使用一些服务（如在线社区、政府、医院或医疗中心、银行），而更进阶的能力则要求个体主动去使用这些项目的基本功能，高级的参与在线公民活动的能力不仅要求个体主动参与这些活动，还需要知道如何积极参与和采取什么样的在线服务等。在知识结构上，个体需要知道技术可以用于哪些民主参与行为（如游说、请愿、参加议会），并且知道技术和媒体如何实现不同形式的参与行为。在技能层面，个体应当能够出于不同目的访问多个相关网络和社区，并且找到与自身兴趣和需求相对应的社区、网络和社交媒体，知晓使用这些媒体和在线服务的不同功能。在态度层面，个体需要对基于数字技术和媒体参与公民活动的潜力具备全面的认知，对社交媒体、网络和在线社区有着批判性的理解，并且具有通过媒体参与活动的积极性。

第四，通过数字渠道协作的能力涉及将技术和媒体用于团队合作、协作的过程，以及资源、知识和内容的共建和共创等活动。对于不同能力级别的个体，通过数字渠道协作的能力也存在不同的体现方式，初级的个体一般可以使用比较传统的技术（如电子邮件）与他人合作，更进阶的能力要求个体可以使用简单的数字工具与他人合作创建、讨论并创造价值，高级别的能力则要求个体能经常自信地使用多种数字协作工具和手段，在资源、知识和内容的生产和共享方面与他人进行协作。在知识结构上，具备良好的通过数字渠道协作的能力的个体知道有助于内容创作的协作方式，知道内容创作何时可以从协作过程中受益以及何时不受益，了解协作工作并且不断与他人交流反馈，能够判断他人对自己工作的贡献，了解不同形式的在线协作所需的不同角色等。在技能层面，具备良好的数字协作能力的个体通常能够使用软件包和基于 Web 的协作服务功能（如跟踪更改、对文档或资源发表评论、创建标签、对维基百科做出贡献等），能够及时提供和接收反馈，可以与他人远距离工作，将社交媒体用于不同的协作目的等。在态度和意识层面，良好的数字协作能力要求个体愿意与他人分享和合作，随时准备成为团队的一部分，并且寻求新的合作形式，这类合作过程通常不一定是传统的面对面接触。

第五，网络礼仪要求个体掌握在线或虚拟互动中的行为规范和相关的知识、诀窍，了解网络多元文化，能够保护自己和他人免受可能的网络危险（如网络欺凌），制定积极的策略来发现不当行为等。基础的网络礼仪要求个体知道在使用数字工具与他人交流时，适用的基本行为规范是什么，更进阶的能力要求个体知道网络礼仪的原则，并且能够将其应用于自己所处的数字环境中，而高级别的网络礼仪能力要求个体不仅能将网络礼仪的各个方面灵活应用于不同的数字交流空间和环境，还能制定识别不当行为的策略。在知识层面，网络礼仪能力要求个体了解数字互动中的约定做法，清楚自己行为的后果，熟知数字媒体中的道德问题（如访问不当网站、网络欺凌），了解不同文化不同的沟通和互动的做法。在技能方面，良好的网络礼仪要求个体有能力保护自己和他人免受网络威胁，有能力禁止或者举报虐待和威胁，适时制定处理网络欺凌和发现不当行为的策略。在态度层面，良好的网络礼仪要求个体考虑信息使用和发布的道德原则，具有高级且合适的行为意识，并根据数字媒介情境、受众和法律规定进行微调，同时能够适应不同的数字通信文化，接受并欣赏多元文化，在数字活动中具有安全和明智的态度。

第六，管理数字身份涉及创建、调整和管理一个或多个数字身份，保护自身的电子信誉，同时处理多个账户和应用程序生成的数据等过程。初级的数字身份管理能力是指个体能够理解数字身份的好处和风险，更进阶的数字身份管理则要求个体可以塑造自己的在线数字身份，并跟踪自己的数字足迹，更高级别的能力则要求个体可以根据具体情境和目的来管理多个数字身份，可以通过在线互动监控自身所产生的信息和数据，知道如何保护自己的数字声誉。在知识层面，良好的数字身份管理要求个体了解拥有一个或多个数字身份的好处，以及在线和离线世界之间的相互联系，明确可以参与自己的数字身份构建的人群有哪些，无论他们的影响是积极的还是消极的。在技能方面，良好的数字身份管理要求个体有能力保护自己和他人免受网络威胁，能够构建一个符合自身需求的档案，并实时跟踪自己的数字足迹。在态度层面，良好的身份管理要求个体意识到与网络身份暴露相关的好处和风险，理解披露自己的某些类型信息的优劣而不是一味地保持恐惧，能够考虑多种表达方式并通过数字手段展现自己的身份和个性。

3. 内容创作素养

DigComp 1.0 中的内容创作素养包括创建和编辑新内容（从文字到图像和视频），整合和重新阐述以前的知识和内容，制作创意表达、媒体输出和节目，处理和应用知识产权和许可证等方面，具体可以划分为开发内容、整合和重述、版权和许可、编程四种能力。

首先，开发内容包括以多媒体等不同格式来创建内容，编辑和改进自己或他人创建的内容，通过数字媒体和技术创造性地表达等活动。基本的内容开发可以是创建简单的数字内容（如文本、表格、图像或音频等），而更进阶的内容开发则要求个体具备制作多种格式数字内容的能力，更高级的内容开发则要求个体适应各种数字媒介、内容格式和环境，并创造原始的多媒体内容产出。在知识层面，个体需要知道数字内容可以以多种形式产生，并且知道哪种软件或应用程序更适合自己所要创建的内容，明白如何通过多媒体（如文本、图像、音频、视频）来输出内容。在技能层面，要求个体能够使用基本数字工具来创建不同形式的内容，能够使用数字媒体来创建知识图式，能够使用各种媒体创造性地表达自己，能对内容进行编辑，以增强最终的输出效果。对于内容开发的相关态度，个体应当不满足于常用的内容创造形式，而是探索新的方式和格式，识别出技术和媒体在自我表达方面的潜力，重视新媒体对认知和创造过程的赋能作用，理解什么是数字媒体技术输出和消费知识的核心和关键，并且可以充满信心地创造媒体内容和表达方式，积极参与创造性的内容创作。

其次，整合和重述包括修改、提炼和混合现有资源以创建新的、原创的和相关的内容和知识等方面。初级的整合和重述能力通常是指个体能否对其他人制作的内容进行基本更改，进阶能力则是指编辑、完善和修改自己或其他人制作的内容，高级别的能力则要求个体将现有的内容项目混合起来创建新的内容。在知识层面，个体需要为公共知识领域做出贡献（如维基百科、公共论坛、评论等），可以从不同和非顺序的信息源中构建资源，知晓如何重新混合和重复使用不同的数据库和资源，知道如何引用内容。在技能层面，个体应当能够使用编辑功能以简单、基本的方式修改内容，使用数字媒体创建知识图式，使用适当的许可来创作和共享内容，能够将不同的现有内容重构成新内容，并且可以通过混合和匹配旧内容来创建新内容。在态度层面，个体需要在选择要重新阐述的内容和资源时保持批判的态度，能够批评也能赞赏他人的工作，并且对现有知识库有所认知。

再次，版权和许可主要涉及个体是否了解版权和许可，并且知晓如何将其用于信息和内容中。这项能力的基本要求是个体知道自己所使用的一些内容可能包含在版权范围内，更进阶的能力要求个体对版权、著作权和创意共享的差异有基本的了解，可以对自己所创作的内容申请一些许可证，而高级别的能力要求个体知道不同类型的许可证如何适用于自己所使用和创建的信息和资源中。在知识层面，个体应当清楚许可证管理信息使用和发布的原则，了解版权和许可证的规则，知道知识产权生产的许可证有不同的版本，了解版权、创意共享、著作权和公共领域许可证之间的差异等。在技能层面，个体应当知道如何许可自己的数字产品，知道如何查找有关版权和许可规则的信息等。在态度层面，个体应当具备对法律框架和法规的批判态度，独立行事并对自己的行为和选择负责的态度。

最后，编程主要涉及应用设置、程序修改，编写应用程序、软件、设备，了解编程原理和程序背后的内容。基本的编程能力是指修改软件和应用程序的一些简单功能（应用的基本设置），而更进阶的编程能力则涉及高级设置，调整程序，修改、更改或编写源代码等能力，要求个体可以用几种语言进行编码和编程，了解程序背后的系统和功能。在知识层面，具备编程能力的个体需要了解数字系统和流程是如何工作的，了解软件是如何工作的，了解技术生态系统以及技术背后的架构原理。在技能层面，具有良好的编程能力的个体通常会使用数字信息创建复杂的模型或模拟真实世界并且将其可视化，能够对数字设备进行编码和编程，可以更改基本设置和高级设置。在态度层面，具备编程能力的个体通常会意识到计算思维背后的过程，意识到自己是否可以将设置应用于大多数现有软件，并且应当对数字技术在编程和创造产出方面的潜力具有好奇心。

4. 安全素养

安全素养涉及个人保护、数据保护、数字身份保护、安全措施、安全和可持续使用等方面的能力。DigComp 1.0 将上述几个方面的内容划分为保护设备、保护数据和数字身份、保护健康、保护环境四个方面。

首先，保护设备的能力是指个体有能力保护自己的设备，了解在线技术风险和威胁，知晓安全和安保措施等。最基本的设备保护能力是指个体可以使用基本步骤来保护自己的设备（如使用防病毒软件、密码等），而更进阶的能力要求个体还可以不断更新自己的安全策略，并且当设备受到威胁时，可以采取相应的行动。在知识层面，这要求个体了解与使用技术相关的常见风险，当前和最新的风险规避策略，以及与在线使用相关的风险等知识。在技能层面，个体应当能够安装防病毒软件，采取适当的措施通过使用密码来降低欺诈风险，保护不同的设备免受数字环境中的威胁（如恶意软件、病毒等）。在态度层面，个体需要对与在线技术相关的利益和风险持积极态度，并且要时刻与现实产生对比和联系。

其次，保护数据和数字身份的能力主要涉及知晓和理解通用服务条款，积极保护个人数据，识别和尊重他人隐私，保护自己免受网络欺诈、威胁和网络欺凌等过程。基本的保护能力包括个体知道如何在网络环境中分享关于自己或他人的特定类型的信息，而更进阶的能力要求个体具备保护自己和其他人的网络隐私的能力，了解如何收集和使用自己的数据，高级别的能力则涉及更改在线服务的默认隐私设置，知道自身数据的收集和使用规则等。在知识层面，个体需要了解在线服务的使用条款，在互动服务中避免自身信息泄露，能够区分数据保护和数据安全，了解契合数字安全的行为，清楚他人会如何看到自己的数字足迹，知晓第三方如何使用自身的数字身份数据，了解身份盗窃和其他凭据被盗的风险，保护自己和其他人的数据等。在技能层面，个体不仅应当能够监控自身的数字身份和足迹，在隐私问题上谨慎行事并能轻松地追踪关于自己的信息，而且可以删除或修改关于自己或所负责的其他人的信息。在态度层面，具备数据保护能力的个体一般能意识到自己和他人的在线隐私原则，意识到自己所考虑发布的数字信息的影响和持续时间，可以利用拥有多种身份来满足多种目的，并且以正确的方式显示关于自己的在线信息。

再次，保护健康的能力主要是指从对身体和心理健康的威胁方面避免与使用技术有关的健康风险。这要求个体知道如何避免网络欺凌和技术滥用，进而规避对健康的影响，更进阶的能力要求个体还可以进一步保护他人免受网络欺凌，而高级别的能力需要个体正确使用技术来避免健康问题，并且知道如何在虚拟和现实世界之间找到一个良好的平衡。在知识层面，个体需要了解长期使用技术的影响和技术的成瘾性。在技能层面，个体应当能够以数字方式管理工作和生活中各种繁杂的因素，并采取预防措施保护自己和他人的健康。在态度层面，个体应当在各项技术使用上保持平衡的态度。

最后，保护环境要求个体意识到信息和通信技术对环境的影响。这要求个体采取基本措施以节约能源，了解技术使用对环境的积极和消极影响，了解技术使用对日常生活、在线消费的影响等。在知识层面，具备良好的环境保护能力的个体可以确定是否有合适和安全的数字手段来提升效率和改善成本效益，对网络世界的运作有一个全面的心理图式，了解自身正在使用的技术并制定合适的使用策略，了解计算机和电子设备对环境的影响且知道如何通过回收其部分组件（如更换硬盘）来使其使用寿命更长。在技能方面，个体应当能够在不完全依赖数字服务的情况下使用数字服务，并且知道如何以提升成本效益和时间效益的方式使用数字设备。在意识层面，个体需要对与信息技术相关的利益和风险持积极但现实的态度，理解并用好数字环境的规则来改善既有现状，意识到与使用数字技术相关的环境问题。

5. 问题解决素养

问题解决素养主要涉及识别数字需求和资源，根据目的或需求对最合适的数字工具做出明智的决定，通过数字手段来解决问题，创造性地使用技术和解决技术问题，更新自己和他人的技术实验能力等，这些内容可以划分为解决技术问题、识别需求和技术对策、创新和创造性地使用技术、确定数字能力差距四个方面。

首先，解决技术问题主要是指识别并解决可能的技术问题（从故障排除到解决更复杂的问题）。解决技术问题的基本能力要求个体在技术不起作用或使用新设备、程序或应用程序时，可以请求有针对性的支持和帮助，更进阶的能力要求个体具备自行解决技术不起作用时从简单到复杂的各种问题的能力。在知识层面，这项能力要求个体知道如何搭建计算机或其他数字设备，清楚在哪里能寻找到解决问题的方法，知晓问题信息的来源以及在哪里找到解决问题和排除故障的帮助，这也同样要求个体具备自行找到解决技术和理论问题的相关知识的能力。在技能层面，在技术不起作用时，个体需要具备解决技术问题或做出相关决定的能力，同时，针对不同的问题可以采用广泛、多样且合适的数字和非数字技术，并可以随着时间的推移动态更新相关的技术解决能力。在态度层面，良好的问题解决态度强调，个体应当具备解决问题的积极性，愿意在问题出现时向外界寻求建议或者考量其他选择。

其次，识别需求和技术对策主要包括评估自己在资源、工具和能力发展方面的需求，将需求与可能的解决方案相匹配，使数字工具适应自己的个人需求，批判性地评估可能的解决方法和数字工具等能力。这项能力的基础要求是，个体可以使用数字技术来解决一些有限的问题或者为日常活动选择合适的数字工具，更进阶的要求强调，个体需要明白技术能为自己做什么、不能做什么，要求个体通过探索技术的可能性来解决非常规的任务，根据目的选择合适的工具，并评估工具的有效性，更高级别的能力则要求个体在为自己不熟悉的任务选择工具、设备、应用程序、软件或服务时，可以做出明智的决定，同时要求个体熟知新技术的发展，了解新工具是如何工作和操作的，并且批判性地评估哪种工具最适合自身的目的。在知识层面，识别需求和技术对策要求个体了解数字设备和资源的潜力和局限性，明确特定技术的使用范围，了解他人使用的最相关或最流行的数字技术，并且对现有技术及其优势和劣势，以及这项技术是否和如何支持实现个人目标有合理的了解。在态度层面，个体应当意识到传统工具与网络媒体相结合的价值，且对新技术保持兴趣，在使用数字工具解决问题时保持批判性思维。

再次，创新和创造性地使用技术要求个体积极进行技术创新，参与数字和多媒体的协作生产，通过数字媒体和技术创造性地表达自己，在数字工具的支持下创造知识并解决概念问题。这项能力的基本要求是，个体需要知道技术和数字工具可以用于创造性目的，可以创造性地利用技术，更进阶的要求是，还可以使用技术创造性地解决问题，与其他人合作创造创新和创造性的产出，甚至还可以在合作中展现自己的积极性。在知识结构层面，个体应当针对不同的问题使用广泛多样且合理的数字和非数字的技术组合，并将随着时间的推移而不断跟进，此外，个体还可以解决关乎个人或集体利益的理论问题，在数字工具的支持下知道如何找到解决理论问题的相关知识并了解如何通过多媒体和技术产生价值。在技能结构层面，个体首先需要具备探索互联网来寻找解决方案的能力，并且能够利用这些技术潜力来解决问题，知道如何单独或集成使用这项技术来解决问题，能够通过数字资源间的互动来建立有意义的知识体系或者用各种媒体来创造性地表达自己。在态度层面，个体应当愿意探索技术提供的替代解决方案，积极地寻找解决方案和合作解决问题，并且愿意根据情况调整自身的价值观和态度，发掘技术和媒体在自我表达和知识创造方面的潜力，评估新媒体在认知和创造方面的赋能作用，对数字媒体和技术所衍生的知识产品和消费过程持有批判态度。

最后，确定数字能力差距要求个体了解自己的能力在哪里需要改进或更新，帮助他人发展数字能力，并积极跟上新的时代发展进程。这项能力要求个体具备一些基本知识，意识到自身知识的局限性，学会用技术做一些新的任务，并经常更新自己的数字能力需求。在知识层面，个体需要了解全球化和互联网为主导的"数字时代"中数字工具的发展背景，以及这项技术来自何处、由谁开发、用于何种目的，对自身所在领域使用的主要数字技术拥有第一手和专业的知识。在技能层面，个体需要具备更新有关数字工具可用性的知识的技能，有能力使用主动搜索，利用个性化、自动化的信息渠道保持对新技术的通晓，知道如何自我调节对数字技术的学习策略，能够自我监控个人目标，能诊断实现这些目标所需的数字能力的不足之处，同时也可以帮助他人进行监测和诊断，能够学习和整合出现的新技术，能通过尝试利用其内部指导和帮助来学习如何使用这些新数字技术，能够顺利适应新技术并将技术融入自己的日常生活环境中，将更多的数字仪器用于提高生活质量。在态度层面，个体应当具有普遍的信心，并且愿意尝试新技术，但也需要拒绝不合适的技术，此外，还要意识到自己是一个有数字素养的人，反思自己要如何数字发展素养，持有积极的态度来学习新兴的数字技术，能够根据个人或者专业的需求来拓宽和更新数字能力，关注新媒体的前沿发展，即使自身不一定使用这些技术。

二、欧盟的 DigComp 2.0 和 DigComp 2.1

欧盟于 2016 年发布的 DigComp 2.0 在 DigComp 1.0 的基础上进行了完善，虽然也是按照 DigComp 1.0 的内容即信息素养、沟通素养、内容创作素养、安全素养和问题解决素养五个方面对数字素养展开解构，但各方面的内容发生了一些变化。

第一，在信息素养中加入了更多有关数据能力的内容。原先 DigComp 1.0 中的信息素养包括浏览、搜索和过滤信息，评估信息，存储和检索信息三个方面，而在 DigComp 2.0 中则变成浏览、搜索和过滤数据、信息和数字内容，评估数据、信息和数字内容，管理数据、信息和数字内容。具体而言，DigComp 1.0 中的"浏览、搜索和过滤信息"是指个体访问和搜索在线信息、阐明信息需求、查找相关信息、选择有效资源，以及在在线资源之间导航和制定个人的信息策略等过程，而 DigComp 2.0 中的"浏览、搜索和过滤数据、信息和数字内容"是指个体在阐明信息需求的基础上，在数字环境中搜索数据、信息和内容，访问这些数字资源并在资源之间导航，创建和更新个人的搜索策略等。DigComp 1.0 中的"评估信息"是指个体能否收集、处理、理解和批判性地评估信息，而 DigComp 2.0 中的"评估数据、信息和数字内容"是指个体能否分析、比较和批判性地评估数据、信息和数字内容的来源的可信度和可靠性，以及对数据、信息和数字内容本身进行分析、解释和批判性评估。DigComp 1.0 中的"存储和检索信息"是指操作和存储信息和内容以便于检索、组织信息和数据，而 DigComp 2.0 中的"管理数据、信息和数字内容"则要求个体在数字环境中组织、存储和检索数据、信息和内容，在结构化的环境中组织和处理这些数字资源。综合来看，DigComp 2.0 要求公民对数据和数字内容更加敏感，这也符合大数据分析、人工智能、区块链等新一代移动通信技术崛起的时代背景，在此背景下，个体要适应智能化、数据化的生存环境，就需要对相关数字要素具备良好的掌握能力。

第二，沟通素养更加关注个体对数据技术和工具的运用。原先 DigComp 1.0 中的沟通素养包括通过技术互动、共享信息和内容、参与在线公民活动、通过数字渠道协作、网络礼仪以及管理数字身份等方面，而 DigComp 2.0 在此基础上添加了更多数据方面的要求。具体而言，DigComp 1.0 中的"通过技术互动"要求个体通过各种数字设备和应用程序进行交互，了解数字通信是如何分布、显示和管理的，采取适当的数字技术进行通信，知晓如何运用不同的通信格式，使通信模式和策略适合特定的受众等，而 DigComp 2.0 则将此项能力称为"通过数字技术互动"，更强调对数字技术本身的使用。对于"共享信息和内容"，在 DigComp 2.0 中被称为"通过数字技术进行共享"，而分享的内容则除了原先的知识、资源、数字内容外，增加了数据这一要素。DigComp 1.0 中的"参与在线公民活动"在 DigComp 2.0 中被称为"通过数字技术实现公民身份"，并且更强调通过数字技术使用公共和私人的数字服务，寻求自我赋权和参与公民身份活动的机会。DigComp 1.0 中的"通过数字渠道协作"在 DigComp 2.0 中被称为"通过数字技术进行协作"，其基本内涵变化不大，但更强调对数字技术的运用。"网络礼仪"在 DigComp 1.0 和 DigComp 2.0 中的叫法是一致的，均要求个体具备在数字空间中的行为规范、相关知识并且尊重多元文化等，但 DigComp 2.0 还要求注意代际之间的多样性。"管理数字身份"在 DigComp 1.0 和 DigComp 2.0 中的叫法也是一致的，但在 DigComp 2.0 中，个体不仅要知晓如何创建、调整、管理数字身份，还要知道如何保护自己的声誉。综合来看，DigComp 2.0 对沟通素养的要求主要体现在数字技术的运用上，特别是伴随在线办公、远程会议、网络课堂等沟通模式在 2019 年新冠疫情期间兴起，个体需要掌握更多的数字技术来适应数字化的学习和生活。

第三，内容创作素养与信息素养、沟通素养一样更强调数字技术的运用。DigComp 1.0 中的"内容创作素养"包括开发内容、整合和重述、版权和许可、编程四种能力。"开发内容"在 DigComp 2.0 中被称为"开发数字内容"，其基本含义不变，但更强调个体所创作的内容属于数字层面。"整合和重述"在 DigComp 2.0 中被称为"整合和重述数字内容"，着重关注对数字形态知识的修改、提炼、改进和整合。"版权和许可"在 DigComp 1.0 和 DigComp 2.0 中的叫法是一致的，在内容上 DigComp 2.0 只是更强调对数据和数字内容的授权活动。"编程"在两个版本中的叫法是相同的，且内涵基本一致。

第四，安全素养不仅强调以往的设备保护、个人信息和健康保护，更强调隐私保护和幸福感。DigComp 1.0 中的"安全素养"包括保护设备、保护数据和数字身份、保护健康、保护环境四个方面，而在 DigComp 2.0 中"保护数据和数字身份""保护健康"分别被称为"保护个人数据和隐私"和"保护健康和幸福"，而其余两项能力的叫法没有变化。对于"保护设备"，DigComp 2.0 除了强调基本的安全措施之外，还要求个体适当考虑保护措施的可靠性和隐私。对于"保护个人数据和隐私"，DigComp 2.0 相比于 DigComp 1.0 更强调了解数字服务的"隐私政策"，理解如何使用个人数据，保护自身的在线隐私。对于"保护健康和幸福"，相比于 DigComp 1.0，DigComp 2.0 还要求个体了解数字技术对社会福祉和社会包容的促进作用。对于"保护环境"，DigComp 1.0 主要强调信息和通信技术，而 DigComp 2.0 则将范围扩大到其他数字技术，并且强调数字技术使用对环境造成的影响。

第五，问题解决素养的四项基本能力，即解决技术问题、识别需求和技术对策、创新和创造性地使用技术、确定数字能力差距，除了"创新和创造性地使用技术"在 DigComp 2.0 中被称为"创造性地使用数字技术"之外，其余能力的叫法均未发生改变。这些能力的具体含义虽然在 DigComp 2.0 中被调整了一些措辞，如将 DigComp 1.0 中的"信息通信技术""在线环境"等措辞换成了更加广泛的"数字环境"，但内容均未发生本质性的变化。

综合上述分析，DigComp 2.0 可以被看作 DigComp 1.0 的更新升级版本，其主要目的是顺应当时（2016 年）社会数字化高速发展的时代背景，以及新技术涌现对公民数字素养的新要求，主要强调在大数据、云计算等新一代数字技术影响的环境下，公民的数字素养要做出何种调整。

相比于 DigComp 2.0，DigComp 2.1 的更新幅度更大，更具有实用性和科学性。DigComp 2.1 将数字素养的能力层级进行了更细致入微的划分，从原来的三级增加到八个等级，具体如图 2-2 所示。本章接下来将对 DigComp 2.1 中的五项能力，即信息素养、沟通素养、数字内容创作素养、安全素养、问题解决素养，所对应的八个等级展开介绍。

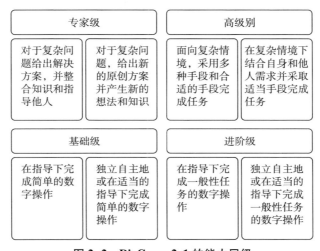

图 2-2　DigComp 2.1 的能力层级

1. 信息素养

一是浏览、搜索和过滤数据、信息和数字内容。①基础级包含两个级别。第一个级别要求个体确定自己的信息需求，通过在数字环境中进行简单搜索来查找数据、信息和内容，找到如何访问这些数据、信息与内容的途径并在这些数字资源之间导航，确定简单的个人搜索策略。第二个级别的能力要求基本不变，但是需要个体在独立自主或者只接受必要的指导下完成上述活动。②进阶级包含两个级别。第一个级别要求个体可以通过自己解决简单的问题，可以识别自己的信息需求，执行思路明确的常规搜索以在数字环境中查找数据、信息和内容，解释如何访问这些数字资源并在它们之间导航，解释和定义明确的、常规化的个人搜索策略。第二个级别则更强调个体独立自主地完成这些活动。③高级别包含两个级别。第一个级别要求个体不仅能完成上述任务，还可以帮助他人完成这些任务。第二个级别则要求个体可以根据自己和他人的需求，在复杂的环境中实现上述操作。④专家级包含两个级别。第一个级别要求在高度专业化的水平上，可以为与数据、信息和数字内容的浏览、搜索和过滤相关的复杂问题创建解决方案，整合自身的知识优势，为专业实践和知识做出贡献，并指导他人浏览、搜索和过滤数据、信息和数字内容。第二个级别要求个体在最先进和专业的水平上，可以创建解决方案，解决与浏览、搜索和过滤数据、信息和数字内容相关的包含许多交互因素的复杂问题，并且向该领域提出新的想法和流程。

二是评估数据、信息和数字内容。①基础级包含两个级别。第一个级别要求个体检测数据、信息及其数字内容的常见来源的可信度和可靠性。第二个级别则要求在独立自主和适当的指导下完成这些操作。②进阶级包含两个级别。第一个级别要求个体对定义明确的数据、信息和数字内容的来源的可信度和可靠性进行分析、比较、解释和评估。第二个级别要求个体在独立自主和根据自己需求的情况下解决定义明确且不复杂的问题。③高级别包含两个级别。第一个级别要求个体对不同数据、信息和数字内容的来源的可信度和可靠性进行评估，并对这些数字资源本身进行评估。第二个级别要求个体根据自己和他人的需求，在复杂的环境中完成上述操作。④专家级包含两个级别。第一个级别要求个体为定义有限的复杂问题制定解决方案，这些问题一般与分析和评估数字环境中可信和可靠的数据、信息和内容的来源有关，此外，还要求整合个体的知识，为专业实践和知识做出贡献，并指导他人分析和评估数据、信息和数字内容及其来源的可信度和可靠性。第二个级别要求个体创建解决方案，以解决具有许多相互作用的因素的复杂问题，这些因素与分析和评估数字环境中数据、信息和内容来源的可靠性和可信度有关，同时还要向该领域提出新的想法和流程。

三是管理数据、信息和数字内容。①基础级包含两个级别。第一个级别要求个体确定如何在数字环境中以简单的方式组织、存储和检索数据、信息和内容，认识到在结构化的环境中如何简单地组织它们。第二个级别要求个体在独立自主和适当指导下完成上述操作。②进阶级包含两个级别。第一个级别要求个体选择数据、信息和内容，以便在数字环境中以常规方式进行组织、存储和检索，并在一个结构化的环境中灵活地组织数字资源。第二个级别要求个体独立自主且根据自己的需求完成上述操作。③高级别包含两个级别。第一个级别要求个体操纵信息、数据和内容，使其更易于组织、存储和检索，并在结构化的环境中进行更复杂的组织和处理。第二个级别则要求在更复杂的情境下，根据自己和他人的需求完成上述操作。④专家级包含两个级别。第一个级别要求个体为定义有限的复杂问题创建解决方案，而这些问题通常与管理数据、信息和内容有关，以便在结构化的数字环境中进行组织、存储和检索，除此之外，还要整合个体的知识，为专业实践和知识做出贡献，并指导他人在结构化的数字环境中管理数据、信息和数字内容。第二个级别在最高级和最专业的水平上，要求个体可以创建解决方案来解决具有许多交互因素的复杂问题，这些交互因素与管理数据、信息和内容有关，以便在结构化的数字环境中进行组织、存储和检索，同时需要向该领域提出新的想法和流程。

2. 沟通素养

一是通过数字技术互动。①基础级包含两个级别。第一个级别要求个体在指导下，可以选择简单的数字技术进行交互，并为给定的情境确定适当的简单通信方式。第二个级别要求个体以更加独立自主的方式完成这些操作。②进阶级包含两个级别。第一个级别要求个体通过自己解决简单的问题，可以通过数字技术进行定义明确的日常互动，为给定的情境选择定义明确的、适当的数字通信手段。第二个级别要求个体完成上述活动时更加独立自主且考虑自己的需求。③高级别包含两个级别。第一个级别要求个体可以自己使用也可以指导他人使用各种数字技术进行互动，向他人展示特定背景下最合适的数字通信方式。第二个级别则要求个体在更复杂情境下根据自己的需求完成上述活动。④专家级包含两个级别。第一个级别要求个体在高度专业化的水平上，可以为定义有限的复杂问题创建解决方案，这些问题与通过数字技术和数字通信手段进行交互有关，同时整合自身的知识，为专业实践和知识做出贡献，并通过数字技术指导他人互动。第二个级别要求个体在最先进和专业的水平上，可以创建解决方案，解决具有许多交互因素的复杂问题，这些交互因素与通过数字技术和数字通信手段进行交互有关，此外，需要向该领域提出新的想法和流程。

二是通过数字技术进行共享。①基础级包含两个级别。第一个级别要求个体在基本层面上或者在指导下，可以识别用于共享数据、信息和数字内容的简单的、适当的数字技术，并且开展简单的推荐和归因实践。第二个级别要求个体更独立地完成这些操作。②进阶级包含两个级别。第一个级别要求个体通过自己解决简单的问题，可以选择明确、常规、适当的数字技术来共享数据、信息和数字内容，解释如何通过明确、常规的数字技术来充当共享信息和内容的中间节点，开展定义明确和常规的参考和归因实践。第二个级别要求个体更具独立性，并根据自己的需求开展上述活动。③高级别包含两个级别。第一个级别要求个体除了指导他人，自己也可以通过各种适当的数字工具共享数据、信息和数字内容，向他人展示如何通过数字技术充当共享信息和内容的中间节点，开展各种参考和归因实践。第二个级别则要求个体更具独立性并根据自己的需要完成上述活动。④专家级包含两个级别。第一个级别要求个体可以创建相关的解决方案，攻克数字技术共享相关的复杂问题，并且可以整合自己的知识，为专业实践和知识做出贡献，通过数字技术指导他人分享。第二个级别要求在最先进和专业的水平上，个体可以创建解决方案，解决与通过数字技术共享相关的复杂问题，并向该领域提出新的想法和流程。

三是通过数字技术实现公民身份。①基础级包含两个级别。第一个级别要求个体可以识别简单的数字服务以参与社会活动，识别出一些合适的数字技术来增强自己的社会活动能力。第二个级别则更要求独立自主。②进阶级包含两个级别。第一个级别要求个体在自己解决问题时，选择定义明确的常规的数字服务来参与社会活动，用适当的数字技术以增强自己的社会参与能力。第二个级别则更要求独立自主和考虑自身的需求。③高级别包含两个级别。第一个级别要求个体能自己或者指导他人通过不同的数字服务以参与社会活动，用适当的数字技术来增强自己的社会参与能力。第二个级别要求在高级水平上，个体根据自己和他人的需求，在复杂的环境中用最合适的数字服务参与社会活动以增强自己的社会参与能力。④专家级包含两个级别。第一个级别要求在高度专业化的层面上，个体能够构建解决方案，进而通过数字技术解决公民身份相关的复杂问题，整合自身的知识为专业实践和知识做出贡献，并通过数字技术指导他人参与公民身份。第二个级别要求在最先进和专业的水平上，个体能够创建解决方案，解决与通过数字技术参与公民身份相关的具有许多相互作用的因素的复杂问题，并向该领域提出新的想法和流程。

四是通过数字技术进行协作。①基础级包含两个级别。第一个级别要求个体为协作过程选择简单的数字工具和技术。第二个级别则更要求独立性和在适当的指导下完成这些操作。②进阶级包含两个级别。第一个级别要求个体在解决简单问题时，为协作过程选择明确、常规的数字工具和技术。第二个级别更注重独立性和考虑自身的需求。③高级别包含两个级别。第一个级别要求个体可以自己使用也可以指导其他人为协作过程使用不同的数字工具和技术。第二个级别要求个体可以根据自己和他人的需求，在复杂的环境中用最合适的数字工具和技术开展协作或者与他人共同构建和创建数据、资源和知识。④专家级包含两个级别。第一个级别要求个体在高度专业化的层面上，个体能够为复杂的问题创建解决方案，这些问题与使用协作流程以及通过数字工具和技术共建和共创数据、资源和知识有关，并且整合自己的知识为专业实践和知识做出贡献，通过数字技术指导他人合作。第二个级别要求个体在最先进和专业的水平上，可以创建解决方案来解决的复杂问题，这些问题与使用协作流程以及通过数字工具和技术共建和共创数据、资源和知识有关，并且能够向该领域提出新的想法和流程。

五是网络礼仪。①基础级包含两个级别。第一个级别要求个体在指导下可以使用数字技术，在使用数字技术和在数字环境中互动时，理解简单的行为规范和知识，并选择适合受众的简单沟通模式和策略，区分数字环境中简单的文化和代际多样性。第二个级别基本内容一致，更强调独立性。②进阶级包含两个级别。第一个级别要求个体在使用数字技术和在数字环境中互动时，理解明确的、常规的行为规范和知识，采用适合受众的明确的、常规的沟通策略，并描述数字环境中需要考虑的明确和常规的文化和代际多样性。第二个级别基本内容不变，但更注重独立性和考虑自身的需要。③高级别包含两个级别。第一个级别要求个体可以自己或者指导他人，在使用数字技术和在数字环境中互动时，应用不同的行为规范和知识，采取适应受众的不同沟通策略，并在数字环境中考虑不同的文化和代际多样性。第二个级别则要求个体在更具复杂性的环境中以及考虑自身和他人需求的情况下完成上述操作。④专家级包含两个级别。第一个级别要求个体在高度专业化的层面上，可以为复杂问题创造解决方案，而这些问题一般与尊重不同受众的数字礼仪以及文化和代际多样性有关，并整合自己的知识为专业实践和知识做出贡献，在数字礼仪方面指导他人。第二个级别要求个体在最先进和专业的水平上，可以创建解决方案来解决复杂的问题，这些问题一般与尊重不同受众的数字礼仪以及文化和代际多样性有关，并向该领域提出新的想法和流程。

六是管理数字身份。①基础级主要涉及识别数字身份，用简单方法保护在线声誉，识别通过数字工具、环境或服务产生的简单数据等过程。第一个级别强调在指导下进行，而第二个级别更注重独立性。②进阶级涉及识别一系列明确或粗略的数字身份，用明确、常规的方法保护在线声誉，通过数字工具、环境或服务常规生成的明确的数据。第一个级别强调是在解决简单问题时，第二个级别强调是在独立且根据自身需要解决问题的情境下。③高级别主要涉及设定各种数字身份，用不同的方式保护在线声誉，通过多种数字工具、环境和服务产生的数据。第一个级别强调个体可以自己完成这些活动也可以指定他人完成，第二个级别强调独立性和考虑自身的需要。④专家级的第一个级别强调为复杂的问题创建解决方案，这些问题与管理数字身份和保护人们的在线声誉有关，整合知识为专业实践和知识做出贡献，并指导他人管理数字身份；第二个级别则强调解决更复杂的问题和提出新的想法和流程。

3. 数字内容创作素养

一是开发数字内容。①基础级主要涉及以简单的格式创建和编辑简单的内容，如何通过创建简单的数字手段表达自己。第一个级别和第二个级别的区别在于是否强调独立性。②进阶级要求识别以简单的格式创建和编辑简单的内容的方法，选择合适的简单的数字手段来表达。第一个级别强调能够指导他人，而第二个级别强调能够考虑自身需求。③高级别要求能应用各种方法创建和编辑不同格式的内容，通过创建新的数字手段表达自己。只不过第二个级别比第一个级别更注重自己和他人的需求。④专家级的第一个级别主要关注制定有关数字内容创作问题的解决方案以及整合现有知识等，第二个级别则要求创建新的解决方案来应对复杂问题并向该领域提出新的想法和流程。

二是整合和重述数字内容。①基础级涉及修改、提炼、改进和集成新内容和信息的简单方法，进而创建新的和原创的内容和信息。其中，第一个级别强调在指导下进行，第二个级别更强调独立性。②进阶级要求个体用更明确的方法来修改、提炼、改进和整合，进而创建新的和原创的内容信息。相比于第一个级别，第二个级别要求考虑自身需求。③高级别要求采取最合适的方法来修改、完善、改进和集成特定的新内容和信息。只不过第一个级别强调要达到能指导他人的程度，而第二个级别更关注在复杂问题中考虑自身和他人的需要。④专家级的第一个级别要求制定整合和重述数字内容的解决方案，并且整合知识和指导他人；第二个级别则强调面向更复杂的问题，开发新的解决方案和新的想法、流程。

三是版权和许可。①基础级要求个体知晓适用于数据、数字信息和内容的版权和许可证的简单规则。不同的是，第一个级别强调在指导下完成，而第二个级别更强调独立性。②进阶级要求个体掌握适用于数据、数字信息和内容的版权和许可证的明确和常规的规则。第一个级别要求解决简单问题，第二个级别强调独立性和考察自身需求。③高级别要求能将不同的版权和许可规则运用于各类数据、数字信息和内容。第一个级别要求个体达到能指导他人的程度，第二个级别则要求考虑更复杂的情境和自己与他人的需求。④专家级的第一个级别要求就版权和许可的复杂问题具备自己的解决方案，能够整合既有知识来推动专业实践和知识发展，能够指导他人；第二个级别则要求有能力面对更复杂的情境创造新的解决方案，并提出新的想法和流程。

四是编程。①基础级的第一个级别和第二个级别分别要求个体在指导下和更独立的情况下，列出计算系统解决简单问题或执行简单任务的简单指令。②进阶级则要求个体掌握针对简单问题的更明确、常用的编程指令，只不过相比第一个级别，第二个级别对独立性和考虑自身需求方面的要求更高。③高级别要求个体使用计算系统的指令进行操作，以解决不同的问题或执行不同的任务。第一个级别要求个体有能力指导他人，而第二个级别则要求同时考虑自己和他人的需求。④专家级的第一个级别要求个体针对复杂问题能自行开发计算机系统的相关指令，并整合既有知识，而第二个级别则要求创造完整的新方案，并提出新的想法和流程。

4. 安全素养

一是保护设备。①基础级要求个体确定保护设备和数字内容的简单方法，识别数字环境中的简单风险和威胁，选择简单的安全和安保措施，确定适当的保护可靠性和隐私的简单方法等。第一个级别要求在指导下完成这些活动，第二个级别则要求在独立或适当的指导下完成。②进阶级要求个体用明确的、常规的方法来保护设备安全、识别风险、落实安全和安保措施、保护可靠性和隐私等，第一个级别要求个体能解决简单问题的情况，而第二个级别还要求考虑自身的需求。

③高级别能力的内容基本不变，但要求个体运用不同的方法并选择合适的方法来保护设备。第一个级别要求达到指导他人的程度，第二个级别则要求关注在复杂情境下自身和他人的需求。④专家级的第一个级别要求个体就复杂问题能创造解决方案，并整合既有知识，第二个级别要求探索新的解决方案、想法和流程等。

二是保护个人数据和隐私。①基础级包括选择简单的方法在数字环境中保护个人数据和隐私，并确定使用和共享个人身份信息的简单方法，同时保护自己和他人免受侵害，识别个人数据如何在数字服务中受到简单的隐私政策声明的保障。第一个级别要求在指导下进行，第二个级别则要求独立或在适当的指导下进行。②进阶级要求用更明确、常用的方式来保护个人信息和隐私，保护自己和他人免受侵害，并能利用隐私政策。相比第一个级别，第二个级别要求个体独立完成并考虑自身需求。③高级别强调个体在保护个人数据和隐私时采取不同手段并选择其中合适的手段，第一个级别要求能够指导他人，而第二个级别则要求在复杂问题中考虑自己和他人的需求。④专家级的第一个级别和第二个级别均指向复杂的个人数据和隐私保护问题，只不过前者要求个体能想出相关方案，并整合既有知识，后者要求创造新方案、新想法和新流程等。

三是保护健康和幸福。①基础级要求个体能识别在使用数字技术时避免健康风险和身心健康威胁的简单方法，选择一些简单的方法来保护自己免受数字环境中可能存在的危险，采用促进社会福利和包容的简单数字技术。第一个级别要求在他人指导下完成，而第二个级别要求可以独立或在适当的指导下完成。②进阶级要求以更加明确和常规的方法来满足保护健康和幸福方面的需要，第一个级别要求面对简单问题，而第二个级别强调独立性和考虑自身需要。③高级别要求个体用多种方法来保护健康和幸福，第一个级别要求个体可以指导他人保护健康和幸福，第二个级别要求可以在处理复杂任务时考虑自己和他人的需要。④专家级的第一个级别要求个体在处理复杂的健康和幸福的保护问题时具备相关的解决方案，并整合相关的知识，第二个级别则要求创造新知识和方案。

四是保护环境。①基础级要求个体认识到数字技术及其使用对环境的影响，第一个级别要求有人指导，而第二个级别要求可以在相对独立的情况下完成这些活动。②进阶级要求个体具备更明确和常规的方法来识别数字技术对环境的影响，第一个级别强调个体自身解决简单任务的情境，第二个级别则要求在复杂的情况下考虑独立自主和自身需求。③高级别能力要求个体采用多样化和合适的方法来认识数字技术的影响，第一个级别要求个体可以指导他人，第二个级别则要求面临更复杂的情境时考虑自身和他人的需求。④专家级的第一个级别要求个体在面对复杂的问题时提出解决方案，第二个级别则要求创造新的方案、想法和流程来攻克复杂问题。

5. 问题解决素养

一是解决技术问题。①基础级要求能确定操作设备和使用数字环境时的简单技术问题，并寻找解决这些问题的简单解决方案。第一个级别的个体需要在其他人的指导下完成，而第二个级别要求个体可以独立完成。②进阶级要求个体可以采取多种方法来解决操作设备和数字环境中的技术问题，第一个级别要求个体自行解决简单问题，而第二个级别要求个体要学会考虑自身需求。③高级别要求个体可以评估使用数字环境和操作数字设备时的技术问题，并对其应用不同的解决方案。第一个级别要求个体可以指导他人，而第二个级别要求个体可以在复杂的情况下考虑自己和他人的需求。④专家级要求能解决复杂的前沿技术问题，第一个级别要求个体能拿出合适的解决方案，而第二个级别则要求个体创造新的方案、想法和流程。

二是识别需求和技术对策。①基础级要求能识别需求，通过简单的数字工具和可能的技术逻辑响应来满足这些需求，选择简单的方式并根据个人需求调整和定制数字环境。与其他能力一样，第二个级别和第一个级别的差别在于个体能否独自完成。②进阶级要求个体能够采取更明确和常规的方法来识别需求及相关的技术策略。第二个级别相比第一个级别更注重独立性和考虑自身需求。③高级别要求个体在识别需求之后可以用不同数字技术和工具来满足这些需求，第一个级别要求个体可以帮助指导他人，第二个级别要求在复杂情况下能考虑自己和他人的需求。④专家级面对的是复杂问题情境，第一个级别要求能够给出相应的解决方案，并整合知识、指导他人，第二个级别要求创造新的数字技术方案来满足需求。

三是创造性地使用数字技术。①基础级要求明确可用于创造知识、创新流程和产品的简单数字工具和技术，对简单的认知过程表现出个人和集体的兴趣，进而理解和解决数字环境中简单的概念问题和情境。第二个级别和第一个级别的区别在于个体能否独立完成这些活动。②进阶级要求个体可以采取明确、常规化的手段创新和创造性地使用技术。③高级别要求个体可以运用多种技术来创新和创造性地使用技术。第一个级别要求个体能够指导他人，而第二个级别要求个体在复杂问题中考虑自己和他人的需求。④专家级要求个体在复杂问题中制定解决方案、整合知识、指导他人，更进阶的级别要求个体还可以创造新方案。

四是确定数字能力差距。①基础级要求个体认识到自己的数字能力需要改进或更新的地方，确定在哪里寻求自我发展的机会并跟上数字发展的步伐。如前所述，第二个级别和第一个级别在内容上基本一致，差距在于个体能否自主完成这些活动。②进阶级要求个体相比于基础级的个体，能给出更明确和常规化的方式来确定数字能力差距。第二个级别和第一个级别的主要差异在于是否自主和是否考虑自身需求。③高级别要求个体相比此前的能力层级，会用多种手段和选择最合适的手段来确定和弥补数字能力差距。第一个级别要求能够指导他人，第二个级别要求能将自身和他人的需求融入复杂问题。④专家级的第一个级别要求能解决复杂问题，并能整合知识、指导他人，而第二个级别要求提出新的方案、想法和流程。

总体来看，DigComp 2.1 并没有对 DigComp 2.0 和 DigComp 1.0 的数字素养架构进行重大的调整，只是在其基础上进行完善，从上述分析可以看出，Dig-Comp 2.1 对各项能力的层级划分是有规律的：首先，每种能力被划分为四个二级层级，即基础级、进阶级、高级别和专家级，相比于 DigComp 2.0 多了专家级。其次，每个级别之间存在层层递进的关系，基础级面向简单问题，且内部两个级别的差距在于个体能多大程度上独立自主，进阶级面向一般问题，且内部两个级别也是考察个体能否独自完成活动，高级别面向相对复杂的情境，与此前层级的主要差异在于要求个体能采用多种手段和合适的手段完成任务，而专家级面向复杂的前沿问题，要求个体可以拿出完整的解决方案，并整合知识体系，同时也要求个体就既有方案展开创新。最后，每个层级内部又各自划分出两个级别，分别代表同一层级下低级和高级的两个能力阶段，最终形成"2×4"的 8 个能力等级。因此，可以说与 DigComp 2.0 和 DigComp 1.0 相比，DigComp 2.1 更加科学、细致和完整。

三、欧盟的 DigCompEdu

欧盟的 DigCompEdu 是由欧盟教育和文化总局发布的一个面向教育工作者的数字素养项目，该项目将数字素养能力划分为 6 个横向类别和 6 个纵向层级，一共 36 个不同的能力构件。从横向类别来看，该框架包含专业参与、数字资源、教学与学习、数字评估、赋能学习者、促进学习者的数字能力 6 个类型；从纵向层级来看，该框架包括新手（A1）、探索者（A2）、进阶者（B1）、专家（B2）、学者（C1）、开创者（C2）6 个从低到高的能力层级。本章接下来将详细介绍该数字素养框架。

1. 横向类别

该框架包含以下 6 个横向的能力类型：

（1）专业参与。专业参与包括组织沟通、专业协作、反思实践、数字延续性专业发展四种基本能力。第一，组织沟通是指利用数字技术加强与学习者、家长和第三方的组织沟通以及为改进合作和组织沟通策略做出贡献，包括利用数字技术为学习者（和家长）提供额外的学习资源和信息，使用数字技术向学习者和家长传达规则、预约安排和活动计划，使用数字技术向学习者和家长提供个人信息，使用数字技术与组织内外的同事进行沟通，使用数字技术与教育项目相关的第三方进行沟通，通过组织网站或通过公司数字技术、平台或签约的通信服务进行通信，为组织的网站或虚拟学习环境提供内容，为合作制定和改进组织沟通策略做出贡献等一系列活动。这包含了从最基础的利用数字通信工具交流，到进阶的掌握网络社交礼仪，再到制定专属的数字沟通战略等一系列素养。第二，专业协作是指利用数字技术与其他教育工作者合作、分享和交流知识和经验，并共同创新教学实践，主要包括在一个专业项目或任务中，使用数字技术与其他教育工作者合作，利用数字技术与同事和同行分享和交流知识、资源和经验，利用数字技术协同开发教育资源，利用专业协作进行网络探索和反思新的教学实践和方法，利用专业协作网络作为自身专业发展的源泉等活动。第三，反思实践包括单独和集体的反思，并在此过程中批判性评估和积极发展自己和教育界的数字教学实践，主要涉及批判性地反思自己的数字教学实践，找出能力差距和需要改进的领域，寻求他人的帮助以改进自己的数字教学实践，寻求有针对性的培训且利用机会实现持续的专业发展，不断扩展和加强自己的数字教学实践，帮助其他人发展数字教学能力，在组织层面反思数字政策和实践并提供关键反馈，积极思考如何发展关于数字技术使用的组织实践、政策和愿景。第四，数字延续性专业发展是指教师利用数字资源和资源实现持续的专业发展，包括利用互联网确定合适的培训和专业发展机会，利用互联网更新自己的专业能力，利用互联网学习新的教学方法和策略，利用互联网搜索和识别支持专业发展的数字资源，利用数字专业社区的交流来促进专业发展，利用在线培训机会以及为同事和同行提供培训机会。

（2）数字资源。数字资源能力包括选择数字资源，创建和修改数字资源，管理、保护和共享数字资源三个方面。第一，选择数字资源是指识别、评估和选择数字资源进而支持和加强教学，并且在选择数字资源、对数字资源的使用进行规划时，能考虑具体的学习目标、背景、教学方法和学习受众等，主要包括制定适当的搜索策略来识别用于教学的数字资源，根据具体的学习环境和学习目标选择合适的数字资源，对数字来源和资源的可信度和可靠性进行批判性评估，考虑对数字资源的使用或再利用的可能限制（如版权、文件类型、技术要求、法律规定、可访问性等），评估数字资源在特定学习目标、学习受众以及教学方法方面的适用性。第二，创建和修改数字资源是指在允许的情况下修改和建立现有的公开资源和其他资源，创建或共同构建新的数字教育资源，在设计数字资源和规划其使用时考虑具体的学习目标、背景、教学方法和学习受众。第三，管理、保护和共享数字资源主要包括组织数字内容，并将其提供给学习者、家长和其他教育工作者，有效保护敏感的数字内容，尊重并正确应用隐私和版权规则，了解开放授权和开放教育资源的使用方式和创建方式。

（3）教学与学习。教学与学习能力包括教学能力、引导能力、协作学习、自控学习四个方面。第一，教学能力是指在教学过程中规划和实施数字设备和资源，以提高教学干预的有效性，适当管理和编排数字教学措施，试验和开发新的教学形式和方法，主要涉及使用课堂技术来支持教学，如电子白板、移动设备，构建课程结构，促使不同的数字活动来共同强化学习目标，在数字环境中设置课程、活动和互动，在数字环境中构建和管理内容、协作和交互，反思教育工作者主导的数字干预如何才能最好地支持学习目标，反思所选择的数字教学策略的有效性和适当性并灵活调整方法和策略，试验和开发新的教学形式和方法等一系列做法。第二，引导能力主要包括使用数字沟通工具及时回答学习者的问题和疑虑，在数字环境中开展学习活动并预见和迎合学习者的需求，在协作数字环境中与学习者互动，以数字方式监控学生在课堂上的行为并提供指导，使用数字技术远程监控学生的进步并在需要时进行干预，同时允许自我调节，还要试验、开发新的提供数字引导和支持的形式。第三，协作学习是指教师利用数字技术促进和加强学习者的协作，使学习者能够将数字技术作为协作的一部分，作为加强沟通、协作和协作知识创造的一种手段，主要涉及使用数字设备、资源或数字信息来开展学习协作，在数字环境中实施学习协作活动，利用数字技术在学习者之间进行知识协作交流，监督和指导学习者在数字环境中协作生成知识，要求学习者以数字方式展示他们的合作成果并协助他们，利用数字技术支持同行评估，利用数字技术试验合作学习的新形式和方法等一系列活动。第四，自控学习主要是指使用数字技术支持自我调节的学习过程，使学习者能够规划、监控和反思自己的学习过程，衡量进步的程度，分享见解并提出创造性的学习方案，主要涉及使用数字技术让学习者规划自己的学习，使用数字技术让学习者能够收集证据并记录学习进展，使用数字技术让学习者能够记录和展示他们的工作，使用数字技术让学习者能够反思和自我评估他们的学习过程等。

（4）数字评估。数字评估包括评估策略、分析证据、反馈和计划三个方面。第一，评估策略主要是将数字技术融入形成性和总结性的评估，加强评估方式和方法的多样性和适用性，主要涉及使用数字评估工具来监控学习过程并评估学习者的进步程度，使用数字技术来加强形成性的评估，在测试中使用数字技术来加强总结性评估，用数字技术赋能学习者的作业评估，就各种数字技术本身展开评判，批判性地反思数字评估方法的适当性并相应地调整策略。第二，分析证据是指生成、选择、批判性地分析、解释关于学习者活动、表现和进步的数字证据，以便为教学提供信息，通常涉及设计和实施学习活动并生成学习者活动和表现的数据，使用数字技术记录、比较和整合学习者的数据，意识到数字环境中学习者会产生可用于教学的数据，分析和解释学习者的数据，考虑、结合和评估学习者的不同数据源，严格评估可用于教学的证据。第三，反馈和计划主要涉及利用数字技术为学习者提供有针对性的及时反馈，根据所使用的数字技术产生的证据来调整教学策略，提供有针对性的支持，使学习者和家长能够理解数字技术提供的证据并将其用于决策。

（5）赋能学习者。赋能学习者包括可及性和包容性、差异化和个性化、积极吸引学习者三个方面。第一，可及性和包容性要求确保所有学习者都能获得学习资源和活动，考虑并回应学习者基于数字技术的学习期望、能力、用途和误解，以及他们使用数字技术的情境、物理或认知方面的限制，主要包括提供公平使用适当数字技术和资源的机会，选择和使用合适的数字教学策略以契合学习者的数字背景，采用数字技术和策略支持有特殊需要的学习者，在选择、修改或创建数字资源时考虑、应对潜在的无障碍问题，从而为有特殊需求的学习者提供替代或补偿的工具和方法，增加教学中使用的资源和数字环境的可访问性，持续监测和反思为改善无障碍环境而实施的措施的适用性并相应地调整战略等。第二，差异化和个性化是指使用数字技术来满足学习者的不同学习需求，让学习者以不同的水平和速度前进，遵循他们个人的学习途径和目标，主要涉及使用数字技术来满足个人学习者的特殊需求，在设计、选择和实施数字学习活动时考虑不同的学习途径、水平和速度，制定个性化学习计划并使用数字技术来支持这些计划。第三，积极吸引学习者是指使用数字技术来培养学习者参与某一主题的积极性和创造性，在教学策略中使用数字技术，培养学习者的横向技能、深入思考和创造性表达的能力，采用开放式学习，让学习者自己参与动手活动、科学调查或解决复杂问题，或者以其他方式增强学习者对复杂主题的积极参与。

（6）促进学习者的数字能力。促进学习者的数字能力包括信息和媒体素养、数字通信与协作、数字内容创建、责任的行使、数字化问题解决五个方面。第一，信息和媒体素养要求学习者阐明学习活动、作业和评估的数字需求，在数字环境中寻找信息和资源，组织数字信息，评判信息及其来源的可信度和可靠性，包括阐明信息需求并在数字环境中搜索数据、信息和内容，创建和更新个人搜索策略，根据发现的信息质量调整搜索策略，分析、比较和批判性地评估数字资料来源的可信度和可靠性，在数字环境中组织、存储和检索数据、信息和内容，在结构化的环境中组织和处理信息。第二，数字通信与协作要求促进学习者有效和负责任地使用数字技术进行沟通、合作和社会公民参与，包括通过各种数字技术进行交互，理解适用于特定背景的数字通信手段，通过适当的数字技术与他人共享数据、信息和数字内容，了解参考和归因实践，通过使用公共和私人数字服务参与社会活动，通过适当的数字技术寻求自我赋权和参与公民身份的机会，将数字技术用于协作过程以及资源和知识的共建共创，在使用数字技术和在数字环境中互动时了解行为规范并了解如何操作，使传播策略适应特定受众并意识到数字环境中的文化和代际多样性，创建和管理一个或多个数字身份，保护自己的名誉，处理由多种数字技术、环境和服务产生的数据等一系列过程。第三，数字内容创建包括创建和编辑不同格式的数字内容，通过数字方式表达自己，修改、完善、改进信息和内容并将其整合到现有的知识体系中，创造新的、原创的和相关的内容和知识，了解版权和许可如何适用于数据、信息和数字内容，为计算系统规划和开发一系列可理解的指令进而解决给定的问题或执行特定的任务等。第四，责任的行使是指在使用数字技术的同时，确保学习者的身体、心理和社会健康，使学习者能够安全、负责任地管理风险和使用数字技术，这个过程可能涉及保护设备和数字内容免受数字环境中的风险和威胁的影响，了解安全保障措施，在数字环境中保护个人数据和隐私，了解如何使用和共享个人信息并保护自己和他人免受侵害，了解数字服务在个人数据方面的"隐私政策"，在使用数字技术的同时避免健康风险和对身心健康的威胁，保护自己和他人免受数字环境中可能存在的危险，知晓如何用数字技术促进社会福祉和社会包容，了解数字技术及其使用对环境的影响，监督学生在数字环境中的行为以保障他们的健康，当学生的健康在数字环境中受到威胁时立即有效地做出反应等。第五，数字化问题解决是指在学习和教学过程中，要求学习者识别和解决技术问题，或者创造性地将技术知识转移到新的环境中，包括识别操作设备和使用数字环境时的技术问题并解决这些问题，根据个体需求调整和定制数字环境，识别、评估、选择和使用数字技术以及可能的技术应对措施来解决给定的任务或问题，以创新的方式利用数字技术创造知识，了解自身的数字能力在哪里需要改进或更新，支持其他人的数字能力发展，寻求自我发展的机会并跟上数字发展的步伐等。

2. 纵向层级

该框架包含以下 6 个纵向的能力层级：

（1）新手（A1）能够意识到数字技术在加强教学和专业实践方面的潜力。然而，他们很少接触数字技术，主要用于备课、管理或组织沟通。新手需要指导和鼓励，以扩大他们的数字素养，并将他们现有的数字能力应用于教学领域。

（2）探索者（A2）不仅会意识到数字技术的潜力，并有兴趣探索这些技术，进而加强教学和专业实践。他们已经开始在数字能力的某些领域使用数字技术，但这类运用还不全面。探索者需要鼓励并强化洞察力和灵感。

（3）进阶者（B1）会在各种背景下出于各种目的地对数字技术进行试验，并将其整合到许多实践中。他们创造性地利用数字技术来增强他们专业参与的各个方面。他们渴望扩大练习范围，然而，他们仍在努力了解哪些工具在哪些情况下是最有效的，并努力尝试将数字技术与教学策略、方法相结合。他们只需要更多的时间进行实验和反思，再加上合作鼓励和知识交流，就可以成为专家。

（4）专家（B2）一般会自信、创造性和批判性地使用一系列数字技术来加强他们的专业活动。他们有目的地为特定情况选择数字技术，并试图了解不同数字战略的利弊。他们常常具备好奇心，对新想法持开放态度，知道还有很多事情还没有尝试过。他们将实验作为一种手段来扩展、构建和巩固他们的数字技术策略。在创新实践方面，专家是教育组织中的中坚力量。

（5）学者（C1）通常有一个完整的、全面的方法来使用数字技术进而加强教学和专业实践。他们依赖于广泛的数字策略，而且知道如何选择最适合任何特定情况的策略。他们不断反思并进一步发展自己的实践。通过与同行交流，他们不断了解新的发展和想法。他们可以充当他人灵感的源泉，并将自己的专业知识传授给他人。

（6）开创者（C2）勇于质疑当代数字化教学实践的充分性，而且他们自己也是这些实践的领导者。他们会深思既有做法的限制或缺点，并且尝试高度创新和复杂的数字技术或开发新颖的教学方法。开创者是一种独特而稀有的群体，他们引领创新，是年轻教师的榜样。

综合上述介绍，对比 DigCompEdu 和 DigComp 2.1，不难发现两者的内容存在大量重合：一是两个项目均由欧盟相关部门发布；二是两者均是对公民数字素养的全方位探讨。虽然两者的内容在很大程度上是相同的，但分类和组织这些内容的架构完全不同。相比于 DigComp 2.1，DigCompEdu 更聚焦于教育领域，且各模块的划分都能对应于教学实践的各类环节，因此，在教育学领域的研究中，DigCompEdu 具备较高的参考价值。

四、联合国教科文组织的
Digital Literacy Global Framework（DLGF）

Digital Literacy Global Framework 由联合国教科文组织（United Nations Educational, Scientific and Cultural Organization，UNESCO）于 2018 年发布。该框架基于欧盟数字素养框架，即 DigComp 2.0，整合了全球各个国家和地区的社会数字

化发展进程，进一步确定了一系列具有全球代表性的数字素养能力细分，并构成了自成一派的理论框架。Digital Literacy Global Framework 将数字素养划分为设备和软件操作、信息和数据素养、数字内容创建、沟通与协作、数字安全素养、解决问题、与职业相关的能力七个方面，其中，设备和软件操作、与职业相关的能力是 DigComp 2.0 中没有的新内容。本章接下来将详细介绍 Digital Literacy Global Framework 所包含的各项能力。

1. 设备和软件操作

设备和软件操作包括在数字设施上的硬件操作和软件操作两个方面。其中，硬件操作要求个体识别硬件工具和技术的特点，掌握这些工具和技术的使用方法；而软件操作则要求个体了解和理解操作软件工具和技术的原理和机制，以及所需的数据、信息或其他数字内容。联合国教科文组织于 2018 年发布的《数字素养全球框架》（*Digital Literacy Global Framework*）分别为两项能力列举了例子：对于硬件操作，是一个有关企业家的例子，具备良好硬件操作能力的企业家可以访问城市内的信息亭进行注册，或者如果企业家不想访问信息亭，其可以打开电脑并连接智能读卡器，此时，该企业家可以将身份证插入智能读卡器并将手指放在传感器上进行扫描，进而完成注册；而对于软件操作，该企业家可以响应身份证插入和指纹扫描的软件提示，并且知道互联网连接、插卡、指纹扫描等操作是否是正确和成功的。

2. 信息和数据素养

信息和数据素养包括浏览、搜索和过滤数据、信息和数字内容，评估数据、信息和数字内容，管理数据、信息和数字内容三个方面。首先，浏览、搜索和过滤数据、信息和数字内容是指个体阐明信息需求，在数字环境中搜索数据、信息和数字内容，访问并在这些数字资源之间导航，创建和更新个人搜索策略。其次，评估数据、信息和数字内容是指分析、比较和批判性地评估数据、信息和数字内容来源的可信度和可靠性，以及数据、信息和数字内容本身。最后，管理数据、信息和数字内容是指在数字环境中组织、存储和检索数据、信息和数字内容，并在结构化的环境中组织和处理它们。《数字素养全球框架》以企业家访问城市信息亭为例，来展示上述能力的良好表现：对于浏览、搜索和过滤数据、信息和数字内容，企业家可以打开网络浏览器，并在浏览器中的适当框中输入注册网页地址，接着可以识别和解释界面上的图标和按钮、输入框和表单，可以在注册过程中进入下一个页面，可以浏览和选择相关的政府服务，在政府服务平台登录时，该企业家可以点击"注册"等图标；对于管理数据、信息和数字内容，企业家可以记下他的身份证 PIN 来注册，并且可以记下用户名和密码以访问政府的在线服务；对评估数据、信息和数字内容，《数字素养全球框架》未给出相应的例子。

3. 数字内容创建

数字内容创建包括开发数字内容、整合和重新阐述数字内容、版权和许可、编程四项内容。首先，开发数字内容要求个体创建和编辑不同格式的数字内容，通过数字手段表达自己。其次，整合和重新阐述数字内容要求个体有能力修改、提炼、改进信息和内容，并将其整合到现有的知识体系中，以创建新的、原创的、相关的内容和知识。再次，版权和许可要求个体了解版权和许可的相关知识，以及如何将版权和许可用于合适的数据、信息和数字内容。最后，编程是指个体基于计算系统来规划和开发一系列可理解的指令，以解决特定的问题或任务。在《数字素养全球框架》中，联合国教科文组织并未针对上述数字内容创建能力给出相应的例子。

4. 沟通与协作

沟通与协作包括通过数字技术互动、通过数字技术分享、通过数字技术参与公民活动、通过数字技术合作、网络礼仪、管理数字身份六个方面。通过数字技术互动是指通过各种数字技术进行互动，并了解特定背景下的适当的数字通信手段；通过数字技术分享是指通过适当的数字技术与他人共享数据、信息和数字内容，充当信息传播的中介，了解参考和引用等实践；通过数字技术参与公民活动是指通过使用公共和私人的数字服务参与社会活动，通过适当的数字技术寻求自我赋权和参与公民活动的机会；通过数字技术合作是指将数字工具和技术用于协作过程以及资源和知识的共建和共创；网络礼仪是指在使用数字技术和在数字环境中互动时，了解行为规范和专业知识，并根据特定受众调整沟通策略，关注数字环境中的文化和代际多样性；管理数字身份是指创建和管理一个或多个数字身份，并能保护自己的声誉，处理通过多种数字工具、环境和服务产生的数据。《数字素养全球框架》没有针对这些能力给出相应的案例。

5. 数字安全素养

数字安全素养包括保护设备、保护个人数据和隐私、保护健康和福祉、保护环境四个方面。保护设备是指保护数字设备和数字内容，了解数字环境中的风险和威胁以及相关的安全和安保措施，并适当考虑可靠性和隐私；保护个人数据和隐私是指在数字环境中保护个人数据和隐私，包括了解如何使用和共享个人身份信息，同时能够保护自己和他人免受侵害，了解数字服务的"隐私政策"如何适用于个人数据；保护健康和福祉是指在使用数字技术时，能够避免健康风险以及对身心健康的威胁，能保护自己和他人免受数字环境中可能存在的风险，并利用数字技术促进社会福祉和社会包容；保护环境是指了解数字技术及其使用对环境的影响。《数字素养全球框架》就保护设备、保护个人数据和隐私给出了案例：对于保护设备，企业家可以保留一张身份卡，并设置和调用 PIN 以访问卡上的信息，同时在输入用户名和密码来访问政府服务之后，记得将登录页面关闭；对于保护个人数据和隐私，企业家可以通过在文本框中选择输入两次现有的电子邮件地址和密码来注册新账户，还可以在表格中选择输入现有的手机号码和身份证号码，并选择性地输入包括地址和指纹扫描在内的个人信息。

6. 解决问题

解决问题包括解决技术问题、识别需求和技术响应、创造性地使用数字技术、识别数字能力差距、计算思维五种基本能力。解决技术问题是指识别操作设备和处于数字环境中的技术问题，并解决这些问题，包括从故障排除到解决更复杂的问题；识别需求和技术响应包括评估需求，并确定、评价、选择和使用数字工具和技术对策来解决这些问题，根据个人需求调整和定制数字环境；创造性地使用数字技术包括使用数字工具和技术创造知识，创新流程和产品，单独或与他人合作理解和解决数字环境中的概念问题和情况；识别数字能力差距是指个体了解自己的数字能力在哪些方面需要改进或更新，并且有能力支持他人的数字能力发展，寻求自我发展的机会，跟上数字发展的步伐；计算思维是指将可计算的问题处理成基于顺序和逻辑的步骤，并由此产生基于计算机系统或人机协同的解决方案。《数字素养全球框架》针对解决技术问题、识别需求和技术响应列举了相应的例子：对于解决技术问题，企业家可以遵循并满足密码、手机号码和 ID 的格式要求进行账号注册；对于识别需求和技术响应，在注册网页上，企业家可以使用更改语言和查找更多信息的选项，包括通过谷歌地图找到信息亭的位置，以及电话号码和电子邮件地址等联系信息。

7. 与职业相关的能力

与职业相关的能力包含操作特定领域的专业数字技术，解释和处理特定领域的数据、信息和数字内容两个主要方面。操作特定领域的专业数字技术要求识别并使用特定领域的专业数字工具和技术；而信息和数字内容主要涉及了解、分析和评估数字环境中特定领域的专业数据、信息和数字内容。《数字素养全球框架》没有对上述能力做出案例解释。

总体而言，Digital Literacy Global Framework 是对 DigComp 2.0 的完善和改进，虽然没有顺延 DigComp 2.0 将数字素养按照横向和纵向展开划分的方式，但是通过案例介绍的方式具体形象地阐述了个体在工作、生活中各项能力的良好表现。除此之外，Digital Literacy Global Framework 还对全球各国和地区进行了广泛的调查，通过梳理全球各地的数字素养框架，提出了一些有别于 DigComp 2.0 的新内容。例如，与职业相关的能力，这类工作场所的数字素养在过去的框架中很少出现；问题解决素养中的计算思维，这与大数据和人工智能崛起的时代背景高度契合，当今这些技术已不再新鲜并且涉及人们生活的方方面面，而个体对算法形成基本的认识并基于算法去思考和认知已然成为适应当今数字时代发展的不可或缺的能力。整体看来，Digital Literacy Global Framework 是一个具备普适性且适合绝大多数国家和地区的数字素养能力框架。

五、数字智能联盟的
Digital Intelligence Framework（DQ）

Digital Intelligence Framework（DQ）由数字智能联盟（The Coalition for Digital Intelligence，CDI）于 2019 年发布的《2019 数字智商全球标准报告》（DQ Global Standards Report 2019）首次提出，并且在 2020 年 9 月被电气与电子工程师协会（IEEE）标准委员会正式批准，是首个面向全球的数字素养、数字技能和数字准备标准的指标框架。与 DigComp 2.1 类似，Digital Intelligence Framework 也对数字素养进行了横向和纵向的划分：在横向上，将其划分为数字身份、数字使用、数字安全、数字保障、数字情商、数字扫盲、数字沟通、数字权利八个关键领域；而在纵向上，将其划分为数字公民力、数字创造力、数字竞争力三个层面。由横向和纵向分类的两两组合，该框架将数字素养划分为 24 个数字能力，具体如图 2-3 所示。本章接下来详细介绍这些数字能力在知识、技能和价值观方面的内涵。

	数字身份	数字使用	数字安全	数字保障	数字情商	数字扫盲	数字沟通	数字权利
数字公民力	数字公民身份	平衡使用技术	网络风险管理	个人网络安全管理	数字同理心	媒体与信息素养	数字足迹管理	隐私管理
数字创造力	数字联合创作者身份	健康使用技术	内容网络风险管理	在线网络安全管理	自我意识与管理	内容创建和计算素养	在线沟通与协作	知识产权管理
数字竞争力	数字变革者身份	公民性使用技术	商业和社区网络风险管理	组织网络安全管理	关系管理	数据和人工智能素养	公共和大众传播	参与权管理

图 2-3　Digital Intelligence Framework 数字素养框架

1. 数字身份

数字身份领域按照数字公民力、数字创造力、数字竞争力三个层面来划分，包括数字公民身份、数字联合创作者身份、数字变革者身份三类数字能力。首先，数字公民身份是建立和管理作为诚信数字公民的健康身份的能力：在知识层面，要求个体理解他们所处的媒体环境所涉及的基本词语，基于数字媒体和技术的社会和多元文化的性质，建构数字环境下的自我形象和人格，知晓技术可能对他们的自我形象和价值观产生的影响，以及个人使用数字媒体可能产生的职业影响。在技能层面，当在不同的受众中使用技术时，个体需要展示道德和体贴的行为以及网络礼仪，通过创建和管理他们的在线身份来控制和塑造他们自己的数字身份，知道如何讲述他们自己的故事，同时与来自不同文化的其他人接触，坚持非歧视和非文化敏感的原则，具备全球化的意识。在态度和价值观层面，个体应当在在线和离线行为中表现出连贯性和完整性，在使用技术时表现诚实，并通过寻找利用在线机会的方法来激活自我效能。其次，数字联合创作者身份是识别和发展自己作为数字生态系统共同创造者的能力：在知识层面，要求个体了解如何跟上信息和通信技术的进步，如何以互补和富有成效而不是破坏性的方式将数字技术融入他们的日常生活，反过来，他们也要学会对新技术持开放的态度，知道何时应当拒绝它们，并且可以从数字生态系统领域的技术进步中寻找共同创造的机会。在技能层面，作为数字生态系统的共同创造者，他们需要识别和探索当今的问题，发展和建立高阶思维和推理技能，进一步提升他们的能力并与他人建立联系，反过来，他们也要以现有想法为基础，并进一步共同开发新想法来解决问题，另外，作为终身学习者，他们还需要不断学习并产生新的想法以有效地解决问题。在价值观层面，个体在使用技术时应当自我激励并具备足够的谋略，知道何时以及如何部署和分配他们的时间、精力和资源。最后，数字变革者身份是识别和发展个体作为数字经济中有能力的变革者的能力：在知识层面，要求个体了解数字环境中的一般趋势和新兴趋势，以及技术如何塑造全球化和相互依存的网络，认识到技术在创造和解决新问题时存在的必要性，识别和评估新技术进步提供的创新机会或社会影响。在技能层面，要求个体通过将思维扩展到个人范围之外来整合数字网络和工具从而发展高阶的思维技能，监控和整合新兴技术的发展趋势并识别新的技术产品或服务，确定新技术的潜在附加值并更好地管理和解决既有问题，制定可持续性的、具备盈利性的业务战略。在价值观层面，需要具备专业精神、自我价值、好奇心，以及对自身能力与不断发展的数字技术之间差距的认知，并且乐于探索和利用技术促进自我发展和进一步的业务增长。

2. 数字使用

数字使用领域包括平衡使用技术、健康使用技术、公民性使用技术三类数字能力。首先，平衡使用技术是指通过自我控制来管理设备使用时间、多任务处理以及与数字媒体和设备的互动，以平衡的方式管理自身在线和离线生活的能力：在知识层面，要求个体了解技术使用对其健康、工作效率、幸福感和生活方式的影响（如过多的屏幕时间、多任务处理等），并具有相关的知识来应对这些影响。在技能层面，要求个体能够评估健康风险并减少与技术使用相关的健康问题，以更好地自我调节其技术使用，能够发展时间和资源管理技能，以更好地执行任务并更安全地享受娱乐。在价值观层面，要求个体以目的导向的意图使用技术，通过控制屏幕时间和树立技术使用的目标来规范自身的言行，并在使用技术时通过自我调节与他人建立积极的关系。其次，健康使用技术是个体了解技术对自身的身心健康的益处和危害的能力，以及在优先考虑健康和福祉的同时使用技术的能力：在知识层面，要求个体了解技术使用对自身福祉的影响，并能够辨别如何有效地利用技术为自己谋取利益。在技能层面，能够以符合人体工程学的方式使用技术，识别和利用安全、舒适的实践方式和设备来使工作流程对自身有益。在价值观层面，要求个体重视身心健康，并以健康的方式积极自我调节对技术的使用方式。最后，公民性使用技术是指利用技术参与公民社会活动并推动国家和全球社区福祉发展的能力：在知识层面，要求个体了解社区参与和公民参与的重要性，使自身参与的质量符合期望和标准，符合个人或组织的价值观及业务目标，以及当地、国家和全球的福祉发展。在技能层面，要求个体能够在线组织和召集一个团体，或者知道如何参与一个有组织的在线团体，进而有能力通过各种数字媒体与个人或团体接触来制定和审查程序，参与同步和异步讨论，创造共同价值，并通过适当的技术产生积极影响。在价值观层面，要求个体具备对公民活动的信念和尊重，并愿意参与这些活动以改善所处的组织或社会环境。

3. 数字安全

数字安全包括行为网络风险管理、内容网络风险管理、商业和社区网络风险管理三个方面。首先，行为网络风险管理是指识别、减轻和管理与个人在线行为相关的网络风险（如网络欺凌、骚扰和跟踪）的能力：在知识层面，要求个体了解不同类型的行为网络风险，以及什么情况下可能遇到这些风险，这些风险会如何影响他们，如何应对这些风险等。在技能层面，要求个体能够发展适当的技术、社会认知、沟通和决策技能，进而解决网络风险事件，个体无论是作为旁观者还是受害者，都应该能获得有价值的应对工具来克服负面的在线体验。在价值观层面，要求个体在网上表现出善意，了解应对风险的帮助信息，并能管理自身的在线行为，愿意为在线社区做出积极的贡献。其次，内容网络风险管理主要涉及识别、减轻和管理在线内容的网络风险（如有害的用户生成内容、种族主义和仇恨内容、图像滥用）的能力：在知识层面，要求个体在网络上面临可能的内容网络风险时具备处理这些风险的策略。在技能层面，要求个体可以更好地开发和使用技术来降低风险。在价值观层面，要求个体表现出心理韧性，并加强自己对可能有害或贬损的内容的防御力，同时积极为健康、开放的在线社区做出贡献。最后，商业和社区网络风险管理主要是理解、减轻和管理在线商业或网络社区的风险的能力，这些风险通常表现为通过经济或者意识形态说服等手段来剥削个人（如嵌入式营销、在线宣传和赌博）：在知识层面，要求个体了解不同类型的商业社区网络的风险，以及面临此类风险的可能的情境，并具备相关法律和道德问题的具有深度和时效性的知识。在技能层面，要求个体熟悉处理这些风险的策略，能够识别或开发策略和工具以减轻和管理风险，并且有能力检测和报告事件，识别受影响的系统和网络群体，向相关利益关系人提供警报和解决方案，此外，还要能提前预防潜在问题以防止问题发生或重复发生，将不可避免的事件的影响降至最低。在价值观层面，要求个体在网上需要表现出谨慎和警惕，了解何时何地可以使用处理风险的策略，并采用创造性的方法来处理和避免这些风险。

4. 数字保障

数字保障能力包括个人网络安全管理、在线网络安全管理、组织网络安全管理三个方面。首先，个人网络安全管理是指检测针对个人数据和设备的网络威胁的能力，以及使用适当的安全策略和保护工具的能力：在知识层面，要求个体了解个人在线风险以及识别不同类型的网络威胁（如黑客、诈骗和恶意软件），并可以用可用的策略和工具来避免此类威胁。在技能层面，要求个体能识别网络威胁，使用相关的网络安全实践（如安全密码、防火墙和反恶意软件应用程序），并在不损害数据和设备的情况下使用技术。在价值观层面，要求个体对可能危及自己或他人数据和设备安全的行为具备灵活性和警惕性，并且对出现问题时该怎么做充满信心。其次，在线网络安全管理是指检测、避免和管理在线云协作数字环境中的网络威胁的能力：在知识层面，要求个体了解云网络和协作数字环境的网络威胁，这些威胁可能会危及其数据、设备和系统，此时个体需要采用适当的保护机密信息和隐私的措施。在技能层面，要求个体有能力预测和识别其网络中的漏洞和风险，进一步评估漏洞、量化相关风险，并且使用工具、策略和协议来确保和提高在线协作工作的机密性和安全性，此外，还要监控网络和系统，并实施适当的策略来实现最佳的生产力和效能，如果个体属于某个组织，则其安全工具和策略需要与其组织的安全框架、准则和技术保持同构性，以确保对其业务的影响最小。在价值观层面，要求个体在使用技术时不断主动地、及时地了解不断变化的网络威胁、风险和漏洞。最后，组织网络安全管理是指识别、规划和实现组织的网络安全防御的能力：在知识层面，要求个体了解使组织能够管理威胁的支持体系结构、策略、做法和过程，包括与组织数据、设备、系统相关的反恶意软件，了解正确地处理、使用和存储组织的 IT 资产，进而规避潜在的业务或法律风险，并有能力制定和实施自己的数字弹性计划。在技能层面，要求个体具备发展认知和技术的技能，进而改善其组织的网络系统安全，还要预测和评估现有的和潜在的安全风险，并制定和实施相关策略来主动保护和优化组织的 IT 资产，进一步使关键 IT 基础架构和系统能在危机或灾难发生后迅速恢复，此外，还要制定和传播公司的安全策略、框架和指南，以确保日常业务运营能够防范风险、威胁和漏洞。在价值观层面，要求个体重视网络安全，在组织中积极倡导网络安全，包括为组织和社区制定沟通战略，以确保人人都能采用和遵守安全政策和标准。

5. 数字情商

数字情商包括数字同理心、自我意识与管理、关系管理三个方面。首先，数字同理心是指能够敏感意识到并支持自己和他人的在线感受、需求和担忧的能力：在知识层面，要求个体了解自身的在线互动如何影响他人的感受，并认识到其他人如何受到在线互动的影响。在技能层面，要求个体有能力通过同步和异步的在线互动来识别他人的观点和情绪，并表达尊重，还要发展社会情感方面的技能，并对相关情况做出相应的调节和回应。在价值观层面，要求个体对在线他人的感受、需求和关注表示关心和同情心。其次，自我意识与管理是指识别和管理自己的价值体系和数字能力从而适应数字环境的能力：在知识层面，要求个体了解自己的价值体系如何影响和受数字环境的影响，并能解释自身的情绪如何影响他人。在技能层面，要求个体能识别和解释自己的情绪，反思自己的感受如何受到数字环境的影响，并通过自我调节来管理情绪和冲动，此外，还要能够了解自己的数字能力水平，积极努力管理和更新自身的技能，基于这些能力，促进内部和外部利益相关者之间的合作和积极互动，以实现共同目标。在价值观层面，要求个体对自己的情绪有所关注，并能积极地管理自己的冲动，从而在在线交流中尊重他人。最后，关系管理是通过协作、冲突管理和说服巧妙地管理在线关系的能力：在知识层面，要求个体理解和管理在线社区中社交的不同情境，进而维系良好的关系，了解特定的平台和环境下应当采取什么样的行为规范和情绪反应。在技能层面，要求个体发展人际交往能力，使自己能有效地参与在线社交，根据个人或组织的需求来管理、维护和发展与特定群体的关系，与组织间和外部利益相关者建立合作伙伴关系，并利用关系来实现组织目标，还可以通过建立融洽的关系、行动规划以开展有效的沟通和谈判。在价值观层面，要求个体表现出自我激励和承诺，提供文化包容性，培养彼此的宽容和团队合作，除此之外，还要致力于通过展示社交手段来权衡内部和外部利益相关者的需求，并愿意首先肯定他人的需求，在做出决定之前考虑各方意见。

6. 数字扫盲

数字扫盲包括媒体与信息素养、内容创建和计算素养、数据和人工智能素养三个方面。首先，媒体与信息素养是指通过批判性推理查找、组织、分析和评估媒体和信息的能力：在知识层面，要求个体了解数字媒体的基本结构，数字媒体如何影响知识和信息的获取和管理，如何构建特定媒体信息，并且知道如何识别在线虚假信息和错误信息。在技能层面，要求个体具有熟练的计算机操作技能，能使用生产力软件或应用程序来收集和组织数字内容，此外，还能够阐明他们的信息和内容需求，有效地导航、批判性地评估和整合网上遇到的信息和内容。在价值观层面，要求个体对在线信息持谨慎和批判的态度，在评估在线信息的可靠性和可信度时表现出洞察力。其次，内容创建和计算素养是以创新和创造性的方式合成、创建和制作信息、媒体和技术的能力：在知识层面，要求个体了解数字内容创建和计算思维的理论，并具有编程和数字建模等算法素养。在技能层面，要求个体能概念化、构建、组织、创建、调整和共享知识、数字内容和技术，可以综合各种学科的知识和想法来做出决策或与他人合作，可以识别和使用数据数字媒体工具和技术来解决问题，并调整和定制数字环境以适应个人、组织和社区的需求，能够共享信息和知识，根据需求来创建和执行数字创作的计划，此外，可以基于计算或算法思维利用数据和先进的计算方法来实现预期的结果，可以根据指定的设计以及现有的开发和安全标准来开发应用程序，能分析技术构件并根据需要重用、改进、重新配置、添加或集成这些构件，在一定程度上确保在不同数字环境和系统中的兼容性。在价值观层面，要求个体表现出积极和持续的意愿来接触不断发展和推进的数字技术，有动力采用这些进步的技术并掌握终身学习和发展所需的技能。最后，数据和人工智能素养是指从数据中生成、处理、分析、呈现有意义的信息，以及开发、使用和应用人工智能（AI）和相关算法工具和策略的能力，进而在特定的情境下更好地行使知情权和优化决策：在知识层面，要求个体了解数据分析、统计和人工智能的相关数学概念和计算机编程理论，了解数据是如何生成的，基于统计知识处理数据，创建和使用人工智能算法来识别关键要素并改进决策过程，了解多个学科的概念，确定大数据、人工智能和相关技术带来的好处和风险。在技能层面，要求个体开发高效稳定的流程来收集、存储、提取、转换、加载和集成各类数据，可以读取、管理、分析和处理各种来源的数据，通过分析数据来创建和构建知识，使用各种数据可视化工具将其含义传达给他人，向目标受众呈现来自数据的分析见解，同时凭借对人工智能的理解，个体还可以开发、选择和应用相关算法和高级计算方法，使系统或软件实体能够学习、改进、适应和产生预期的结果，还可以将算法工具用于提高创意流程的效率并制定策略来优化自己的工作绩效，除此之外，他们还需要了解数据和人工智能如何影响一个人的感知和推理，可以利用人工智能来增强自己的智力，同时了解人类价值判断如何在大数据和人工智能的应用中发挥作用。在价值观层面，要求个体对追求创新和分析的职业能力充满信心，并且积极主动地应用他们对数据和人工智能的知识来为周围环境创造福祉。

7. 数字沟通

数字沟通包括数字足迹管理、在线沟通与协作、公共和大众传播三个方面。首先，数字足迹管理是指了解数字足迹的性质及其现实影响，并且负责任地管理数字足迹，并积极建立良好的数字声誉等一系列能力：在知识层面，要求个体了解数字足迹的概念，以及此类信息的痕迹和相应的元数据可能对个体的声誉和他人产生影响，个体还要知晓在线共享此类信息时的可能用途。在技能层面，要求个体有能力管理他们的数字足迹，并用技术为自己和他们所属的组织带来良好的声誉。在价值观层面，要求个体在网上要表现出谨慎、严谨和责任感，积极管理自己和他人在多个平台上可能共享、标记、发布、收集的各类信息。其次，在线沟通与协作被定义为有效使用技术进行集体沟通和协作的能力，包括远距离沟通和协作：在知识层面，要求个体了解不同类型的沟通和协作策略、工具和格式，并知晓哪种方法对个人或协作目标是最有效的，此外，还要了解可能鼓励或阻碍群体之间沟通或协作的各种外部压力。在技能层面，要求个体能够发展社会情感、人际关系和认知技能来支持自身的沟通和协作能力，包括与同行和专家的在线社区互动和协作的能力、构建和共创知识的能力，此外，要有能力通过利用各种不同的沟通渠道，有效地交流想法并远程合作。在价值观层面，要求个体对技术使用表现出主动性和积极性，以实现和支持协作生产活动，还要具备包容的态度，在实现组织目标的同时培养积极的协作文化和团队合作。最后，公共和大众传播被界定为与在线受众有效沟通，进而获取商业或社会等方面更重要的信息、想法和意见的能力：在知识层面，要求个体了解不同的在线平台、数字环境、文化和政策如何帮助或影响思想和信息的传播，以及在道德和法律基础上如何塑造在线思想和信息的传播。在技能层面，要求个体有能力通过可用的数字媒体和技术来传达他们的想法和信息，将数字故事具体形象化，并在各种渠道和平台上制定传播策略，跟踪受众反应和沟通效果，此外，还要利用各种数字工具与受众进行对话，通过数据分析战略性地提高在线参与度。在公共关系管理层面，要求个体能通过制定和实施品牌活动、公共关系和声誉管理的策略，共同创造组织的预期品牌和声誉，同时在该过程中收集有助于优化行动方案的信息。在价值观层面，要求个体对协作技术的使用表现出一种合乎道德、有目的和有原则的态度，以便与数字社区进行富有成效的对话。

8. 数字权利

数字权利包括隐私管理、知识产权管理、参与权管理三个方面。首先，隐私管理是指个体能够谨慎处理在线共享的个人信息，保护自己和他人的隐私：在知识层面，要求个体将隐私理解为一项人权，知晓什么是个人信息，如何在数字平台上使用、存储、处理和共享这些信息，以及哪些是保障个人信息私密性和安全性的策略和工具。在技能层面，要求个体能够制定行为和技术策略来防范侵犯隐私的行为、技术，并能够针对创建和共享自己和他人的信息和内容做出正确的决策。在价值观层面，要求个体尊重自己和他人的隐私和个人信息，将其视为值得保护的宝贵个人资产。其次，知识产权管理是指在使用和创建内容和技术时理解和管理知识产权的能力：在知识层面，要求个体了解有关在线内容所有权和重新混合在线内容的法规和权责边界，并且能够区分什么是创造性使用、什么是盗用他人的作品。在技能层面，要求个体有能力区分可以合法下载和必须付费的数字创作，利用策略（如商标、知识共享和版权）来保护自己和他人的数字创作，跟踪和管理数字创作中的后续使用以保护自己和所属组织的数字内容免受未经授权的修改、使用和扭曲。在价值观层面，要求个体愿意保护自己的数字创作并在适当的时候承认他人在创作中的功劳，进而建立信任和对他人的尊重，在创作中具备责任感和自尊心。最后，参与权管理是指个体理解和行使个人权利和在线参与权的能力：在知识层面，要求个体了解作为数字公民和消费者的权利，以及为什么在线参与的机会在社会群体中分布不均（如由于社会经济地位、残疾、地理位置的差异）。在技能层面，要求个体有能力发展认知和形成元认知的技能，将现有立法与自己的实践相结合，以确保数字权利在网上得到维护和尊重，还要发展复杂的系统层面的思维，以维护个人和社区的在线参与权，并且可以充分认识到网络事物不同的矛盾面。在价值观层面，要求个体表现出积极主动的思维，尊重民主理想、法治和人权，为技术使用负责并积极促进社会和环境的公共利益。

综合来看，Digital Intelligence Framework 基本上将数字素养的所有基本能力都纳入了考虑范畴中，同时也是各类数字素养框架的集大成者。该框架内容不仅围绕数字应用的态度、价值体系等深层特征进行了探讨，还就人工智能、大数据分析、云应用等前沿领域展开了探讨，同时，还根据不同的场景（公民身份、创造力和竞争力）对不同的能力进行了有序的层级划分。这使该理论框架几乎能够应用于任何领域，且大部分社会背景的个体能够在上述能力中找到适合自身的发展方向。

第三章 中国数字素养建设的整体情况

一、中国数字素养建设概况

我国提出关于全民数字素养的政策文件的时间较晚，数字素养的建设和发展方针经历了从集中力量发展关键数字产业，到推动社会数字化建设，再到促进数字型人才培养和关键技术攻关的思路转换。

早在党的十九大报告中，习近平总书记就提出要"加快建设创新型国家"，并且明确指出"建设科技强国、质量强国、航天强国、网络强国、交通强国、数字中国、智慧社会"是我国发展关键共性技术、前沿引领技术、现代工程技术、颠覆性技术的重要目标。其中，网络强国、数字中国和智慧社会与人民的数字素养息息相关，分别代表党和国家的纲领性文件对数字基础设施建设、数字产业经济发展和数字社会治理的关键性解读。首先，网络强国聚焦于网络基础设施建设、信息通信业新发展和网络信息安全三方面，是直接提升我国数字综合国际竞争力的关键性战略，也是引领我国工业数字化、信息化、网络化转型以及带动社会经济走向中国式现代化发展的重要基础性战略。其次，数字中国于 2017 年在党的十九大报告中首次被明确提出，而 2021 年的"十四五"规划就数字中国做出了政策性解读，指出数字中国主要覆盖数字经济、数字社会、数字政府的建设发展，强调以数字化转型驱动我国生产方式、生活方式和治理方式变革。最后，实现智慧社会的战略目标，关键在于充分利用好物联网、云计算、大数据、人工智能等新一代数字技术，以基于数智化思维的建设思路推动社会公共服务走向智能发展、普惠发展、精准发展的新路径。然而，实现网络强国、数字中国和智慧社会战略目标的基础性、战略性支撑源于人民数字素养和技能的全面提升，这对我国提出了以下要求：一是以产业数字化和数字产业化人才为核心支点，驱动数字经济关键领域持续健康高质量发展；二是以广大人民对享有美好数字生活的需求为推进主力，通过提升全民数字素养形成数字市场需求的关键增量，释放数字经济新增长点。

在党的二十大报告中，习近平总书记再次强调要"建设现代化产业体系"，加快建设网络强国和数字中国，加快发展数字经济，促进数字经济和实体经济深度融合，打造具有国际竞争力的数字产业集群，同时推进贸易数字化、教育数字化、文化数字化的协同发展。从政府工作报告的措辞变化来看，伴随着我国社会数字化建设取得长足进步，数字技术开始融入经济发展、产业建设、文化教育以及人民生活的各个方面，这不仅是未来社会治理、公共服务的重点任务，同时也是带动经济发展和区域建设的强大动力。正如此前所述，无论是产业数字化转型还是数字产业化变革，都离不开调动人民的主观能动性和无穷智慧。一方面，人民在作为发展数字经济的基础性支撑因素时，其数字素养决定着我国数字经济发展的基本下限，是数字化能够在多大程度上有效驱动生产生活和治理方式变革的重要基石。正如我国在人工智能、5G 通信等领域从曾经的白手起家到如今走在世界前沿，背后是无数科技工作者日夜攻关的辛勤汗水，而当前我国依旧面临着高端人才储备不足、顶尖人才稀缺、人才效能薄弱以及科技成果转化率不高等问题，数字人才链如何与产业链和创新链有效耦合的难题依旧有待破解。另一方面，人民在作为数字经济的需求性拉动因素时，其数字素养关乎我国数字经济持续繁荣发展的上限，当人民的数字素养不断跟随社会系统演进和科技范式的变革而快速发展时，市场需求将被持续激活，新型数字技术的应用场景将更容易得到市场呼应，进而释放数字经济的增长活力。过去十多年来，我国数字经济规模从 2012 年的 11 万亿元增长到 2022 年的 45 万亿元，从占国内生产总值的 21.6% 增长到如今的占国内生产总值的比重超 40% 且总量位居世界第二，而此过程也伴随着数字技术与人们工作、学习、生活各方面的深度融合，乃至推动了平台经济、共享经济、社群经济等新型经济模式的快速崛起，而人们在与数字技术密集接触的过程中不断发展出新的消费需求，并为扩大内需、提振市场经济活力提供了重要力量。

可以看出，全面推动我国数字素养的高质量发展不仅是人民适应数字时代生存和发展的重要基础性工作，同时对我国数字化战略的全局性部署、未来社会经济的繁荣发展以及国际竞争力和话语权的确立均存在关键性影响。

2021 年 10 月，中央网信委印发了《提升全民数字素养与技能行动纲要》，正式将"数字素养"这一概念纳入国家层面的战略进程中。在《提升全民数字素养与技能行动纲要》出台之前，数字素养在其他政府文件中也有提及。例如，2021 年 7 月，中央网信办、农业农村部等七部门联合发布了《数字乡村建设指南1.0》，该指南提出，"乡村数字素养提升是指通过线上线下培训相结合的方式，提升农村居民和农村基层干部的设备与软件操作、沟通与协作、数字内容创建、数字安全等数字能力"，强调要提升乡村数字素养，贯彻落实好新型职业农民培育、农村居民数字素养培训、基层干部数字素养培训三项重点任务。2021年3月，《中华人民共和国国民经济和社会发展第十四个五年规划和2035年远景目标纲要》提出，要"丰富数字生活体验，发展数字家庭。加强全民数字技能教育和培训，普及提升公民数字素养。加快信息无障碍建设，帮助老年人、残疾人等共享数字生活"。2020年11月，《中国-东盟关于建立数字经济合作伙伴关系的倡议》也强调，要"支持数字素养、创业创新和产业数字化转型"，"共同建设可协作的商业框架和生态体系，推动发展数字技术，支持数字工业企业、中小企业和初创企业培育数字创业能力，为数字转型提供解决方案，推动区域内数字贸易更加公平"。此外，在教育部等印发的《关于加强新时期中小学图书馆建设与应用工作的意见》《高校知识产权信息服务中心建设实施办法》《教师教育振兴行动计划（2018—2022年）》《教育信息化2.0行动计划》《关于高等学校加快"双一流"建设的指导意见》《教育部等五部门关于大力加强中小学线上教育教学资源建设与应用的意见》等文件中均提到"信息技术素养""信息素养"等关键的政策性概念，只不过在我国纲领性文件正式提出"数字素养"的概念之后，这些概念大部分被"数字素养"所取代。由此可以看出，在正式将数字素养提升到全国性战略层面之前，我国就已经针对老年人、残疾人、学生等关键群体提出了数字素养的相关培养要求和实施意见。伴随着数字技术与实体经济的深入融合，将提升数字素养与技能的任务工作扩展到全民范畴已然是大势所趋。

《提升全民数字素养与技能行动纲要》是我国首部系统性阐述数字素养及相关政策行动路线的文件。文件明确提出，"坚持以人为本，普惠共享"，"坚持统筹谋划，系统推进"，"坚持深化改革，协调发展"，"坚持正确导向，保障安全"，强调指出了提升全民数字素养的重要意义：提升全民数字素养是一项以人民为中心，旨在通过促使数字教育资源、数字技能培训、数字产品和信息服务等高质量发展和开放共享，来不断提高人民群众的获得感、幸福感和安全感的重大任务；提升全民数字素养是一项尊重数字化发展规律，针对不同类型、不同年龄阶段群体以及不同学习、工作、生活和创新场景的指向性、层次性、科学性的系统规划；提升全民数字素养是一项致力于攻克全民数字素养与技能提升中的重点矛盾和瓶颈，破除体制机制阻碍，并且不断弥合数字鸿沟和促进区域协调发展的深层改革；提升全民数字素养是一项注定要切实落实的，旨在统筹发展和安全，强化底线思维和风险意识的社会价值导向工作。《提升全民数字素养与技能行动纲要》的目标分两个方面，其中近景目标是：在2025年之前，实现全民数字化适应力、胜任力、创造力显著提升，全民数字素养与技能达到发达国家水平，包括优化数字素养与技能提升的发展环境，落实好数字基础设施建设和开放性渠道建设，全面提升我国的数字资源供给能力；同时，要求初步建立全民终身数字学习的发展体系，尤其要针对老年人、残疾人等特殊群体的数字素养发展体系，推动群体之间、区域之间的数字鸿沟加速弥合。此外，与此前其他国家数字素养不同，《纲要》着重强调发展劳动者数字素养，要求壮大高端数字人才队伍，以强悍的数字人才储备形成中国式现代化发展的重要基石；另外，还要推动全民基于数字技术满足美好生活的需要，并且在数字化生活环境中理解和实施数字安全保障措施，提升数字道德伦理水平。《纲要》的远景目标要求，在 2035 年之前基本建成数字人才强国，实现全民数字素养与技能等能力向更高水平跃升，充分凸显高端数字人才队伍的引领作用，推动数字创新创业繁荣发展，进而支撑网络强国、数字中国和智慧社会战略目标。

为实现上述目标，《提升全民数字素养与技能行动纲要》针对丰富优质数字资源供给、提升高品质数字生活水平、提升高效率数字工作能力、构建终身数字学习体系、激发数字创新活力、提高数字安全保护能力、强化数字社会法治道德规范七个方面提出了工作重点：

（1）丰富优质数字资源供给要求优化完善数字资源获取渠道、丰富数字教育培训资源内容、推动数字资源开放共享、促进数字公共服务普适普惠。首先，优化完善数字资源获取渠道要求进一步完善千兆光网、5G 网络、IPv6 等新型数字基础设施的建设部署，包括扩大网络覆盖范围、提升网络质量、加快适老化智能终端供给、无障碍信息基础设施建设、少数民族语言技术研发，以及有序引导科研机构、高校、企业、政府部门及社会团体发挥自身优势，开发有助于数字素养与技能提升的资源渠道。其次，丰富数字教育培训资源内容强调围绕各类数字媒介和载体形式，开发有效、高质量的数字素养与技能培育资源，同时做好区域协同发展工作，支持各地区各行业制定针对性的培训方案，并鼓励相关实体向社会提供免费、高质量的数字教育与学习资源。再次，推动数字资源开放共享鼓励党政机关、企事业单位、团体组织等依法依规、有序地开放公共数字资源和服务，推动数据共享，鼓励各级教育机构和学校、出版社等实体积极开放数字教育培训资源，共享教学案例，实现互联网平台数字培训开放共享。最后，促进数字公共服务普适普惠要求建设完善全国一体化的政府服务平台，优化企业和个体实体办事流程和体验，同时设立志愿者和引导员岗位，帮助开展数字政府服务的相关宣传工作，为人民群众提供良好的引导和协助措施，促进数字公共服务红利充分惠及每一位公民。

（2）提升高品质数字生活水平包括培育智慧家庭生活新方式、提高智慧社区建设应用水平、丰富新型数字生活场景、开展数字助老助残行动四个方面。首先，培育智慧家庭生活新方式要求完善智慧家庭建设，推动智能家居系统平台发展，提升设备产品和应用的易用性、便捷性和兼容性，增强互联互通的互动效能，积极引导企业开展智能家居推广并帮助提升全民使用智能家居的能力。其次，提高智慧社区建设应用水平不仅要求完善智慧社区的建设规划，全面提升智能安防、智能停车等设施的易用性，推动数字技术赋能社区服务，进而提高社区服务的精准化和精细化水平，还要致力于提升全民的数字化社区服务的应用能力，通过组建社区数字技能小组、开展数字技能宣传活动、招募社区数字服务志愿者等形式，帮助社区居民利用好数字技术和服务。再次，丰富新型数字生活场景主要涉及5G、人工智能、虚拟现实和超高清视频等新兴数字技术在人民日常生活的应用，普及电子商务、移动支付、共享经济、智慧出行等新型数字生活服务，发展智慧商店、智慧商圈，提高人民数字工具和资源的使用意愿，帮助全民更好地享受便捷的数字服务。最后，开展数字助老助残行动要求由社会多主体协同参与，不仅要充分考虑老年人和残疾人群体的特殊性，推动数字基础设施的无障碍建设，还要依托老年大学、开放大学、养老服务机构、残疾人服务机构等联合开展帮扶互助活动，推动老年人、残疾人等特殊群体提升数字素养，鼓励他们参与数字化社会活动，反过来，也要加强社会价值观引领建设，引领包容友好的社会价值导向，帮助特殊人群顺利融入数字环境。

（3）提升高效率数字工作能力对各行业各群体提出了针对性的技能要求，包含提高产业工人数字技能、提升农民数字技能、提升新兴职业群体数字技能、开展妇女数字素养教育与技能培训、提升领导干部和公务员数字治理能力五个类型。第一，提高产业工人数字技能主要针对工作场所和劳动者，要求完善企业员工职业技能培训体系，特别是其中的数字素养与技能培训的内容，健全企业员工的培训制度，就生产环节的数字技能展开全方位培训，持续壮大现代化的产业工人队伍，同时还要培养企业管理型员工的数字思维和数字化经营管理能力。第二，提升农民数字技能主要针对农民群体，要求国家完善农业科教信息服务体系和全国农业科教云平台建设，同时持续增强农民对电商销售、新技术推广、新媒体应用和移动通信等数字技术的掌握能力，提高农民使用数字化"新农具"的意愿和能力，引领企业和社会各界帮助提升农民的数字素养，推动数字服务和培训向农村延伸。第三，提升新兴职业群体数字技能主要针对新就业形态、新办公形态等新型工作场所，要求针对"互联网+"、电子商务、在线办公、无人经济等新业态培养员工的数字技能，通过明确数字领域职业的技能标准、开展人员培训以及丰富课程设置等方式来壮大新兴职业群体的人才队伍，进而支持新兴数字职业以及新数字技术深度融入创新创业过程。第四，开展妇女数字素养教育与技能培训主要针对女性群体，要求依托各网络平台推出针对妇女的数字素养培训内容，增强妇女安全上网、科学用网和网上创业等方面的数字意识和能力，强化妇女通过数字技术参与经济生活的能力，特别是要帮助西部地区和偏远山区的妇女实现网上就业创业。第五，提升领导干部和公务员数字治理能力要求加大领导干部和公务员信息化培训力度，依托线上培训和各级党校从数字经济、数字社会、数字政府等方面开展全方位培训，提高党员领导干部的数字治理能力，以及通过网络了解民意、开展工作，同时要求在公务员选拔任用中将数字素养纳入考量范畴。

（4）构建终身数字学习体系包括提升学校数字教育水平、完善数字技能职业教育培训体系、建设数字技能认证体系与终身教育服务平台三个方面。首先，提升学校数字教育水平要求在中小学教学活动、必修课程、精品教材、课外活动等方面加入数字素养培育的教育内容，以及在普通高校和职业院校中设立数字学科专业建设、推进技能课程和实训基地建设、完善数字人才培养机制、鼓励学生数字创新创业以及在人才培养方面加强针对我国紧缺领域的数字素养培训；除此之外，还要持续壮大数字技能师资队伍，推动智慧教学、智慧教师、虚拟实验室等新兴技术在教育场景中的应用，提升数字化教学水平，并科学合理引导数字产品使用，强化师生在数字环境中的身心健康保护能力。其次，完善数字技能职业教育培训体系要求强化职业院校的数字型技能人才的培养，动态更新职业教育专业目录、专业升级以及数字化改造，完善课程设置并建设高水平的数字技能职业教育教师队伍；此外，在国家层面要完善数字技能职业教育的国家标准，推行"学历证书+职业技能等级证书"，并打造一批高水平的数字技能职业院校和专业，在加强数字职业技能教育和内容完善的同时，还要试点探索"互联网+"的新型职业技能培训模式。最后，建设数字技能认证体系与终身教育服务平台要求推进国家层面的"学分银行"建设，推动制定面向全民、适应行业发展的数字技能能力框架和认知单元，基于国家级数字技能终身学习教育服务平台提供配套的课程学习资源，以及贯穿培训、学习、体验、考核、学习成果认定、学分互换等环节的教育服务，为全民数字素养职业技能提升提供可信可靠的权威认证体系。

（5）激发数字创新活力包含打造企业数字化竞争力和探索数据驱动科研新范式两个方面。打造企业数字化竞争力要求发挥龙头企业在新一轮科技革命和产业变革中的引领和示范作用，打造一大批高水平、创新型、复合型的数字化人才队伍，积极开展数字创新技能大赛，推动以数字人才激活企业创新活力。此外，还要加快完善面向中小企业员工的数字化服务体系，提升中小企业数字化发展意愿和能力。探索数据驱动科研新范式要求顺应国家创新驱动发展战略和大数据发展趋势，鼓励来自企业、高校、科研机构等的科研工作者挖掘数据资源、探索数据密集型科研范式、支持国家科学数据中心建设、开放共享数字资源，进而推动研发和科技发展层面的协同共进。

（6）提高数字安全保护能力包括提高全民网络安全防护能力、强化个人信息和隐私保护两个方面。第一，提高全民网络安全防护能力要求积极开展和引导全民参与国家网络安全宣传周、"网络安全进社区"等活动，同时通过开办网络安全专题讲座和训练班、印发安全宣传册、在线宣讲等方式帮助全民预防网络谣言、电信诈骗、信息窃取等不法行为。第二，强化个人信息和隐私保护主要强调加大关于个人信息和隐私保护的法律法规宣传，完善个人信息和隐私的保护标准，健全相关监管机制和群众监督举报机制，明确和落实好行业组织、企业机构等主体保护个人信息和隐私的权责边界，加大对不法侵权行为的打击力度。

（7）强化数字社会法治道德规范包括引导全民依法规范上网用网、提高全民网络文明素养、强化全民数字道德伦理规范三个方面。首先，引导全民依法规范上网用网要求在政策层面落实好加强网络空间生态治理的工作，规范好网络传播秩序，同时积极开展网络普法，加强网民自律自觉抵制网络不良信息和不法行为。其次，提高全民网络文明素养要求政府主体、行业主体及社会各界做好社会价值观引领工作，树立网络文明规范和文明观念，完善政府、学校、家庭、社会相结合的网络文明素养教育机制，推动形成文明办网、文明用网、文明上网、文明兴网的共同发展。最后，强化全民数字道德伦理规范要求加强道德示范引领和深化网络诚信建设，要求政府、科研机构、企业、社会组织等多方力量共同监督数字技术和产品开发人员遵守职业道德和准则，同时加强对人工智能的技术伦理治理，促进全民在获取、制作、使用、交互、分享、创新数字资源等过程中可以良好地遵守数字社会的规则和行为规范。

针对上述七个方面，《提升全民数字素养与技能行动纲要》还针对加强组织领导、加大政策支持、开展试点示范、强化考核评估、加强宣传推广、深化国际合作六个方面给出了指导意见。基于这些措施意见，后续各部门积极开展了有关全民数字素养建设的工作：

2021年12月，中央网络安全和信息化委员会印发了《"十四五"国家信息化规划》，强调要将"全民数字素养与技能提升、企业数字能力提升"列入"十四五"期间国家信息工作的优先行动。同月，国家发展改革委、中央网信办、工业和信息化部等九个部门联合印发的《关于推动平台经济规范健康持续发展的若干意见》也提到，要"提升平台消费创造能力"，"鼓励平台企业提供无障碍服务，增强老年人、残疾人等特殊群体享受智能化产品和服务的便捷性。引导平台企业开展数字帮扶，促进数字技术和数字素养提升"。

2022 年 1 月，中央网信办等 10 部门印发了《数字乡村发展行动计划（2022-2025 年）》，将"着力提升农民数字素养与技能"作为计划的目标之一，通过农村数字基础设施升级、智慧农业创新发展、发展农业新业态新模式、提升数字治理能力、振兴乡村网络文化、打造智慧绿色乡村、提升公共服务效能、深化网络帮扶等行动，逐步实现乡村居民数字素养与技能提升，创造数字时代乡村繁荣新气象。

2022 年 3 月，中央网信办等四部门印发了《2022 年提升全民数字素养与技能工作要点》，提出了基于 8 个方面的 29 项重点任务，以多措并举提升全民数字素养与技能：①加大优质数字资源供给，主要包括拓展数字资源获取渠道、做优做强数字教育培训资源、推动数字资源开放共享、促进数字公共服务公平普及四项任务。②打造高品质数字生活，主要涉及培育数字生活新应用新场景，提高智慧社区和智慧家庭建设应用水平，深化数字应用适老化改造，加快推进信息无障碍建设四项任务。③提升劳动者数字工作能力，主要包括培育数字领域高水平大国工匠，提高农民数字化"新农具"应用水平，发展壮大新兴职业群体人才队伍，增强妇女数字工作竞争力，提升领导干部和公务员学网、懂网、用网能力五项主要任务。④促进全民终身数字学习，主要包括全方位提升学校数字教育教学水平、完善数字技能职业教育培训体系、搭建一批数字学习服务平台、加快提升退役军人数字技能四项任务。⑤提高数字创新创业创造能力，主要涵盖激发企业数字创新活力，完善数据驱动的科研创新模式，培育高水平数字人才三项主要任务。⑥筑牢数字安全保护屏障，主要包括增强网络安全防护意识和能力、增强数据安全防护意识和能力以及加强个人信息和隐私保护三项主要任务。⑦加强数字社会文明建设包括提高全民网络文明素养、强化全民数字道德伦理规范两方面任务。⑧加强组织领导和整体推进则涉及加强统筹协调、举办提升全民数字素养与技能系列主题活动、开展理论研究和监测评估、组织工作试点和优秀案例征集、深化国际交流合作五项任务。

2022 年 4 月，中央网信办等五部门印发了《2022 年数字乡村发展工作要点》，将"农民数字素养与技能有效提升"作为重点工作任务，强调要加强数字乡村人才队伍建设，通过数字应用技能培训、开展网络安全教育培训等方式提升农村人口的数字素养与个人信息保护意识。

2022 年 6 月，国务院印发了《国务院关于加强数字政府建设的指导意见》，提出在加强党对数字政府建设工作的领导方面，要加强党中央对数字政府建设的集中统一领导，并将提升干部领导和公务员的数字素养作为数字政府建设的强大动力和坚强保障之一。除此之外，该文件还进一步着眼推动学习型政党和学习大国的建设，要求搭建数字化终身学习的教育平台并构建全民数字素养和技能培育体系；同时，要求把提升干部队伍数字思维、数字技能和数字素养作为党校和行政学院的重要教学内容。

2022年7月，中央网信办召开了提升全民数字素养与技能工作的推进会议，强调要全面推进《提升全民数字素养与技能行动纲要》的实施，加快推动2022年重点任务落实。会议重申了全民数字素养与技能提升的重要性和安排部署相关系统性工作的紧迫性，此外，还对党政领导干部和公务员数字素养培训、"全民数字素养与技能学习大纲"编制和监测评估指标制定等工作展开了探讨。同月，"全民数字素养与技能提升月"在第五届数字中国建设峰会开幕式上启动，会议提出，要求在提升月期间，通过组织举办提升全民数字素养与技能主题论坛、提升全民数字素养与技能主题展、数字教育培训资源开放共享行动、数字技能进社区、数字教育大讲堂、数字助老助残志愿活动、数字巾帼先锋培育助力活动、数字创新专题培训、发布全民数字素养与技能发展研究报告、全民数字素养与技能提升月成果交流等系列主题活动，积极营造全民数字素养提升氛围，推动全民共建共享数字化发展成果。彼时，在福建省福州市也举办了"第五届数字中国建设峰会'跨越数字鸿沟：全民数字素养与数字乡村分论坛'"，该论坛以"数字赋能，全民共享"为主题，并就数字素养提升工作与乡村振兴、妇女保障、残障人士就业、公民核心素养教育等工作相结合做出了广泛的探讨。

2023年4月，中央网信办召开了2023年提升全民数字素养与技能部际协调机制会议，旨在通过加强系统设计、多部委协同推进、多举措并举的方式促进全民数字素养提升、数字资源供给、数字产业人才队伍建设、数字教育平台构建以及残疾人数字职业能力提升。同月，"第六届数字中国建设峰会数字素养与技能论坛"在福建福州举行，论坛以"数字赋能，全民共享"为主题。此外，还举办了全民数字素养与技能培训基地授牌仪式、2023年全国数字乡村创新大赛启动仪式，发布了《2022年提升全民数字素养与技能优秀案例》，上线发布了数字素养与技能提升公益项目。

综合上述国家政策不难看出，我国并非将提升数字素养与技能作为一项孤立的战略进行布局，而是要求其与乡村振兴、妇女权益保障、残障人士权益保障、教育和科技体制机制改革等战略联动，进而针对特定领域实现特定人群的数字化能力变革。除了上述国家层面的政策动向之外，全国各地也陆续跟进全民数字素养与技能提升的相关政策动向。例如，全国各省市和自治区陆续开展了"全民数字素养与技能提升月"系列活动，针对自身基本情况实施了针对性的数字素养帮扶举措。此外，部分地方政府结合本土发展优势，推出了创意性的数字素养提升活动。例如，2021年4月，福建省福州市委网信办依托福州市互联网组织党委开展"10点钟课堂"适老服务，通过积极搭建平台提升数字助老参与度、创新教学内容实现课程点单常态化、深入基层社区拓展适老服务覆盖面三项举措，提升老年人数字素养、弥合数字能力鸿沟、健全基层数字服务体系。又如，2022年11月，江苏省扬州市以线上线下相结合的方式举办了亚太经合组织数字能力建设研讨会，会议就加快市政基础设施建设、缩小数字鸿沟和促进全民数字素养、加快数字教育教学发展、加快数字产品和服务供给等方面的工作展开了全面梳理。

二、中国数字素养建设的问题分析

我国启动有关数字素养的政策布局的时间较晚，现阶段依旧处于一个相对起步的阶段，虽然已取得长足进步，但依旧存在较多问题有待解决。既往政策主要提到我国的数字素养建设面临标准尚未成熟、机制系统有待健全、覆盖范围和群体有限、活动力度有待增强等问题，而在这些问题之外，数字素养作为数字经济未来发展的"晴雨表"，我国数字素养建设的现状还将进一步对经济社会发展造成更加深远的影响。

一是全民数字素养发展跟不上数字基础设施和科技的迭代速度，难以充分释放数字基础设施对社会经济发展的赋能效应。近年来，我国围绕大数据、5G、云计算等数字经济新基建已取得重大突破，在部分技术和基础设施等硬实力上甚至已经赶超美国，但全民数字素养这一软实力建设还落后于欧美发达国家，导致当前以数字技术前沿突破为主的数字经济供给侧高质量发展与需求侧低质量偏向之间不对等情况加重，以往"供给推动需求"的增长路径失灵，而"需求拉动供给"的新增长点尚未形成。本章认为，由全民数字素养不足导致的数字文明渗透不深、数字潜力释放不足、数字转化低端锁定等痛点，是造成我国数字经济产业端及消费端需求低质量困局的重要原因：①在数字文明方面，我国产业端、消费端数字意识匮乏与数字技术高端产能间的矛盾是阻碍我国数字经济增长的重要挑战。近年来，我国数字经济取得长足进步，截至2021年总量达7.1万亿美元，位居世界第二。然而，中美数字经济仍差距悬殊，美国2021年数字经济总量达15.3万亿美元，是我国数字经济总量的2.15倍，且近年来我国主要互联网企业的收入增速已经开始放缓：从2018年为美国的4.8倍，到2020年降为1.6倍。其中的重要原因在于，我国产业端、消费端的数字意识不够充分，这导致我国的先进数字技术产能难以在数字产业化、产业数字化方面充分发挥优势：就产业端而言，清华大学全球产业研究院数据显示，39%的企业未能给出明确的数字化转型战略，79%的企业未能明确数字化文化建设；就消费端而言，5G等新一代数字技术未能引爆消费经济新增长点进而形成数字消费新势能，截至2022年8月，中国电信和中国移动的5G用户率分别高达62.8%、55.4%，但全国仅个别城市的5G分流比达到30%，我国数字产能与消费需求不匹配形势严峻。②在数字潜力方面，全民数字素养建设落后导致数字经济潜力无法充分释放，国内数字消费市场仍存在拓展空间。首先，数字素养不足制约了数字消费基础设施的使用，导致先进的数字消费基础设施尚未形成数字经济发展新动能。截至2021年，美国整体互联网普及率超95%，而我国城镇地区互联网普及率为81.3%，农村地区仅为57.5%，其中近半数个体由于数字知识匮乏而无法上网。其次，数字素养不足导致高品质的数字产品和服务并未有效地提升全民幸福感。尽管近年来人们已经逐渐意识到数字技术适老化发展在建设数字中国中的重要性，但数字鸿沟的存在依然是阻碍人们享受数字经济发展成果的重要因素，我国数字鸿沟问题依然不容小觑。最后，数字素养不足导致消费环境亟待优化。当前，我国在数字消费市场秩序、消费者权益保护等方面存在的问题较多，大量消费者或用户对数字环境中的隐私政策缺乏了解，难以有效保障自身权益。这给部分互联网平台"钻空子"带来了可乘之机，进而导致非法收集、过度收集、强制收集个人隐私信息的市场乱象层出不穷。③在数字转化方面，我国数字产能与产业端数字能力间存在严重"错位"，产业数字转化率低、转化能力弱等问题导致高质量产能缺乏"用武之地"。就5G和云计算而言，2021年我国5G基站以占全球70%的建设量远超美国，但我国5G在医疗保健、金融服务等领域的增长贡献较美国仍有较大差距；我国企业用云浪费占比达30%，近50%的企业在上云后存在系统性能下降问题。产业端作为数字产业生态的主要构成，数字转化能力匮乏会加剧中美数字生态差距。以英特尔和华为为例，英特尔与IBM、微软等国际软硬件巨头具有数十年的生态基础，而我国诸如华为等龙头企业面对整体技术能力较弱的国内合作伙伴，还背负提高中国软件厂商起点水平的负担。

二是我国数字素养建设的区域发展不均衡、不充分问题依旧严峻，区域间的数字鸿沟可能面临扩大风险。当前，东部发达省市在数字基础设施建设、社会数字化治理、数字教育水平等方面均处于全国领先水平，与此相反的是，中部、西部、东北等广大地区依旧存在明显的落后态势，居民对数字服务的整体利用率、对数字知识和技能的掌握，以及产业端的数字人才储备都存在一定的提升空间。目前，我国区域层面的全民数字素养建设呈现出东部地区"一枝独秀"，区域间差异明显、分化严重的发展态势，这可能导致更加深远的后果。首先，现阶段中西部及东北地区的数字素养落后态势将为后续数字经济发展滞后埋下隐患。数字素养不仅是个体适应数字时代的生存需要，也是地区建设数字产业的主体能动基础，特定区域的数字素养整体水平象征该区域未来数字经济发展的潜在活力。当前我国中西部及东北地区的数字素养区域建设普遍落后于东部地区，可能导致后续数字经济发展鸿沟逐步扩大。区域数字素养发展失衡将进一步制约落后地区的发展潜力，届时区域间存在社会矛盾加剧的风险，危害协同发展。其次，人口、资本具备流动属性，倾向于生产向发达地区转移的趋势，东部地区具备吸引高层次数字素养群体的基础条件，容易成为数字人才集聚的高地，进而激发"富者愈富、贫者愈贫"的"马太效应"。伴随数字文明新时代的到来，数字产业建设将越发成为区域经济的重要支撑。最后，经济分化和社会分层可能形成代际传递效应，对欠发达地区的经济话语权和战略定位造成根本性损害。当前数字经济已然成为推动我国经济增长的重要支柱，截至 2022 年我国的数字经济占 GDP 的比重达 41.5%，诸如北京市、上海市等省市的数字经济占比均已超过四成。数字经济成为未来国民经济发展的"主赛道"已是历史趋势。当前中西部及东北地区的数字素养建设和数字经济发展已明显落后于东部发达地区。伴随数字经济在国民经济构成中的地位逐步提高，这类差距的危害将被不断放大。因此，遏制我国数字素养区域建设的分化态势，已然成为政府及社会各界亟须突破的发展难题。

三是我国数字素养区域劣势阻碍了"东数西算"内部战略及"一带一路"外部建设的发展布局。对内，我国"东数西算"工程将成渝、内蒙古、贵州、甘肃、宁夏等西部地区列入国家算力枢纽节点的建设规划；对外，自 2017 年我国正式提出建设"数字丝绸之路"以来，我国西部地区持续加强与"一带一路"沿线国家在数字经济、人工智能、纳米技术、量子计算机等前沿领域的合作。然而，现阶段我国西部地区的数字素养建设水平依旧难以适配国家内外部数字战略的布局需要。就"东数西算"而言，东部地区各枢纽省份具备强大的数字人才队伍和数字消费市场，能够较好地承接"东数西算"工程的战略需要。然而，西部地区各枢纽省份的数字素养建设相较于全国平均水平存在一定落后态势，尤其是在数字基础设施建设、数字研发创新以及相关人才队伍建设等与算力网络建设紧密相关的领域，西部各个枢纽省份普遍存在劣势。这对我国"东数西算"工程造成了以下阻碍：一方面，西部地区数字素养建设薄弱，与在"东数西算"中所承接的算力业务不相匹配，难以应对数据要素向西迁移的基本要求。要摆脱这一发展困境，西部地区需要改变以往产业基础薄弱、科技人才匮乏等发展面貌，着重提升在数字创新、建设及供给方面的表现。若缺乏相关的人才素质基础，"东数西算"的国家级工程则可能会陷入社会热度高但推进效率差等困境。此前在新能源汽车和芯片制造等领域出现的盲目投资、重复建设和项目烂尾等现象就是一种警示。另一方面，西部地区现阶段对数据要素的应用、转化能力薄弱，不足以提高自身产业链站位，难以真正把握算力工程的致富机会。当前西部地区在"东数西算"工程中主要发挥气候、能源及空间优势，尚未能形成环绕西部枢纽的大数据市场交易体系，无论是在算力规模方面还是在应用转化效率方面均与东部省市存在差距。这容易将西部枢纽锁定于大数据产业链底端，仅成为数据存储的"中国机房"却难以蝶变为数据创新的"中国硅谷"。因此，要顺利推进"东数西算"区域协同工程，突破西部地区专业人员匮乏及技术瓶颈两大困难将是必由之路。对于"一带一路"国际顶层合作倡议，我国丝绸之路经济带地区的数字素养建设滞后，可能对数字丝绸之路连接造成阻碍。现阶段我国已同"一带一路"共建国家合作一系列数字项目，其中"丝路电商"、数字交通走廊建设、中阿网上丝绸之路等对外合作项目均涉及丝绸之路经济带，要求我国内陆省市和自治区在数字产业建设领域实现对外开放。然而，我国丝绸之路经济带的数字素养区域建设相对薄弱，可能对切实满足"一带一路"数字跨界平台的建设需要造成阻碍，其主要面临两方面挑战：一方面，丝绸之路经济带作为我国向西开放的桥头堡，其整体数字素养滞后将引发对数字丝绸之路项目的国际质疑。为遏制中国对外合作，以美为首的国际联盟基于美国"印太战略"提出"数字互联互通与网络安全伙伴计划"，企图打压中国"数字丝绸之路"项目在欧亚地区的影响力。若我国丝绸之路经济带未具备充足的数字市场竞争优势，中亚及欧洲国家将在美国软硬兼施下做出错误选择，进而导致我国对外合作受阻。另一方面，数字丝绸之路建设势必面对越发动荡的国际环境，要求我国本土数字建设为数字企业提供坚实后盾。数字丝绸之路的顺利开展要求我国数字产业具备抵御地缘政治风波的韧性，塑造这类竞争优势不仅需以强大的数字人才队伍、区域创新能力、产业供给能力为基础，还需要规模庞大、活力充足的本土数字市场，通过内循环支撑作用帮助企业缓解对国际供应链和市场的依赖。这些均离不开高水平的数字素养区域建设。

　　总之，当前我国数字素养建设依旧面临多重挑战，要实现网络强国、数字中国、智慧社会等目标依旧任重道远。提升全民数字素养与技能作为众多发展性战略的重要支撑，是党和国家顺利完成未来战略性布局的先导任务，关乎我国在数字时代能否在国际竞争中占据优势、实现赶超，能否实现数字红利充分惠及广大人民群众，满足人民幸福美好生活需要。因此，提升全民数字素养与技能，带领全体人民跟上时代浪潮不仅是社会各界携手努力的共同目标，更是党和国家新时代必定要完成的重大事业。

第二篇 数字素养的区域发展评价

过去十年来，全球各个国家和地区陆续发布了公民数字素养的培育框架，其中比较具有影响力的评价体系包括欧盟的《欧盟公民数字素养框架》、联合国教科文组织的《数字素养全球框架》、澳大利亚的《数字素养技能框架》、新加坡的《信息通信技术技能框架》等。这些框架主要针对个体层面的数字素养评估，通常将个体的数字素养划分为数字基本能力、数字应用能力、数字转化能力、数字伦理和价值观等从低到高的多个层面。数字基本能力主要涉及个体对数字技术和工具的操作技能、知识，包括对信息的浏览、识别、搜索、获取、过滤等能力；数字应用能力主要涉及个体对数字信息的整合及在解决实际问题时利用信息的能力，主要包括对信息的管理、整合、评估、交互、展示等处理能力以及基于数字技术进行沟通、合作、交流、分享等协作能力，基于其他应用信息来解决实践问题的能力；数字转化能力则涉及个体的数字创造力，通常与个体学习数字技术、借助信息实现创造等方面的能力相关，同时往往要求个体具备编程、剪辑、数据分析等方面的技能；数字伦理和价值观与个体价值体系和特质等内在层面紧密相关，要求个体具备网络礼仪、版权意识、数字身份等数字意识，设备保护、隐私保护、数据保护和备份等安全意识，以及网络健康、数字法律法规、人机互动规则等伦理意识。这些指标通常仅限于个体层面的评价和分析，以往的研究通常聚焦于老年人、残疾人、农民工、学生等特定群体展开探析，未能就区域的数字素养整体建设情况展开系统性评估。

我们通过总结和梳理以往的文献，发现聚焦于个体层面的数字素养评估指标难以适应区域层面的评价需要：①不同群体在数字素养的标准上呈现出较大差异，难以通过统一的绝对标准来予以衡量。例如，要求农民工具备程序员的数字素养显然是不现实的。这类群体内部之间的差异决定了采用绝对标准对特定区域内人口的数字素养进行测量是不合理的。②采用适配所有群体的相对标准来衡量数字素养在现阶段是不现实的。首先，由于人口结构本身的复杂性，采用相对标准要求评估指标适配所有群体，这么做的工作量是当前绝大多数个人或组织所无法承受的。其次，即便能够采取一套适合所有群体的相对标准，群体内部差异又可能导致这些标准失灵。最后，通过个体层面的相对标准来全面刻画特定区域的数字素养，或者针对区域内不同群体的人口占比采取加权处理或者做到真正的随机调研也是难以实现的，前者需要消耗大量的调查资源，而后者则对研究设计的要求过于严苛，特别是当调研范畴覆盖整片区域时，随机调研几乎是难以实现的。③现有的数字素养测量方法具有一定的情境性，难以适用于所有受访对象。例如，国内的武文颖（2018）、姚争和宋红岩（2022）、罗强强等（2023）等学者以及国外的Choi 和 Behm-Morawitz（2017）等学者都在研究中将个体层面的数字素养进行量化测量，但这类测量要么是针对特定群体的，要么适用于特定的数字情境，而且测量题项也往往是询问受访者是否具备对特定数字工具的使用能力和操作技能。因此，以往针对个体层面的测量方法难以适用于对区域层面构念的操作化。这些困难也导致了目前大多数研究报告对区域数字素养的评估仅停留在指标构建层面，依旧缺乏具体调查的实施细则和实证结果。

伴随数字经济的发展，构建区域性的数字素养建设指标具有重要意义。首先，建立数字素养区域建设指标，是全面认识特定区域的数字素养发展情况的基本要求。当前数字经济占我国国民生产总值的四成，已然成为我国社会经济发展的重要支撑，而数字素养作为推动数字经济发展的重要软实力，与数字产业化、产业数字化以及数字消费城市建设等诸多方面息息相关。科学合理的数字素养区域建设指标有助于管理者高效识别区域数字素养建设的长短板，制定精准的治理对策。其次，对数字素养区域建设指标制定合理的衡量方法，是检验数字素养建设成效的前提要求。当前我国将全民数字素养提高到全国性战略层面，全国各地也陆续开展相关的政策宣传和教育培训工作。在此背景下，"如何量化区域数字素养的建设成效"和"数字素养建设能在多大程度上推动区域建设"等问题赫然成为摆在研究者和决策层面前的难题，数字素养建设对区域经济发展、国民就业、公共治理的影响依旧有待诠释。数字素养区域建设指标的建立，有助于数字素养研究与其他宏观战略、公共管理、社会治理领域的学术对话，为探析数字素养建设的前因后果提供研究设计方面的有益参考，同时为各地方政府、研究机构准确判断区域数字素养的建设成效提供可行方案。最后，数字素养区域建设指标是区域制定未来发展战略的重要参考。与数字产业化规模、产业数字化指数等指标不同，数字素养区域建设指标不但能反映出当下区域数字素养的建设状况，还与未来区域数字经济发展的活力相关。数字素养反映了支撑数字产业发展的人才结构、教育水平、市场潜在需求，其发挥的作用具有一定的滞后性。通常情况下，特定区域前期的人才积累和居民总体素质是该区域实现经济高质量发展的人口基础。特别是对于数字经济这类依托于信息通信技术的经济形态，其本身具备的高科技、高门槛等特征决定了人口素质是其得以持续健康发展的先决条件。区域数字素养决定了区域数字经济的发展潜力，而数字素养建设的缺位容易对数字经济的未来发展造成重大阻碍。我国已经在这些方面得到了警示。例如，当前全国各地纷纷致力于 5G 基础设施的建设，然而各地 5G 业务的流量占比却不到 30%，新一代移动通信技术未能引爆新的消费需求；又如，现阶段我国企业的上云情况远不及美国，大部分企业在使用云计算后遇到了业务效率下降和性能浪费等问题。其背后的本质是，企业缺乏具备高数字素养的人才队伍作为支撑，导致企业数字经济发展模式仅停留在解决传统业务困难的利用范式，而无法实现组织主动适应于数字生产力的整合范式。因此，数字素养区域建设是区域数字经济和产业发展的晴雨表，对于区域决策者具有极其重要的参考意义。

根据中央网络安全和信息化委员会印发的《提升全民数字素养与技能行动纲要》，数字素养是指数字社会公民学习工作生活应具备的数字获取、制作、使用、评价、交互、分享、创新、安全保障、伦理道德等一系列素质与能力的集合。本篇以该定义为核心，同时在广泛参考王淑娉和陈海峰（2021）、朱红根等（2022）、Oberländer 等（2019）对数字素养的概念界定的基础上，从构建区域性指标的角度出发，将个体层面数字素养进行了适当的扩宽，将与数字素养建设相关的环境指标，能够反映数字素养建设结果的市场因素，与数字创新和研发相关的人才储备因素、教育因素等纳入了数字素养区域建设的考虑范畴。最终，本篇中的数字素养区域建设指标包括数字供给（区域数字业务的生产能力等）、数字建设（区域数字基础设施建设等）、数字政府（区域政府的数字治理能力）、数字工作（区域企业的工作场所数字化程度）、数字创新（区域数字人才队伍建设等）、数字生活（区域内居民的数字使用能力和需求能力）、数字学习（区域的数字普及水平、教育水平等）等因素。

通过构建一个全面的数字素养区域建设的指标评价体系，本篇对我国 31 个主要的省市和自治区的数字素养建设现状展开了评估，以此来全面了解全国各区域的数字素养建设状况，并在此基础上对数字素养典型的建设驱动模式进行了划分和归类，分析了阻碍数字素养建设的关键因素和薄弱环节，从而为中央及各地方政府优化数字素养建设对策提供科学的依据。

第四章 中国数字素养区域建设的指标构建

一、指标体系构建原则

在构建评价指标体系时，本书遵循以下几个评价原则：

（1）综合性原则。为了全面反映各省份的数字素养建设情况，本书在构建评价指标体系时主要侧重于从宏观角度考察影响和反映数字素养建设的因素，包括数字供给、数字生活、数字创新等因素。

（2）可操作、可量化原则。数字素养区域建设指标是对区域数字素养建设成果的综合反映，涵盖了数字供给、数字生活、数字创新等多个方面。本书在构建评价指标体系时力求通过衡量影响和反映数字素养建设不同方面的因素，保证评价指标具有代表性，同时保证选择的指标具备可操作性。

（3）科学性原则。为了较为客观准确地反映社会、经济等因素对区域数字素养建设的影响，本书采用的数据均来自各个地区公开的统计数据。

二、指标体系设计

根据数字素养区域建设的主要影响因素和评价原则，本书围绕数字供给、数字建设、数字政府、数字工作、数字创新、数字生活、数字学习七个因素，参考以往的学术期刊文献、研究报告及行业内专家意见，并根据当前我国区域数字素养建设的实际情况，提出了衡量我国区域数字素养建设的指标体系，包括数字供给、数字建设、数字政府、数字工作、数字创新、数字生活、数字学习 7 个一级指标，下设 14 个二级指标和 71 个三级指标，各指标名称和数据来源具体如表 4-1 所示。

表 4-1　数字素养区域建设指标

一级指标	二级指标	三级指标	数据来源
数字供给	数字硬件供给	移动通信手持机产量	国家统计局
		微型电子计算机产量	
		集成电路产量	
	数字服务供给	互联网业务收入	工业和信息化部
		互联网接口业务收入	
		互联网平台收入	
		互联网数据服务收入	
		信息安全收入	
		信息技术服务收入	
		软件业务收入	
		软件产品收入	
		软件业务出口	
		嵌入式系统软件收入	
		电信业务总量	国家统计局
数字建设	数字基础设施	互联网宽带接入端口	工业和信息化部
		互联网网站数	
		IPv4 比例	中国互联网络信息中心
		域名数	
		网页总数	
		5G 基站数	工业和信息化部
	数字企业建设	互联网企业数	中国企业数据库企查猫
		人工智能企业数	
		区块链企业数	
		电子商务企业数	
		ERP 企业数	
		云计算企业数	
		产业数字融合程度	《中国数字经济发展白皮书》
		大数据发展程度	《大数据蓝皮书：中国大数据发展报告》

续表

一级指标	二级指标	三级指标	数据来源
数字政府	数字治理能力	政府一体化服务能力	《省级政府和重点城市一体化政务服务能力调查评估报告》
		数字政府建设指数	《中国数字政府建设白皮书》
数字工作	工作场所数字化	企业每百人计算机使用量	国家统计局
		企业网站数	
数字创新	数字人才队伍	互联网研发人员数量	工业和信息化部
		软件/信息技术人员数量	
		软件研发人员数量	
		其他软件技术人员数量	
		软件人员硕士以上学历数量	
		软件人员大专及本科数量	
	数字创新支持	互联网研发费用	
		软件/信息技术研发经费	
		软件/信息技术退税优惠	
		专精特新企业数量	
数字生活	数字需求能力	人均网络零售额	国家统计局
		人均移动互联网接入流量	工业和信息化部
		人均数字电视用户数	
		人均网络电视用户数	
	数字使用能力	4G 用户占比	
		5G 用户占比	
		人均 FTTH/0 用户数	
		人均 100~1000M 宽带用户数	
		人均 1000M 宽带用户数	
数字学习	居民教育水平	15 岁及以上文盲率（取相反数）	教育部
	数字普及水平	互联网普及率	国家统计局
		城镇居民计算机普及率	
		农村居民计算机普及率	
		城镇居民移动电话普及率	
		农村居民移动电话普及率	
		城市宽带接入普及率	
		农村宽带接入普及率	

续表

一级指标	二级指标	三级指标	数据来源
数字学习	数字普及水平	家庭宽带接入普及率	国家统计局
	教育基础设施	中央部门院校数	教育部
		本科院校数	
		高职院校数	
		成人高等学校数	
		民办高等教育机构数	
	教育产出水平	研究生毕业数	
		研究生招生数	
		研究生在校数	
		本专科生毕业数	
		本专科生招生数	
		本专科生在校数	

数字素养区域建设的指标体系主要包含两个方面：一方面是数字素养建设环境，主要包括数字供给、数字建设、数字政府；另一方面是数字素养建设成效，主要包括数字工作、数字创新、数字生活、数字学习。

数字素养建设环境能反映出区域环境在多大程度上适合整体数字素养的培育。

首先，对于区域的数字供给，该指标主要包含数字硬件供给和数字服务供给两个方面。数字硬件供给主要包括移动通信手持机产量、微型电子计算机产量、集成电路产量这些三级指标，描述了区域与数字硬件载体相关的产业的发展程度。通常情况下，这类产业越发达，居民获取和接触数字硬件产品的成本就越低。由于数字素养的培育与数字技术的使用之间存在互为因果的关系，这类硬件产品的普及能够帮助居民形成使用数字技术的习惯和能力，为培育数字素养提供基础。数字服务供给主要包括互联网业务收入、互联网接口业务收入、互联网平台收入、互联网数据服务收入、信息安全收入、信息技术服务收入、软件业务收入、软件产品收入、软件业务出口、嵌入式系统软件收入、电信业务总量这些三级指标。这类指标能反映出区域在多大程度上能够提供有关互联网、信息、软件、通信等方面服务的能力。这类指标水平越高，说明这类业务在该区域人们的日常生活中的渗透程度越深，也意味着居民产生数字交互的频率越高。这种数字交互在日常生活中对个体的熏陶能够帮助个体提升数字素养。因此，本书认为，区域的数字硬件供给和数字服务供给等数字供给能力与居民数字素养的形成具有密切关系，有必要将这类指标纳入区域数字素养建设的考量范畴中。

其次，对于数字建设，该指标主要包括数字基础设施和数字企业建设两个方面。数字基础设施包括互联网宽带接入端口、互联网网站数、IPv4 比例、域名数、网页总数、5G 基站数这些三级指标。这些指标主要通过考量区域新基建的发展状况来反映数字素养的建设环境。在互联网方面，互联网宽带接入端口、互联网网站数量和网页总数代表区域居民接触互联网的难易程度，以及利用互联网所能实现的本地功能的多样性。这类因素共同影响特定地区的互联网使用程度，也能影响互联网对当地居民生活的渗透程度，进而作用于数字素养的培育。除此之外，IPv4 比例、域名数等区域指标能反映出区域互联网基础资源的密集程度，而区域互联网的发展与这类基础资源密切相关，缺失这类互联网协议资源将导致区域互联网产业发展受阻。因此，这类基础资源的拥有量也是影响数字素养培育的重要因素。5G 基站数量能反映出区域新一代移动通信技术的供给能力。这类新技术的供给能为新的服务和应用提供发展空间，是区域未来网络需求朝 5G 网络发展的重要前提，同时也是诸如智能家居、虚拟现实、远程医疗、物联网、车联网等领域的新设备接入移动网络的关键渠道。因此，5G 基站数量可能会影响区域前沿数字需求的发展。通过供给带动需求的效应，这类前沿数字供给能力与区域数字素养建设紧密相关。数字企业建设则包括互联网企业数、人工智能企业数、区块链企业数、电子商务企业数、ERP 企业数、云计算企业数等数字产业企业的数量，以及产业数字融合程度、大数据发展程度等与数字产业数字化发展相关的指标。在数字产业的企业数量方面，互联网企业、人工智能企业、区块链企业、电子商务企业、ERP 企业、云计算企业分别对应数字产业的不同结构功能领域。这些领域不但能反映出环境在多大程度上能够对数字素养的培育起到促进作用，还能够反映出特定区域内数字产业人才的集聚程度。特别是人工智能、区块链、云计算等领域，这类领域通常具有较高的技术门槛，要求其员工队伍具备较高的数字素养，而数字人才作为特定区域内人口数字素养的上限，数字人才的集聚是衡量该区域数字素养建设的重要考量因素。因此，这类数字产业的企业数量应当被纳入区域数字素养建设的考虑范畴中。除了数字产业的企业数量，产业数字融合程度、大数据发展程度等企业数字化转型指标也能反映出区域数字素养的建设状况。一方面，产业数字融合程度对应区域的产业数字化。产业数字化的先决条件是要求大量数字人才集中于特定产业。同时，当区域的产业数字化程度较高时，该区域通常对相关数字人才的需求量也会比较高，容易吸引、聚集相关产业人才。因此，产业数字化与数字人才集聚是互为因果的关系，两者能够相互作用并且形成双螺旋的上升态势，对区域数字素养建设起到推动作用。另外，传统产业的数字化转型程度越高的区域，居民在日常生活中与数字技术的交互频率也会越高，这将倒逼个体数字素养的提升。另一方面，大数据发展程度对应区域的数字产业化。数据要素作为当下数字时代最重要的生产要素之一，区域的数字产业化能够为带动区域数字经济发展提供充足驱动力，而数据要素对经济的推动作用反过来又会反哺个体数字素养的提升。同时，大数据发展程度也能反映出区域的数据产生量、互联网规模、互联网使用人数和使用程度等因素，这些因素的提升都对数字素养提出了一定的要求，能够反映出区域居民整体的数字素养水平。总而言之，产业数字融合程度和大数据发展程度能反映出区域数字产业的建设程度，这些环境因素能为区域数字素养建设提供充足的发展空间，有必要将产业数字融合程度和大数据发展程度纳入本书中指标体系的考量范畴内。

最后，数字政府主要包括政务服务的数字化程度以及政务数字化后的一体化服务能力两个方面。前者主要考察政府在多大程度上实现了政务服务的数字化和平台化，反映出区域政府在开展政务过程中使用数字技术的程度；后者则考察政府利用数字政务平台来开展政务服务的协调性，反映出政府合理使用数字技术的效率和能力。一方面，政务服务的数字化程度主要为特定区域居民培育政务情境下的数字素养提供环境基础。一般情况下，特定区域政务服务的数字化程度越高，代表该区域居民通过数字化手段完成政务办理的途径越丰富。这为个体通过数字技术来处理政务手续提供了条件，能够带动该地区居民在使用中不断熟悉政府服务的数字化流程，掌握相关政务情境下的数字技能和方法。另一方面，政务数字化后的一体化服务能力主要反映出特定区域政务服务工作者的整体数字素养水平。区域政府若要打造出各部门、各层级之间信息灵活流通、资源共享、服务协同的数字化政务平台，通常要求该区域的政务服务工作者之间也能够依托数字平台实现跨部门、跨层次的工作协作。这需要政务服务工作者具备利用数字技术来实现协调合作、沟通交流等方面功能的数字素养。通过数字技术来实现协作、沟通、互动等活动的数字素养通常位于数字素养结构框架的较高层级，要求相关从业者具备高水平的数字技能。由于提升政务数字化后的协调程度，往往以提高当地政务服务工作者的整体数字素养作为前提条件，而政务服务工作者数字素养的提高又可以反作用于推动相关服务的协调工作。两者之间呈现出互为因果的紧密关系。因此，本书将从政务服务的数字化程度以及政务数字化后的协调程度两个方面综合考察特定区域的数字政府建设情况，以反映出政务服务背景下的数字素养水平。一方面，本书采用数字政府发展指标来衡量特定区域政务服务的数字化程度。该指数从政府的组织结构与业务数字化改造间的适配程度、相关制度体系适应政务数字化的完备程度、政务数字化对政府各方面的治理能力以及治理效果的提升程度等多个角度展开评估，可以较好地反映出特定区域内政务服务的数字化水平。另一方面，本书采用一体化政务服务能力作为衡量政务数字化后的协调程度的指标。该指标主要考察了政务服务数字平台在用户使用、网办效率、服务质量等方面的效果评价，以及在政务一体化的办理程度、服务方式的完备程度、服务事项的覆盖程度、办事引导的准确程度等方面的表现，可以综合得出区域政府的各个政务服务模块在经过数字化改造之后的协同能力。综合上述分析，本书将采用数字政府发展指标和一体化政务服务能力指标来考察政务服务的数字化程度以及政务数字化后的协调程度两个方面，并针对特定区域的数字政府建设水平做出综合评价，进而反映政务情境下数字素养的区域建设程度。

《提升全民数字素养与技能行动纲要》指出，数字素养主要体现在数字工作、数字创新、数字生活、数字学习四个方面。在全国各省份全面实施该纲要的过程中，这四个场景也是各区域开展全民数字素养技能提升工作的焦点。考虑到这四个应用场景是各区域数字素养建设的任务主线和主要发力点，聚焦于这四个应用场景能够集中、准确地捕捉到各区域建设数字素养的主要成效，因此本书将数字素养区域建设指标的另外一个考量方面即数字素养建设成效，聚焦于数字工作、数字创新、数字生活、数字学习这四个应用场景。

第一，数字工作是指个体对与工作场所相关的数字素养和技能的掌握程度。具体到区域层面可以被反映为特定区域工作场所的数字化程度。这是因为工作场所的数字化程度不仅可以准确反映出当前该区域员工对与工作相关的数字素养的掌握程度，也可以在很大程度上反映出该区域未来提升劳动群体的数字素养的潜力。现阶段数字技术对员工工作的渗透，将带动人力资本的数字转型，良好的数字化工作环境能促进员工数字技能的更新迭代。工作场所数字化主要包括企业每百人计算机使用量、企业网站数这两个三级指标。其中，企业每百人计算机使用量反映了该区域员工的计算机普及程度，反映了与办公、生产、管理、销售等方面相关的数字化水平，是劳动力群体数字素养的直接体现。企业网站数量则反映了企业的公共关系管理、信息公示、对外互动交流等方面的数字化程度，反映了企业整体的数字文化氛围和数字建设战略。因此，有必要将工作场所数字化纳入数字素养区域建设的指标体系的构建范畴。

第二，数字创新是指个体结合数字技术和数据信息开展创新活动，包括数字技术和范式本身的创新，也包括数字技术背景下的创新。通常情况下，数字创新要求个体具备一定的数字素养能力。一方面，基于传统应用场景下的创新需要个体同时具备相关的产业知识以及与之配套的数字技能、知识和能力；另一方面，基于数字技术和范式本身的创新要求个体具备对数字前沿技术的掌握能力、创新意识、前瞻视角及迭代思维。具备这些特质的个体往往具有比较高的数字素养。将数字创新转化到区域层面，该维度通常指向与数字技术和产业数字化转型相关的技术人员、研发人员等人才队伍的区域部署情况。因此，本书认为，在衡量数字素养区域建设指标时，数字创新应当包括数字人才队伍建设和数字创新支持两个方面。其中，数字人才队伍建设是区域高水平数字人才的储备情况的直接反映，与数字素养紧密相关。通常这类人才在区域的集聚程度代表该区域数字素养建设的上限标准。本书中的数字人才队伍指标包括互联网研发人员数量、软件/信息技术人员数量、软件研发人员数量、其他软件技术人员数量、软件人员硕士以上学历数量、软件人员大专及本科数量这些三级指标。数字人才队伍的考量涉及互联网、软件信息等领域的技术人才和研发人才，其中技术人才反映了人才队伍对实现数字技术背景下创新的支撑能力，而研发人才反映了人才队伍对实现数字技术和范式本身的创新的支撑能力。这两类指标均反映了特定区域在现阶段的数字创新实力，而本书同时考量了可能影响区域未来数字创新潜在能力发展的指标，即数字人才的学历构成，包括软件人员硕士以上学历数量、软件人员大专及本科数量。本书通过对数字人才学历的考察和分析，发现数字创新指标能够更准确地反映特定区域的数字创新潜力。区域的数字创新支持主要是指区域对有关数字技术和范式或数字技术背景下的创新的外部环境支持。这类支持可以源自企业内部的研发支持，也可以源自外部的固定机构。基于此，本书将互联网研发费用、软件/信息技术研发经费、软件/信息技术退税优惠、专精特新企业数量列为区域数字创新支持的三级指标。其中，互联网研发费用、软件/信息技术研发经费衡量了区域企业对互联网、软件信息等数字技术领域的研发支出，具体包括与数字研发活动直接相关的技术图书资料费、资料翻译费、专家咨询费、高新科技研发保险费，数字研发成果的检索、分析、评价、论证、鉴定、评估、验收等活动的费用，以及相关知识产权的申请、注册、代理、差旅、会议等方面的费用。这是区域内企业为数字创新所提供的支持，有助于该区域在相关前沿数字领域获得优势，这与高层次数字素养的培育挂钩。软件/信息技术退税优惠则是指区域政府通过出台相关政策，对软件/信息技术创新企业提供的政策性资金支持，通常包括对增值税、企业所得税等费用的免征和减征，一般要求相关企业自行申报，同时要求企业在产品研究开发和扩大再生产、人才培育、技术专利等方面具备一定资质。其中，高新技术企业和国家规划布局内的重点软件企业通常可以获得较大力度的优惠保障。专精特新企业是这类企业中的杰出代表，是具备"专业化、精细化、特色化、新颖化"的企业。其中，"专"是指企业能够采用专项技术或工艺通过专业化生产制造出专用性强、专业特点明显、市场专业性强的产品；"精"是指企业有能力采用先进适用技术或工艺，按照精益求精的理念，建立精细高效的管理制度和流程，通过精细化管理，精心设计生产的精良产品；"特"是指企业能够采用独特的工艺、技术、配方或特殊原料研制生产的，具有地域特点或具有特殊功能的产品；"新"是指企业可以依靠自主创新、转化科技成果、联合创新或引进消化吸收再创新方式研制生产的，具有自主知识产权的高新技术产品。这类企业在技术领域通常具备较强的专业性、创新性、先进性，在企业管理和生产模式上能够实现精细化管理，所生产的产品对社会经济发展具有较高的附加值和社会效益。专精特新企业数量可以反映出特定区域的数字前沿创新的水平，是高水平人才数字素养的集中体现。综合上述分析，本书将由数字人才队伍建设和数字创新支持两方面组成的数字创新指标作为数字素养区域建设的考量维度之一。

第三，数字生活指标考察了特定区域居民在生活领域对数字服务的需求能力，可以较好地反映该区域居民的整体数字素养。前述有关数字工作和数字创新等指标通常指向的是员工群体，更确切的是，这些指标大部分情况下只衡量了知识工作者的数字素养。要全面地反映一个区域居民的总体数字素养，应当从生活领域入手。所谓的数字生活是指依托于互联网和数字技术的一种生活方式，如居民对数字家电的使用、电子商务的使用、高速率宽带的使用等都是数字生活方式的体现。这类生活方式能够切实反映出个体在日常生活中对数字知识、技能和方法的应用能力，是数字素养在生活场景下的集中体现。因此，本书将数字生活作为数字素养区域建设指标的一个重要维度。本书将数字生活划分为数字需求能力和数字使用能力两个方面。其中，数字需求能力是指特定区域内消费者对生活领域的数字服务的整体需求总量。通常情况下，若特定区域的数字素养建设水平较高，与数字服务相关的消费需求会被更充分地挖掘出来，相关的消费市场也会出现爆发式增长。数字需求能力包括人均网络零售额、人均移动互联网接入流量、人均数字电视用户数、人均网络电视用户数这些三级指标。人均网络零售额反映了特定区域的居民在互联网购物方面的需求能力，体现了区域消费市场对数字技术和平台的依赖程度；人均移动互联网接入流量反映了一个区域移动网络的发达程度，能够衡量区域居民对移动终端设备的使用量；人均数字电视用户数和人均网络电视用户数分别反映了特定区域的居民对有线电视网络和电信电视宽带网的服务需求量，这两类服务分别由广电部门和电信部门经营，均能够反映出居民在生活娱乐领域的数字技术使用水平。总体来说，数字需求能力综合反映了数字技术在居民生活场景中的应用程度，是衡量区域数字素养建设的重要指标。数字使用能力则反映了居民在生活场景中使用不同梯度的数字技术的知识、技能和能力。本书将4G用户占比、5G用户占比、人均FTTH/0用户数、人均100~1000M宽带用户数、人均1000M宽带用户数这些三级指标纳入数字使用能力的考量范畴中，以衡量特定区域居民对不同梯度的数字技术的使用程度。其中，4G用户占比、5G用户占比可以体现出该区域居民在多大程度上依赖于移动互联网，特别是5G作为新一代移动通信技术，其用户占比可以在很大程度上反映出当地居民的整体数字素养水平，而人均 FTTH/0 用户数、人均 100~1000M 宽带用户数、人均 1000M 宽带用户数分别表示特定区域居民对不同梯度的宽带网络服务的使用水平。其中，FTTH/0 是指光网络单元，也就是俗称的光纤宽带，是我国宽带发展的高水平代表，而安装 FTTH/0 的住家用户或企业用户数量，可以在很大程度上反映出一个区域整体的数字技术的使用水平。综合上述分析，本书将数字需求能力和数字使用能力作为衡量数字生活的核心指标，纳入数字素养区域建设指标的考量范畴中。

第四，数字学习可以是将学习内容数字化后的数字化教育，也可以是个体针对数字知识、技能、方法的学习和能力的培训。中央网信办、教育部、工业和信息化部、人力资源社会保障部 2022 年联合印发了《2022 年提升全民数字素养与技能工作要点》，提出要全方位提升学校数字教育教学水平，完善数字技能职业教育培训体系，搭建一批数字学习服务平台，从"数字原住民"入手，加快提升全民数字素养，营造"人人、时时、处处"可学的环境和氛围。在该文件的指导下，本书认为，数字学习的区域性指标不但需要包括特定区域内的数字教育和数字科学技术的普及成效，还包括该区域在多大程度上营造出能够促进数字化教育和培育数字素养的教育环境。基于这种思维，本书认为，数字学习要反映出地区的数字素养建设水平，可以从居民教育水平、数字普及水平、教育基础设施、教育产出水平等因素入手。其中，居民教育水平、数字普及水平代表现阶段特定区域的数字素养教育的整体水平；而教育基础设施、教育产出水平代表现阶段该区域所能够提供的教育环境对培育数字素养的适配水平。首先，居民教育水平在以往的研究中经常用于考量区域的数字素养整体水平，本书将 15 岁及以上文盲率用于衡量该指标。这是因为，在数字技术不断渗入人民日常生活的今天，每个人都需要具备适应数字时代的数字技能，而个体文化教育水平往往和这类数字技能的学习和应用相挂钩，决定着个体提升数字素养的上限和速度。其次，数字普及水平主要包括互联网普及率、城镇居民计算机普及率、农村居民计算机普及率、城镇居民移动电话普及率、农村居民移动电话普及率、城市宽带接入普及率、农村宽带接入普及率、家庭宽带接入普及率这些三级指标。这些指标可以反映出区域数字技术的普及程度，是区域实现公民数字技能培育重要的环境基础。因此，本书从互联网、计算机、移动电话、宽带接入等方面入手对区域的数字普及率展开全方位的考量。再次，教育基础设施是开展数字素养系统性、标准化培育的主要载体。本书主要将特定区域的中央部门院校、本科院校、高职院校、成人高等学校、民办高等教育机构等院校机构的数量作为主要的考量指标。这类高等院校为当地数字教育提供了基础保障，同时伴随着近年来教育数字化转型在全国各省份的逐步展开，各类教育新基建为高等教育的数字化转型提供了数字基础。特定区域内的高等教育院校数量往往对当地的数字素养培育水平有重要作用，可以在一定程度上反映出当地人口的整体数字素养水平。最后，教育产出水平是指特定区域内的高等教育人才的培育产出量，这类指标在学术研究中经常作为衡量区域数字素养建设水平的代理变量。例如，在陈怀超等（2022）的研究中，"人才数字素养"变量的操作化便是区域中的每十万人口的高校在校生数量。这是因为，现代化的教育水平往往与数字时代相挂钩，经过高等院校系统性教育的公民往往具备比低教育水平的公民更好的数字素养。因此，地区人口的受教育程度越高通常意味着掌握较高数字知识、技能、方法，乃至相关网络知识、道德规范和法律规则的人越多。在很大程度上，这类指标可以反映出当前特定区域的人口数字素养的高质量发展程度。本书将特定区域的研究生毕业数、研究生招生数、研究生在校数、本专科生毕业数、本专科生招生数、本专科生在校数作为该区域教育产出水平的考核指标，从毕业生数量、招生数量、在校生数量三个方面进行全面考量。

三、数据来源及说明

本书的数据主要来源于国家统计局、工业和信息化部、教育部、中国互联网络信息中心等权威机构的官网，这些数据由各部门统计，具有一定的代表性和准确性。除此之外，本书在构建数字素养区域建设指标时，涉及诸如产业数字融合程度、大数据发展程度、数字政府建设指数等指数类的数据，主要源自各调研机构的研究报告，具体分别为《中国数字经济发展白皮书》《大数据蓝皮书：中国大数据发展报告》《中国数字政府建设白皮书》《省级政府和重点城市一体化政务服务能力调查评估报告》。以上数据均为我国 31 个主要省份的评估指标，考虑到截至本书成稿时当前大部分公开数据描述的是特定区域 2020 年的情况，为确保各省市和自治区之间所展开的比较分析的合理性，本书选择的数据主要为 2020 年的数据，若没有比 2020 年更新的数据，则选取最新的公开数据。其中，部分省份存在缺失值。本书接下来将说明上述数据的具体来源和存在缺失值的具体情况：

（1）移动通信手持机产量（万台），源自国家统计局官网，缺失该指标的省市和自治区为河北省、内蒙古自治区、吉林省、海南省、西藏自治区、宁夏回族自治区。

（2）微型电子计算机产量（万台），源自国家统计局官网，缺失该指标的省市和自治区为河北省、内蒙古自治区、吉林省、黑龙江省、海南省、西藏自治区、陕西省、甘肃省、青海省、宁夏回族自治区。

（3）集成电路产量（万块），源自国家统计局官网，缺失该指标的省市和自治区为山西省、内蒙古自治区、吉林省、海南省、西藏自治区、青海省、宁夏回族自治区、新疆维吾尔自治区。

（4）互联网业务收入（万元），源自工业和信息化部官网，不存在缺失该指标的省市和自治区。

（5）互联网接口业务收入（万元），源自工业和信息化部官网，不存在缺失该指标的省市和自治区。

（6）互联网平台收入（万元），源自工业和信息化部官网，不存在缺失该指标的省市和自治区。

（7）互联网数据服务收入（万元），源自工业和信息化部官网，不存在缺失该指标的省市和自治区。

（8）信息安全收入（万元），源自工业和信息化部官网，缺失该指标的省市和自治区为西藏自治区。

（9）信息技术服务收入（万元），源自工业和信息化部官网，缺失该指标的省市和自治区为西藏自治区。

（10）软件业务收入（万元），源自工业和信息化部官网，缺失该指标的省市和自治区为西藏自治区。

（11）软件产品收入（万元），源自工业和信息化部官网，缺失该指标的省市和自治区为西藏自治区。

（12）嵌入式系统软件收入（万元），源自工业和信息化部官网，缺失该指标的省市和自治区为西藏自治区和广西壮族自治区。

（13）软件业务出口（万美元），源自工业和信息化部官网，缺失该指标的省市和自治区为内蒙古自治区、云南省、西藏自治区、甘肃省、青海省、宁夏回族自治区、新疆维吾尔自治区。

（14）电信业务总量（亿元），源自国家统计局官网，不存在缺失该指标的省市和自治区。

（15）互联网宽带接入端口（万个），源自工业和信息化部官网，不存在缺失该指标的省市和自治区。

（16）互联网网站数，源自工业和信息化部官网，不存在缺失该指标的省市和自治区。

（17）IPv4 比例，源自中国互联网网络信息中心的统计报告基础数据，不存在缺失该指标的省市和自治区。

（18）域名数，源自中国互联网网络信息中心的统计报告基础数据，不存在缺失该指标的省市和自治区。

（19）网页总数，源自中国互联网网络信息中心的统计报告基础数据，不存在缺失该指标的省市和自治区。

（20）5G 基站数，源自工业和信息化部官网，缺失该指标的省市和自治区为西藏自治区。

（21）互联网企业数，源自中国企业数据库企查猫，不存在缺失该指标的省市和自治区。

（22）电子商务企业数，源自中国企业数据库企查猫，不存在缺失该指标的省市和自治区。

（23）人工智能企业数，源自中国企业数据库企查猫，不存在缺失该指标的省市和自治区。

（24）云计算企业数，源自中国企业数据库企查猫，不存在缺失该指标的省市和自治区。

（25）ERP 企业数，源自中国企业数据库企查猫，不存在缺失该指标的省市和自治区。

（26）区块链企业数，源自中国企业数据库企查猫，不存在缺失该指标的省市和自治区。

（27）产业数字化融合程度，从《中国数字经济发展白皮书》中截取，不存在缺失该指标的省市和自治区。

（28）大数据发展程度，从《大数据蓝皮书：中国大数据发展报告》中截取，不存在缺失该指标的省市和自治区。

（29）政府一体化服务能力，摘录自《省级政府和重点城市一体化政务服务能力调查评估报告》，该报告由中央党校（国家行政学院）电子政务研究中心发布，不存在缺失该指标的省市和自治区。

（30）数字政府建设指数，从《中国数字政府建设白皮书》中截取，不存在缺失该指标的省市和自治区。

（31）企业每百人计算机使用量，源自国家统计局官网，不存在缺失该指标的省市和自治区。

（32）企业网站数，源自国家统计局官网，不存在缺失该指标的省市和自治区。

（33）互联网研发人员数量，源自工业和信息化部官网，不存在缺失该指标的省市和自治区。

（34）软件信息技术人员数量，源自工业和信息化部官网，缺失该指标的省市和自治区为西藏自治区。

（35）软件研发人员数量，源自工业和信息化部官网，缺失该指标的省市和自治区为西藏自治区。

（36）其他软件技术人员数量，源自工业和信息化部官网，缺失该指标的省市和自治区为西藏自治区。

（37）软件人员硕士以上学历数量，源自工业和信息化部官网，缺失该指标的省市和自治区为西藏自治区。

（38）软件人员大专及本科数量，源自工业和信息化部官网，缺失该指标的省市和自治区为西藏自治区。

（39）互联网研发费用（万元），源自工业和信息化部官网，不存在缺失该指标的省市和自治区。

（40）软件信息技术退税优惠（万元），源自工业和信息化部官网，缺失该指标的省市和自治区为西藏自治区。

（41）软件信息技术研发经费（万元），源自工业和信息化部官网，缺失该指标的省市和自治区为西藏自治区。

（42）专精特新企业数量，源自工业和信息化部官网，不存在缺失该指标的省市和自治区。

（43）人均网络零售额，源自国家统计局官网，不存在缺失该指标的省市和自治区。

（44）人均移动互联网接入流量（万 GB），源自工业和信息化部官网，不存在缺失该指标的省市和自治区。

（45）人均数字电视用户数（万户），源自工业和信息化部官网，不存在缺失该指标的省市和自治区。

（46）人均网络电视用户（万户），源自工业和信息化部官网，不存在缺失该指标的省市和自治区。

（47）4G 用户占比，源自工业和信息化部官网，不存在缺失该指标的省市和自治区。

（48）5G 用户占比，源自工业和信息化部官网，不存在缺失该指标的省市和自治区。

（49）人均 FTTH/0 用户数（万户），源自工业和信息化部官网，不存在缺失该指标的省市和自治区。

（50）人均 100~1000M 宽带用户数（万户），源自工业和信息化部官网，不存在缺失该指标的省市和自治区。

（51）人均 1000M 宽带用户数（万户），源自工业和信息化部官网，不存在缺失该指标的省市和自治区。

（52）15 岁及以上文盲人口数（人），源自教育部的抽样调查，数字采集自教育部官网，不存在缺失该指标的省市和自治区。

（53）城镇居民平均每百户年末计算机拥有量（台），源自国家统计局官网，不存在缺失该指标的省市和自治区。

（54）城镇居民平均每百户年末移动电话拥有量（部），源自国家统计局官网，不存在缺失该指标的省市和自治区。

（55）农村居民平均每百户年末移动电话拥有量（部），源自国家统计局官网，不存在缺失该指标的省市和自治区。

（56）农村居民平均每百户年末计算机拥有量（台），源自国家统计局官网，不存在缺失该指标的省市和自治区。

（57）互联网普及率（%），源自国家统计局官网，不存在缺失该指标的省市和自治区。

（58）城市宽带接入普及率（%），源自国家统计局官网，不存在缺失该指标的省市和自治区。

（59）农村宽带接入普及率（%），源自国家统计局官网，不存在缺失该指标的省市和自治区。

（60）家庭宽带接入普及率（%），源自国家统计局官网，不存在缺失该指标的省市和自治区。

（61）中央部门院校数，源自教育局官网，不存在缺失该指标的省市和自治区。

（62）本科院校数，源自教育局官网，不存在缺失该指标的省市和自治区。

（63）高职院校数，源自教育局官网，不存在缺失该指标的省市和自治区。

（64）成人高等学校数，源自教育局官网，不存在缺失该指标的省市和自治区。

（65）民办高等教育机构数，源自教育局官网，不存在缺失该指标的省市和自治区。

（66）研究生毕业数，源自教育局官网，不存在缺失该指标的省市和自治区。

（67）研究生招生数，源自教育局官网，不存在缺失该指标的省市和自治区。

（68）研究生在校数，源自教育局官网，不存在缺失该指标的省市和自治区。

（69）本专科生毕业数，源自教育局官网，不存在缺失该指标的省市和自治区。

（70）本专科生招生数，源自教育局官网，不存在缺失该指标的省市和自治区。

（71）本专科生在校数，源自教育局官网，不存在缺失该指标的省市和自治区。

对于数据的缺失值和异常值，本书采取以下几个步骤进行处理：第一步，手工整理相关省市和自治区的统计年鉴和统计公报，进行核对；第二步，如若无法核实，将异常值处理为缺失值，利用均值插补法、平滑法、回归插补法、贝叶斯模拟等方法进行处理。具体地，本书以存在缺失值的变量为因变量，各省份数字经济发展指数等为自变量，运用回归插补法、贝叶斯模拟等方法对缺失数据进行补漏。该方法在以往区域性指标的处理中被广泛应用，具有一定的科学性。其中，各省市和自治区的数字经济发展指数源自中国信息通信研究院发布的《中国数字经济发展白皮书》。本书之所以会采用各省市和自治区的数字经济发展指数作为回归分析的因变量，是因为该指数反映了特定区域数字经济的建设规模，与数字素养区域建设指标之间的关系十分紧密，而且由各省市和自治区的数字经济发展指数作为因变量进行回归补漏，可以在很大程度上避免用其他方法来填补缺失值所产生的偏差问题。为了避免回归插补法、贝叶斯模拟等方法导致的异常值问题，当结果比较不合理时，本书将酌情采用均值插补法或用数字经济发展指数相近的其他省市和自治区的指标作为替代等其他方法补充缺失值，以尽可能在排除缺失值对统计结果影响的前提下保障统计结果的准确性。

四、评价方法

本书中的单一指标采用直接获取的各省市和自治区的数据来表示，在无量纲化处理时采用效用值法，效用值规定的值域是 [0，100]，即该指标下最优值的效用值为 100，最差值的效用值为 0，假定 i 表示指标，j 表示区域，x_{ij} 表示 i 指标 j 区域的指标获取值，$x_{i\max}$ 表示该指标的最大值，$x_{i\min}$ 表示该指标的最小值；y_{ij} 表示 i 指标 j 区域的指标效用值。具体的计算公式如下：

$$y_{ij} = \frac{x_{ij} - x_{i\min}}{x_{i\max} - x_{i\min}} \times 100$$

（1）权重选取。本书采用主观与客观相结合的方法确定权重，客观方法为变异系数法，具体思路为：假设有 n 个指标，这 n 个指标的变异系数为：

$$V(i) = S_i \sqrt{x}$$

其中，S_i 代表第 i 个指标的标准差，$\bar{x}$ 代表样本均值，则各指标的权重为：

$$w_i = V(i) / \sum_{i=1}^{n} V(i)$$

本书测算出了所有指标的权重，具体如表 4-2 所示。

表 4-2 各类指标的权重概览

一级指标	二级指标	三级指标	权重（%）
数字供给	数字硬件供给	移动通信手持机产量	0.65
		微型电子计算机产量	1.26
		集成电路产量	0.95
	数字服务供给	互联网业务收入	1.16
		互联网接口业务收入	1.28
		互联网平台收入	0.83
		互联网数据服务收入	0.92
		信息安全收入	0.77
		信息技术服务收入	1.27
		软件业务收入	1.37
		软件产品收入	1.21
		软件业务出口	0.94
		嵌入式系统软件收入	0.81
		电信业务总量	1.38
数字建设	数字基础设施	互联网宽带接入端口	1.84
		互联网网站数	1.26
		IPv4 比例	0.78
		域名数	1.41
		网页总数	0.72
		5G 基站数	1.19
	数字企业建设	互联网企业数	1.15
		人工智能企业数	1.56
		区块链企业数	1.16
		电子商务企业数	1.53
		ERP 企业数	1.56
		云计算企业数	1.30
		产业数字融合程度	2.26
		大数据发展程度	1.92

续表

一级指标	二级指标	三级指标	权重（%）
数字政府	数字治理能力	政府一体化服务能力	2.51
		数字政府建设指数	2.23
数字工作	工作场所数字化	企业每百人计算机使用量	1.30
		企业网站数	1.32
数字创新	数字人才队伍	互联网研发人员数量	1.17
		软件/信息技术人员数量	1.87
		软件研发人员数量	1.29
		其他软件技术人员数量	1.08
		软件人员硕士以上学历数量	1.34
		软件人员大专及本科数量	1.36
	数字创新支持	互联网研发费用	0.96
		软件/信息技术研发经费	0.71
		软件/信息技术退税优惠	1.13
		专精特新企业数量	1.64
数字生活	数字需求能力	人均网络零售额	1.22
		人均移动互联网接入流量	2.41
		人均数字电视用户数	2.17
		人均网络电视用户数	0.86
	数字使用能力	4G 用户占比	2.67
		5G 用户占比	0.49
		人均 FTTH/0 用户数	0.51
		人均 100~1000M 宽带用户数	2.12
		人均 1000M 宽带用户数	0.58
数字学习	居民教育水平	15 岁及以上文盲率	1.57
	数字普及水平	互联网普及率	2.05
		城镇居民计算机普及率	1.54
		农村居民计算机普及率	2.56
		城镇居民移动电话普及率	2.12
		农村居民移动电话普及率	1.56
		城市宽带接入普及率	0.69
		农村宽带接入普及率	1.51
		家庭宽带接入普及率	0.55

续表

一级指标	二级指标	三级指标	权重（%）
数字学习	教育基础设施	中央部门院校数	0.73
		本科院校数	2.56
		高职院校数	2.43
		成人高等学校数	2.00
		民办高等教育机构数	0.81
	教育产出水平	研究生毕业数	1.18
		研究生招生数	1.31
		研究生在校数	1.28
		本专科生毕业数	2.12
		本专科生招生数	1.83
		本专科生在校数	2.22

（2）加权综合。本书中的加权计算是分层逐级进行的，在基础指标无量纲化后，分层逐级加权得到最后的数字素养区域建设指数。

第五章　中国各省市和自治区数字素养建设形态

　　本课题组首先分别计算各省份的数字素养区域建设总指标、数字供给指标、数字建设指标、数字创新指标、数字工作指标、数字学习指标、数字生活指标、数字政府指标等指数，然后根据各省份的具体情况展开了综合性分析。这有助于直观、全方位地展现各区域的数字素养建设成效，从各区域的数字素养组成来剖析各区域数字素养建设的长短板，针对不同情况"对症下药"，为各地方政府顺利、切实地落实《提升全民数字素养与技能行动纲要》的主要措施给出政策性意见和数据参考。

　　本章在整理全国 31 个省市和自治区的数字素养区域建设指标的基础上，进一步详细解析了数字素养区域建设的各分项指标的情况，旨在分析各省市和自治区的数字素养建设的结构特征和相关治理工作的长短板，进而为地方政府制定合理的治理对策提供建议和参考。为了切实反映各指标之间的分布情况，本章将各项指标进行了标准化，标准化的公式如下所示：

$$y_{ij} = \frac{x_{ij} - x_{imin}}{x_{imax} - x_{imin}}$$

　　其中，i 表示指标，j 表示区域，x_{ij} 表示 i 指标 j 区域的指标获取值，x_{imax} 表示该指标的最大值，x_{imin} 表示该指标的最小值；y_{ij} 表示 i 指标 j 区域的指标效用值。利用该公式，本章将相关指标的数字统一控制在 [0，1] 的区间内。这有助于直观地理解结果中各项指标的大小关系，并去除指标本身数量级差异的影响。

　　本章通过上述操作计算出了各省市和自治区数字素养区域建设的各项分项目指标，并且按照地区划分将这些指标绘制成雷达图，以清晰地反映特定区域内的数字素养建设构成。基于这些结构形态，本章将全国 31 个省市和自治区划分为全能均衡型、优势突出型、治理教育型、需求治理型、需求带动型、亟待提升型六种类型，并且针对这六种类型的结构形态展开了详细解析。

一、全能均衡型

全能均衡型是指省市和自治区的数字素养区域建设指标的各项分指标均表现优异，没有明显短板的数字素养建设形态。通过筛选发现，这类形态主要包括广东省、北京市、江苏省、浙江省、上海市五个省市。

1. *广东省数字素养区域建设形态*

本节绘制出了广东省数字素养区域建设各分项指标雷达图，具体如图5-1所示。从图5-1中可以看出，广东省在数字供给、数字建设、数字学习、数字工作、数字政府等领域均取得了优异成绩，同时在数字生活、数字创新两个方面虽然未能达到最优表现，但表现依旧十分出色。这说明广东省在数字素养区域建设的各个方面都呈现出较优秀的表现。近年来，广东省在建设粤港澳大湾区国际科技创新中心等方面持续发力，在相关数字要素流通、核心技术产业发展、传统产业数字化转型、区域公共数字治理、数字经济基础设施建设等关键环节取得了长足进步。同时，伴随这类建设指标的跃升，广东省政府在生产力的数字化方面进

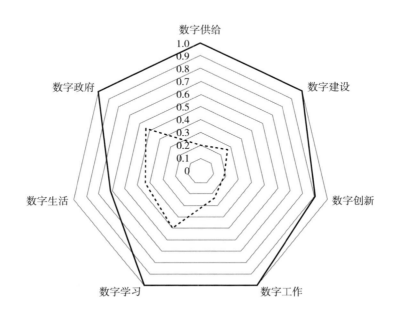

图5-1　广东省数字素养区域建设各分项指标雷达图

注：虚线为全国平均水平，下同。

行了一系列的前沿探索，包括深化 5G、移动互联网、物联网、人工智能、大数据、云计算、区块链等新一代信息技术与传统产业、新兴产业的融合应用，探索出了一系列适配于特定产业和应用情境的组织变革策略，开辟了数字经济创新发展的新模式。当前，广东省在全国数字经济发展规模中位居领先位置。就整体的数字经济发展而言，广东省的数字经济增加值接近 6 万亿元，占广东省 GDP 的比重超过了 50%。

在数字供给方面，广东省在指标上具有十分突出的优势。现阶段广东省的电子信息制造业收入达到 5 万亿元，软件和信息服务业收入超过 1.4 万亿元，具备强大的数字硬件供给和服务产品供给的能力。特别是伴随着"广东强芯"工程、广东省核心软件攻关工程等项目的强力推进，广东省在新一代电子信息产业、软件与信息技术服务产业、人工智能和大数据产业等方面取得了长足进步，在数字高质量供给能力方面的发展一直走在全国前列。另外，广东省在 5G 基站、光纤用户数、4K 电视产量等方面均位居全国前列，具备比较突出的数字产业集聚、人才会聚等优势。这为广东省数字供给的生态产业链发展提供了资源环境。

在数字建设方面，广东省在该指标上表现得十分出色。广东省在加快制造业数字化转型、数字产业发展、数字贸易发展、数字金融发展、智慧交通和智慧物流发展等领域取得了突出表现。在制造业数字化转型方面，广东省从组织变革层面出发，全面加快传统制造业整体向数字化转型。通过实施智能制造生态合作伙伴行动计划，广东省实现了人工智能、云计算、大数据分析、物联网等技术与传统制造业的深度融合。以东莞市厚街镇为例，据央视网报道，2022 年厚街镇有超过 500 家制造业已经正式开展数字化改造。这些企业不仅在生产自动化、数字化、智能化等方面取得了突出成效，同时借助直播带货、大数据供需配对等方式实现了品牌商、加工厂、原材料供应商等产业端的精准对接，传统制造业产业链也实现了数字化重塑。这不仅提高了制造业的生产效率和人工成本，同时推动了相关产业的市场扩展和潜在市场的挖掘。截至 2022 年 3 月，广东省已经有累计 2.1 万家规上工业企业实现了数字化转型，同时超过 62.5 万家中小企业实现了"上线用云"。广东省在数字基础设施建设、企业数字化建设等多个方面取得了令人瞩目的成效，对其他省市和自治区的数字建设具有很好的借鉴参考意义。

在数字创新方面，广东省近年来一直在推动打造粤港澳大湾区的数字经济创新高地，特别是在重点领域核心技术攻关方面，区域政府持续推进实施重点领域研发计划，就集成电路相关高端设备和材料、基础软件、工业软件、核心芯片等在我国面临"卡脖子"风险的前沿科技领域进行重点发力。这几年，广东省在 5G 应用、量子通信、类脑计算等前沿技术领域取得了一系列前瞻性的突破。同时，在加速新兴数字技术的应用融合方面，广东省也持续走在全国前列，包括人工智能、区块链等技术与传统产业的创新融合发展。现阶段，广东省在智能无人机、智能无人车、智能机器人、智能医疗等人工智能产业，以及区块链技术平台和开源平台的搭建方面均取得了重大进步，实现了围绕广州市、深圳市、珠海市等优先发展地区，向其他外围地区"由点到面"的技术扩散。

在数字工作方面，当前广东省各中小企业对新技术和数字化理念普遍抱有较高热情，越来越多的中小企业正在实现组织数字化、业务数字化，乃至产业链的整体数字化。其中，低代码技术是企业制定数字化、个性化办公的中流砥柱。所谓的低代码技术，是一类可视化的应用程序开发方法，通过使用较少的代码，基于图形化推拽、参数化配置等高效手段，来快速实现程序框架构建、数据编排、生态链接、中台服务、应用程序交付等环节。传统情况下，这些编程工作往往对员工的专业编程能力提出了较高的要求，但是在低代码技术的加持下，员工无须具备过高的专业知识水平，也可以实现相关复杂程序功能的对接操作。因此，这类新型数字技术在工作场所中具有灵活性、复用性高的特点，比较契合企业数字化办公转型的需要。钉钉总裁叶军在 2022 年 APEC 中小企业数字经济发展大会上表示，平台上有近 350 万的应用，很大一部分是低代码应用，而这些低代码应用是由中小企业的业务人员自行搭建的。通过低代码的推广应用，广东省在企业数字化工作场所的建设方面取得了突出成效。

在数字学习方面，主要包含教育数字化和数字技能教育两个方面。对于教育数字化，近年来广东省教育厅面向各层次教育，积极推动教师信息素养提升、课程数字化改革、教学资源上云等方面的发展，通过开展智慧校园应用、智慧教室建设、智慧课题教学、虚拟教研、虚拟仿真实验与实训、人工智能辅助学习等方面的教育数字化项目，推动前沿数字技术与各层次教学相适配。其中，深圳书城比较具备代表性，通过将数字藏品、文化计算、智慧书房、AR 景观等技术与相关展览信息相结合，方便人们近距离接触数字藏品，乃至实现实时创作。对于数字技能教育方面，广东省多部门除了重点针对干部、老年人、农民工等群体开展了数字技能提升活动之外，还针对新职业、新就业形态人员提供了数字素养培训机会。目前，广东省人力资源和社会保障厅正在牵头开设针对相关从业人群的数字技能培训课程，同时提供财政补贴和免费学习领证等服务，从而为新业态发展输送优质的数字技能型人才。

在数字生活方面，广东省在指标上具有十分突出的优势。近年来，广东省在新型电子商务发展方面不断推进，包括社交电子商务、无人零售、智慧零售、网红经济等，带动了粤港澳大湾区数字生活的消费需求浪潮。在刺激消费方面，广东省政府通过在疫情常态化防控期间实施消费券、惠民券等措施，配合以数字人民币的推广应用，不断刺激省内的数字消费需求，同时，数字供给侧的高质量、高端化发展也在不断挖掘数字生活的消费需求。现阶段依托于完善的新型基础设施，广州、深圳等城市已经率先实现了商品物流进化和新型消费升级。以广州为例，目前广州市已经在主要核心商圈配备了智慧停车、智慧收款、智慧购物等一系列新型消费基础设施，落实了近8.5万个数字人民币支付场景以及202.5万个金融机构开立的个人钱包，涉及的流通转账和交易业务高达336.3万笔，走在了全国各地区的前列。目前，广州市正分三个阶段推动26类数字人民币应用场景的落地，力争建立线上、线下全场景数字人民币应用生态。这项举措对于促进我国金融改革以及推动粤港澳大湾区经济一体化建设具有重大意义。

在数字政府方面，近年来，广东省以"粤省事"政务服务平台为核心，全面提升了区域公共服务的数字化水平，展现出政府"互联网+政务服务"的强大效能。"粤省事"政务服务平台集成了医疗、文旅、教育、社会保障、住建、应急管理等多个结构功能模块，可以满足当地居民大部分政务服务需要，实现地方政府的一站式在线服务。除了加快建设数字化政务服务平台之外，广东省还在平台全方位推广方面取得了诸多成效，通过全面部署"粤智助"政府服务自助机，深化了省级平台与各地市级平台之间信息的互联互通。现阶段广东省已经实现全省行政村、镇和街道的数字化政务服务全覆盖。除了民用数字化政府服务平台之外，广东省还对企业提供了"粤商通"数字化涉企服务平台。基于该平台，广东省基于粤商码实现了免证办、业务授权等多项助企功能，大大提高了数字化政府服务对企业的支撑力度。综合来看，广东省在数字政府领域的表现位居全国前列，为其他地区实现政府服务自动化、数字化、智能化改造提供了可供参考的成功典范。

综合来看，广东省在数字素养区域建设的各个方面都处于全国前列，属于典型的全能均衡型建设类型，其在数字供给、数字建设、数字政府、数字工作、数字创新、数字生活、数字学习等领域的成功经验，对于其他省市和自治区具有较为重要的参考价值。

2. 北京市数字素养区域建设形态

相较于广东省，北京市在数字素养区域建设的各个方面也具备十分突出的表现，特别是在数字生活和数字创新两个领域超越了广东省，属于典型的全能均衡型发展城市。本节绘制出了北京市数字素养区域建设的各分项指标的雷达图，具体如图5-2所示。从图5-2中可以看出，北京市在数字供给、数字政府、数字生活、数字学习、数字工作等方面的表现比较相近，在数字创新领域表现得较为突出，同时在数字创新领域的指标上排在全国前列。但是相比于企业分项指标，北京市在数字建设方面的表现略显不足。总体来看，北京市在数字素养区域建设的各个方面均有十分突出的成效，对于其他省市和自治区的数字素养区域建设具有重要的启示和借鉴价值。

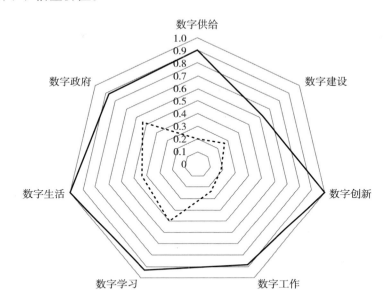

图5-2　北京市数字素养区域建设各分项指标雷达图

　　在数字供给方面，2021年，北京市数字经济增加值规模达到1.6万亿元，占全市GDP的比重为40.4%；在2022年上半年，北京市的数字经济增加值更是达到8381.3亿元，同比增长4.1%，其中核心数字产业的增加值达到4899.5亿元，同比增长6.9%。现阶段，数字经济已经成为北京市经济发展的重要支撑。据工业和信息化部门相关统计，截至2021年，北京市互联网业务的年总收入已经超过5700亿元，软件业务的年总收入达到2.0万亿元，电子信息制造业的年总收入达到5651.1亿元，电信业务总量达到513亿元。近年来，北京市在数字供给的各个方面持续领跑全国，具备充足的数字供给能力。未来，北京市将进一步在高端芯片、基础软件、人工智能、区块链等数字经济核心产业的集群发展上持续发力：一方面，北京市将通过集中力量攻克我国现阶段在高端芯片、人工智能和关键软件等方面存在的"卡脖子"问题，实现数字供给的高质量跃升；另一方面，北京市将在6G网络、类脑智能、量子计算等未来科技领域超前布局，为数字供给与未来的前沿数字技术相融合铺垫发展道路。总体而言，北京市在数字供给侧发展方面表现较为突出，该区域的数字产业层面反映了北京市整体数字素养的建设水平。

　　在数字建设方面，北京市虽然在该指标上未能如其他指标一样取得拔尖表现，但依旧在全国31个省市和自治区中处于前列，其做法能够作为其他区域学习借鉴的典范。近年来，北京市在全球数字经济标杆城市的建设中不断发力。在数字基础设施的建设方面，当前北京市的 5G 基站建设数量达到了 5.9 万个，平均每万人的 5G 基站拥有量达到 27 个，位居全国第一；千兆光纤宽带的覆盖率达到 90% 以上，北京市成为全国首批具有超大带宽、超低时延、先进可靠等鲜明特征的千兆城市。同时，北京市积极促进大数据、区块链、人工智能等新一代数字技术的推广应用。据《北京数字经济发展报告》统计，2021 年，在大数据方面，围绕北京市大数据平台 2.0 系统，北京市的 70 个市级部门、9300 多类职责目录、8 万余条数据项、1700 余个信息系统已完成"上链"锁定，累计汇聚 57 个市级部门的超过 2400 类数据资源、2.8 万个数据项、316 亿条数据。在区块链方面，近年来，北京市超前布局区块链技术发展，以高性能、高安全性、高可扩展性为原则，就区块链的共识机制、分布式存储模式、智能合约等技术问题进行集中攻克，诞生出以"长安链"等为代表的自主可控的区块链软硬件技术体系。截至 2021 年，北京市相关单位区块链信息服务的备案数量在全国总量中占比 27%，涉及重大民生、经济、社会治理等多个领域。在人工智能建设方面，当前北京市人工智能产业拥有的授权发明专利达 97620 件，位居全国第一；同时，2021 年，北京市的人工智能产业产值规模超过 2070 亿元，近六年来人工智能产业融资总金额达到 8223.37 亿元，位于全国首位。在数字企业建设方面，根据中国企业数据库企查猫数据，北京市截至 2022 年 4 月拥有 12174 家互联网企业，8877 家企业涉及电子商务业务，228 家人工智能企业，8773 家云计算企业，348 家区块链企业，以及 228 家 ERP 企业。其中，互联网企业数量和区块链企业数量位居全国第一，其余类型的数字企业数量也位居全国前列。总体而言，无论在数字基础设施的建设方面还是在数字企业的数量占比上，北京市均具有比较突出的表现。

在数字创新方面，北京市在数字创新人才队伍和数字创新支持等多个方面具有突出表现。在数字创新人才队伍的建设方面，北京市拥有北京大学、清华大学、北京航空航天大学等新型数字技术骨干研究单位，数量占比超过全国半数；人工智能学者超 4000 人，集聚了全国将近一半的人工智能领域高层次学者，在语音识别、视觉识别、人工智能芯片、传感器、算法、应用场景等多个领域具有技术突破和核心技术优势。可见，北京市在数字人才集聚上具有十分突出的表现，相较于其他省市和自治区拥有较强的高水平数字人才优势。这与近年来北京市在优化人才服务、打造产业集聚等方面的措施不无关系。目前，北京市拥有比较完备的数字人才孵化服务，形成由企业、高校、科研院所等联合组建的较为成熟的数字人才培育链条；同时，北京市在相关人才的落户办理、工作居住、子女入学、技术入股、医疗保障、人才公寓等方面的配套设施也比较完备，这些设施成为北京市吸引大量高水平人才的主要因素。在数字创新支持方面，北京市在高新技术企业的新技术和新产品研发、应用场景开发、智慧城市建设、软件产品试用、技术平台搭建等方面均有比较丰富的帮扶政策。目前，北京市各个城区企业的创新补贴普遍在 50 万~100 万元，而国家级奖励额度则普遍在 80 万元以上，部分城区的国家级奖励额度甚至高达 1000 万元。与全国的其他区域相比，北京市企业通常能够享受更多的政策优惠。总体而言，北京市在数字人才队伍建设和数字创新支持方面都具有比较强的力度，这有助于高层次数字人才的培育和集聚，有利于区域人才的数字素养的整体提升。

在数字工作方面，北京市所具备的突出表现值得全国各省市和自治区借鉴参考。目前，北京市大部分政府及企事业单位已经将电子签章、低代码技术、数字身份技术、人员画像、人工智能技术等前沿数字技术应用于办公环境，涉及合同管理、行政事务、人事协同、采购管理、分销管理等多个领域。截至 2021 年，北京市基本实现了规模以上制造企业智能化升级的全覆盖，实施智能制造应用示范项目超 100 个，形成了一批立足北京、服务全国的高水平系统解决方案供应商和单项冠军企业。

在数字学习方面，近年来，北京市在教育数字化和数字技能教育等方面均取得了长足进步。目前，北京市智慧校园达标率达到 85%，基本实现了数字技术、智能技术在全市全覆盖；同时，近年来由北京市教育委员会牵头，不断优化北京市教育信息网络发展，校园互联网接入率达到 100%，其中接入千兆以上宽带的学校占比超过 70%，校园无线网络的覆盖比例达到 90% 以上，实现 IPv6 的全面部署。在教育数字化过程中，北京市各校园一共产生了 1.5 万个数据要素，5.6 亿条教育数据，逐步建成了校园大数据集，为开展面向学校、师生、家长的大数据教育信息服务提供了现实基础。在数字技能的教育方面，近年来，北京市重点针对青少年、老年人、残疾人等群体，采用政府、社区、社会组织等多主体联动举措，通过开放数字教育资源以及推动数字教育进社区、进校园等途径，不断推动数字素养教育普及、数字化人才培育等工作，确保广大人民群众享受到数字技术发展的时代红利。除了数字技能普及之外，北京市还针对人工智能技术工程师、人工智能训练师、工业互联网技术员、物联网技术员等新型职业开展针对性的职业技能培训，针对建设数字技术技能人才队伍及弘扬数字工匠精神等方面持续发力。

在数字生活方面，北京市的网络销售额在多年来维持在全国前列。截至 2021 年，北京市网络零售额达到 5392 亿元，占北京市社会消费品零售总额的 36.3%，占全国实物商品网络零售总额的 1/20。在移动互联网使用方面，工业和信息化部门的相关数据显示，2021 年，北京市的移动互联网接入流量接近 51 亿 GB，人均年产生 233.0GB 移动互联网流量，在全国范围内位居前列。在数字电视和网络电视的需求方面，北京市 2021 年共拥有 605.1 万户数字电视用户以及 374.8 万户网络电视用户，平均每 3.6 个人拥有一台数字电视，平均每 5.8 个人拥有一台网络电视，该指标在全国位于前列。在互联网宽带使用方面，北京市 2021 年 FTTH/0 用户数、100~1000M 宽带用户数、1000M 宽带用户数分别达到 777.6 万户、706.5 万户、63.5 万户，人均用户数量均位于全国前列。总而言之，北京市在数字生活的各个分项指标上均具有比较突出的表现，数字技术对人民日常生活的渗透程度较高，区域数字消费市场也表现出较强的活力。这反映了北京市居民已经掌握了较高的数字生活技能，具备在生活情境下比较突出的数字素养。

在数字政府方面，北京市对其他省市和自治区的数字素养建设具有比较重要的参考价值。目前，北京市已经建成以"北京通"政务 App 为核心的数字政务平台。自 2019 年该数字政务平台上线以来，"北京通"平台所集成的服务项目已经超过了 600 项，覆盖全市 55 个部门的高频服务事项，能够满足个体和企业的大部分办事需要。目前，北京市政务大数据平台已经汇聚了 3.4 万个数据项目、340 亿条政务数据、1300 多亿条社会数据。通过数字在平台中的集中汇聚，北京市实现了各部门、层级之间的数字共享和流通，确保各个政务工作面之间在行政事务的授权记录、地点、时间等信息的对称性、一致性、可追溯性，最终提升了政务服务的跨部门办事效率和措施协同，实现了以"数据跑腿替代群众跑腿"的一体化联动政务服务机制。总体来看，北京市在数字政府的建设方面具有较高的水平，数字技术与该区域的政务服务场景形成了良好的融合，北京市在政务情境下的数字素养区域建设方面取得了突出成效。

综合来看，北京市在数字素养区域建设的各项指标上均达到了比较高的水平，属于典型的全能均衡型发展模式。

3. 江苏省数字素养区域建设形态

除广东省和北京市之外，江苏省近年来在数字素养区域建设的各方面也取得了比较突出的成效。本节绘制了江苏省数字素养区域建设各分项指标的雷达图，具体如图 5-3 所示。从图 5-3 中可以看出，相比于广东省和北京市，江苏省在数字供给、数字建设、数字政府、数字创新、数字工作、数字生活等方面相对弱些，但是从全国视角来看，江苏省在数字素养建设的各个方面均已表现出不错的水平。江苏省表现最为突出的方面是数字学习，说明江苏省在数字素养的教育方面成绩显著。江苏省在数字供给、数字建设、数字政府、数字创新和数字生活等方面的表现相对比较接近，同时在全国范围内均排在前列。然而，江苏省在数字工作领域的表现有一定欠缺，但与其余分项目之间的差距不大，并没有构成明显的短板。因此，从总体上来看，江苏省在数字素养建设方面依旧是比较全面、均衡的，也属于全能均衡型发展类型。

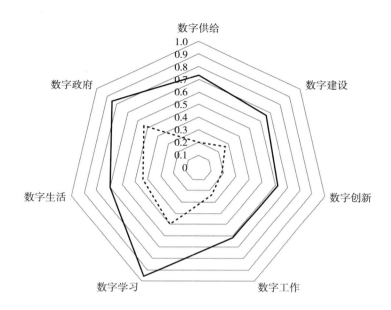

图 5-3　江苏省数字素养区域建设各分项指标雷达图

在数字供给方面，江苏省近年来将数字经济作为转型发展的关键增量。截至 2021 年，江苏省的数字经济规模已经超过了 5.1 万亿元，该数字经济规模占全国的 11.8%，位居全国第二，相关数字经济核心从业增加值占 GDP 的比重达到了 10.6%。其中，江苏省的电子信息制造业的收入已经达到了 3.56 万亿元，软件和信息技术服务业的收入达到了 1.15 万亿元，而电信业收入则达到了 1135.51 亿元。江苏省这些产业的规模均位居全国各省市和自治区的前列。这说明无论在数字硬件供给方面还是在数字服务供给方面，江苏省在数字供给产能上均有比较突出的表现。当前，江苏省已经形成了一批以南京市、无锡市、苏州市等优先发展地区为代表的数字产业发展高地，通过建设人工智能、大数据、5G 等新一代信息通信技术的创新应用和发展的先导区、试验区和试点区，逐步推动全省实现数字经济全产业链支撑，促进了各市县数字供给的整体高质量飞跃。2022 年 5 月召开的江苏省"全省数字经济发展推进会议"提出，要加快推动数字产业化，大力发展集成电路、新型显示等战略性新兴产业，推动物联网发展取得更大突破，促进平台经济规范健康发展，打造世界级数字产业集群。未来，江苏省在数字硬件和服务的供给方面预计会取得更加长远的进步。总体而言，现阶段江苏省的数字供给能力并未在全国所有省市和自治区中排名最前列，依旧处于发展阶段，但从目前来看，江苏省依旧具备比较强劲的发展潜力。

在数字建设方面，江苏省具备比较优秀的表现。江苏省在数字基础设施建设和数字企业建设方面的表现是可圈可点的。在数字基础设施建设方面，根据《2022 数字江苏发展报告》，截至 2021 年底，江苏省全省的固定互联网宽带接入端口数量高达 7464.3 万个，其中 10G-PON 端口达 84.8 万个，该数据在全国各省市和自治区中排名第一。在 5G 基站和 IPv6 等新一代移动通信技术的建设方面，截至 2021 年，江苏省已经累计建设了 13.1 万座 5G 基站，而 5G 网络也已经覆盖了全省、乡镇镇区及以上区域，全省的 5G 用户规模也达到了 3500 万；对于 IPv6 的建设，江苏省的 IPv6 活跃用户数已经超过 4327 万，其中南京市、无锡市入选 IPv6 技术创新和融合应用国家试点。除了 5G 基础设施建设和 IPv6 的推广应用之外，江苏省还建成了 8 条国际互联网数据专用通道，这在当前全国各省市和自治区中是拔得头筹的。除了数字基础设施的建设之外，江苏省还在数字企业的建设方面取得了突出成效。目前，江苏省全省的电子信息领域的高新技术企业已经超过了 8000 家。尤其在产业平台的建设上，江苏省持续发力获得了多项位于全国前列的成绩。目前，江苏省的上云企业数量累计 12.1 万个，面向移动通信、物联网、大数据等前沿数字技术的省级以上重点实验室、工程技术研究中心等各类数字技术创新服务平台超过了 400 家。就 2021 年而言，江苏省全省国家级特色专业型工业互联网平台的新增数量达 12 个，省级重点工业互联网平台的新增数量达 23 个，智能工厂试点的新增数量达 10 家；通过国家两化融合管理体系贯标企业的新增数量达 811 家，省级智能制造示范车间的新增数量达 332 个，同时两化融合发展水平连续七年位列全国第一。目前，江苏省在数字建设方面虽然与广东省相比还有一定的差距，但依旧排在全国第二位。从数字建设的增长速度来看，江苏省依旧拥有比较出色的增长潜力，因此，江苏省应当抓住当前区域数字供给能力建设的机遇期，实现跨越式的跃升。

在数字创新方面，江苏省近年来在数字技术创新以及传统产业数字融合等方面，为我国做出了比较突出的贡献。特别是有南京大学、东南大学等国内一流高校在省内起到带头作用，江苏省在过去的十年开展了累计 514 项具备前瞻性的数字技术研发项目，累计支撑了 232 项具有自主知识产权的数字领域重大科技成果转化项目，培育出高端数字信号处理 DSP 芯片、基于 RSIC-V CPU 的国产安全芯片等一系列重大目标产品。这一数字创新成绩在全国范围内都是令人瞩目的。除此之外，江苏省在推动数字技术与传统产业融合的进程中也发挥了巨大的驱动作用。在过去十年间，江苏省累计投入省级培育资金 46.3 亿元，由徐工集团、中天科技等数字领域领军企业带头，实现了 3.4 万家企业的数字化培育，其中 60%

的企业成长为高新技术企业。江苏省截至 2021 年底一共拥有 8065 家电子信息领域的高新技术企业，是 2012 年企业数量的 8.3 倍。

在数字工作方面，江苏省在指标方面与位列拔尖的北京市、广东省之间尚存在一定的差距，但在推动企业工作场所数字化、智能化改造方面依旧取得了一定成效。目前，江苏省在重点企业数字化研发设计工具普及率、关键工序数控化率等方面的表现均居于全国前列。在推动企业的数字办公转型方面，江苏省针对不同企业的具体情境采取了针对性的帮扶策略。例如，针对行业龙头企业，江苏省政府修订了《江苏省工业互联网标杆工厂建设指南》，推动龙头企业实现生产和经营模式与 5G、云计算、区块链等前沿技术融合的智能化改造，力图建立具备国际影响力的智能制造示范企业，实现从将数字技术应用于解决传统情境痛难点的技术利用范式向组织整体的集成应用创新的组织整合范式转变。对于广大中小企业，江苏省则将战略对策聚焦于企业平台的建设，通过建设面向全省中小企业的"智改数转"云服务平台，推行"专精特新"企业智能制造顾问制度，对规上中小企业提供免费的数字化问题诊断和改造服务。基于该平台，2022 年，江苏省采用云平台的企业数量增加了 3.2 万家，累计上云企业则达到了 38.2 万个；另外，启动了实施"智改数转"的企业项目超 2.2 万个，开展相关数字化转型诊断的企业多达 1.5 万家。目前，虽然江苏省在区域数字工作建设方面与一线省市（如北京市、广东省）之间存在一定的差距，但现阶段的建设潜力比较强劲，在高新技术的办公应用方面具备充足的前景和活力。

在数字学习方面，江苏省的成果典范值得我国其他省市和自治区参考和学习。在教育数字化方面，江苏省基本完成了全省学校的数字化基础设施建设。目前，江苏省 91% 的中小学实现了交互式多媒体教室配备，其中，配备学生用终端的中小学超过 98%，而配备教师用终端的中小学则高达 99%；特别是新冠疫情期间，89% 的教师开通了相关的网络学习空间，而 87% 的学生实现了网络学习，师生网络学习空间全面普及；江苏省教育网出口带宽由 5G 扩容至 200G，实现了全省高校及 13 个设区市教育城域网全接入。江苏省在教育的数字普及方面已经做到近乎饱和的程度，同时在前沿技术教育设施的建设上也取得了一定突破：85%以上的中小学和普通高校通过省级智慧校园认定；省级城乡间的互动教室达到450 个，形成 62 个结对帮扶组合。在数字技术教育方面，近年来江苏省广泛推动数字职业技能教育，特别是针对智能制造工程技术人员、云计算工程技术人员、大数据工程技术人员等新业态数字技能人才的培育。当前，江苏省的整体数字教育已经实现了每年新增相关数字技能人才 10 万人的目标，未来还将围绕数字技能人才培育进一步完善和明确相关数字技能类评价标准、技能等级认定标准和数字技能岗位序列。

在数字生活方面，作为在国内走在数字生活领域建设前列的省份，江苏省除了在数字基层治理方面取得了突出成效之外，还在数字利民等方面做出了重要贡献。当前，江苏省已经在城市交通、教育、医疗、社会保障等多个方面实现了智能化、精细化管理。以社区治理为例，江苏省已经在全省1000多个社区实现了智能化治理，通过搭建由物联网、5G、人工智能等技术作为支撑的住宅大数据库，实现了社区间统筹治理的信息共享。除此之外，基于一体化业务平台，江苏省整合构建了"困有所助、苏适养老、苏童成长、融合善治、大爱江苏、社有所为、婚姻家庭、逝有所安、残有所扶、区划地名"十大民政服务管理应用集群，搭建了一套全省统一的"智慧民政"门户，形成了政务前台、数据中台和民生业务后台之间信息的综合协同调度。

在数字政府方面，近年来江苏省政府在政务服务数字建设方面取得了长足进步。目前，江苏省围绕"苏服办"总门户已经实现了全省98.5%的行政事项的线上办理，基本完成了全省内常住居民的"一人一码"、省内的注册企业的"一企一码"，通过"苏服码"来实现省份自然人和法人的身份识别数字化发展。总体来看，江苏省的"苏服办"涉及人口、法人、电子证照、自然资源和空间地理、社会信用五大基础数据库，通过数据信息在各层级、各部门间的灵活流通和及时共享，实现教育、社保、交通、医疗、水电气等行业数据的按需整合。在此基础上，该数字政务服务平台在民用方面实现了人力资源和社会保障、交通运输、文化旅游、民政、商务、住房城乡建设、市场监管、医保8个重点领域数字化一站式办理；对于企业用户则实现了覆盖企业经营"全周期"的数字政务服务。当前，江苏省基于数字化政府政务办理平台，已经实现了"一网通办"比率超过85%的目标。这项政府政务的数字化改造在极大程度上推动了政府的智能化运营，不仅实现了用"数据跑路"替代了"群众跑路"，还做到了公共治理和政府服务的高效化和精准化。

总体来看，江苏省在数字供给、数字建设、数字创新、数字工作、数字学习、数字生活、数字政府七个方面均具有非常优秀的表现，整体呈现出全能均衡型的数字素养区域建设形态。但是在数字工作等方面距离国内顶尖水平依旧存在一定的差距。这些差距未能构成江苏省区域数字素养建设的短板，但依旧是未来区域建设值得重视的方面。同时，近年来江苏省的数字发展表现出强大的潜力和活力，具有比较优越的发展前景。

4. 浙江省数字素养区域建设形态

除了广东省、北京市和江苏省之外，浙江省也属于数字素养区域建设的全面均衡型省市。本节绘制出了浙江省数字素养建设各项分指标的雷达图，具体如图5-4所示。从图5-4中可以看出，浙江省数字素养区域建设的七个分指标均排在全国比较靠前的位置，但是排在前三名的指标只有数字政府一项。即便在总体和各分项指标上都不如广东省和北京市，但浙江省依旧在各项指标上优于绝大部分省市和自治区，对于其他省市和自治区数字素养的建设具有比较重要的参考价值。

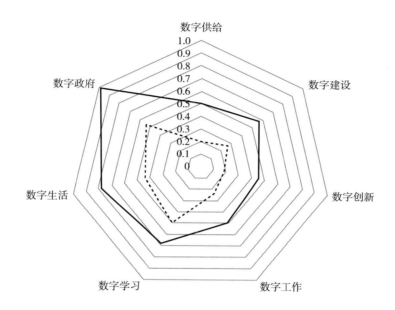

图5-4 浙江省数字素养区域建设各分项指标雷达图

在数字供给方面，浙江省的整体供给能力虽比不上广东省和江苏省，但依旧位于全国前列。从《浙江省数字经济发展白皮书》中可以看出，2021年，浙江省的数字经济增加值达到 3.57 万亿元，总量规模在全国排在第四，占全省 GDP 的 48.6%，该占比在全国各省市和自治区中排名第一。其中，规上数字经济核心产业营业收入达 29780.8 亿元，核心产业的增加值达到了 8348.3 亿元，位居全国第四。浙江省数字经济核心产业收入在近五年内年均增长为 13.3%，是 GDP 年均增速的两倍。这些核心数字产业中，数字安防和网络通信、集成电路、高端软件、智能计算、智能光伏、数字内容等领域的数字产业集群在浙江省的数字核心产业中占据主导地位。2021年，浙江省规上电子信息制造业收入达到 15916 亿元，软件业务收入达到 8303 亿元，分别在全国范围内居于第三和第四。未来，浙江省的数字经济核心产业增加值将有可能突破 9000 亿元，软件和信息技术服务业务收入预计突破 8900 亿元。除了主要数字产业之外，浙江省还在数据价值的挖掘上取得了突出表现。截至 2021 年底，全省一共开放了 1.96 万个数据集，包含 59.1 亿条数据，居于全国各省市和自治区的第一位，数据价值红利得到了充分释放。总体来看，浙江省在数字供给方面具有比较突出的表现，数字经济在区域整体经济结构中的占比比较突出，在区域经济中具备一定的支柱地位。

在数字建设方面，目前，浙江省在数字基础设施建设方面获得了卓越成效，截至 2021 年底，浙江省建成开通 5G 基站 10.5 万个，基本实现了县城、乡镇和行政村的全覆盖；建设各类数据中心累计 202 个，其中大型及以上数据中心 20 个，该指标在全国各省市和自治区中位于前列。特别是在前沿数字技术的应用上，诸如城市大脑平台、视觉感知平台等新型数字技术应用平台的建立，为浙江省数字经济发展奠定了坚实基础。在数字企业建设方面，浙江省持续推进产业数字化全面深化。以制造业为例，截至 2021 年，浙江省拥有累计 32 家"未来工厂"，423 家智能工厂，建设省级工业互联网平台 285 家，实现 47 万家企业上云。总体来看，浙江省无论在数字基础设施建设方面还是在数字企业建设方面均具有突出表现。

在数字创新方面，现阶段，浙江省已经取得了全国首部数字经济发展地方性法规、"产业大脑+未来工厂"、飞天云操作系统、世界级数字安防产业集群、杭州城西科创大走廊、杭州互联网法院、亿级神经元类脑计算机等方面的数字创新成就，涉及产业数字化融合发展和前沿数字技术探索研发等多个方面。在产业数字化融合创新方面，作为阿里巴巴、支付宝等企业集聚的核心省份，浙江省在数字移动支付方面具有可圈可点的创新成就。目前，浙江省全省移动支付普及率高达 94%，在全省实现了政务服务、市场贸易、公共交通等方面的广泛覆盖，是中国人民银行率先在全国开展"移动支付之省"建设的省份。在数字前沿技术研发领域，以浙江大学、浙江工业大学、杭州电子科技大学等国内一流大学为中流砥柱和支撑，浙江省近年来不断实现前沿数字技术的突破。以亿级神经元类脑计算机为例，该项目由浙江大学牵头研发，项目成果包含 792 颗浙江大学自主研发的达尔文 2 代类脑芯片，可支持 1.2 亿脉冲神经元、720 亿神经突触。该亿级神经元类脑计算机是目前国际上神经元规模最大的类脑计算机。总体而言，浙江省的数字创新能力虽然不及北京市、广东省等头部省市，但依旧存在较多可圈可点之处，值得其他省市和自治区参考学习。

在数字工作方面，从《2021 浙江省数字经济发展综合评价报告》来看，浙江省企业在购销存管理、生产制造管理、物流配送管理等方面的信息化使用普及率分别达到 65.0%、46.9%、17.3%，依旧存在比较大的提升空间。目前，浙江省正在数字工作领域不断发力，通过打造行业工业互联网平台以及行业产业大脑，加大重点数字化服务商、承包商的培育力度等方式，快速深化中小企业的数字化改造，根据细分行业的共性并结合特定企业的个性化需要，以"N+X"

应用场景的形式为不同企业的数字化改造提供针对性高、适配性强的数字化解决方案。同时，浙江省就企业数字应用的成功样本进行了复制和推广，采取综合比选等方式每年选取一批重点细分行业中小企业数字化改造试点，在成功打造企业数字化转型典范的基础上，进行行业内的局部推广。通过这种形式，浙江省能够以标准化、低成本、高质量的方式快速推动中小企业的数字化生产运营改造。

在数字学习方面，目前，浙江省正在积极推进全省教育的数字化和数字技能教育。根据浙江省教育厅发布的《浙江省教育领域数字化改革工作方案》，未来浙江省将不断推进大数据、云计算、物联网、5G、人工智能等新一代信息技术在教育领域的应用，加强引领教育行业云平台、数字校园等新型基础设施建设。在完善基础设施的同时，浙江省还兼顾相关教育从业人员数字技能的提升，采取网络研修共同体的形式，以名师和学科带头人为核心实现教师教育数字技能水平的整体提升。在数字技能教育方面，浙江省主要采用"1+10+N"的名师和技能大师网络工作室的双师型教师培养模式，通过组建"产学研"教学团队发挥传帮带作用，将企业数字实践和相关技术及时纳入教学过程中；同时，启动教育数字化平台与"浙政钉""浙里办""浙教钉"等各类终端应用之间的信息流通，实现数字化教育服务在教育行政管理者、各级教育局、各类学校乃至普通公众间广泛普及。

在数字生活方面，近年来，浙江省在网络零售领域持续发力，2021年，浙江省的网络零售额突破了2.5万亿元，位居全国第二。杭州市、义乌市、宁波市等城市的网络零售排在浙江全省的前列，贡献了比较突出的消费份额，其中占比较大的消费领域为服饰鞋包、家居、3C数码等。浙江省作为电子商务发展比较早的省份，具有浓厚的网络购物文化，而近年来诸如直播电商、农业电视等网络销售新形态再次为浙江省的数字消费升级添砖加瓦。根据浙江省电子商务促进会发布的《浙江省2021年度直播电商发展报告》，2021年1月到10月之间，浙江全省的直播电商交易额达到了6092.1亿元，占全国直播电商交易额的28.4%，位居全国第一。从数字消费领域的整体发展中可以看出，浙江省在数字生活建设方面的表现比较突出，浓厚的数字消费文化已然成为居民日常生活中的一部分。

在数字政府方面，目前，浙江省的数字政府建设主要分为面向政府服务的"浙里办"和面向政府办公的"浙政钉"。"浙里办"是浙江省打造的线上线下深度融合的政务服务数字化平台，其主旨在于实现居民各项政务的"一网通办"。该平台凭借信息共享的技术优势，实现了智能导办、预约排队等线上功能与窗口办理、刷码取件等线下功能的协调整合。目前，"浙里办"平台已经实现浙江全省大部分村社的基本覆盖，极大地提高了居民的政务服务效率。"浙政钉"是浙江省公职人员的统一办公协同和工作交流的平台，该平台通过各层级、各部门之间的资源贡献、数据共享，在经济运行、市场监管、社会管理、环境保护、公共服务、文化教育、基层减负等方面发挥着重要作用。"浙政钉"和"浙里办"除了内部平台数据共享之外，二者的数据也是双向流通的。例如，基层干部通过"浙政钉"平台可以清晰获取低收入居民在"浙里办"中所提交的帮扶申请，通过扫码等形式实时了解低收入群体的基本情况和帮扶政策，实现相关政务的快速、准确办理，全面提升了相关机关的办事效能。总之，浙江省在数字政府的建设方面具有可圈可点之处，特别是在政务数据共享平台的建设方面，"最多跑一次"的建设理念值得全国各省市和自治区参考学习。

综合来看，浙江省相比于全国其他省市和自治区，在数字素养区域建设的各个子领域的表现比较均衡，没有明显的短板或缺陷，也属于典型的全能均衡性发展省市。

5. 上海市数字素养区域建设形态

上海市的数字素养区域建设模式也属于全能均衡型，本节绘制出了上海市数字素养区域建设各分项指标的雷达图，具体如图 5-5 所示。从图 5-5 中可以看出，整体上上海市的各个分项指标与广东省、北京市、江苏省之间依旧存在较大的差距，与浙江省之间的差距较小，特别是上海市在数字学习、数字创新、数字建设等方面相对落后于拔尖省市。其中，上海市在数字学习方面排在了全国第12位，虽然不构成明显的短板，但依旧存在较大的提升空间。综合来看，上海市在数字素养区域建设的各个领域均具有不错的表现，属于全能均衡型发展的城市。

在数字供给方面，上海市在数字供给方面依旧存在较大的提升空间，但从全国范围来看，上海市在数字供给上的建设水平还是可圈可点的。根据亿欧智库和天眼查联合发布的《2021 上海市数字经济发展研究报告》，上海市 2020 年的数字经济规模已经超过 GDP 比重的 50%，产业数字化增加值超过 1 万亿元，该指标在全国范围内位于前列。在数字硬件设备的供给上，2021 年，上海市移动通信手持机产量达 2892.2 万台，与山西省的产量比较接近，落后于广东省、北京市、河南省等省市；微型计算机设备的产量达 3093.3 万台，在全国范围内处于比较靠前的位置；集成电路产量达到 364.9 亿块，落后于江苏省、广东省、甘肃省等省份，在全国范围内处于比较靠前的位置。在数字软件服务的供给方面，2021 年，上海市的互联网业务收入总额达到 4301.5 亿元，仅次于北京市，位于全国第二名；软件和信息业务的收入总额达到 8037.9 亿元，相较于广东省、北京市、江苏省等区域依旧存在较大的差距，但从全国范围来看，依旧位于前列；电信主要业务收入达到 633.6 亿元，与北京市比较接近，位于全国前列。综合来看，上海市相比于广东省、北京市、江苏省等区域，在数字供给方面的表现依旧存在较大的提升空间，但与全国其他省市和自治区相比具有较大的优势。

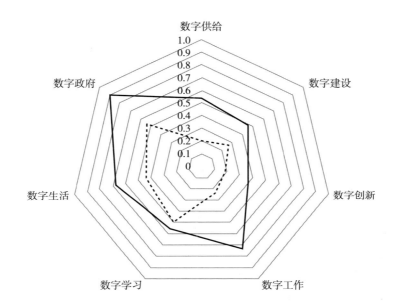

图5-5　上海市数字素养区域建设各分项指标雷达图

在数字建设方面，上海市依旧存在较大的提升空间。在数字基础设施建设方面，截至2022年7月，上海市已经建成5.7万个5G室外基站以及20万个5G室内小站，是全国部署5G速度最快和数量最多的城市之一，并且预计在2022年底累计建成6万个5G室外基站；据中国IDC圈数据，2021年，上海市传统互联网数据中心业务达到了158.7亿元的市场规模，占全国市场规模的13.2%，仅次于北京市和广东省。上海市在5G部署、大数据和云计算应用等方面均走在全国前列，虽然与广东省和北京市等省市相比存在明显的差距，但已然在长三角地区成为数字建设的发展高地。在数字企业的建设方面，上海市也走在全国前列。根据智研咨询整理的数据，截至2021年底，上海市的人工智能企业数量达到1192家，仅次于广东省和北京市，占全国人工智能企业总数的16%。除此之外，在大数据方面，上海市2021年处于健康发展阶段及以上阶段的优质大数据企业有1651家，仅次于北京市和广东省；互联网数据IDC机房29家，占全国总数的6.3%，IDC服务商56家，占全国总数的7.3%。由此可以看出，上海市在数字企业建设上也取得了不错的成绩。总体而言，上海市在数字建设方面虽然未能赶超广东省、江苏省、北京市、浙江省等较强省市，但依旧具有十分突出的表现。

在数字创新方面，从全国范围来看，上海市在数字创新方面依旧有不错的表现。在数字人才队伍建设方面，据工业和信息化部统计，截至 2021 年，上海市软件研发人员以及相关技术人员数量达到 47.1 万人，仅次于北京市、广东省、江苏省、山东省等省市；上海市的互联网和相关服务业研发人员达到 8.4 万人，仅次于北京市、广东省两个省市。在前沿数字技术的人才储备上，上海市也具有不错的表现，同时也面临着人才供给稀缺的挑战。2022 世界人工智能大会上发布的《上海人工智能产业人才发展白皮书》指出，目前上海市人工智能领域的人才规模达到了 23.2 万人，但产业人才需求则为 34.3 万~41.4 万人，数字人才的供需失衡问题比较严重。上海市在数字人才队伍的建设上具有突出成效，同时在数字创新支持上具备不俗表现。在数字创新支持方面，2021 年，上海全市软件与信息技术服务业的研发经费达 852.5 亿元，仅次于北京市、浙江省、广东省三个省市，退税优惠额度达到 56.7 亿元，仅次于北京市、江苏省、广东省、四川省；互联网和相关服务业的研发费用高达 444.9 亿元，仅次于北京市，位于全国第二；另外，截至 2021 年，上海市全市累计"专精特新"中小企业数量达到 3005 家，在全国位列第三，而高新技术企业的数量在全国位列第五。总体来看，上海市在数字创新方面具有不错的表现，各方面指标均位于全国前列，但依然与拔尖省市之间存在一定的差距，有较大的提升空间。

在数字工作方面，上海市在全国范围内具有较强的代表性。据国家统计局数据，2020 年，上海市企业每百人使用计算机数量达到 63 台，仅次于北京市，位居全国第二；企业网站数量达到 27643 个，仅次于广东省、江苏省、浙江省、山东省四个省市，位居全国第五。现阶段，上海市的企业基本完成了在业务移动化、办公平台化、协同实时化、外部生态互联四个方面的数字化办公转型，企业通过建立高层次、统一化的数字化集成办公系统，满足了子系统间信息共享、数据集中化管理、各部门业务串联、操作界面简单易用等多样化数字办公需要。此外，伴随着智慧办公、智慧展馆、数字多媒体等技术的推广普及，以人工智能、物联网为代表的新一代数字技术也逐渐融入上海市企业的主要办公场景中。综合来看，上海市在数字工作方面具备比较突出的表现，是其他省市和自治区参考学习的典范。

在数字学习方面，上海市的表现不算突出，这主要是因为上海市在城镇居民平均移动电话拥有量、农村居民平均移动电话拥有量、农村宽带接入普及率、高职院校、本专科生毕业数、本专科生招生数、本专科生在校数等指标上比较落后。据国家统计局数据，2020 年，上海市的城镇居民平均每百户移动电话拥有量为 228.3 部，农村居民平均每百户年末移动电话拥有量为 207 部，农村宽带接入普及率为 2.6%，高职院校 23 所，本专科生毕业数、本专科生招生数、本专科生在校数分别为 13.6 万人、14.2 万人、54.1 万人。上海市虽然在 15 岁及以上文盲率、城镇居民平均计算机拥有量、互联网普及率等方面具有突出表现，且位于全国前两名，但是在其他指标上未能取得突出成就，甚至部分指标存在严重劣势。因此，上海市在数字学习的个别层面依旧存在较大的提升空间。

在数字生活方面，上海市虽然在数字电视、网络电视的人均拥有量，以及人均网络零售额和人均 1000M 宽带用户数等指标上具有突出优势，均位于全国前三名，但是在人均移动互联网接入流量、4G 用户占比、5G 用户占比、人均 FTTH/0 用户数、人均 100~1000M 宽带用户数等指标上未能取得明显优势，甚至存在一定劣势。以其中的移动通信指标为例，据工业和信息化部数据，2021 年，上海市的人均移动互联网接入流量为 124.4GB，而指标排名第一位的省份的人均移动互联网接入流量为 177.5GB；上海市的 4G 移动电话用户数量占比为 62.1%，该指标排名第一位的省份的用户数量占比达 69.1%；上海市的 5G 移动电话用户数量占 21.1%，而该指标排名第一位的省份的用户数量占比达 25.5%。因此，相比于其他省市和自治区，上海市在数字生活领域依旧亟待提升。

在数字政府方面，目前，上海市已构建了比较完善的"一网通办"政务服务体系。"一网通办"主要聚焦于提升政府的政务治理能力，企业、居民可以通过统一的办事网站或办事窗口实现绝大部分的高频服务办理，而政府端通过并联审批、部门间协同并结合大数据分析、信用画像等数字技术实现快速响应。目前，通过"一网通办"政务服务体系，上海市政务服务平均减少 69% 的环节、节约 54% 的时间、减少 75% 的材料、减少 71% 的人员跑动。在数字政府建设程度方面，上海市位于全国第六。近年来，上海市致力于打造"一网统管"的智能化城市运行体系，通过城市数据的集成共享、智能运算，实现城市各方面的精准治理。截至 2021 年底，上海市"一网统管"市域物联网中心已接入 50 个部门的 185 个系统、730 个应用，为全市 16 个区提供了 100 余个应用场景的物联网智能化服务解决方案，与 50 多个企业构建了生态伙伴关系。目前，上海市在数字政府建设方面走在了全国前列。

综合来看，上海市虽然在数字学习等领域不具备突出优势，但在诸如数字工作、数字政府、数字生活等领域依旧是全国各省市和自治区的"领头羊"。鉴于上海市在数字素养区域建设的各分项指标上未表现出明显短板，本章认为其呈现出全能均衡型发展态势。

二、优势突出型

数字素养的区域建设呈现出优势突出型的省市和自治区，通常在多个特定方面具有突出优势，但是在其他方面却有一些短板，难以构成全能均衡型发展形态。经过研判，本章认为呈现出优势突出型发展态势的省份包括山东省、福建省两个省份。

1. 山东省数字素养区域建设形态

本节绘制出了山东省数字素养区域建设各分项指标的雷达图，具体如图5-6所示。从图5-6中可以看出，总体而言，山东省在数字学习、数字创新、数字政府、数字建设等领域具有比较突出的表现，但在数字生活、数字供给等方面存在一定问题。这类问题导致山东省的数字素养区域建设无法呈现出全能均衡型的发展形态，因此将其归类于优势突出型的发展类型中。

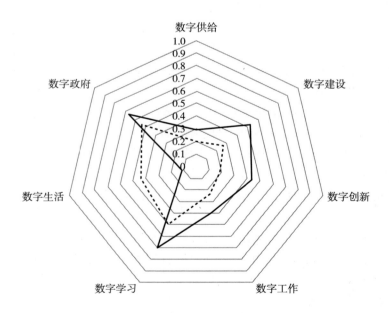

图5-6　山东省数字素养区域建设各分项指标雷达图

在数字供给方面，截至2021年，山东省的数字经济达到全省GDP比重的43%，数字经济总量规模超过3.5万亿元，在总量上位于全国第三。在数字硬件

·158·

供给方面，据工业和信息化部统计，山东省 2021 年移动通信手持机产量仅为 531.6 万台，微型计算机设备产量为 1.9 万台，集成电路产量为 38.0 亿块，这些硬件设备的产量规模未能在全国范围内与其他省市和自治区间形成明显的比较优势。在数字服务供给方面，山东省 2021 年软件和信息技术服务业收入达 7767.6 亿元，该指标在全国各省市和自治区中的排名相对靠前；然而互联网和相关服务业的主要收入为 172.7 亿元，在全国各省市和自治区中未能取得明显的优势。总体来看，山东省在数字供给方面依旧存在进步的空间。

在数字建设方面，山东省的整体表现比较突出。在数字基础设施建设方面，2021 年，山东省互联网宽带接入端口达到 7037.0 万个，网站域名数量达到 193.4 万个，新建 5G 基站 5.9 万个，累计建设数量达到 16 万个，其中入库"5G+工业互联网"的项目达到 147 个，这在全国范围内是比较突出的。同时，山东省在数字企业建设方面也有比较突出的表现，尤其是济南市、青岛市等新一线城市。《山东省区域数字经济发展水平评估报告（2021-2022 年）》显示，2021 年，山东省济南市的工业互联网、人工智能的发展水平均居全国第八位；青岛市就元宇宙等技术概念抢先布局，已聚集金东、宇科等 110 余家企业，虚拟现实产业规模超过 50 亿元。总体而言，山东省在数字基础设施建设和数字企业建设等方面均有比较突出的表现，对全国其他省市和自治区具有学习和参考意义。

在数字创新方面，首先，在数字人才队伍建设方面，2021 年，山东省互联网和相关服务业的研发人员数量达到 1.5 万人，相比于北京市、广东省、上海市等省市依旧存在较大的差距；山东省的软件研发人员数量为 30.5 万人，仅次于北京市和广东省两个省市，在全国 31 个省市和自治区中的排名相对靠前；其他软件技术人员数量达到 14.8 万人，也仅次于北京市和广东省两个省市。近年来，山东省在支持数字人才发展方面也取得了突出成效，2022 年，山东省就大数据、云计算等新型数字产业累计引进超过 2.5 万名人才。其次，在数字创新支持方面，2021 年，山东省全省软件和信息技术服务业的研发经费达到 543.8 亿元，退税优惠额度达到 47.9 亿元，这些数值与北京市、广东省、江苏省、浙江省等数字创新能力较强的省市相比未能体现出显著的优势，但依旧位于全国前列；山东省在互联网和相关服务业方面的研发费用达到 24.5 亿元，未能在全国 31 个省市和自治区中取得比较明显的优势。总而言之，山东省在数字创新方面具有不错的表现，但仍然有可以提升的空间。

在数字工作方面，近年来，山东省在企业数字化转型方面持续发力，截至 2022 年 11 月，山东省专精特新企业的数字化转型占比超过 60%，关键业务环节全面数字化比例达到 67.8%，在全国排名前列；同时，山东省在企业数字平台的建设上也取得了突出成效，共建成 4 个国家级"双跨"工业互联网平台、18 个特色专业型平台、155 个省级重点平台，实现了超过 50 万家中小企业上云平台。现阶段，山东省在数字工作方面的发展程度与广东省、北京市之间存在较大差距，有较大的提升空间，但相比于全国其他省市和自治区，其依旧具有可圈可点的成绩。

在数字学习方面，与全国其他省市和自治区相比，山东省在该指标上的分值相对较高，具有一定的优势。山东省在数字学习方面的突出表现主要集中于数字设备普及率、教育机构数量、高等教育人才数量。在数字设备普及率方面，据国家统计局公开数据，山东省 2020 年城镇居民平均每百户计算机拥有量、农村居民平均每百户计算机拥有量分别达到 79.4 台和 42.0 台；在教育机构数量方面，山东省的本科院校数量、高职院校数量、民办高等教育机构数量位于全国前列，分别为 70 所、82 所、60 所；在高等教育人才数量方面，山东省的本专科生毕业数、本专科生招生数、本专科生在校数均位于全国前列，分别为 60.5 万人、62.5 万人、229.1 万人。可以看出，山东省在数字人才培育和数字知识普及等方面均有比较突出的表现。

在数字生活方面，山东省在该指标上是该区域数字素养建设的短板。山东省在数字生活方面的弱点主要集中于对移动互联网的消费需求上。其中，2021 年，山东省的人均移动互联网接入流量为人均 84.4GB，4G 用户占比仅为 63.4%，5G 用户占比为 20.1%。除此之外，山东省在数字电视、网络电视、网络零售、光纤宽带、高速率宽带等方面的人均需求均未能形成明显的优势。综合来看，山东省在数字生活方面的表现不算突出，数字技术对人民日常生活的渗透程度依旧存在可提升的空间，呈现出总量较大但人均指标落后的现状。

在数字政府方面，现阶段山东省"爱山东"等平台的政务服务能力依旧有待提升，截至 2021 年，平台政务服务事项的在线申办率不足 70%，与"浙里办""苏服办"等比较成熟的一体化数字政务服务体系之间的差距依旧比较大。然而，山东省在数字政府建设程度上存在较大优势，在全国排名第三，仅次于广东省和浙江省。目前，山东省的政务服务事项网上可办率达到 90% 以上，全程网办率超过 80%，其中行政许可事项全程网办率达 91%。这说明现阶段山东省政府部门数字化程度较高，但是各部门和层级之间在信息共享、资源协调、沟通协作等方面依旧存在较大的不足。

总体而言，山东省在数字学习、数字创新、数字政府、数字建设等方面的表现较为突出，相较于其他省市和自治区具有显著的优势，但是在数字生活等领域也相对有短板，这些领域应当成为未来该区域数字素养建设的关键发力点。

2. 福建省数字素养区域建设形态

相比于其他省市和自治区，福建省在数字生活、数字政府、数字学习、数字建设等方面具有比较突出的表现，但是在数字供给、数字创新、数字工作方面未能体现出明显的优势。因此，本节将福建省归类于优势突出型发展的省市。本节绘制出了福建省数字素养区域建设各分项指标的雷达图，具体如图5-7所示。

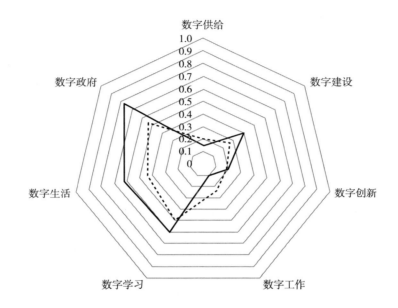

图5-7　福建省数字素养区域建设各分项指标雷达图

在数字供给方面，福建省的数字供给表现并不出色。在数字硬件供给方面，福建省2021年的移动通信手持机产量为2275.5万台，微型计算机设备产量为1369.7万台，集成电路产量为28亿块，这些数据在全国范围内是可圈可点的，但与北京市、广东省、重庆市等省市相比依旧存在一定的差距。在数字服务供给方面，2021年，福建省软件和信息技术服务业总收入为2480.6亿元，落后于北京市、天津市、上海市、江苏省、浙江省、山东省、广东省、重庆市、陕西省等省市，在全国范围内表现得不算拔尖；福建省的互联网业务收入为420.1亿元，落后于北京市、天津市、上海市、江苏省、浙江省、广东省等省市，与北京市的5716.5亿元之间存在十多倍的差距。总体来看，福建省在数字供给方面存在一定的劣势。

在数字建设方面，总体来看，福建省具有一定的优势。在数字基础设施建设方面，2021年，福建省的互联网端口数量为3546.6万个，互联网网站数量为

13.6万个，IPv4比例达到1.95%，这些指标在全国并未能取得突出的优势；2021年，福建省的域名数量为433.0万个，网页总数达到94.6亿个，这些指标在全国相对靠前；截至2021年底，福建省5G基站数量为5.25万个，每万人拥有基站数量为12.53个，表现不算突出。在数字企业建设方面，2021年，福建省的互联网企业数量、电子商务企业数量、人工智能企业数量、云计算企业数量、ERP企业数量、区块链企业数量这些指标的表现均相对靠前。总体来看，福建省在数字建设的各个方面虽然不算拔尖，但与全国的其他省市和自治区相比，已经具备了一定的优势。

在数字创新方面，在数字人才队伍建设方面，2021年福建省的互联网和相关服务业的研发人员数量为3.1万人，软件和信息技术服务业的研发人员数量为9.4万人，其他软件技术人员数量为2.9万人，与位于东部地区的其他省市相比，福建省在这些指标上的表现不算突出。由此可以看出，福建省在数字人才建设方面依旧有待提高。在数字创新支持方面，2021年，福建省的互联网和相关服务业的研发费用为57.6亿元，与北京市、上海市、江苏省、浙江省、广东省之间均存在数倍的差距；其中，在软件和信息技术服务业方面，福建省的研发经费为249.1亿元，退税优惠额度达到22.7亿元，与其他东部地区省市相比依旧比较落后。总体来看，福建省在数字创新方面的表现不算突出，甚至可能会构成该区域数字素养建设的短板，该区域政府及社会各界对此应当高度重视。

在数字工作方面，福建省在企业办公的数字化方面依旧存在劣势，该区域员工仍然普遍采用传统的工作方式，对于工作情境下的数字素养的掌握程度还有待提升。目前，福建省也在积极推进企业数字化转型的相关举措，并在部分城市取得了一定的成效。据福建省工业和信息化厅统计，2021年1月到8月，福州市规模以上互联网平台、互联网信息服务、信息技术咨询服务等数字服务业的增长幅度均在30%以上，更是取得了互联网和相关服务业规模增长49.5%的成绩。同时，福建省积极出台《关于推进工业数字化转型的九条措施》等政策，推动全省工业企业的数字化转型。现阶段，福建省在数字工作方面依旧具有较大发展空间，未来应当重点把握该领域的建设，弥补相关短板。

在数字学习方面，福建省具有一定的优势。福建省在数字学习方面的优势主要体现在文盲率和相关数字技术的普及率等。在文盲率方面，福建省的表现相对优异，根据教育部的调研数据，在调查范围中福建省的非文盲数量仅次于上海市、四川省、北京市，位居全国第四。除此之外，福建省在农村居民人均移动电话拥有量、城镇居民人均移动电话拥有量、城镇居民人均计算机拥有量、农村居民人均计算机拥有量、互联网普及率、城市宽带接入普及率、农村宽带接入普及率、家庭宽带接入普及率等方面均位于全国前十。特别是家庭宽带接入普及率，福建省取得了位居全国第二的拔尖成绩，仅次于海南省。然而，福建省在中央部门院校、本科院校、高职院校、成人高等学校、民办高等教育机构等院校机构的数量上未能取得突出优势，同时在高等教育人才的数量方面也未能取得突出表现。综合来看，福建省在数字学习方面的整体表现良好，但依旧存在值得改进的地方。

在数字生活方面，从数字生活的各细分指标来看，福建省在移动互联网接入流量、人均数字电视用户数量、4G 用户占比、5G 用户占比、人均 1000M 宽带用户数等方面未取得明显优势。福建省主要在人均网络电视用户数量、人均网络零售额、人均 FTTH/0 用户数、人均 100~1000M 宽带用户数等方面取得了突出成绩。福建省的人均网络电视用户数量排在全国第九，达到平均每百人 28.4 户；福建省的人均网络零售额排在全国第五，仅次于上海市、北京市、浙江省、广东省四个省市，达到人均 1.4 万元；福建省的每百人 FTTH/0 用户数达到 44.2 户，每百人 100~1000M 宽带用户数达到 42.9 户，全省的人均 FTTH/0 用户数以及人均 100~1000M 宽带用户数分别排在全国第二和全国第一。这些指标在全国范围内都是比较靠前的，但是福建省在其他数字生活指标上未能取得明显的优势。因此，福建省在数字生活建设方面的综合表现比较突出，但依旧存在可提升的地方。

在数字政府方面，福建省具有一定的优势。目前，福建省围绕"闽政通"政务服务平台基本建成了覆盖市场监管、社会保险、医疗保障、住房等高频服务事项的一体化服务体系，平台与政府部门及第三方机构间形成了信息对接，实现了全省政务服务资源的整合协同以及服务载体从传统物理窗口、PC 窗口向手机等移动端转移，进而快速推进了"一号通认"和"一码通行"的政务服务模式。在数字政府建设方面，福建省在全国排在第四。目前，福建省的政务服务事项的全程网办比例已经达到 85.67%，"一趟不用跑"比例高达 93.92%。这一建设成果在全国范围内都是可圈可点的。除此之外，福建省在 2012 年建成全国首个省级政务云平台，该云平台目前已汇聚 79 个省级直属部门的 400 多亿条数据，平均每天提供在线数据共享、查询或核验达到 100 多万次。这为福建省的经济发展和社会治理提供了有力的大数据支撑。综合来看，福建省在数字政府的建设上拥有比较突出的优势。

福建省在数字生活、数字政府、数字学习、数字建设等方面具备突出的表现，但同时也在数字供给、数字创新、数字工作等方面存在一定的不足，呈现出优势突出型发展态势。福建省在未来的数字素养区域建设中，应当着重关注数字供给、数字创新、数字工作三方面的建设工作，切实补足数字素养区域建设的短板。

三、治理教育型

与数字素养区域建设呈现出全能均衡型和优势突出型发展形态的省市和自治区相比，治理教育型的省市和自治区没有突出的优势，但在数字政府和数字学习方面的表现明显优于其他方面。经过研判，本节将四川省、湖北省、河北省、安徽省、湖南省、河南省、江西省、辽宁省、黑龙江省、云南省划分为治理教育型。这些省市和自治区数字素养区域建设各分项指标的雷达图通常呈现出在数字政府和数字学习两个方面得分较高的"回旋镖"状。

1. 四川省数字素养区域建设形态

四川省的数字素养区域建设表现在治理教育型省市和自治区中排在前列，在数字政府和数字学习两个方面取得了突出优势，同时在数字供给、数字建设、数字创新、数字工作等领域并未形成明显的劣势，属于比较典型的治理教育型区域。本节绘制出了四川省数字素养区域建设各分项指标的雷达图，具体如图5-8所示。

在数字供给方面，四川省具有一定的优势。在数字硬件的供给方面，2021年，四川省移动通信手持机产量达到1.3亿台，仅次于广东省、河南省，位于全国前列；微型计算机设备产量达9751.4万台，仅次于重庆市，位居全国第二；集成电路产量达到142.5亿块，排在北京市、上海市、江苏省、浙江省、广东省、青海省等省市之后。由此可以看出，四川省在数字硬件的供给方面既存在一定的优势，也存在一定的不足，总体上该方面不构成短板。在数字服务供给方面，2021年，四川省的软件和信息技术服务业的收入达到4341.1亿元，在全国不算靠前，且与北京市、江苏省、山东省、广东省、上海市等较强的省市之间存在较大的差距，尤其是与北京市的2.0万亿元之间存在数倍的差距；2021年，四川省的互联网和相关服务业的收入达到368.7亿元，这与东部地区的省市相比依旧存在较大的差距，尤其与北京市、上海市等城市的差距更大。综合来看，四川省在数字供给方面长板和短板并存，在全国范围内不算拔尖，但也未能形成明显的优势。

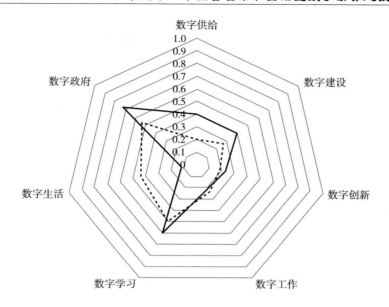

图 5-8 四川省数字素养区域建设各分项指标雷达图

在数字建设方面，四川省在该指标上未能形成比较明显的优势，但也具有不错的表现。在数字基础设施建设方面，四川省在互联网宽带接入端口数量和域名数量两个指标上具有比较突出的优势。2021 年，四川省拥有互联网宽带接入端口 6708.5 万个，域名数量 126.2 万个，这两个指标排在全国前列，但是四川省在互联网网站数、IPv4 比例、5G 基站数量等方面未能取得明显的优势。2021 年，四川省互联网网站数量为 18.2 万个，在西部地区比较突出，但普遍落后于东部地区的省市；IPv4 比例为 2.77%，未能取得明显的优势；5G 基站数量达到 6.60 万个，但是每万人平均的 5G 基站数量为 7.89 个。由此可以看出，四川省在数字基础设施建设方面依旧存在较大的可提升的空间。在数字企业建设方面，2021 年，四川省的互联网企业数量、电子商务企业数量、云计算企业数量、区块链企业数量具有不错的表现，但不算拔尖。四川省在数字企业建设方面的表现属于中规中矩，总体而言，四川省在数字建设方面表现一般。

在数字创新方面，四川省整体表现不算突出。在数字人才队伍建设方面，2021 年，四川省的软件和信息技术服务业的研发人员数量达到 11.4 万人，在全国的排名比较靠前，但是与北京市、浙江省、江苏省等东部地区的省市相比依旧存在一定差距；其他软件技术人员数量为 5.3 万人，虽然不算突出，但依旧是比较不错的表现。2021 年，四川省的互联网和相关服务业的研发人员数量达到 2.1

万人，在西部地区和中部地区表现比较突出，但与东部地区相比依旧没有较大优势。总体来看，四川省在数字人才队伍建设方面的表现是中规中矩的。在数字创新支持方面，2021 年，四川省的软件和信息技术的研发费用达到 330.5 亿元，相关政策退税优惠达到 59.0 亿元，在全国有比较突出的表现，特别是退税优惠方面，仅次于北京市、江苏省、广东省三个省市；四川省在互联网和相关服务业方面的研发费用达到 45.8 亿元，在中部地区和西部地区表现比较突出，但与东部地区的省市相比依旧未能体现出优势。总体来看，四川省在数字创新方面的表现不算突出，但也不构成明显的劣势。

在数字工作方面，四川省表现不算突出。特别是四川省在企业人均计算机使用数量不多。近年来，四川省不断推出促进中小企业数字化转型的政策措施，在鼓励企业上云用云、支持数字基础设施建设以及数字服务能力建设等方面积极发力，同时也取得了不错的成就，在 2021 年企业上云数量增速超过 100%，超过 23.8 万家企业实现上云。但总体而言，四川省的数字工作建设依旧处于起步阶段，与东部省市之间的差距仍然明显。

在数字学习方面，四川省在该指标上与其他方面相比表现相对突出。四川省在数字学习方面的优势主要集中于教育建设方面。具体而言，四川省在 15 岁及以上文盲率、中央部门院校数量、高职院校数量、成人高等学校数量、民办高等教育机构数量等教育机构建设指标，以及研究生毕业数、研究生招生数、研究生在校数、本专科生毕业数、本专科生招生数、本专科生在校数等高等人才培育指标上具有比较突出的表现。中央部门院校数量、高职院校数量、成人高等学校数量、本专科生毕业数、本专科生招生数、本专科生在校数等指标均位于全国前五名之内。然而，四川省在城镇居民人均计算机拥有量、城镇居民人均移动电话拥有量、农村居民人均移动电话拥有量、农村居民人均计算机拥有量、互联网普及率、城市宽带接入普及率、农村宽带接入普及率、家庭宽带接入普及率等指标上均处于相对劣势，特别是在人均计算机使用数量和互联网普及率等方面，存在短板。总体来看，四川省在数字学习方面兼具一定长板和短板，整体表现比较突出。四川省后续应当在相关数字设备和互联网普及方面重点发力。

在数字生活方面，四川省在人均网络电视用户数量、人均网络零售额、人均 FTTH/0 用户数、人均 1000M 宽带用户数等指标上相对比较优秀。2021 年，四川省的人均网络电视用户数量达到每百人 34.9 户，人均网络零售额达到 4471.5 元，人均 FTTH/0 用户数达到每百人 37.5 户，人均 1000M 宽带用户数达到每百人 2.8 户。与上述这些指标相比，四川省在人均移动互联网接入流量、人均数字电视用户数、4G 用户比例、5G 用户比例等方面的表现不算突出，甚至部分指标比较落后。总体来看，四川省在数字生活方面的表现存在较大的提升空间，今后应当重点关注和培育该区域居民在生活领域的数字消费意识，激发相关数字技术的使用需求。

在数字政府方面，四川省在该指标上具有一定的优势。近年来，四川省依托"天府通办"线上政务服务平台，基本实现了所有政务服务的线上公开办理，包括 6603 项行权清单，1220 项依申请类政务服务，663 项行政许可，277 项公共服务；同时，平台针对 21 个市州开通了超过 5 万个分站点和支付宝小程序市民中心。由此可以看出，四川省在数字政府一体化服务方面的表现比较优秀。在数字政府建设程度上，"十三五"期间，四川省已经基本建成了"一网通办"的政务服务框架，"最多跑一次"事项比例达到 99.83%，全程网办事项比例达到 83.2%，其中交通运输、住房城乡建设事项的全程网办比例分别达到了 94% 和 89%。可见，近年来四川省在政府的数字化建设方面取得了长足进步。总体而言，四川省在数字政府的建设方面具有较强的优势。

综合来看，相较于数字素养区域建设的其他方面，四川省在数字学习和数字政府两个方面的表现比较优秀，属于典型的治理教育型发展形态。

2. 湖北省数字素养区域建设形态

湖北省在数字素养区域建设总指标中主要在数字政府、数字学习等方面具有比较突出的表现。本节绘制了湖北省数字素养区域建设各分项指标的雷达图，具体如图 5-9 所示。其中，由于数字政府和数字学习相比于其他分项指标均更加突出，因此将湖北省划分为治理教育型发展模式。除了上述指标之外，湖北省在数字建设和数字创新两个方面也具有比较突出的表现。

在数字供给方面，湖北省在该指标上总体上未能体现出明显的优势。在数字硬件的供给方面，2021 年，湖北省移动通信手持机的产量为 5622.3 万台，在全国范围内具有一定优势，但与北京市、江西省、广东省等省市之间相比依旧存在较大差距；湖北省的微型计算机设备产量达到 2057.1 万台，依旧未能体现出突出的优势。由于在工业和信息化部门的统计中，2021 年，湖北省集成电路产量数据缺失，故本节不作探讨。在数字服务供给方面，2021 年，湖北省互联网和相关服务业的收入达到 376.8 亿元，在中部地区排名第一，但与东部地区相比未能体现明显的优势；湖北省在软件和信息技术服务行业的收入为 2132.6 亿元，未能体现出明显的优势；湖北省的电信业务收入为 492.7 亿元，在中部地区的省市中排名第三，在全国范围内未能具有突出的表现。总体来看，湖北省在数字供给建设方面存在一定的缺陷。

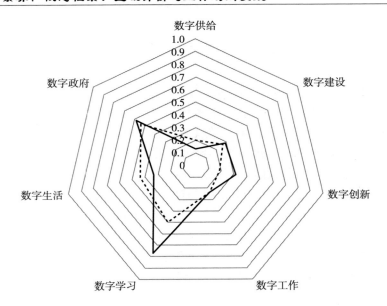

图 5-9 湖北省数字素养区域建设各分项指标雷达图

在数字建设方面，湖北省在指标上未能形成比较突出的优势。在数字基础设施的建设上，2021 年，湖北省的互联网接入端口数量达到 3667.8 万个，在中部地区未能体现出明显的优势，存在较大的提升空间；互联网网站数量达到 11.9 万个，在中部地区仅次于河南省，但普遍不如东部地区的省市；IPv4 比例为 2.4%，在全国范围内表现不算突出；域名数量达到 85.9 万个，在全国范围内表现不算突出；5G 基站数量达到 5.5 万个，每万人拥有 5G 基站数量为 9.4 个。综合来看，湖北省在数字基础设施建设方面的成效不算突出。在数字企业建设方面，湖北省仅在区块链企业数量指标上排在全国前十名以内，在人工智能企业数量、电子商务企业数量、互联网企业数量、云计算企业数量、ERP 企业数量等指标上表现不算突出。总而言之，湖北省在数字建设方面未能取得突出成效，但也不至于存在明显的短板。

在数字创新方面，湖北省在数字创新人才队伍的建设方面，2021 年，湖北省的互联网和相关服务业的研发人员数量为 1.5 万人，在中部地区仅次于安徽省，但普遍落后于东部地区的省市，表现不算突出；软件和信息技术服务业方面的研发人员数量为 14.3 万人，其他软件技术人员达到 6.4 万人，虽然这些指标在全国范围内相对靠前，但与头部省市相比依旧存在很大差距，没有形成明显的优势。总体而言，湖北省在数字人才队伍建设方面依旧有待提升。在数字创新支持方面，2021 年，湖北省在互联网和相关服务业的研发费用达到 29.4 亿元，在中部地区仅次于安徽省；在软件和信息技术服务业的研发费用达到 223.0 亿元，退税优惠额度达到 30.8 亿元。这些指标在全国范围内虽然相对靠前，但是未能排进头部省市的队列中，因此湖北省在数字创新方面虽然具备不错的表现，但依旧未形成明显的优势。

在数字工作方面，湖北省在指标上总体表现不算突出。虽然湖北省的企业网站数量排名比较靠前，但是企业每百人计算机使用数量仅为 30 台。近年来，湖北省在生产数字化层面取得了一定进步，截至 2021 年底，湖北省的企业上云率达到 39.4%，上云工业企业数量达到 4.0 万家，与 5G 全连接的工厂达到 108 个，国家级两化融合贯标企业 952 家、国家级新一代信息技术与制造业融合试点示范 32 个，国家级大数据产业发展试点示范 30 个。但是相比于东部地区的头部省市，湖北省在数字工作方面的表现依旧有待提高。

在数字学习方面，湖北省取得了比较突出的成绩。湖北省在数字学习领域比较突出的表现主要集中于城镇居民人均计算机拥有量、城镇居民人均移动电话拥有量、农村居民人均移动电话拥有量、农村居民人均计算机拥有量等数字设备普及率指标，中央部门院校数量、本科院校数量、高职院校数量、成人高等学校数量等高等教育机构数量指标，以及研究生毕业数、研究生招生数、研究生在校数、本专科生毕业数、本专科生招生数、本专科生在校数等高等教育人才数量指标。湖北省在城镇居民人均计算机拥有量、城镇居民人均移动电话拥有量、农村居民人均移动电话拥有量、农村居民人均计算机拥有量等指标上相对比较靠前；在中央部门院校数量、本科院校数量、高职院校数量、成人高等学校数量等指标上表现比较突出；在研究生毕业数、研究生招生数、研究生在校数、本专科生毕业数、本专科生招生数、本专科生在校数等指标上表现相对比较突出。总体来看，湖北省在数字学习方面有突出的表现。

在数字生活方面，湖北省在人均数字电视用户数量、人均网络零售额、4G 用户占比等方面具有不错的表现。2021 年，湖北省每百人平均数字电视用户数量达到 20.4 户，表现相对比较突出；人均网络零售额达到 4989.7 元，相对比较靠前；4G 用户占比达到 67.4%，具有比较突出的表现。但是在其他方面，湖北省没有明显的优势，甚至在人均移动互联网使用量上存在一定的劣势。2021 年，湖北省的人均移动互联网使用流量达到 88.2GB，仍具有较大发展空间。总体来看，湖北省虽然在数字生活方面具有比较突出的表现，但依旧存在一些短板。

在数字政府方面，湖北省在该指标上具有相对不错的表现。在政府一体化服务能力方面，湖北省具有一定的优势。近年来，湖北省致力于打造"鄂汇办"数字政务服务平台。该平台目前可以办理超过 2500 余项便民服务，注册用户累计突破 4585 万；自 2018 年上线以来，该平台已经累计服务超过 23 亿次。可见，湖北省在数字政务一体化服务方面取得了一定的进步，但与"浙里办""苏服办"等具有代表性的区域政务平台相比依旧存在较大的差距。目前，湖北省的省级政务服务事项的在线可办率达到 90%，市县级政务服务事项的在线可办率为70%，与其他省份相比尚未能形成突出优势。总体而言，湖北省在数字政府方面的建设具有一定优势，但依旧存在较大的改进空间。

3. 河北省数字素养区域建设形态

与数字素养区域建设的其他方面相比，河北省在数字政府和数字学习两个方面的表现相对突出，超过了全国平均水平，然而，在数字供给、数字建设、数字创新、数字工作、数字生活等方面的表现依旧低于全国的平均水平。总体来看，河北省属于比较典型的治理教育型发展态势。本节绘制出了河北省数字素养区域建设各分项指标的雷达图，具体如图 5-10 所示。

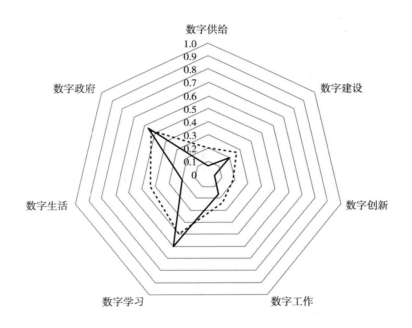

图 5-10　河北省数字素养区域建设各分项指标雷达图

在数字供给方面，河北省表现不算突出。在数字硬件的供给方面，2021 年，河北省的移动通信手持机产量为 119 万台。由于在工业和信息化部门的数据中，有关河北省微型计算机设备产量和集成电路产量的数据存在缺失，因此本章不对这两个指标作深入分析。在数字服务的供给方面，2021 年，河北省的互联网和相关服务业收入达到 69.9 亿元，在东部地区中相对靠后，同时在中部地区和西部地区中也未能取得明显的优势。2021 年，河北省的软件和信息技术服务业的总收入为 443.0 亿元，与一些发达地区相比依旧存在明显的差距，未能表现出较为突出的优势。总体而言，河北省在数字供给指标的建设方面存在一定的问题，后续的数字素养区域建设应针对这些方面着重发力，尽可能弥补与全国平均水平之间的差距。

在数字建设方面，河北省在该指标上表现低于全国平均水平。在数字基础设施的建设方面，2021 年，河北省的互联网宽带接入端口数量达到 5012.5 万个，在东部地区的省市中表现不算突出，但相对于中部地区、西部地区和东北地区的省市和自治区，依旧存在一定的领先优势；河北省的互联网网站数量达到 16.0 万个，少于东部其他省市，IPv4 比例达到 2.85%。2021 年，河北省的 5G 基站数量达到 6.25 万个，但是每万人平均 5G 基站数量仅为 8.38 个。总体来看，河北省在数字基础设施建设方面存在一定的劣势。在数字企业建设方面，河北省在互联网企业数量上存在一定优势，但是河北省在电子商务企业数量、人工智能企业数量、云计算企业数量、产业数字化融合程度、大数据发展程度、ERP 企业数量、区块链企业数量等指标上均未能体现出优势，特别是在人工智能、云计算等新型产业的企业建设上。总体来看，河北省在数字企业的建设上具有较大发展空间。

在数字创新方面，2021 年，在数字创新人才队伍的建设上，河北省互联网和相关服务业的研发人员数量为 7359 人，然而东部地区的其他省份的互联网研发人员数量普遍超过 1 万人，相比之下，河北省在该指标上的表现相对较弱，同时在全国范围内也难以形成优势。2021 年，河北省的软件和信息技术服务业的研发人员数量为 9749 人，其他软件技术人员数量为 4084 人，未能形成比较突出的优势。在数字创新支持方面，河北省在 2021 年的互联网和相关服务业的研发费用为 8.5 亿元；软件和信息技术服务业的研发费用达到 30.3 亿元，退税优惠数额达到 3.9 亿元，虽然具有不错的表现，但依旧未能形成明显的优势，与其他较发达的地区相比仍旧存在较大差距；2021 年，河北省的专精特新企业数量相对于全国平均数量具有一定的优势。总而言之，近年来河北省在数字创新方面的建设虽然有一定的成效，但要在全国范围内取得优势依旧比较困难。

在数字工作方面，虽然近年来河北省在企业数字化转型方面取得了突出的成效，如截至 2022 年 7 月，河北省累计上云企业突破 7 万家，但是总体而言，河北省在数字办公方面的建设依旧存在不足，相较于全国其他省市和自治区未能取得明显的优势。

在数字学习方面，河北省领先于全国平均水平，具有一定的优势。从各分项指标来看，河北省在数字学习方面的优势主要集中于农村居民人均计算机拥有量、互联网普及率、农村宽带接入普及率、家庭宽带接入普及率等数字技术普及指标，以及中央部门院校数量、本科院校数量、高职院校数量、民办高等教育机构数量、本专科生毕业数、本专科生招生数、本专科生在校数等教育指标。河北省在农村居民人均计算机拥有量和农村宽带接入普及率方面具有比较突出的优势；在互联网普及率和家庭宽带接入普及率方面在全国范围内具有一定的优势。在教育建设方面，河北省的中央部门院校数量、本科院校数量、高职院校数量、民办高等教育机构数量，以及河北省的本专科生毕业数、本专科生招生数、本专科生在校数等指标均具有比较突出的优势。然而，河北省在数字学习方面依旧存在一定的劣势，例如在 15 岁及以上文盲率、城镇居民人均计算机拥有量、城市宽带接入普及率等方面。总体来看，河北省在数字学习领域兼具优势和劣势，整体建设水平超过全国平均水平，具有一定优势。

在数字生活方面，相对而言，河北省在人均网络零售额、4G 用户占比等指标上的表现较好。2021 年，河北省人均网络零售额不构成明显的落后态势，而在 4G 用户占比上具有比较强的优势。但是河北省在其他指标上均未能形成明显的优势，甚至在特定领域上存在一定的劣势。河北省在人均移动互联网接入流量、人均数字电视用户数等方面应当是未来在开展数字素养区域建设的过程中，需要集中发力的领域。整体来看，河北省在数字生活的建设上存在一定的劣势。

在数字政府方面，河北省在指标上具有一定的优势。在政府一体化服务能力方面，河北省表现得比较突出。近年来，河北省致力于打造"河北政务服务网"平台。截至 2021 年，该平台已开发了涵盖全省 56 个省直部门、13 个市级和雄安新区、207 个县级或区划、2297 个乡级和 52820 个村级子站点的政务服务站点；平台的注册用户数量超过 6400 万人，位居全国第四，平均每日访问量超过 100 万次。可见，河北省在政务一体化平台建设方面取得了突出成效。在数字政府建设方面，河北省具有不错的表现。截至 2021 年，河北省实现了 1300 多个省级事务、8000 多项市级事务、9 万余项县级事务的网上办理，各项政务事项的网上可办率达到 90% 以上。综合来看，河北省在数字政府的建设方面具有一定的相对优势，但与较发达地区相比依旧存在较大的可提升的空间。

4. 安徽省数字素养区域建设形态

与河北省类似，安徽省在数字政府和数字学习方面的表现也比较突出，数字政府指标的得分值超过了全国平均值，具有一定的优势；数字学习的分值与全国平均值接近。除此之外，安徽省在数字建设方面也存在一定的优势，超过了全国平均值。然而，安徽省在数字供给、数字创新、数字工作等方面均落后于全国平均值，存在一定的劣势。本节绘制出了安徽省数字素养区域建设各分项指标的雷达图，具体如图 5-11 所示。根据该雷达图的曲线分布，本节将安徽省归类为治理教育型发展态势。

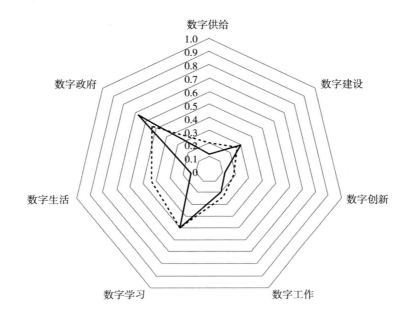

图 5-11　安徽省数字素养区域建设各分项指标雷达图

在数字供给方面，2021 年，在数字硬件的供给上，安徽省的移动通信手持机产量为 96.6 万台，在全国范围内相对落后；微型计算机设备产量达到 3694.8 万台，相对多数省市和自治区具有一定的优势，但与江苏省、上海市等省市相比依旧存在一定的差距；集成电路产量达到 12.6 万台，在全国各省市和自治区中未能形成明显的优势。可见，安徽省在数字硬件的供给产能方面依旧具有可提升的空间。在数字服务供给方面，2021 年，安徽省的互联网和相关服务业的总收入达到 226.8 亿元，在中部地区排名第一，但是与东部地区的各省市相比依旧未能形成优势；2021 年，安徽省的软件和信息技术服务业的收入达到了 872.5 亿元，未能在全国范围内形成明显的优势。总体而言，安徽省在数字供给方面的表现不算突出，存在较大的提升空间。

在数字建设方面，安徽省在指标上具有一定的微弱优势。在数字基础设施建设方面，2021 年，安徽省互联网宽带接入端口数量达到了 3889.0 万个，在中部地区仅次于河南省，具有一定的优势，同时超过了部分东部地区的省市；安徽省的互联网网站数量达到 11.7 万个，在中部地区仅次于河南省和湖北省，但依旧落后于东部地区的大部分省市；安徽省的 IPv4 比例为 1.65%，未能取得明显的优势；在域名数量和网页总数上，安徽省表现较好；在 5G 基站的建设方面，到 2021 年底安徽省的 5G 基站建设量累计达到 5.1 万台。总体来看，安徽省在数字基础设施建设方面具有一定的优势。在数字企业建设方面，安徽省在电子商务企业数量、人工智能企业数量、云计算企业数量以及 ERP 企业数量等指标上均具有比较突出的优势。然而，安徽省在互联网企业数量和区块链企业数量上依旧存在可提升的空间。总体来看，安徽省在数字建设方面具有不错的表现。

在数字创新方面，在数字创新人才队伍的建设上，2021 年，安徽省的互联网和相关服务业的研发人员数量达到 1.6 万人，在中部地区排名第一，具有一定的优势，但与东部地区的省市相比依旧存在一定的差距；安徽省的软件和相关技术的研发人员数量达到 3.6 万人，其他软件技术人员的数量达到 1.8 万人，这些指标在全国范围内不算突出。在数字创新支持方面，2021 年，安徽省在互联网和相关服务业的研发费用达到 37.8 亿元，在中部地区排名第一，并且超过了部分东部地区的省市；安徽省在软件和信息技术方面的研发经费达到 107.9 亿元，具有不错的表现，软件技术方面的退税优惠额度达到 14.2 亿元，虽不算突出但也不算落后。总体而言，安徽省在数字创新方面虽然不构成严重的劣势，但是依旧有待提升。

在数字工作方面，虽然安徽省在企业网站数量方面在全国排名比较靠前，但是在企业人均计算机使用数量指标上存在劣势。近年来，安徽省不断聚焦平台建设、"智改数转"、服务商培育、场景应用、安全保障等方面推动企业数字化转型，但是相比于其他省市，安徽省在企业办公场所数字化建设上依旧处于起步阶段。

在数字学习方面，安徽省的优势主要集中于农村居民人均移动电话拥有量、农村宽带接入普及率等数字技术普及指标，本科院校数量、高职院校数量等高等教育机构数量指标，以及本专科生毕业数、本专科生招生数、本专科生在校数等高等教育人才数量指标。2021 年，安徽省的农村居民人均移动电话拥有量、农村宽带接入普及率具有比较突出的表现；安徽省的本科院校数量、高职院校数量、本专科生毕业数、本专科生招生数、本专科生在校数较好。然而，安徽省在 15 岁及以上文盲率、互联网普及率、城市宽带接入普及率、家庭宽带接入普及率等方面的表现均比较落后。此外，安徽省在其他指标上均未能形成明显的优势。总体来看，相比于数字素养区域建设的其他方面，安徽省在数字学习上的表现相对突出，但依旧存在较大的提升空间，与全国平均水平相比未能体现出明显的优势。

在数字生活方面，近年来，安徽省在数字生活建设领域持续发力，在人均网络电视用户数量、人均网络零售额以及人均 100~1000M 宽带用户数等指标上具有良好的表现。2021 年，安徽省人均网络电视用户数量，具有不错的表现；人均网络零售额具有比较突出的优势；人均 100~1000M 宽带用户数的表现相对比较靠前。然而，安徽省在人均移动互联网接入流量、人均数字电视用户数量、4G 用户占比、5G 用户占比等方面均存在短板。总体而言，安徽省在数字生活领域的建设低于全国平均水平，即便在一些擅长领域也未能形成明显的优势，亟待进一步提高。

在数字政府方面，安徽省在该指标上具有比较明显的优势。在政府一体化服务能力方面，安徽省具有比较突出的表现。近年来，安徽省致力于围绕"皖事通"政务服务平台打造一体化政务服务体系。截至 2021 年，安徽省基本实现了个人事项的"全网通办"，326 个政务服务事项实现了"全程联办"，超过 8100 个服务事项可以在移动应用端实现办理。目前，该平台日均访问量约 39.3 万人次，满意度达 99.6%，线下受理窗口减少 80%。总体来看，安徽省在政务一体化服务方面具有比较优秀的表现。在数字政府的建设程度上，安徽省具有一定的优势，截至 2021 年，安徽省已经完成了省级和 16 个市级政务云平台的建设，基本形成了集成淮大数据中心总平台、各市子平台、行业部门分平台的"1+16+N"框架体系，目前，总平台汇聚数据 410 亿条，治理数据 406 亿条，共享调用 6482 万次、交换 1.07 万亿条，提供服务接口 2032 个，共享调用国家接口数量居全国第一。综合上述分析，安徽省在数字政府的建设方面具有比较突出的表现，值得各省市和自治区参考借鉴。

5. 湖南省数字素养区域建设形态

与数字素养区域建设的其他方面相比，湖南省在数字政府和数字学习领域的表现也相对突出。在数字政府方面，湖南省的指标得分略低于全国平均值，但相比数字供给、数字创新、数字工作、数字生活等方面的表现，湖南省的数字政府建设依旧是相对突出的；在数字学习方面，湖南省的指标得分超过了全国平均值，表现相对比较突出。湖南省在数字素养区域建设的其他方面均低于全国平均值，但相比之下，湖南省的数字建设具有比较不错的表现。本节绘制出了湖南省数字素养区域建设各分项指标的雷达图，具体如图 5-12 所示。依据图 5-12 中的曲线分布，本节将湖南省的数字素养区域建设归类于治理教育型发展模式。

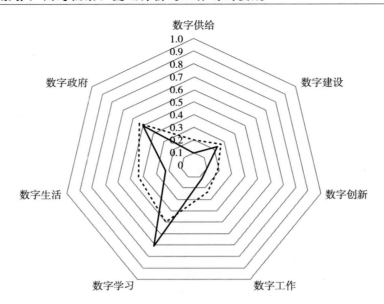

图5-12 湖南省数字素养区域建设各分项指标雷达图

在数字供给方面，在数字硬件的供给上，2021年，湖南省的移动通信手持机产量达到2352.0万台，在全国范围内未能形成优势；微型计算机设备产量为300.9万台，相对其他省市和自治区存在一定的短板；集成电路产量为29.5亿块，未能形成优势。可见，湖南省在数字硬件供给方面依旧存在较大的发展空间。在数字服务供给方面，2021年，湖南省的互联网和相关服务业的收入规模达到213.6亿元，在中部地区的省市中仅次于安徽省，但普遍落后于东部地区的省市；软件和信息技术服务业的总收入达到1120.8亿元，不算落后但也未能形成优势。总体来看，湖南省在数字供给方面存在一定的短板，这些方面应当成为后续该区域数字素养建设的工作重点。

在数字建设方面，湖南省在数字基础设施建设上，2021年，湖南省的互联网网站数量达到9.4万个，在中部地区未能形成优势；湖南省的互联网宽带接入端口数量达到3513.0万个，虽然不算落后，但依旧少于安徽省、河南省、湖北省等中部地区省份；IPv4比例达到2.36%，在全国范围内排名相对靠前，但依旧未能形成比较优势；湖南省到2021年底累计建设5G基站5.6万个，具有一定的优势；域名数量表现比较突出，但是网页总数相对较少。在数字企业建设方面，湖南省的优势主要集中于电子商务企业数量、区块链企业数量两个指标上。截至2021年，湖南省在这两个指标上表现相对突出。除此之外，湖南省的产业数字化融合程度也具有较好的表现。然而，湖南省在其他指标上未能取得明显的优势，特别是在云计算企业数量上，存在一定的短板。总体来看，湖南省在数字建设方面的表现依旧有待提高。

在数字创新方面，在数字创新人才队伍的建设上，2021年，湖南省的互联网及相关服务业的研发人员数量达到1.5万人，在中部地区仅次于安徽省，具有一定的优势。2021年，湖南省的软件和信息技术服务业的研发人员数量达到4.0万人，未能在全国各省市和自治区中形成优势；其他软件技术人员数量达到1.6万人。总体来看，湖南省在数字创新方面存在一定的短板。在数字创新支持方面，2021年，湖南省的互联网和相关服务业的研发费用达到19.5亿元，与其他省市和自治区相比，未能形成比较突出的优势；湖南省在软件和信息技术服务业的研发经费达到86.6亿元，相关退税优惠额度达到7.4亿元，依旧处于比较落后的态势。总体来看，湖南省在数字创新方面存在一定的劣势。

在数字工作方面，湖南省虽然在企业网站建设方面具有比较优秀的表现，该区域企业网站数量排名靠前，但是在企业人均计算机使用数量上存在一定的劣势，这是造成湖南省在数字工作建设方面处于劣势的主要原因，因此湖南省应当在后续的数字素养区域建设中，着重关注企业办公场所的数字化转型。

在数字学习方面，湖南省的优势主要集中于城镇居民人均计算机拥有量、城镇居民人均移动电话拥有量、农村居民人均移动电话拥有量、农村居民人均计算机拥有量等数字技术普及指标，中央部门院校数、本科院校数、高职院校数、成人高等学校数、民办高等教育机构数等高等教育机构数量指标，以及研究生毕业数、研究生招生数、研究生在校数、本专科生毕业数、本专科生招生数、本专科生在校数等高等教育人才数量指标。湖南省的城镇居民人均计算机拥有量、城镇居民人均移动电话拥有量、农村居民人均移动电话拥有量、农村居民人均计算机拥有量表现相对突出；中央部门院校数、本科院校数、高职院校数、成人高等学校数、民办高等教育机构数具有比较不错的表现；研究生毕业数、研究生招生数、研究生在校数、本专科生毕业数、本专科生招生数、本专科生在校数具有比较突出的表现。总体来看，湖南省在数字学习方面取得了十分优异的成绩。

在数字生活方面，在数字生活的各项指标上，湖南省仅在4G用户占比方面具有一定的优势。然而，湖南省在其他指标上均处于比较落后的态势。尤其是在人均移动互联网接入流量、人均数字电视用户数量以及各项人均宽带用户数量等方面。因此，湖南省在数字生活方面依旧存在较大的不足。

在数字政府方面，相比于数字素养区域建设的其他方面，湖南省在数字政府方面的表现是相对较好的。在政府一体化服务能力方面，近年来，湖南省致力于围绕"湖南政务服务网"平台开展数字政府建设。目前，该平台已经实现了46

个省直厅局的 1600 项行政审批事项、200 项公共服务和行政服务的缴费事项、58
项跨省事项的在线办理以及 1440 项省政务服务大厅业务事项的预约办理。虽然
该平台在很大程度上提升了湖南省政府的一体化服务能力，但是依旧未能具备与
"浙里办""苏服办"等平台同等水平的跨部门、跨层级的协调能力以及品牌社
会影响力。在数字政府的建设程度上，湖南省依旧存在一定的不足。2022 年，
湖南省出台《湖南省"十四五"数字政府建设规划》，计划在 2025 年实现政府在
线协同办公平台的覆盖率达到 100%，数据共享需求满足率达到 95% 以上。可见，
湖南省在数字政府建设方面存在较大的提升空间，目前湖南省政府对数字政府建设
已表现出较高的重视。总体来看，湖南省在数字政府方面的表现虽未能形成明显的
竞争优势，但与该省数字素养区域建设的其他方面相比依旧是相对突出的。

6. 河南省数字素养区域建设形态

河南省在数字政府、数字学习两个方面也具有比较突出的表现，均超过了全
国平均值。除此之外，河南省在数字建设方面也具有一定的优势，指标分值超过
了全国平均值。然而，河南省在数字供给、数字创新、数字工作、数字生活等方
面存在一定的不足，低于全国平均水平。本节绘制出了河南省数字素养区域建设
各分项指标的雷达图，具体如图 5-13 所示。根据图 5-13 中的曲线分布，本节将
河南省的数字素养区域建设归类为治理教育型发展模式。

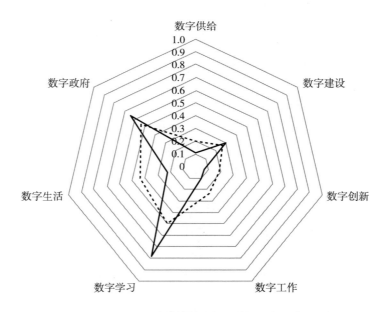

图 5-13　河南省数字素养区域建设各分项指标雷达图

在数字供给方面，河南省存在一定的不足。在数字硬件的供给方面，2021年，河南省移动通信手持机产量达到1.6亿台，具有十分突出的优势。然而，河南省在微型计算机设备方面的表现不算突出，仅有5.8万台产量。在数字服务的供给方面，2021年，河南省的互联网和相关服务业的总收入达到155.7亿元，在中部地区不算突出，与东部地区的省市间存在一定的差距；在软件和信息技术服务业方面的总收入规模达到452.5亿元，未能形成明显的竞争优势。总体来看，虽然河南省在特定指标上表现比较优异，但是整体指标上存在较多亟待提升的方面。这导致河南省的数字供给与全国其他省市和自治区相比缺乏优势。河南省应当在后续的数字素养区域建设中着重补足相关缺陷。

　　在数字建设方面，河南省超过全国平均水平，具有一定的优势。在数字基础设施建设方面，2021年，河南省互联网宽带接入端口数量达到5631.0万个，在全国范围内排名比较靠前；互联网网站数量达到21.5万个，排在全国前列，具有比较突出的优势；IPv4比例达到2.63%，具有比较突出的优势；域名数量同样排在全国前列；网页总数仅次于北京市、广东省、浙江省、上海市四个省市；到2021年底，河南省的5G基站建设数量达到9.7万个，每万人拥有量达到9.77个，具有比较突出的优势。在数字企业建设方面，河南省在互联网企业数量和电子商务企业数量方面具有一定的优势，但是在人工智能、云计算、ERP、区块链等领域的企业数量上未能形成竞争优势。除此之外，河南省在产业数字化水平和大数据发展水平方面也具有不错的表现。总体来看，河南省在数字建设方面具有一定的优势，应当加速发展，以尽可能缩小与头部省市之间的差距。

　　在数字创新方面，河南省整体水平低于全国平均水平。在数字创新人才队伍的建设方面，2021年，河南省的互联网和相关服务业的研发人员数量达到1.5万人，在中部地区仅次于安徽省和湖北省，但依旧普遍落后于东部地区的省市；在软件和信息技术服务业，河南省的研发人员数量达到1.9万人，虽然不算落后，但依旧未能形成优势，而其他软件技术人员的数量达到5395人，存在一定的不足。可见，河南省在数字人才队伍的建设上依旧有较大的提升空间。在数字创新支持方面，2021年，河南省的互联网和相关服务业的研发费用达到19.6亿元，在中部地区不算突出；在软件和信息技术服务业的研发费用达到452.5亿元，未能形成突出的竞争优势。总体而言，河南省在数字创新领域的表现不算突出，后续在区域数字素养建设的过程中应当针对这些方面重点发力。

　　在数字工作方面，河南省低于全国平均值，存在一定的不足。虽然河南省在企业网站建设方面取得了一定的成效，具有相对优势，但是河南省在企业数字设备普及方面存在劣势，企业每百人计算机使用数量仅达到21台。目前，河南省在企业办公场所数字化方面依旧处于起步阶段，主要集中于国资企业，与实现各类产业的全面数字转型的目标相比依旧存在差距。未来，河南省应当重点关注企业的数字工作建设，特别是要全面加速 IaaS、PaaS、SaaS 等层面云平台的普及与应用。

在数字学习方面，河南省具有十分突出的优势。河南省在数字学习方面的优势主要集中于农村居民人均移动电话拥有量、农村居民人均计算机拥有量、城市宽带接入普及率、家庭宽带接入普及率等数字技术普及指标，15 岁及以上文盲率、本专科生毕业数、本专科生招生数、本专科生在校数等教育人才指标，以及本科院校数、高职院校数、成人高等学校数、民办高等教育机构数等高等教育机构数量指标。河南省的农村居民人均移动电话拥有量、农村居民人均计算机拥有量、城市宽带接入普及率、家庭宽带接入普及率，以及 15 岁及以上文盲率、本专科生毕业数、本专科生招生数、本专科生在校数都具有十分突出的表现；另外，本科院校数、高职院校数、成人高等学校数、民办高等教育机构数表现也比较突出。然而，河南省在互联网普及率、农村宽带接入普及率等方面依旧比较落后，存在一定的短板。从总体来看，河南省在数字学习方面具有十分突出的表现，对于其他省市和自治区具有十分重要的参考价值。

在数字生活方面，河南省在 4G 用户占比、5G 用户占比以及人均 1000M 宽带用户数方面具有比较不错的表现。然而，河南省在除此之外的其他指标上的表现均比较落后，尤其是在人均移动互联网接入流量、人均数字电视用户数量、人均网络电视用户数量等指标上，河南省在后续数字素养区域建设的过程中应当对比引起重视。总体来看，河南省在数字生活方面的表现不算突出，存在较大的提升空间。

在数字政府方面，河南省在指标上领先于全国平均水平，具有比较突出的优势。在政府一体化服务能力方面，河南省具有一定的竞争优势。近年来，河南省围绕"豫事办"政务服务平台逐步完善省政府的一体化服务能力。截至 2021 年，该平台实名注册用户数量达到 6059 万人，累计在线事项达到 3788 个，超过 60 个分厅上线事项，基本实现了各地政务事项的协同互通。总体来看，河南省在政府一体化服务方面具有比较成熟的体系。在数字政府建设程度方面，河南省具有比较突出的优势。目前，河南省的省级政务事项基本实现了全程网上办理，市县两级政务服务事项的网上可办率达到了 92.9%。此外，河南省的数字政务平台基本实现了国省市三级数据的共享交换，汇聚了 49 个省直部门数据 2334 条，省本级归集数据量达到 167 亿条，日均数据调用量达到 1.5 亿条，基本实现了各类政务场景的全覆盖。总而言之，河南省在数字政府方面具有比较突出的优势，值得全国各省市和自治区借鉴学习。

7. 江西省数字素养区域建设形态

本节绘制出了江西省数字素养区域建设各分项指标的雷达图，具体如图5-14所示。根据图5-14中的曲线分布可以看出，江西省的区域数字素养建设呈现出典型的治理教育型发展态势。江西省在数字政府、数字学习两个方面具有比较突出的表现，均超出了全国平均值。

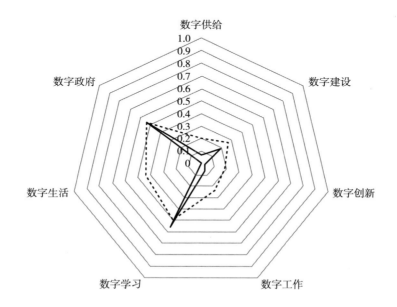

图5-14　江西省数字素养区域建设各分项指标雷达图

在数字供给方面，在数字硬件的供给上，2021年，江西省的移动通信手持机的产量达到1.2亿台，具有比较突出的优势；微型计算机设备的产量达到1807.1万台，在全国相对靠前，但依旧未能形成明显的优势；集成电路产量达到1.6亿块，未能形成明显的优势。可见，江西省在数字硬件供给的部分领域具有比较突出的优势，但是依旧存在比较明显的短板。在数字服务的供给方面，2021年，江西省的互联网和相关服务业的总收入为118.0亿元，在中部地区的省市中未能形成明显的优势；软件和相关技术服务业的总收入达到218.4亿元，未能形成明显的比较优势；电信业务总收入达到338.5亿元，未能在全国各省份中脱颖而出。总体来看，江西省在数字供给方面的表现比较一般，虽然存在优势，但总体依旧有较大发展空间。

在数字建设方面，在数字基础设施建设上，2021年，江西省的互联网接入端口数量达到2642.3万个，在中部地区的各省市中未能取得比较突出的优势；

江西省的互联网网站个数为5.3万个,未能在全国范围内取得明显的优势;江西省的IPv4比例达到1.73%,在全国范围内比较靠前,但依旧未能形成比较突出的优势;江西省在域名数量和网页总数方面未能形成突出的优势;在5G基站的建设数量方面,江西省表现得比较优异。总体来看,江西省在数字基础设施建设方面的表现是中规中矩的,未能形成比较突出的优势。在数字企业的建设方面,江西省无论在各类企业数量指标上还是产业数字融合程度指标和大数据发展程度指标上,均处于相对落后的位置。特别是在区块链企业数量等指标方面,江西省存在比一定的不足。总体来看,江西省在数字建设方面的表现依旧有待提升。

在数字创新方面,江西省存在一定的劣势。在数字创新人才队伍的建设方面,2021年,江西省的互联网和相关服务业的研发人员数量达到3836人,在全国范围内存在一定的劣势;软件和信息技术服务业的研发人员数量达到5334人,存在一定的劣势,其他软件技术人员的数量则达到2250人,未能形成优势。可见,江西省在数字创新人才队伍的建设方面存在一定的短板,江西省在后续建设过程中应重点关注这些方面。在数字创新支持方面,2021年,江西省的互联网和相关技术服务业的研发费用达到8.5亿元,软件和信息技术产业的研发费用达到19.0亿元,同时相关的退税优惠额度达到1.3亿元,这两项指标在全国范围内都是不占优势的。总体来看,江西省在数字创新方面依旧存在较大的提升空间。

在数字工作方面,江西省指标分值与全国平均值之间存在较大的差距。江西省的企业网站数量未能体现出比较突出的优势,同时,江西省在企业人均计算机设备的使用量上也存在一定的不足。因此,未来江西省在数字素养区域建设过程中应当着重关注企业工作场所的数字化转型和劳动群体在工作情境下的数字素养的培育。

在数字学习方面,江西省指标分值超过了全国平均值,具有一定的优势。江西省在数字学习方面的优势主要集中于城镇居民人均计算机拥有量、城镇居民人均移动电话拥有量、农村居民人均移动电话拥有量、农村居民人均计算机拥有量、农村宽带接入普及率、家庭宽带接入普及率等数字技术普及指标,本科院校数、高职院校数等高等教育机构数量指标,以及15岁及以上文盲率、本专科生毕业数、本专科生招生数、本专科生在校数等教育人才指标。江西省在15岁及以上文盲率方面的表现较好,仅次于上海市、四川省、北京市、福建省、海南省等省市,具有比较突出的表现;本专科生毕业数、本专科生招生数、本专科生在校数具有相对不错的成绩;本科院校数、高职院校数具有一定的相对优势;城镇居民人均计算机拥有量、城镇居民人均移动电话拥有量、农村居民人均移动电话拥有量、农村居民人均计算机拥有量、农村宽带接入普及率、家庭宽带接入普及率均能体现出一定的优势。然而，江西省在互联网普及率和城市宽带接入普及率等方面依旧相对不占优势，江西省在今后的建设中应重点关注这些方面。总体而言，江西省在数字学习方面存在一定的不足，但整体优势比较突出。

在数字生活方面，江西省在指标上存在一定不足，应当在今后的数字素养区域建设中重点把握。在数字生活的各个分项指标中，江西省在人均网络电视用户数量、人均网络销售额、人均 FTTH/0 用户数、人均 100～1000M 宽带用户数等指标上具有相对不错的表现，除此之外，其他指标均比较落后。可见，江西省应当在今后的数字素养区域建设的过程中，着重把握数字生活建设的方方面面，提升该区域人民在日常生活情境下的数字素养和技能。

在数字政府方面，江西省指标分值以比较微弱的优势超过了平均值，相对比较突出。在政府一体化服务能力建设方面，江西省表现得中规中矩。近年来，江西省围绕"赣服通"数字政务平台着手打造具有一体化政务服务能力的数字型政府。自 2018 年上线以来，该平台的一体化服务建设取得了长足进步。截至 2021 年底，该平台累计用户数量突破了 3660 万人，实现了 6855 项政务服务事项的线上办理，平均的日活跃用户数达到 80 万人。通过该平台的在线服务，江西省实现了全省统筹的集约化建设、集成化服务，推出了 18 个部门服务专区和 17 个主题服务专区，大大提升了各部门和层级之间的协作效率。在数字政府的建设程度上，江西省表现良好。目前，江西省政府的省级政务事务的网上可办率已经达到了 95%，市县级政务事务的网上可办率达到了 85%，基本实现了全部高频行政服务的全程网络办理。总体而言，江西省在数字政府方面的表现具有一定的优势，值得其他省市和自治区借鉴学习。

8. 辽宁省数字素养区域建设形态

辽宁省在数字政府和数字学习两个方面也具有相对突出的表现。本节绘制出了辽宁省数字素养区域建设各分项指标的雷达图，具体如图 5-15 所示。辽宁省的数字政府指标分值略微低于全国平均值，但相比于该省在数字素养区域建设的其他领域的表现，还是相对突出的；辽宁省的数字学习指标分值与全国平均值相近。除此之外，辽宁省在数字建设、数字创新、数字工作等方面也具有不错的表现。

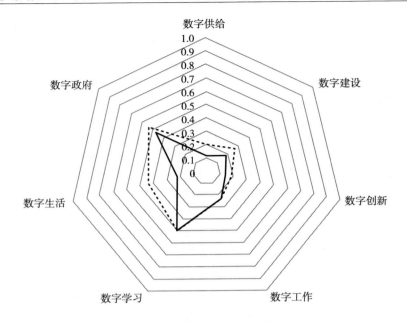

图5-15　辽宁省数字素养区域建设各分项指标雷达图

在数字供给方面，辽宁省指标分值低于全国平均值。在数字硬件的供给方面，2021年辽宁省的移动通信手持机的产量达到了15.9万台，这在全国范围内是不占优势的；微型计算机设备的产量达到72万台，与其他省市和自治区相比比较靠后；集成电路产量达到10.6亿块，未能形成明显的优势。可见，辽宁省在数字硬件的供给方面存在较大的提升空间。在数字服务的供给方面，辽宁省2021年的互联网和相关服务业的总收入达到47.9亿元，在东北三省中排第一，但与其他省市和自治区相比并未体现出明显的优势；在软件和信息技术服务业的总收入达到1838.9亿元，在全国排名前列，但是与头部省市相比依旧存在一定的劣势。总体而言，辽宁省在数字供给方面虽然比大多数省市和自治区的表现要好，但仍然存在较大的提升空间。

在数字建设方面，辽宁省指标分值低于全国平均值。在数字基础设施建设方面，2021年，辽宁省的互联网宽带接入端口数量达到3274.0万个，在东北地区排名第一，但是与全国其他省市和自治区相比依旧未能体现出明显的优势；辽宁省的互联网网站数量达到9.1万个，在东北地区排名第一，在全国范围内未能体现出优势；IPv4比例达到3.33%，在各省市和自治区中相对靠前；域名数量和网页总数未能体现出相对优势；在5G基站建设方面，辽宁省2021年累计基站建设量达到5.0万个，人均基站拥有量排在较前列。总体而言，辽宁省在数字基础设施建设方面表现得中规中矩。在数字企业建设方面，辽宁省的优势主要集中在互联网企业数量、人工智能企业数量、ERP 企业数量等指标上，但是，辽宁省在其他指标方面存在一定的劣势，特别是在产业数字融合程度方面，存在一定的劣势。总体来看，辽宁省在数字建设方面的表现相对落后，存在较大的提升空间。

在数字创新方面，辽宁省以比较微弱的劣势落后于全国平均水平。在数字创新人才队伍的建设方面，2021 年，辽宁省的互联网和相关服务业的研发人员数量达到 7385 人，虽然在全国比较靠前，但是与北京市、上海市、江苏省等较发达的省市相比依旧存在较大的差距；辽宁省的软件和信息技术服务业的研发人员数量达到 8.9 万人，未能形成优势，而其他软件技术人员数量达到 7.2 万人，在全国范围内比较靠前。在数字创新支持方面，辽宁省 2021 年的互联网和相关服务业的研发费用达到 13.9 亿元，在全国范围内未能形成优势；软件和信息技术服务业的研发经费达到 147.5 万元，相关退税优惠额度达到 5.7 亿元，具有相对不错的表现。总体来看，辽宁省在数字创新方面的表现依旧未能达到全国平均值，需要进一步完善。

在数字工作方面，辽宁省在指标上与全国平均值比较接近，具有相对可观的表现。辽宁省在企业人均计算机使用数量上具有相对突出的优势，但是在企业网站建设数量方面存在一定的劣势。辽宁省应当在后续数字素养的建设中，着重把握企业办公场所和宣发窗口的数字化转型，营造企业数字文化氛围。

在数字学习方面，辽宁省与全国平均水平比较接近，具有比较不错的表现。辽宁省在数字学习方面的优势主要集中于 15 岁及以上文盲率、互联网普及率等数字教育素养指标，中央部门院校数、本科院校数、高职院校数、成人高等学校数、民办高等教育机构数等高等教育机构数量指标，以及研究生毕业数、研究生招生数、研究生在校数等高等教育人才数量指标。目前，辽宁省在 15 岁及以上文盲率方面具有比较突出的表现；互联网普及率表现相对比较突出；中央部门院校数、本科院校数、高职院校数、成人高等学校数、民办高等教育机构数等指标总体上具有十分突出的表现；研究生毕业数、研究生招生数、研究生在校数具有比较突出的表现。然而，辽宁省在数字学习方面依旧存在一定的短板，尤其是在城镇居民人均计算机拥有量、城镇居民人均移动电话拥有量、农村居民人均移动电话拥有量以及农村宽带接入普及率等指标上面存在较大的劣势。总体来看，辽宁省在数字学习方面既有突出的优势，也有突出的短板，整体表现比较不错，这些短板并未构成明显的劣势。

在数字生活方面，辽宁省整体水平低于全国平均水平，存在一定的劣势。辽宁省在 4G 用户占比方面具有比较突出的表现。然而，辽宁省在数字生活的其他方面的表现比较落后，特别是在人均移动互联网接入流量、人均网络电视用户数量、5G 用户占比以及人均 FTTH/0 用户数和人均 1000M 宽带用户数等方面，存在一定的劣势。总体来看，辽宁省在数字生活方面的表现不算突出，存在较大的提升空间。

在数字政府方面，辽宁省总体水平低于全国平均水平，存在一定的劣势，但是相比于数字素养区域建设的其他指标，辽宁省在数字政府方面的表现依旧是相对突出的。在政府一体化服务能力方面，近年来，辽宁省致力于打造以"辽事通"为核心的数字政务一体化服务平台。据报道，截至 2020 年 12 月，"辽事通"政务平台的用户注册数量已经突破了 2000 万，大大提升了全省在缴费支付、社保医保、电子证照、医疗健康、教育执业、交通出行等多个方面的政务协同能力。特别是在新冠疫情期间，该平台为常态化疫情防控发挥了重要作用，自疫情防控以来累计为超过 3000 万人提供 7.6 亿次赋码服务，为 1.5 万人提供线上诊疗服务。在数字政府的建设程度上，近年来，辽宁省依托数字平台，对政务流程进行不断优化。截至 2021 年，辽宁省全省的平均实际网办率达到了 60.3%，网办业务数量达到 1.1 亿件；全省 11.4 万项依申请政务服务事项在数字化改造之后，平均办理时间缩减了 79.62%，平均办理环节 2.39 个，减少了 23.15%。总体来看，辽宁省在数字政府方面具有比较不错的表现。

9. 黑龙江省数字素养区域建设形态

相比于数字素养区域建设的其他指标，黑龙江省在数字政府和数字学习方面的表现相对突出。本节绘制出了黑龙江省数字素养区域建设各分项指标的雷达图，具体如图 5-16 所示。从图 5-16 中可以看出，黑龙江省除了数字政府和数字学习领域之外，还在数字工作领域具有比较突出的表现，该领域的建设得分超过了全国平均水平，具有一定的优势。然而，在数字素养区域建设的其他方面，黑龙江省未能取得比较明显的优势。

在数字供给方面，黑龙江省存在较大的提升空间。在数字硬件的供给方面，黑龙江存在一定的不足。在 2021 年我国工业和信息化部门的统计数据中，黑龙江省的移动通信手持机产量和微型计算机设备产量的数据存在缺失，因此本节不对这些指标进行评价。2021 年，黑龙江省的集成电路产量仅达到 3.7 亿块。在数字服务供给方面，2021 年，黑龙江省在互联网和相关服务业的总收入为 27.7 亿元，在东北地区仅次于辽宁省，在全国范围内未能形成明显的优势；在软件和信息技术服务业方面的总收入达到 55.4 亿元，在全国处于不占优势的位置。总体来看，黑龙江省在数字供给方面的表现不算突出，应当在未来的数字素养区域建设中重点把握相关数字产业的产能提升工作。

在数字建设方面，在数字基础设施建设方面，2021 年，黑龙江省的互联网

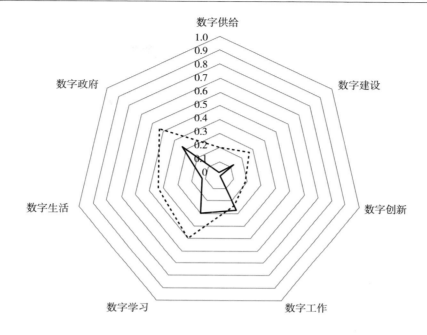

图 5-16　黑龙江省数字素养区域建设各分项指标雷达图

宽带接入端口数量达到 2260.4 万个，在全国范围内未能形成明显的优势；互联网网站数量达到 3.5 万个，虽然在东北地区仅次于辽宁省，但与辽宁省之间的差距较大；IPv4 比例为 1.21%，域名数量和网页总数均存在一定的劣势；在 5G 基站的建设方面，黑龙江省的建设数量在 2021 年达到了 3.7 万个，每万人 5G 基站拥有量为 11.8 个，未能形成比较突出的优势。在数字企业建设方面，黑龙江省无论在各类数字企业数量指标上，还是在产业数字化融合程度和大数据发展程度方面，均未能形成竞争优势。尤其在电子商务企业数、云计算企业数、ERP 企业数、区块链企业数等方面，黑龙江省存在比较明显的劣势，应当在今后的数字素养发展建设中对此予以足够的关注。

在数字创新方面，在数字创新人才队伍的建设上，2021 年，黑龙江省的互联网和相关服务业的研发人员数量仅达到 2628 人；在软件和信息技术服务业方面的研发人员数量达到 3960 人，而其他软件技术人员的数量达到 1690 人，这些指标在全国范围内都是较少的。可见，黑龙江省在数字创新人才队伍的建设上依旧存在较大的提升空间。在数字创新支持方面，2021 年，黑龙江省在互联网和相关服务业的研发经费达到 2.8 亿元，相对其他省市和自治区存在一定的劣势；在软件和信息技术服务业的研发经费达到 6.5 亿元，相关的退税优惠额度达到

7134万元，存在一定的劣势。总体而言，黑龙江省在数字创新方面的表现不算突出，且在各个方面均存在一定的不足，应在未来的数字素养区域建设中对此予以重点关注。

在数字工作方面，黑龙江省具有十分突出的优势。黑龙江省在数字工作方面的优势主要集中于企业人均计算机使用数量这一指标，2020年，黑龙江省企业每百人计算机使用数量达到46台，在全国仅次于北京市和上海市。然而，黑龙江省在企业网站建设数量方面存在一定的不足。因此，黑龙江省未来需要注重企业互联网建设，在确保原有办公场所数字化优势的基础上，逐步弥补企业网站建设方面的相关不足。总体而言，黑龙江省在数字工作方面兼具长板和短板，但整体水平依旧比较突出，值得其他省市和自治区学习借鉴。

在数字学习方面，黑龙江省存在一定的劣势。黑龙江省在数字学习方面的优势主要集中在中央部门院校数量、成人高等学校数量、民办高等教育机构数量等高等教育机构数量指标，以及研究生毕业数、研究生招生数、研究生在校数等高等教育人才数量指标。黑龙江省的中央部门院校数量、成人高等学校数量、民办高等教育机构数量具有比较突出的优势；研究生毕业数、研究生招生数、研究生在校数表现相对优秀。但是黑龙江省在各类数字技术普及指标方面存在一定的劣势，尤其是在城镇居民人均计算机拥有量、城镇居民人均移动电话拥有量以及家庭宽带接入普及率等方面。总体而言，黑龙江省在数字学习的建设方面既有优势也有劣势。

在数字生活方面，黑龙江省在指标上与全国平均水平之间存在一定的差距。黑龙江省的优势主要集中在人均数字电视用户数量上，具有比较不错的表现。但是黑龙江省在其他数字生活的指标上的表现相对落后，特别是在人均移动互联网接入流量、人均网络电视用户数、人均网络零售额以及人均FTTH/0用户数、人均1000M宽带用户数等方面。整体来看，黑龙江省在数字生活方面的表现存在较大的提升空间。

在数字政府方面，黑龙江省相较于全国平均水平依旧存在一定不足。在政府一体化服务能力方面，近年来，黑龙江省虽然围绕"黑龙江全省事"平台逐步打造政务一体化服务体系，但是该平台的发展依旧处于起步阶段。据报道，截至2020年底，该平台的注册用户数达到438万，相比于其他省份的数字政务平台的注册量依旧较少。在数字政府的建设程度上，黑龙江省与其他省市和自治区相比依旧较弱。现阶段，黑龙江政务服务网累计实现了44个省级部门、461个市级部门以及3480个区县级部门的行政事务的线上办理，基本实现了所有高频事务的网络办理。然而，相比于较发达省份，黑龙江省在数字政府建设中依旧缺少跨部门大数据整合、信息共享流通、业务上云等方面的优势。总体来看，虽然相对于数字素养区域建设的其他方面，黑龙江省在数字政府方面的表现比较突出，但是依旧低于全国平均值，存在较大的提升空间。

10. 云南省数字素养区域建设形态

相比于数字素养区域建设的其他方面，云南省在数字政府和数字学习方面具有相对突出的表现。本节绘制出了云南省数字素养区域建设各分项指标的雷达图，具体如图 5-17 所示。从图 5-17 中可以看出，云南省数字素养区域建设的各项指标均低于全国平均水平，其中相对突出的成效主要集中于数字政府和数字学习两个方面，而在其他方面未能体现出明显的优势。

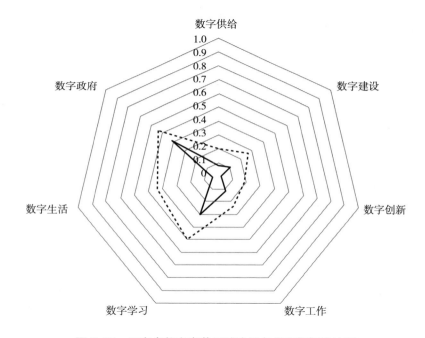

图 5-17　云南省数字素养区域建设各分项指标雷达图

在数字供给方面，云南省存在一定的不足。在数字硬件的供给方面，2021年，云南省的移动通信手持机产量达到 1484 万台，相对其他省市和自治区比较少；微型计算机设备产量达到 1305 万台，虽然排在全国比较靠前的位置，但相比头部省市依旧未能体现出明显的优势；集成电路产量达到 5.9 亿块，未能形成明显的优势。可见，现阶段云南省的数字硬件供给依旧存在一定的不足。在数字服务的供给方面，2021 年，云南省的互联网和相关服务业的总收入达到 262.9 亿元，在全国排在比较靠前的位置，但是与发达地区相比依旧存在明显的差距；在软件和信息技术服务业方面的总收入达到 87.9 亿元，同样存在比较明显的差距。总体而言，云南省在数字供给方面的表现依旧存在一定的不足，应当在后续的数字素养区域建设中予以重点关注。

在数字建设方面，云南省与全国平均水平相比存在明显的落后态势。在数字基础设施的建设方面，2021 年，云南省的互联网宽带接入端口数量达到2431.9 万个，未能形成优势；互联网网站数量达到 5.1 万个，未能形成明显的优势；IPv4 比例达到 0.97%，相对其他省市和自治区比较落后；在 5G 基站的建设方面，云南省到 2021 年底一共建设了 3.0 万个 5G 基站，而人均 5G 基站数量达到每万人 6.36 个，处于不是很理想的位置。在数字企业的建设方面，云南省的电子商务企业数量、其余各类数字企业的数量相比其他省份存在一定的不足。总体而言，云南省在数字建设方面依旧存在一定的不足。

在数字创新方面，云南省与全国平均水平相比存在明显的不足。在数字创新人才队伍的建设方面，2021 年，云南省的互联网和相关服务业的研发人员数量达到 3833 人；在软件和信息技术服务业方面，云南省的研发人员数量达到 7893人，而其他软件技术人员数量达到 1327 人，总体并未呈现出一定优势。可见，云南省在数字创新人才队伍的建设方面依旧存在较大的提升空间。在数字创新支持方面，2021 年，云南省的互联网和相关服务业的研发经费达到 5.5 亿元，在软件和信息技术服务业的研发经费达到 6.9 亿元，而相关的退税优惠额度达到 590万元，未能形成明显的优势。总而言之，云南省在数字创新方面的表现依旧存在一定的不足，应当在后续的建设中对比着重把控。

在数字工作方面，云南省在指标上相比全国平均水平依旧存在一定的差距。虽然云南省的企业每百人计算机使用量具有一定的优势，但是企业网站建设相对落后，在企业网站数量方面表现不突出。在后续的数字素养区域建设中，云南省不仅应当继续保持在企业每百人计算机使用量方面的原有优势，还应当引领企业在网站建设方面着重发力。

在数字学习方面，云南省在指标上相比全国平均水平依旧存在一定的差距。云南省在数字学习方面的优势主要集中于城镇居民人均计算机拥有量、城镇居民人均移动电话拥有量、农村居民人均移动电话拥有量等数字技术普及指标，以及高职院校数量等高等教育机构数量指标两个方面。云南省的城镇居民人均计算机拥有量、城镇居民人均移动电话拥有量、农村居民人均移动电话拥有量相对具有比较突出的表现；云南省的高职院校数量具有一定的优势，但是云南省在数字学习的其他领域依旧存在比较明显的不足，特别是在农村居民人均计算机拥有量、互联网普及率、家庭宽带接入普及率等指标上，云南省在数字素养区域建设中应重点关注这些领域。总体而言，云南省在数字学习方面长板和短板并存，相对于数字素养区域建设的其他方面表现较为突出。

在数字生活方面，云南省与全国平均水平相比存在比较明显的差距。现阶段，云南省在人均移动互联网接入流量方面具有比较不错的表现，具有比较突出的优势。然而，云南省在数字素养区域建设的其他方面存在一定的不足。在未来的数字素养区域建设中，云南省应当着重把握数字生活方面的建设，加快数字产品和数字消费意识的普及。

在数字政府方面，云南省存在一定的不足。云南省在数字政府方面的优势主要集中于政府一体化服务能力。近年来，云南省围绕"云南办事通"数字政务平台，逐步完善一体化政务服务体系。截至 2021 年，该平台的注册用户数量达到 2210 万人，几乎是 2020 年的 1140 万注册用户量的两倍，累计办理业务数量达到 1.12 亿件。虽然目前该政务服务平台以比较快的速度在普及，但是相比于"浙里办""苏服办"等比较成熟的政务平台，依旧缺少品牌力。在数字政府的建设程度上，云南省目前基本实现了高频政务事项的在线办理，各类事项的可网办率超过 97%，全程网办率超过 70%，市县级以上的政务服务中心综合办事窗口的覆盖率达 87.6%。总体而言，云南省在数字政府方面的表现相对于在其他方面是比较突出的。

四、需求治理型

数字素养区域建设呈现出需求治理型发展态势的省市和自治区，通常在数字政府和数字生活两个方面具有比较突出的表现，或者在这两个方面相对于其他方面的表现比较突出。本节经过研判，认为贵州省、重庆市、广西壮族自治区、吉林省、山西省、内蒙古自治区六个省市和自治区属于这一发展类型。

1. 贵州省数字素养区域建设形态

本节绘制了贵州省数字素养区域建设各分项指标的雷达图，具体如图 5-18 所示。从图 5-18 中可以看出，贵州省在数字政府和数字生活两个方面的表现比较突出，均超过了全国的平均水平，是典型的需求治理型发展的区域。除此之外，贵州省在其他方面的表现均低于全国平均水平。

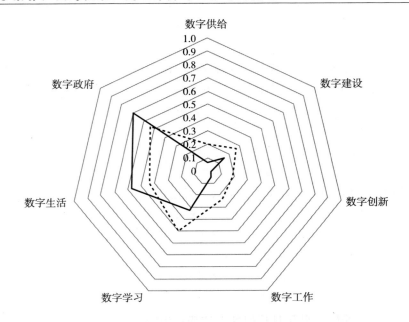

图 5-18 贵州省数字素养区域建设各分项指标雷达图

在数字供给方面，贵州省在指标上存在一定的不足。在数字硬件的供给方面，2021 年，贵州省的移动通信手持机产量达到 2123 万台，在全国范围内未能形成明显的优势；微型计算机设备的产量达到 10 万台，存在一定的劣势；集成电路产量达到 1 亿块，相比于其他省市和自治区存在一定的劣势。可见，贵州省在数字硬件的供给方面并未具备足够的优势。在数字服务的供给方面，贵州省2021 年互联网和相关服务业的总收入达到 135.0 亿元，在全国范围内不算落后；软件和信息技术服务业的总收入达到 408.0 亿元，与其他省市和自治区相比依旧存在一定的差距。总体来看，贵州省在数字供给方面存在较大的提升空间，贵州省应在后续的数字素养区域建设中对此予以充分的重视。

在数字建设方面，贵州省与全国平均水平相比存在比较明显的差距。在数字基础设施建设方面，2021 年，贵州省的互联网宽带接入端口数量达到2045.1 万个，在全国范围内比较靠后；互联网网站数量达到 3.7 万个，这个指标即便是在西部地区也不算突出；贵州省的 IPv4 比例达到 0.44%，与其他省市和自治区相比未能取得明显的优势；另外，贵州省的域名数量和网页总数未能取得相对优势；在 5G 基站建设方面，贵州省到 2021 年 5G 基站建设数量达到 3.2 万个，而平均每万人 5G 基站数量达到 8.3 个，可见，在数字基础设施建设方面，贵州省存在一定的劣势。在数字企业的建设方面，贵州省的云计算企业数量相对靠前，具有一定的优势。但是除此之外，贵州省其他各类数字企业在数字产业建设方面依旧存在明显的不足。总体而言，贵州省在数字建设方面未能取得比较可观的成绩，贵州省应当在后续的数字素养区域建设中重点把握这些方面。

在数字创新方面，贵州省在指标上与全国平均水平相比存在比较明显的差距。在数字人才队伍的建设方面，2021 年，贵州省互联网和相关服务业方面的研发人员数量达到 4212 人，软件和信息技术服务业方面的研发人员数量达到 5073 人，而其他软件技术人员的数量达到 7958 人，与全国其他省市和自治区相比不算突出。可见，贵州省在数字创新人才队伍的建设方面存在较大的提升空间。在数字创新支持方面，2021 年，贵州省在互联网和相关服务业方面的研发投入达到 19.2 亿元，在西部地区仅次于重庆市和四川省，但在全国则未能形成突出的优势；在软件和信息技术服务业的研发经费达到 27.0 亿元，相关退税优惠额度达到 2.3 亿元。总而言之，贵州省在数字创新方面依旧存在比较明显的不足。

在数字工作方面，贵州省在指标上存在一定的劣势。一方面，贵州省在企业人均计算机设备使用量上存在一定的不足，企业每百人计算机使用数量仅为 29 台；另一方面，贵州省在企业网站建设方面也比较靠后。可见，贵州省在数字工作上依旧存在比较明显的不足，贵州省应当在后续的区域数字素养建设中着重引导企业办公场所的数字化转型。

在数字学习方面，贵州省与全国平均水平相比存在一定的差距。贵州省在数字学习方面的表现呈现出各指标之间两极分化的态势，其中主要优势集中在 15 岁及以上文盲率以及城镇居民人均移动电话拥有量、农村居民人均移动电话拥有量等指标上。除此之外，贵州省在其他指标上的表现相对落后，未能形成竞争优势，特别是城镇和农村居民的人均计算机拥有量，以及互联网普及率、宽带接入普及率等指标，应当予以重点关注。总而言之，贵州省在数字学习方面的表现依旧存在比较大的提升空间。

在数字生活方面，贵州省整体指标明显超过全国平均水平，具有比较突出的优势。贵州省在数字生活方面的优势主要集中在人均移动互联网接入流量、人均数字电视用户数量等指标，具有比较突出的优势。然而，在其他指标方面，贵州省未能形成比较突出的优势，甚至在部分指标上存在一定的劣势。尤其是在人均网络电视用户数量、人均网络零售额、人均 FTTH/0 用户数、人均 100～1000M 宽带用户数、人均 1000M 宽带用户数等指标上，贵州省在全国范围内存在不足，应当在后续的数字素养区域建设中予以重点关注。总体来看，即便贵州省在数字生活方面的表现存在一定的不足，但是整体水平相比其他省市和自治区依旧存在一定的优势。

在数字政府方面，贵州省整体水平相比于全国平均水平具有比较明显的优势。贵州省在政府一体化服务能力方面和数字政府的建设方面均具有比较突出的表现。在政府一体化服务能力方面，近年来，贵州省政府依托云上贵州政务服务云平台，大大提升了各部门和层级之间的信息互通和业务协同效率。截至2021年，该平台的注册用户数量已经达到了2800万人，日均访问量超过了60万次，累计办理事项超过2亿件，平均每天办理27万件，在社保、公积金、企业开办等高频服务事项上基本实现了全程网办。在数字政府的建设程度上，贵州省为公职人员打造了"贵政通"政务办公平台，在推动政务办公数字化方面取得了长足进步。截至2021年底，该平台已经实现了超过10万名公职人员的网上办公，覆盖了460个省市级单位，88个县区以及800多个乡镇，同时整合接入各类应用超过60个。总体来看，贵州省在数字政府方面的建设具有相对突出的表现，值得其他省市和自治区参考借鉴。

2. 重庆市数字素养区域建设形态

相比数字素养区域建设的其他指标，重庆市在数字政府、数字生活和数字学习等方面具有相对突出的表现。本节绘制出了重庆市数字素养区域建设各分项指标的雷达图，具体如图5-19所示。从图5-19中可以看出，重庆市的数字素养建设也属于需求治理型发展形态。除了在数字政府、数字生活和数字学习三个方面也具有相对优势之外，重庆市还在数字供给方面也具有一定的优势，整体指标超过了全国平均水平。

在数字供给方面，重庆市具有比较突出的优势，整体水平领先于全国平均水平。在数字硬件设备的供给方面，2021年，重庆市的移动通信手持机产量达到了1.1亿台，排名在全国范围内相对靠前；微型计算机设备的产量达到1.1亿台，在全国排名第一，具有十分突出的优势；集成电路产量达到54.8亿块，具有一定的优势。可见，重庆市在数字硬件的供给方面存在比较突出的产能优势。在数字服务供给方面，2021年，重庆市的互联网和相关服务业的总收入达到104.3亿元，相对于其他省市和自治区未能形成比较明显的优势；在软件和信息技术服务业方面，重庆市2021年的总收入达到2481.4亿元，在全国范围内排名比较靠前。总而言之，重庆市在数字供给方面具有一定的优势。

在数字建设方面，重庆市整体水平接近于全国的平均水平。在数字基础设施的建设方面，2021年，重庆市的互联网接入端口数量达到2612.1万个，与全国其他省市和自治区相比未能形成明显的优势；互联网网站数量达到了8.2万个，在全国排名相对靠前，但是依旧未能形成比较明显的优势；IPv4的比例达到1.63%，

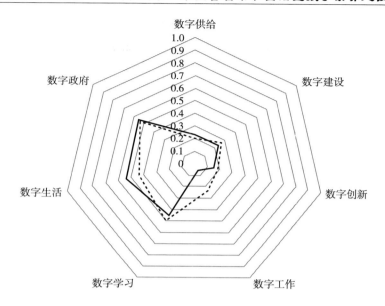

图 5-19　重庆市数字素养区域建设各分项指标雷达图

与发达地区相比依旧存在一定的不足；重庆市的域名数量和网页总数未能形成比较明显的优势。在 5G 基站的建设方面，重庆市具有比较突出的优势，截至 2021 年底，重庆市的 5G 基站总数达到了 7.0 万个，而平均每万人 5G 基站拥有量达到 21.81 个。总体而言，重庆市在数字基础设施的建设方面兼具长板和短板，整体上具有相对不错的表现。在数字企业建设方面，重庆市在人工智能企业数量、ERP 企业数量、区块链企业数量等方面具有相对不错的表现，具有比较突出的优势。除此之外，重庆市在其他数字产业指标上均未能形成比较突出的优势，但也不存在明显的劣势。总体来看，重庆市在数字建设方面的表现不算落后，但依旧存在比较大的提升空间。

在数字创新方面，重庆市接近于全国平均水平，存在一定的不足。在数字创新人才队伍的建设方面，2021 年，重庆市的互联网和相关服务业的研发人员数量达到了 1.0 万人，在西部地区的省市和自治区当中仅次于四川省，但是在全国范围内未能形成突出的优势；在软件和信息技术服务业，重庆市 2021 年的研发人员数量达到了 9.5 万人，而其他软件技术人员数量达到了 4.7 万人，在全国的排名相对靠前，但依旧未能形成明显的优势。在数字创新支持方面，2021 年，重庆市在互联网和相关服务业的研发经费达到了 22.4 亿元，在中部地区仅次于四川省；而在软件和信息技术服务业的研发费用达到了 295.3 亿元，相关退税优惠额度达到 4.4 亿元，在全国范围内不算落后。总体而言，重庆市在数字创新方面具有相对不错的表现，但依旧存在可提升的空间。

在数字工作方面，重庆市整体水平与全国平均水平相比存在比较一定的劣势。重庆市在企业人均计算机使用数量和企业网站建设数量方面的表现有待提升。由此可见，重庆市在数字工作方面的建设依旧处于起步阶段，应当在数字素养的区域建设中对此予以足够的关注。

在数字学习方面，重庆市整体水平接近于全国平均水平，存在一定的不足。重庆市在数字学习方面的优势主要集中于 15 岁及以上文盲率、城镇居民人均移动电话拥有量、农村居民人均移动电话拥有量、城市宽带接入普及率、农村宽带接入普及率、家庭宽带接入普及率等数字技术普及指标，以及研究生毕业数、研究生招生数、研究生在校数等高等教育人才指标。重庆市在 15 岁及以上文盲率、城镇居民人均移动电话拥有量、农村居民人均移动电话拥有量、城市宽带接入普及率、农村宽带接入普及率、家庭宽带接入普及率等方面的表现具有一定的优势。但是重庆市在其他指标上未能形成明显的优势，但也不存在严重落后的指标。总体而言，重庆市在数字学习方面有相对不错的表现，但依旧需要提升。

在数字生活方面，重庆市整体水平高于全国平均水平，具有一定的优势。重庆市在数字生活方面的优势主要集中在人均数字电视用户数、人均网络电视用户数、人均网络零售额、4G 用户占比、5G 用户占比、人均 FTTH/0 用户数、人均 100~1000M 宽带用户数等指标。然而，重庆市在数字生活的建设上依旧存在不足，如重庆市的人均 1000M 宽带用户数量。总体而言，重庆市在数字生活方面具有比较全面均衡的表现，但也存在个别落后的指标，应当在后续的数字素养区域建设中对此予以重点关注。

在数字政府方面，重庆市整体水平以比较微弱的优势领先于全国平均水平，具有一定的优势。在政府一体化服务能力方面，重庆市具有一定的竞争优势。近年来，重庆市依托"渝快办"数字政务平台，全面推动一体化政务服务能力建设。截至 2022 年 8 月，该平台的注册用户数量已经突破 2400 万人，累计办理了 2.4 亿项政务事务，相关应用场景数量超过 900 个。在数字政府的建设程度方面，重庆市表现比较突出。重庆市数字政务平台目前可以覆盖 60 多个市级部门，汇集了 3600 余项政务数据资源，超过 95% 的政务事项实现了网上在线办理，其中部分政务事项的线上办理比例超过 95%。总体而言，重庆市在数字政府的建设方面具有比较突出的表现，对于其他省市和自治区具有很好的借鉴意义。

3. 广西壮族自治区数字素养区域建设形态

本节绘制了广西壮族自治区数字素养区域建设各分项指标的雷达图，具体如

图 5-20 所示。从图 5-20 中可以看出，相比于数字素养区域建设的其他方面，广西壮族自治区在数字政府、数字生活、数字学习等方面具有比较突出的表现，特别是数字学习和数字生活的指标均超过了全国平均水平。除了这两个方面，广西壮族自治区还在数字建设方面具有一定的突出表现。然而，广西壮族自治区在数字供给、数字创新、数字工作等方面的表现均有待提升，应当在后续对此予以重点关注。

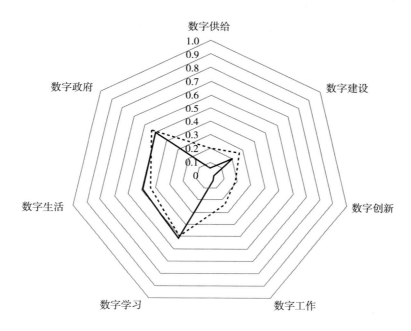

图 5-20 广西壮族自治区数字素养区域建设各分项指标雷达图

在数字供给方面，广西壮族自治区整体水平低于全国平均水平。在数字硬件设备的供给方面，2021 年，广西壮族自治区的移动通信手持机产量达到 2337.9 万台，与其他省市和自治区相比不算突出；微型计算机设备产量达到 224 万台，未能形成明显的优势；集成电路产量达到 6.0 亿块，与其他东部省市相比依旧存在一定的差距。可见，广西壮族自治区在数字硬件的供给方面依旧存在较大的提升空间。在数字服务的供给方面，2021 年，广西壮族自治区的互联网和相关服务业的收入规模达到 36.5 亿元，在全国范围内不算突出；广西壮族自治区的软件和信息技术服务业的收入规模达到了 695.7 亿元，不算落后，但是依旧未能形成明显的优势。总体而言，应当在后续的数字素养区域建设中对广西壮族自治区的表现予以重点关注。

在数字建设方面，广西壮族自治区整体表现低于全国的平均水平，但相对于其在数字素养区域建设的其他方面的表现，广西壮族自治区在数字建设方面具有比较不错的成绩。在数字基础设施建设方面，2021 年，广西壮族自治区的互联网宽带接入端口数量达到 3579.2 万个，在全国范围内比较靠前，但依旧不算突出；互联网网站数量达到 5.5 万个，未能形成明显的优势；IPv4 比例达到 1.68%，虽然不算落后，但与发达地区相比依旧存在一定的差距。可见，广西壮族自治区在数字基础设施建设方面取得了长足进步，但是依旧存在较大的提升空间。在数字企业的建设方面，广西壮族自治区在各类数字企业数量方面的表现均不算突出，但是在产业数字化方面具有一定的优势。总体而言，广西壮族自治区在数字建设方面的表现具备一定的优势，但依旧存在许多不足亟待完善。

在数字创新方面，广西壮族自治区整体表现低于全国平均水平，存在一定的劣势。在数字创新人才队伍的建设方面，2021 年，广西壮族自治区互联网和相关服务业方面的研发人员数量达到 5492 人，在全国范围内未能形成比较明显的优势；软件和信息技术服务业方面的研发人员数量达到 3870 人，而其他软件技术人员数量达到 1059 人，与其他省市和自治区相比有一定的不足。在数字创新支持方面，2021 年，广西壮族自治区在互联网和相关服务业方面的研发经费达到 9.3 亿元，在软件和信息技术服务业方面的研发费用达到 11.2 亿元，相关退税优惠额度达到 9045 万元，未能形成明显的优势。总体来看，广西壮族自治区在数字创新方面的表现存在一定的劣势，应当在后续的数字素养区域建设中对此予以重点关注。

在数字工作方面，广西壮族自治区整体表现与全国平均水平之间存在明显的差距，在企业每百人计算机使用量和企业网站建设数量方面水平不高。广西壮族自治区在后续该区域的数字素养建设中，不仅需要着重培养员工群体的数字技能，还需要在企业和组织层面引领数字文化氛围，加速推广数字化办公应用的普及。

在数字学习方面，广西壮族自治区具有比较突出的表现。广西壮族自治区在数字学习方面的优势主要集中在城镇居民人均计算机拥有量、城镇居民人均移动电话拥有量、农村居民人均移动电话拥有量、农村宽带接入普及率、家庭宽带接入普及率等数字技术普及指标，以及本专科生毕业数、本专科生招生数、本专科生在校数等高等教育人才指标。广西壮族自治区在城镇居民人均计算机拥有量、城镇居民人均移动电话拥有量、农村居民人均移动电话拥有量、农村宽带接入普及率、家庭宽带接入普及率等方面，与其他省市和自治区相比存在比较突出的优势；在本专科生毕业数、本专科生招生数、本专科生在校数方面的表现相对比较突出。然而，广西壮族自治区在数字学习方面也存在一定的不足。例如，广西壮族自治区在 15 岁及以上文盲率、农村居民人均计算机拥有量、互联网普及率、城市宽带接入普及率等方面存在一定的劣势。总而言之，广西壮族自治区在数字学习方面兼具优点和缺点，整体表现比较良好。

在数字生活方面，广西壮族自治区整体水平高于全国平均水平，具有相对突出的表现。广西壮族自治区在数字生活方面的优势主要集中于 4G 用户占比、5G 用户占比以及人均 1000M 宽带用户数等指标，具有比较突出的优势。但是相比之下，广西壮族自治区在其他指标上未能取得明显的优势。总体来看，广西壮族自治区在数字生活方面具有比较突出的优势，但依旧存在一些劣势，因此应当在后续的数字素养区域建设中对这些方面予以重点关注。

在数字政府方面，广西壮族自治区整体水平接近于全国平均水平，具有相对不错的表现。在政府一体化服务能力方面，近年来，广西壮族自治区围绕"广西政务""智桂通"等数字平台在打造一体化政务服务体系上取得了相对突出的进步。截至 2021 年，"广西数字政务一体化平台"的注册用户超过了4300 万人，"智桂通"App 的注册用户超过了 6500 万人，各平台可为用户提供在线办理的公共服务事项超过 16 万项。在数字政府的建设程度上，近年来，广西壮族自治区在各部门、各层级的数字政府建设上取得了长足进步。自 2020年以来，广西壮族自治区共推进建设数字乡村、农业农村数字化等相关项目125 个。依托于"广西政务"和"智桂通"数字政务平台，截至 2022 年 10月，广西壮族自治区基本实现了从自治区级别到乡、村级别的政务事项纵向贯通，全区政务事项的可网办率达到 99%，超过 767 个便民服务可以通过手机移动应用程序进行"掌上办理"。可见，广西壮族自治区在数字政府方面具有比较突出的表现。

4. 吉林省数字素养区域建设形态

本节绘制出了吉林省数字素养区域建设各分项指标的雷达图，具体如图 5-21 所示。从图 5-21 中可以看出，吉林省在数字政府、数字生活、数字创新等方面具有比较不错的表现，但均未能与全国平均水平拉开差距，难以在全国范围内形成明显的优势。

在数字供给方面，吉林省与全国平均水平相比存在明显的差距。在数字硬件的供给方面，由于在 2021 年工业和信息化部门的统计数据中，吉林省相关数字硬件的产量数据存在缺失，故本节在此不对该省的数字硬件供给进行深入评价。在数字服务的供给方面，2021 年，吉林省的互联网和相关服务业的总收入规模达到 19.8 亿元，在全国范围内未能形成明显的优势；软件和信息技术服务业的总收入规模达到 505.6 亿元，在全国范围内不算落后，但也不算突出。总体来

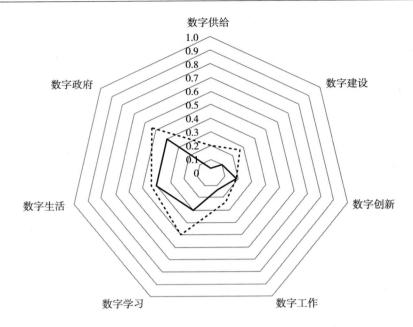

图 5-21 吉林省数字素养区域建设各分项指标雷达图

看，吉林省在数字供给方面的整体表现存在不足，应当在后续的数字素养区域建设中对此予以重点关注。

在数字建设方面，吉林省与全国平均水平相比存在明显的差距。在数字基础设施的建设方面，2021 年，吉林省的互联网宽带接入端口数量达到 1743.1 万个，在东北三省中未能形成明显的优势；吉林省的互联网网站数量达到 3.1 万个，IPv4 比例达到 1.21%，存在一定的劣势；吉林省的域名数量和网页总数均处于相对落后的态势。在 5G 基站的建设方面，吉林省到 2021 年底一共建设了 2.3 万个 5G 基站，每万人 5G 基站拥有量达到 9.6 个。与其他省市和自治区相比，这些指标均未能形成明显的优势。总而言之，吉林省在数字建设方面存在一定的不足。

在数字创新方面，吉林省与全国平均水平比较接近，具有相对突出的表现。在数字创新人才队伍的建设方面，2021 年，吉林省互联网和相关服务业的研发人员数量达到 4175 人，在全国范围内不算落后，但与中部地区、东部地区的部分省市相比依旧存在较大的差距；软件和信息技术服务业方面的研发人员数量达到 1.1 万人，而其他软件技术人员数量则达到 7800 人，未能形成显著的优势。在数字创新支持方面，吉林省 2021 年在互联网和相关服务业方面的研发经费达到 3.4 亿元，在软件和信息技术服务业方面的研发费用达到 22.1 亿元，相关退税优惠额度达到 5.9 亿元。这些指标与其他省市和自治区相比具有一定的优势。综合来看，吉林省在数字创新方面具有相对不错的表现。

在数字工作方面，吉林省整体表现不如全国平均水平，与其他省市和自治区相比存在一定的差距。吉林省虽然在企业人均计算机设备使用量方面具有一定的优势，但是在企业网站建设方面存在一定的劣势。因此，在后续的数字素养区域建设中，吉林省应当着重关注数字企业文化的引领，推动企业信息窗口的数字化转型。总体而言，吉林省在数字工作方面的整体表现不算突出。

在数字学习方面，吉林省整体水平落后于全国平均水平，存在一定的劣势。吉林省在数字学习方面的优势主要集中在农村居民人均计算机拥有量、成人高等学校数、民办高等教育机构数、研究生毕业数、研究生招生数、研究生在校数等指标上。其中，吉林省的农村居民人均计算机拥有量具有一定的优势，但是在其他数字技术的普及率方面，吉林省依旧存在比较明显的落后态势。例如，城镇居民人均移动电话拥有量、农村居民人均移动电话拥有量以及农村宽带接入普及率、家庭宽带接入普及率等指标，在全国均处于比较落后的位置，应当予以重点把握。吉林省在成人高等学校数、民办高等教育机构数、研究生毕业数、研究生招生数、研究生在校数等指标具有相对不错的表现。总而言之，吉林省在数字学习方面的表现兼具长板和短板，但总体实力依旧有待提升。

在数字生活方面，吉林省接近于全国平均水平。吉林省在数字生活方面的优势主要集中于人均数字电视用户量以及 4G 用户占比两个指标，具有比较突出的表现。但是吉林省在其他方面依旧存在不足，吉林省在人均网络电视用户数量、5G 用户占比、人均 FTTH/0 用户数、人均 100~1000M 宽带用户数、人均 1000M 宽带用户数等指标上均处于比较落后的位置，应当在未来的数字素养区域建设中对此予以重点把握。总体而言，吉林省在数字生活方面虽然具有相对不错的表现，但依旧存在较大的提升空间。

在数字政府方面，吉林省整体水平落后于全国平均水平，存在一定的劣势。吉林省的政府一体化服务能力建设主要依托于"吉林省人民政府"网站以及"吉事办"等平台，截至 2021 年底，吉林省各个数字政务平台的总注册数量超过了 3000 万人，基本实现了全省各级事项的信息共享和业务贯通，"最多跑一次"比例达到 98.76%。在数字政府的建设方面，吉林省目前正加速推动各部门和层级的数字政务平台建设，整体热点事项的网办发生率达到 85% 以上，移动服务的应用总量超过 500 项，基本实现了高频政务事项的"网上办、掌上办"。总体来看，吉林省在数字政府方面的表现不算突出，应当在后续的数字素养区域建设中进一步提升数字政务服务的标准化、规范化、一体化。

5. 山西省数字素养区域建设形态

本节绘制出了山西省数字素养区域建设各分项指标的雷达图，具体如图 5-22 所示。根据图 5-22 中的曲线分布可以看出，山西省在数字政府、数字生活、数字学习三个方面具有相对不错的表现。但是除此之外，山西省在数字供给、数字建设、数字创新、数字工作等方面的表现均有所不足，整体发展态势呈现出不均衡特征。

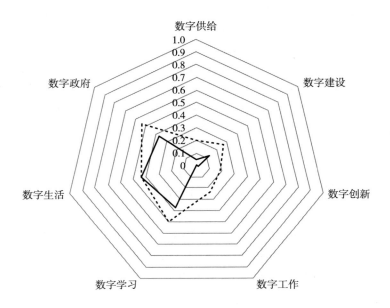

图 5-22　山西省数字素养区域建设各分项指标雷达图

在数字供给方面，山西省整体水平与全国平均值存在一些差距。在数字硬件的供给方面，2021 年，山西省的移动通信手持机的产量达到 2732.9 万台，在全国范围内不算落后，但与发达地区相比依旧存在比较明显的差距；微型计算机设备的产量达到 22.1 万台，与其他省市和自治区相比未能形成明显的优势。由于在工业和信息化部门的统计数据中，山西省的集成电路产量数据缺失，故本节在此不对这些方面进行探讨。可见，山西省在数字供给上依旧存在较大的提升空间。在数字服务供给方面，山西省 2021 年的互联网和相关服务业的总收入规模达到 12.5 亿元，软件和信息技术服务业的总收入规模达到 70.9 亿元，在全国范围内未能形成明显的竞争优势。综合来看，山西省在数字供给方面的整体表现不算突出。

在数字建设方面，山西省整体水平存在一定的劣势。在数字基础设施的建设方面，2021 年，山西省的互联网宽带接入端口数量达到 2478.7 万个，在全国范围内未能形成显著的优势；山西省的互联网网站数量达到 5.3 万个，处于相对靠后的位置；山西省的域名数量不算突出，网页总数具有一定的优势。在 5G 基站的建设方面，截至 2021 年底，山西省累计建设 2.2 万个 5G 基站，存在一定的劣势，而每万人 5G 基站拥有量为 6.3 个，处于靠后的位置。在数字企业的建设方面，山西省仅在云计算企业数量上具有相对突出的优势，但是在其他企业数量指标方面均未能形成明显的优势。总体来看，山西省在数字建设方面依旧存在比较大的提升空间。

在数字创新方面，山西省相比于全国平均水平还存在较大的差距。在数字创新人才队伍的建设方面，2021 年，山西省的互联网和相关服务业的研发人员总数达到 1906 人，与其他省市和自治区相比呈比较落后的态势。在软件和信息技术服务业方面，山西省的研发人员总数达到 3528 人，而其他软件技术人员数量则达到 2155 人，这些指标在全国范围内都是比较靠后的。在数字创新支持方面，2021 年，山西省在互联网和相关服务业方面的研发经费达到 1.7 亿元，在软件和信息技术服务业的研发经费达到 6.8 亿元，而相关退税优惠额度达到 8959 万元，在全国范围内不算突出。综合来看，山西省在数字创新方面应当在后续的数字素养区域建设中对此予以重点关注。

在数字工作方面，无论在企业人均计算机设备的使用量方面，还是在企业网站的建设数量上，山西省均存在一定的劣势。因此，该省应当在后续的数字素养区域建设中着重关注企业员工数字素养的培育、数字化办公应用的普及以及企业数字文化氛围的引领。

在数字学习方面，山西省与全国平均水平之间存在比较明显的差距。山西省在数字学习方面的优势主要集中于互联网普及率和城市宽带接入普及率，以及高职院校数、成人高等学校数、民办高等教育机构数等指标上。其中，山西省的互联网普及率和城市宽带接入普及率具有十分突出的优势。但相比之下，农村宽带接入普及率以及农村居民人均计算机拥有量却处于相当落后的位置，表明山西省在数字技术的普及方面依旧存在地区发展不均衡的问题。山西省的高职院校数、成人高等学校数、民办高等教育机构数具有相对不错的表现。总体而言，山西省在数字学习方面不仅长板和短板并存，而且存在发展不均衡的问题，整体表现不够突出。

在数字生活方面，山西省整体水平以比较微弱的优势领先于全国平均水平，具有一定的优势。山西省在数字生活方面的优势主要集中在 4G 用户占比、5G 用户占比以及人均 FTTH/O 用户数、人均 100~1000M 宽带用户数等指标，这些指标具有比较突出的表现。但是山西省在数字生活方面的短板也十分明显，人均移动互联网接入流量、人均数字电视用户数、人均网络电视用户数以及人均1000M宽带用户数均存在不足。因此，山西省应当在后续的数字素养区域建设中对此予以重点关注。总体而言，山西省在数字生活方面具有一定的优势，但依旧存在可改善的地方。

在数字政府方面，山西省整体水平与全国平均水平之间存在一定的差距。近年来，山西省围绕"三晋通"全面推进数字政府的建设。截至2022年底，该平台累计注册用户数量达到2900万人，实现了90%的省级及以上行政事务的在线办理，80%的市县级行政事务的在线办理，以及109项事项的全省通办和184项高频政务事项的跨省通办。目前，山西省在数字政务平台的建设上依旧处于起步阶段，存在较大的提升空间。

6. 内蒙古自治区数字素养区域建设形态

本节绘制出了内蒙古自治区数字素养区域建设各分项指标的雷达图，具体如图5-23所示。从图5-23中可以看出，相比于数字素养区域建设的其他指标，内蒙古自治区在数字政府和数字生活方面具有相对不错的表现。然而，内蒙古自治区在数字供给、数字建设、数字创新、数字工作、数字学习等方面均有较大的提升空间。

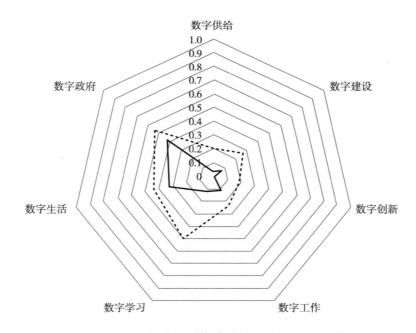

图5-23 内蒙古自治区数字素养区域建设各分项指标雷达图

在数字供给方面，内蒙古自治区整体水平与全国平均水平相比存在比较明显的差距。在数字硬件的供给方面，2021 年，内蒙古自治区基本没有微型计算机设备的生产，而由于数据缺失，本节在此不对移动通信手持机和集成电路的产量进行评价。在数字服务的供给方面，2021 年内蒙古自治区在互联网和相关服务业的总收入规模达到 9.1 亿元，在软件和信息技术服务业方面的总收入规模达到 277.8 亿元，与其他省市和自治区相比存在一定的劣势。综合来看，内蒙古自治区在数字供给方面的表现不算突出，依旧存在一定的不足。

在数字建设方面，内蒙古自治区整体水平明显低于全国平均水平，存在不足。在数字基础设施的建设方面，2021 年，内蒙古自治区的互联网宽带接入端口数量达到 1750.0 万个，在全国未能形成明显的竞争优势；内蒙古自治区的互联网网站数量达到 2.6 万个，域名数量和网页总数也存在一定的劣势。在 5G 基站的建设方面，截至 2021 年，内蒙古自治区累计建设 5G 基站数量超过 2.0 万个，每万人 5G 基站拥有量达到 8.4 个。在数字企业的建设方面，内蒙古自治区各类数字企业的数量均比较落后，与全国平均水平相比呈现出落后的态势。总体来看，内蒙古自治区在数字建设方面表现不算突出，有比较大的提升空间。

在数字创新方面，内蒙古自治区整体水平与全国平均水平相比存在比较大的差距。在数字创新人才队伍的建设方面，2021 年，内蒙古自治区的互联网和相关服务业的研发人员数量达到 2411 人，与其他省市和自治区相比依旧存在一定的劣势；在软件和信息技术服务业，内蒙古自治区的研发人员数量仅为 689 人，而其他技术人员的数量则为 594 人，在全国范围处于落后的位置。在数字创新支持方面，内蒙古自治区 2021 年在互联网和相关服务业方面的研发费用达到 2.6 亿元，而在软件和信息技术服务业方面的研发费用为 1.2 亿元，相关的退税优惠额度仅为 677 万元。这些指标与其他省市和自治区相比比较落后。综合来看，内蒙古自治区在数字创新方面存在不足。

在数字工作方面，内蒙古自治区整体水平与全国平均水平之间依旧存在一定的差距。内蒙古自治区在数字工作方面的优势主要集中于企业人均计算机使用数量方面，其在企业每百人计算机使用量上具有一定的优势，但是内蒙古自治区在企业网站数量建设方面存在比较明显的落后态势。总体而言，内蒙古自治区在数字工作方面依旧存在较大的提升空间。

在数字学习方面，内蒙古自治区存在比较明显的劣势。内蒙古自治区在数字学习方面的优势主要集中在互联网普及率和城市宽带接入普及率方面，但是在其他指标上存在落后态势。可见，内蒙古自治区在数字学习方面的表现依旧有待提升。

在数字生活方面，内蒙古自治区整体水平与全国平均水平之间依旧存在一定的差距，但与数字素养区域建设的其他方面相比，具有相对突出的表现。内蒙古自治区在数字生活方面的优势主要集中在人均移动互联网接入流量以及4G用户占比两个指标上。内蒙古自治区在人均移动互联网接入流量方面存在一定的优势，在4G用户占比方面具有比较突出的表现。然而，内蒙古自治区在其他方面未能形成明显的优势。因此，内蒙古自治区在数字生活方面具有一定的长处，但短板也比较明显。总体来看，内蒙古自治区在数字生活方面的表现未能形成竞争优势，但与该省数字素养区域建设的其他方面相比是比较突出的。

在数字政府方面，内蒙古自治区整体水平虽然比数字素养区域建设的其他方面要突出，但是依旧明显落后于全国平均水平。内蒙古自治区的数字政府建设主要依托于"蒙速办"数字政务平台。现阶段，该平台的发展依旧处于相对起步的阶段，截至2021年，平台的注册用户数量突破1000万人，累计访问量超过1.8亿次，与其他省市和自治区相比数字政务平台相对较少。目前，该平台汇集了全区4126个部门的16.2项政务服务事项，覆盖健康码、公安、人社、医保、公积金、水电气暖等1000余项便民惠企应用。总体来看，内蒙古自治区在数字政府方面具有相对不错的表现，但在全国范围内依旧未能形成相对优势。

五、需求带动型

数字素养区域建设呈现出需求带动型发展的省市和自治区，通常在数字生活领域具有比较突出的表现，或者相比于数字素养区域建设的其他方面，数字生活领域具有突出表现。这类区域与需求治理型区域的主要共同点是两者均在数字生活方面具有相对不错的表现，但区别在于需求带动型区域的优势主要集中于数字生活，而非数字政府，整体呈现出数字生活指标"独占鳌头"的态势。这类省市和自治区的数字素养区域建设通常以区域居民的生活需要和消费需求作为关键驱动力。本章经过研判，认为呈现出需求带动型发展态势的省市和自治区主要包括天津市、宁夏回族自治区、海南省、陕西省、青海省、甘肃省六个省市和自治区。

1. 天津市数字素养区域建设形态

本节绘制出了天津市数字素养区域建设各分项指标的雷达图，具体如图5-24所示。由图5-24中的曲线分布可以看出，天津市在数字政府、数字生活、数字学习、数字工作等方面均具有比较突出的表现，其中，数字生活具有比较明显的突出优势，因此本节认为，天津市在数字素养区域建设方面属于典型的需求带动型城市。

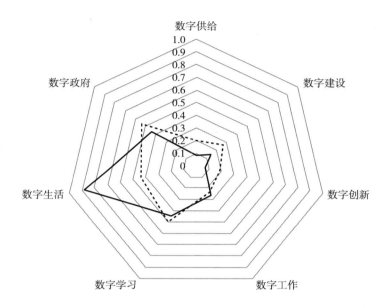

图5-24　天津市数字素养区域建设各分项指标雷达图

在数字供给方面，天津市整体水平与全国平均水平之间存在一定的差距，处于相对落后的位置。在数字硬件的供给方面，2021年，天津市的移动通信手持机的产量达到5万台，集成电路产量为29.8亿块，这些指标在全国范围内相对比较落后。由于在工业和信息化部门的数据中，2021年天津市的微型计算机设备的产量数据存在缺失，故本节对此不再进行深入探讨。在数字服务的供给方面，2021年，天津市在互联网和相关服务业方面的总收入规模达到488.3亿元，在全国不算落后，但是相比东部地区的其他省市依旧存在比较明显的落后态势；在软件和信息技术服务业方面的总收入规模达到2658.4亿元，在全国排名比较靠前。总体来看，天津市在数字供给方面具有不错的表现，但依旧存在较大的提升空间。

在数字建设方面，天津市整体水平与全国平均水平之间存在一定的差距。在数字基础设施的建设方面，2021年，天津市的互联网宽带接入端口数量达到1352.5万个，互联网网站数量达到4.9万个，相比东部地区其他省市存在一定的劣势；IPv4比例达到1.05%，与其他省市和自治区相比未能形成明显的优势；域名数量存在一定的劣势，网页总数具有一定的优势；在 5G 基站的建设方面，天津市截至 2021 年底累计建设 4.0 万个 5G 基站，但是每万人 5G 基站达到 29.2 个，在全国排名第一。总体来看，天津市在数字基础设施的建设方面存在一定的不足。在数字企业的建设方面，天津市的优势主要集中在人工智能企业数量、ERP 企业数量、区块链企业数量三个方面；同时，在大数据发展程度方面也具有相对突出的表现。但是天津市在其他类型的数字企业数量指标上未能形成明显的优势。整体来看，天津市在数字建设方面存在一定的不足，具有较大的提升空间。

在数字创新方面，天津市整体表现存在一定的不足。在数字创新人才队伍的建设方面，2021 年，天津市在互联网和相关服务业的研发人员数量达到 5980 人，与其他地区相比未能形成突出的优势；在软件和信息技术服务业方面，天津市的研发人员数量达到 2.0 万人，而其他软件技术人员数量达到 1.8 万人，未能形成明显的优势。在数字创新支持方面，2021 年，天津市在互联网和相关服务业的研发经费达到 28.0 亿元，不算落后但也未能形成优势；在软件和信息技术相关服务业方面的研发经费达到 82.3 亿元，相关的退税优惠额度达到 14.9 亿元，具有相对不错的表现。综合来看，天津市在数字创新方面依旧存在较大的提升空间。

在数字工作方面，天津市整体水平以微弱的优势领先于全国平均水平，具有一定的优势。天津市在数字工作方面的优势主要集中在企业人均计算机使用数量方面，天津市的企业每百人计算机使用量达到 43 台，具有比较突出的优势；然而，天津市在企业网站建设方面存在一定的劣势。因此，在后续的数字素养区域建设中，天津市应当着重把握对企业数字文化氛围的引领，以弥补相关的不足。

在数字学习方面，天津市整体水平与全国平均水平之间存在一定的差距。天津市在数字学习方面的优势主要集中在城镇居民人均计算机拥有量、农村居民人均计算机拥有量、互联网普及率、城市宽带接入普及率、家庭宽带接入普及率等数字技术普及指标，以及中央部门院校数量、成人高等学校数量、15 岁及以上文盲率等教育指标。天津市的城镇居民人均计算机拥有量、农村居民人均计算机拥有量、互联网普及率、城市宽带接入普及率、家庭宽带接入普及率具有一定的优势，中央部门院校数量、成人高等学校数量、15 岁及以上文盲率指标表现也比较不错。但是天津市在部分指标上依旧处于相对落后的态势，如城市居民人均移动电话拥有量、农村居民人均移动电话拥有量、农村宽带接入普及率、本科院校数量、高职院校数量、民办高等教育机构数量等指标。总体而言，天津市在数字学习方面存在一定的优势和劣势，整体上依旧存在可提升的空间。

在数字生活方面，天津市具有比较突出的优势，整体水平远远超过了全国平均水平。天津市的数字生活各项指标均比较突出。天津市的人均移动互联网接入流量、人均数字电视用户数量、人均网络电视用户数量、人均网络零售额指标具有比较突出的优势；4G用户占比和5G用户占比优势比较明显；人均FTTH/0用户数、人均100～1000M宽带用户数、人均1000M宽带用户数指标具有十分突出的优势。总体来看，天津市在数字生活方面具有十分突出的表现，可以作为其他各省市和自治区学习的典范。

在数字政府方面，天津市表现不算突出。天津市数字政务建设主要依托于"津心办"平台。截至2021年底，该平台的注册用户突破了1400万人，累计访问量超过了4.1亿次，这些指标与其他地区的政务数字平台相比不算突出；目前，该平台已经覆盖了超过1600项政务服务事项，超过400项便民服务事项，高频事项的可网办率达到100%全覆盖，实际在线办理比例超过90%。总而言之，天津市在数字政府的建设方面具有不错的成绩，但与其他发达地区相比依旧存在可提升的空间。

2. 宁夏回族自治区数字素养区域建设形态

本节绘制出了宁夏回族自治区数字素养区域建设各分项指标的雷达图，具体如图5-25所示。根据图5-25中的曲线分布可以看出，宁夏回族自治区在数字素养区域建设方面的主要优势集中于数字生活领域，该领域明显领先于全国的平均水平。除此之外，宁夏回族自治区在数字政府和数字学习两个方面也具有比较不错的表现，然而，在数字素养区域建设的其他方面依旧存在明显的不足。

在数字供给方面，宁夏回族自治区整体水平与全国平均水平之间存在明显的差距。由于在工业和信息化部门的数据中，相关数据存在缺失，本节不对宁夏回族自治区的数字硬件供给方面进行深入评价。在数字服务的供给方面，2021年，宁夏回族自治区在互联网和相关服务业方面的总收入规模达到11.4亿元，在全国范围内处于相对靠后的位置；在软件和信息技术服务业方面的总收入规模达到39.7亿元，未能形成优势。综合来看，宁夏回族自治区在数字供给方面存在一定的劣势。

在数字建设方面，宁夏回族自治区整体水平存在较大的提升空间。在数字基础设施建设方面，2021年，宁夏回族自治区具有596.6万个互联网宽带接入端口，7683个互联网网站，这些指标在全国范围内处于相对靠后的位置；IPv4比例仅达到0.28%，相对落后；在域名数量和网页总数方面也未能形成优势。在5G基站的建设方面，到2021年底，宁夏回族自治区5G基站累计建设0.8万个，

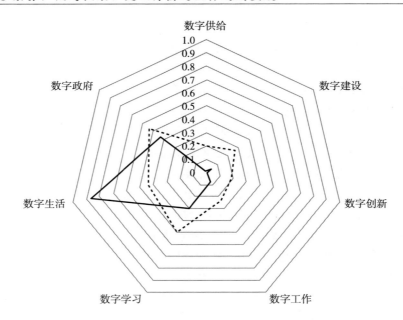

图 5-25　宁夏回族自治区数字素养区域建设各分项指标雷达图

处于相对落后的位置。综合来看，宁夏回族自治区在数字建设方面依旧有待提升。

在数字创新方面，宁夏回族自治区整体水平依旧存在较大的提升空间。在数字创新人才队伍建设方面，2021 年宁夏回族自治区在互联网和相关服务业方面的研发人员数量达到 827 人，软件和信息技术研发人员数量为 1037 人，而其他软件技术人员数量为 457 人，这些指标在全国均处于相对靠后的位置。在数字创新的支持方面，宁夏回族自治区在互联网和相关服务业方面的研发经费达到 1.2亿元，在软件和信息技术服务业方面的研发经费达到 1.9 亿元，相关退税优惠额度为 2339 万元。总体来看，宁夏回族自治区在数字创新方面的表现依旧有待提升。

在数字工作方面，宁夏回族自治区整体表现存在比较明显的劣势。宁夏回族自治区在企业每百人计算机使用量方面具有一定的优势，但是在企业网站建设方面相对落后。这导致宁夏回族自治区在数字工作方面的整体表现存在相对靠后的态势。总体来看，宁夏回族自治区在数字工作方面应当着重把握企业数字文化氛围的建设。

在数字学习方面，宁夏回族自治区整体表现依旧存在较大的不足。宁夏回族自治区在数字学习方面的优势主要集中在城镇居民人均计算机拥有量、农村居民人均计算机拥有量、城镇居民人均移动电话拥有量、农村居民人均移动电话拥有量、城市宽带接入普及率、家庭宽带接入普及率等数字技术普及指标方面，具有相对突出的表现。然而，在各类高等教育机构数量和高等教育人才数量指标方面，宁夏回族自治区未能表现出明显的优势。因此，在后续的数字素养区域建设中，宁夏回族自治区应当重点关注教育层面的问题，把握好居民整体教育素养的提升。

在数字生活方面，宁夏回族自治区具有十分突出的优势。宁夏回族自治区在数字生活方面的优势主要集中在人均移动互联网接入流量、人均网络电视用户数量、5G 用户占比、人均 FTTH/0 用户数、人均 100～1000M 宽带用户数、人均 1000M 宽带用户数等指标，这些指标具有十分突出的优势。在其他指标方面，宁夏回族自治区虽然存在一定的落后态势，但都没有构成比较明显的劣势。总体来看，宁夏回族自治区在数字生活方面的表现比较突出，可以作为其他省市和自治区学习借鉴的典范。

在数字政府方面，宁夏回族自治区整体水平低于全国平均水平，存在一定的劣势。整体上，宁夏回族自治区在数字政府方面的建设依旧有待提升。目前，宁夏回族自治区围绕"我的宁夏"数字政务平台逐步搭建宁夏回族自治区的政务一体化服务体系。截至 2021 年底，该平台一共拥有 683 万注册用户，相比于其他省份的数字政务平台处于相对起步阶段；平台可办理事项超过 1400 项，可查事项超过 3400 项，累计办事 720 万件。总体来看，宁夏回族自治区在数字政府的建设上依旧存在较大的提升空间。

3. 海南省数字素养区域建设形态

本节绘制出了海南省数字素养区域建设各分项指标的雷达图，具体如图 5-26 所示。根据图 5-26 中的曲线分布可以看出，海南省在数字素养区域建设方面的优势主要集中在数字生活领域，除此之外，海南省在数字政府、数字工作、数字学习方面也具有相对不错的表现，然而这些指标依旧存在比较大的提升空间。

在数字供给方面，海南省整体水平较低。由于在工业和信息化部门的数据中，海南省的各项数字硬件的供给指标数据存在缺失，因此本节对此不进行深入探讨。在数字服务的供给方面，2021 年，海南省的互联网和相关服务业的总收入规模达到 270.4 亿元，在全国范围内依旧未能形成优势；软件和信息技术服务业方面的总收入规模达到 104.3 亿元。总体来看，海南省在数字供给方面依旧存在较多的不足。

在数字建设方面，海南省整体水平与全国平均水平之间依旧存在一定的差距。在数字基础设施的建设方面，2021 年，海南省的互联网宽带接入端口数量

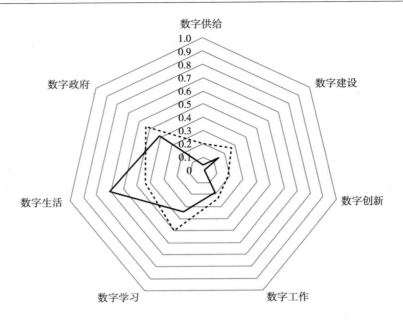

图 5-26　海南省数字素养区域建设各分项指标雷达图

达到 1096.0 万个，互联网网站数量达到 3.3 万个，IPv4 比例为 0.47%，与其他的省市和自治区相比存在一定的劣势；海南省在域名数量和网页总数方面依旧未能形成优势。在 5G 基站的建设方面，海南省截至 2021 年底累计建设了 1.5 万个 5G 基站。在数字企业的建设方面，海南省在互联网企业数量、人工智能企业数量、云计算企业数量、ERP 企业数量、区块链企业数量方面具有十分突出的优势。因此，海南省在数字建设方面的问题主要集中在基础设施的建设上，应当在后续的数字素养区域建设中对此予以重点把握。

在数字创新方面，海南省整体水平与全国平均水平之间的差距较大。在数字创新人才队伍的建设方面，2021 年海南省的互联网和相关服务业的研发人员数量达到 5558 人，与东部地区的其他省市相比未能形成优势；软件和信息技术服务业的研发人员数量达到 2772 人，而其他软件技术人员的数量达到 324 人，这些指标在全国范围内均未能形成优势。在数字创新支持方面，海南省在互联网和相关服务业的研发费用达到 18.2 亿元，在软件和信息技术服务业方面的研发费用达到 12.7 亿元，相关的退税优惠额度达到 1545 万元，相比于其他省市和自治区存在一定的劣势。总体来看，海南省在数字创新方面依旧存在较大不足。

在数字工作方面，海南省具有比较不错的表现，略低于全国平均水平。海南省在数字工作方面的优势主要集中在企业人均计算机设备的使用量上，具有比较突出的优势，但是企业网站建设在全国范围内相对未形成优势。因此，在后续的数字素养区域建设中，海南省应当着重把握企业数字文化氛围的引领。

在数字学习方面，海南省整体水平与全国平均水平之间存在一定的差距。海南省在数字学习方面的主要优势集中在城镇居民人均计算机拥有量、农村居民人均计算机拥有量、农村居民人均移动电话拥有量、城市宽带接入普及率、家庭宽带接入普及率等数字技术普及指标，本科院校数、高职院校数、成人高等学校数、民办高等教育机构数等高等教育机构数量指标，以及 15 岁及以上文盲率、本专科生毕业数、本专科生招生数、本专科生在校数等人口教育指标。海南省的城镇居民人均计算机拥有量、农村居民人均计算机拥有量、农村居民人均移动电话拥有量、城市宽带接入普及率、家庭宽带接入普及率，以及本科院校数、高职院校数、成人高等学校数、民办高等教育机构数具有比较突出的优势；15 岁及以上文盲率、本专科生毕业数、本专科生招生数、本专科生在校数具有比较突出的表现。然而，海南省在数字学习方面也存在一定的不足。例如，海南省在互联网普及率方面不高，究其原因可能是农村地区互联网建设存在问题；海南省的农村宽带接入普及率存在一定的劣势。总而言之，海南省在数字学习方面具有比较突出的表现，但依旧存在明显的不足，应当在后续数字素养区域建设中对此予以足够重视。

在数字生活方面，海南省具有比较突出的表现，整体水平超过全国平均水平。海南省在数字生活方面的优势主要集中在人均移动互联网接入流量、人均网络电视用户数量、人均网络零售额、5G 用户占比、人均 FTTH/0 用户数、人均 100~1000M 宽带用户数、人均 1000M 宽带用户数等指标上，具有十分突出的表现。然而，海南省在 4G 用户占比方面处于相对落后的位置，应当在未来的数字素养区域建设中对此予以足够重视。总体而言，海南省在数字生活方面的表现比较突出，可以作为全国各省市和自治区参考的典范。

在数字政府方面，海南省整体水平存在一定的劣势。海南省在政务一体化服务能力和数字政府的建设程度这两个方面均有一定不足。近年来，海南省在数字政府的建设方面逐步发力，主要包含面向群众的"海易办"政务服务平台以及面向政府公务人员的"海政通"数字办公平台。截至 2021 年底，"海易办"的注册用户数量已经达到 2700 万人，日活跃用户数量超过 60 万，全省"零跑动"可办事项使用率达到 60%；而"海政通"目前已经成为海南省各级政府内部协同办公的总入口，在全省各级政府部门的覆盖度达到 100%，公务员使用该平台的比例超过 70%。总体来看，海南省在数字政府建设方面具有不错的表现，但依旧处于起步阶段，应当在后续的数字素养区域建设中重点关注各部门和层级之间的大数据平台、云平台的建设，实现信息和业务层面的深层弥合。

4. 陕西省数字素养区域建设形态

本节绘制出了陕西省数字素养区域建设各分项指标的雷达图，具体如图 5-27 所示。从图 5-27 中可以看出，陕西省在数字生活、数字学习、数字建设三个方面具有十分不错的表现，均超过了全国平均水平。除此之外，陕西省在数字政府和数字工作等方面也有相对不错的成绩，具有一定的优势。

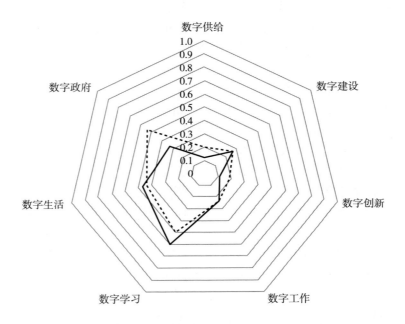

图 5-27　陕西省数字素养区域建设各分项指标雷达图

在数字供给方面，陕西省整体水平存在一定的劣势。在数字硬件的供给方面，2021 年，陕西省的移动通信手持机产量达到 4917.2 万台，集成电路产量达到 59.5 亿块，在全国范围内未能形成明显的优势；由于数据存在缺失，故本节不对陕西省的微型计算机设备产量进行评价。在数字服务的供给方面，2021 年，陕西省在互联网和相关服务业方面的总收入规模达到 131.4 亿元，与其他省市和自治区相比不算落后，但是依旧未能有突出表现；在软件和信息技术服务业方面的总收入规模达到 3148.8 亿元，在全国排名比较靠前，具有一定的优势。综合来看，陕西省在数字供给方面具有不错的表现，但依旧存在一定的提升空间。

在数字建设方面，陕西省整体水平以相对微弱的优势领先于全国平均水平。在数字基础设施的建设方面，2021 年，陕西省的互联网宽带接入端口数量达到 2943.8 万个，未能形成明显的优势；互联网网站数量达到 10.4 万个，在全国排名不算靠前；IPv4 比例达到 1.63%，在全国的排名相对靠前；域名数量和网页总数相对落后。在 5G 基站的建设方面，截至 2021 年底，陕西省累计建设 2.7 万个 5G 基站。在数字企业的建设方面，陕西省的主要优势集中在人工智能企业数量、云计算企业数量、大数据发展程度、ERP 企业数量、区块链企业数量等方面，与其他省市和自治区相比具有一定的优势。总体看来，陕西省在数字基础设施建设方面依旧存在一定的不足，在数字企业建设方面具有比较不错的表现。

在数字创新方面，陕西省整体水平与全国平均水平之间存在一定的差距。在数字创新人才队伍的建设方面，2021 年，陕西省的互联网和相关服务业的研发人员总数达到 7547 人，在西部地区仅次于重庆市和四川省，但是在全国范围内未能形成明显的优势；在软件和信息技术服务业方面的研发人员数量达到 9.5 万人，而其他软件技术人员数量达到 3.1 万人，在全国范围内不算落后，但也不算突出。在数字创新支持方面，陕西省 2021 年在互联网和相关服务业方面的研发经费达到 12.5 亿元，在西部地区的各省市和自治区中不算突出；在软件和信息技术服务业方面的研发经费达到 142.3 亿元，而相关退税优惠额度达到 15.5 亿元，未能形成明显的优势。总体来看，陕西省在数字创新方面具有不错的表现，但是依旧存在一定的提升空间。

在数字工作方面，陕西省整体水平与全国平均水平比较接近，具有相对不错的表现。陕西省在企业每百人计算机使用量和企业网站建设方面都具有相对不错的表现，具有一定的优势。可见，陕西省在办公场所的数字素养建设方面取得了一定的成效，值得其他省市和自治区学习借鉴。

在数字学习方面，陕西省整体水平超过了全国平均水平，具有比较突出的优势。陕西省在数字学习方面的优势主要在于两个方面。一方面，对于数字技术的普及，陕西省的城市宽带接入普及率和家庭宽带接入普及率有不错的表现，但是在农村宽带接入普及率、城镇居民人均计算机拥有量、农村居民人均计算机拥有量上均存在一定的不足。另一方面，对于教育建设，陕西省在 15 岁及以上文盲率、中央部门院校数、本科院校数、成人高等学校数、研究生毕业数、研究生招生数、研究生在校数、本专科生毕业数、本专科生招生数、本专科生在校数等方面均具有十分突出的表现，均位于全国前列。可见，陕西省在数字学习方面的优势大多集中在教育领域，而在数字技术的普及方面依旧存在不足，应当在未来的数字素养区域建设中对此予以足够重视。

在数字生活方面，陕西省整体水平领先于全国平均水平，具有比较突出的优势。陕西省在数字生活各个方面均具有比较突出的优势，在人均移动互联网接入流量、人均数字电视用户数、人均网络电视用户数、5G 用户占比、人均 FTTH/0用户数、人均 100~1000M 宽带用户数、人均 1000M 宽带用户数等指标上的排名均位于全国前列。但是，陕西省在 4G 用户占比和在人均网络零售额方面比较落后。因此，陕西省应当在未来的数字素养区域建设中着重把握互联网消费市场建设，深入挖掘居民的数字消费需求。

在数字政府方面，陕西省整体水平存在一定的劣势。陕西省在政府一体化服务能力方面未形成优势，在数字政府的建设程度方面并不是非常突出。陕西省的数字政府建设主要依托于"秦务员"政务平台。该平台自 2021 年 4 月正式上线，截至 2022 年 4 月，该平台的注册用户数量已经突破 2300 万人，累计办理业务超过 1.48 亿件，"最多跑一次"事项的占比达到 96.7%，办理时长压缩率达到原时长的 76.65%，即办事项的占比达到 55.64%，各类行政许可事项的全程网办比重达到 72.74%。可见，陕西省数字政府平台建立时间不久，但已经取得了相对不错的成绩，未来该省应当重点把握各部门和层级的信息共享和业务协同，通过政务大数据中心、云平台建设，着力补足该省在政府一体化能力方面的缺陷。

5. 青海省数字素养区域建设形态

本节绘制出了青海省数字素养区域建设各分项指标的雷达图，具体如图 5-28 所示。从图 5-28 中可以看出，青海省在数字素养区域建设中的主要优势集中在数字生活领域，该领域分值远远超过全国平均水平，属于典型的需求带动型发展形态。除此之外，青海省在数字工作领域也具有相对突出的优势，但依旧落后于全国平均水平。

在数字供给方面，青海省在指标上未能形成优势。由于在工业和信息化部门的统计数据中，有关青海省数字硬件的供给指标数据存在缺失，因此本节对此不再进行深入评价。在数字服务的供给方面，2021 年，青海省的互联网和相关服务业的总收入规模达到 4.0 亿元，与其他省市和自治区相比处于比较落后的位置；在软件和信息技术服务业的总收入规模达到 2.5 亿元，存在一定的劣势。总体来看，青海省在数字供给方面未能形成显著的优势。

在数字建设方面，青海省在指标上依旧存在不足。在数字基础设施的建设方面，2021 年，青海省的互联网宽带接入端口数量仅为 438.3 万个，互联网网站数量为 4682 个；IPv4 比例仅为 0.18%，同时在域名数量、网站总数、5G 基站建设等方面，青海省均位于比较靠后的位置。在数字企业的建设方面，青海省在各类数字企业数量指标以及产业数字化程度和大数据发展指标上均相对靠后。总体来看，青海省在数字建设方面以及在今后的数字素养区域建设中依旧需要经历

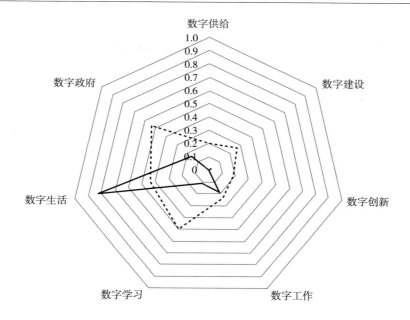

图 5-28　青海省数字素养区域建设各分项指标雷达图

漫长的发展。

在数字创新方面，在数字创新人才队伍建设上，2021 年，青海省的互联网和相关服务业的研发人员数量仅为 180 人，软件和信息技术服务业的研发人员数量为 101 人，而其他软件技术人员的数量为 52 人，这些指标与其他省市和自治区相比依旧存在较大的差距。在数字创新支持方面，青海省 2021 年在互联网和相关服务业方面的研发费用为 3295.3 万元，在软件和信息技术服务业的研发费用为 2154 万元。综合来看，青海省在数字创新方面的表现不容乐观。

在数字工作方面，青海省相比数字素养区域建设的其他方面表现较好，但是与全国平均水平之间依旧存在一定的差距。青海省在数字工作方面的优势主要集中于企业每百人计算机使用量上，而青海省在企业网站建设方面的表现则比较落后。因此，该省在未来数字工作建设过程中，应当着重把握企业数字文化氛围的引领，推动企业积极建设对外的数字化窗口。

在数字学习方面，青海省在指标上依旧低于大部分省市和自治区。青海省在数字学习方面的优势主要集中在 15 岁及以上文盲率、农村居民人均移动电话拥有量以及互联网普及率三个方面，具有比较突出的优势。但是在其他方面均未能形成明显的优势，特别是在各项教育机构数量指标以及各项高等教育人才指标方面。总体来看，青海省在数字学习方面存在一定的长板，但需要着重关注其在人才教育方面的短板。

在数字生活方面，青海省整体水平领先于全国平均水平，具有十分突出的优势。青海省在数字生活方面的优势主要集中在人均移动互联网接入流量、人均数字电视用户数、人均网络电视用户数、4G 用户占比、5G 用户占比等指标。但是青海省在人均网络零售额以及人均 100～1000M 宽带用户数、人均 1000M 宽带用户数方面，均有一定的不足。总体来看，青海省在数字生活方面的整体表现比较突出，但是短板也非常明显。

在数字政府方面，青海省在指标上处于比较靠后的位置，无论是在政府一体化服务能力方面，还是在数字政府的建设方面。青海省的数字政府建设主要依托于"青松办"数字政务平台。根据青海新闻网报道，该平台于 2018 年上线，截至 2021 年 3 月，平台的注册用户数量达到 24.4 万人，日访问量为 1000 人次左右。因此，可见青海省在数字政府的建设上依旧存在较大的提升空间。

6. 甘肃省数字素养区域建设形态

本节绘制出了甘肃省数字素养区域建设各分项指标的雷达图，具体如图 5-29 所示。从图 5-29 中可以看出，甘肃省在数字生活和数字学习方面有比较不错的表现；在其他方面，甘肃省均未能形成明显的优势。

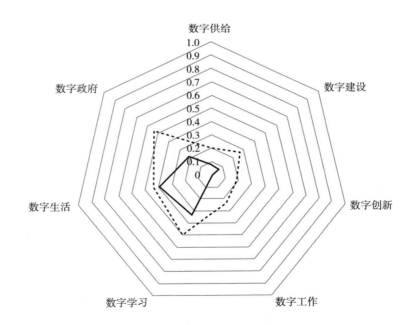

图 5-29　甘肃省数字素养区域建设各分项指标雷达图

在数字供给方面，甘肃省整体水平低于全国平均水平，存在一定的劣势。在数字硬件的供给方面，由于在工业和信息化部门的统计数据中，甘肃省的移动通信手持机和微型计算机设备的产量数据存在缺失，因此本节不对这两个方面进行深入评价。甘肃省在集成电路产量方面具有十分突出的优势，2021年，甘肃省一共产出643.0亿块集成电路，在全国仅次于江苏省。在数字服务供给方面，2021年，甘肃省的互联网和相关服务业的总收入规模达到7.1亿元，软件和信息技术服务业的总收入达到46.2亿元。总体来看，甘肃省在数字供给方面的表现依旧有待提升。

在数字建设方面，在数字基础设施的建设上，2021年，甘肃省的互联网宽带接入端口数量达到1622.6万个，存在一定的劣势；甘肃省的互联网网站数量达到1.8万个，未能形成优势；IPv4比例为0.47%，相对其他省市和自治区比较落后；甘肃省在域名数量、网页总数以及5G基站建设方面均未能形成优势。在数字企业的建设方面，甘肃省的各类数字企业数量均处于比较落后的位置。总体而言，甘肃省在数字建设方面依旧存在比较大的发展空间。

在数字创新方面，甘肃省应当在后续的数字素养区域建设中对此重点把握。在数字创新人才队伍的建设方面，2021年，甘肃省在互联网和相关服务业的研发人员数量达到2298人，在全国范围内不算突出；软件和信息技术研发人员数量达到1828人，其他软件技术人员的数量达到947，这些指标在全国各省市和自治区中均不算突出。在数字创新支持方面，2021年，甘肃省的互联网和相关服务业的研发费用达到3.1亿元，软件和信息技术服务业的研发费用达到3.2亿元，软件产业的相关退税优惠额度达到1989万元，这些指标未能形成相对优势。总体来看，甘肃省在数字创新方面依旧存在较多的不足。

在数字工作方面，甘肃省在企业每百人计算机使用数量和企业网站数量方面，处于相对落后的位置。总体而言，甘肃省在数字工作方面的建设依旧处于起步阶段。

在数字学习方面，甘肃省整体表现低于全国平均水平，存在一定的不足。甘肃省在数字学习方面的优势主要集中在农村居民人均移动电话拥有量、城市宽带接入普及率、农村宽带接入普及率等数字技术普及指标以及民办高等教育机构数量等指标上。甘肃省的农村居民人均移动电话拥有量、城市宽带接入普及率、农村宽带接入普及率具备一定的优势。然而，在数字学习的其他方面，甘肃省均未能形成明显的优势，尤其是15岁及以上文盲率、农村居民人均计算机拥有量、互联网普及率等数字技术普及指标以及各类高等教育机构数量和人才培育数量指标，甘肃省均处于相对落后的位置。因此，甘肃省应当在后续的数字素养区域建设中着重关注互联网普及和教育体系的发展建设。

在数字生活方面，甘肃省具有相对不错的表现，但依旧低于全国平均水平。甘肃省在数字生活方面的优势主要集中在人均网络电视用户数、4G 用户占比、5G 用户占比、人均 FTTH/0 用户数、人均 100～1000M 宽带用户数、人均 1000M 宽带用户数等指标上，这些指标具有一定的优势。但是甘肃省在人均网络零售额、人均数字电视用户数等方面存在一定的不足。总体来看，甘肃省在数字生活方面兼具优点和缺点，整体表现相对不错。

在数字政府方面，甘肃省在政府一体化服务能力和数字政府建设程度上均处于比较落后的位置。甘肃省的数字政府建设主要依托于"甘肃政务服务网"，经过多年改版升级，衍生出以"甘快办"为代表的数字政务平台。截至 2021 年，这些平台的注册用户总量超过 370 万人，可以办理住房、社保、纳税、户籍、医疗等方面在内的 500 多项政务事项。虽然甘肃省在数字政务平台的建设上取得了初步进展，但是与发达地区相比依旧存在较大的差距。因此，在后续的数字素养区域建设中，该省应当重点把握数字政府的平台搭建，并落实好相关的推广工作。

六、亟待提升型

相比于其他类型的省市和自治区，亟待提升型地区通常在数字素养区域建设的各个方面均存在一定的不足，且往往呈现出落后的态势。这类地区应当在后续的数字素养区域建设中采取全方位把握的对策，以弥补现有各方面的不足。本节经过研判，认为新疆维吾尔自治区和西藏自治区两个地区属于这类发展形态。

1. 新疆维吾尔自治区数字素养区域建设形态

本节绘制出了新疆维吾尔自治区数字素养区域建设各分项指标的雷达图，具体如图 5-30 所示。从图 5-30 中可以看出，新疆维吾尔自治区在数字素养区域建设的各个方面均处于比较后面的位置。

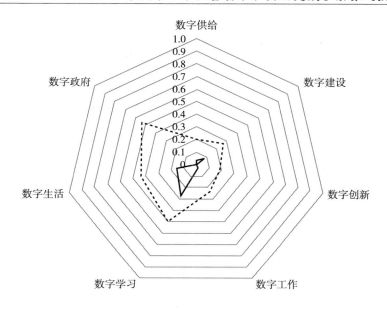

图 5-30 新疆维吾尔自治区数字素养区域建设各分项指标雷达图

在数字供给方面，新疆维吾尔自治区存在不足。在数字硬件的供给方面，2021 年，新疆维吾尔自治区的移动通信手持机产量为 234.5 万台，这在全国各省市和自治区中相对落后。但是由于其他数据存在缺失，本节在此不对微型计算机设备产量和集成电路产量进行评价。在数字服务的供给方面，2021 年，新疆维吾尔自治区的互联网和相关服务业的总收入规模达到 72.3 亿元，软件和信息技术服务业的总收入规模达到 73.1 亿元，未能形成明显的优势。总体来看，新疆维吾尔自治区在数字供给方面存在较大的提升空间。

在数字建设方面，新疆维吾尔自治区处于相对靠后的位置。在数字基础设施的建设方面，2021 年，新疆维吾尔自治区的互联网宽带接入端口数量达到 2251.6 万个，不算落后，但也不算突出；互联网网站数量达到 9523 个，未能形成明显的优势；IPv4 比例达到 0.60%，存在一定的劣势；域名数量和网页相对落后；到 2021 年底新疆维吾尔自治区的 5G 基站数量达到 1.9 万个。在数字企业的建设方面，新疆维吾尔自治区在各类数字企业数量指标上均处于相对靠后的位置，特别是互联网企业、电子商务企业、云计算企业以及区块链企业的数量存在一定的不足。总体来看，新疆维吾尔自治区在数字建设方面依旧存在较大的提升空间。

在数字创新方面，新疆维吾尔自治区依旧存在比较大的发展空间。在数字创新人才队伍的建设方面，2021年，新疆维吾尔自治区的互联网和相关服务业的研发人员数量达到1226人，在软件和信息技术服务业方面的研发人员数量达到1717人，而其他软件技术人员的数量达到1650人，这在全国各省市和自治区中不算突出。在数字创新支持方面，2021年，新疆维吾尔自治区在互联网和相关服务业的研发费用达到1.9亿元，在软件和信息技术服务业的研发费用达到4.0亿元，相关的退税优惠额度达到5010万元。总体来看，新疆维吾尔自治区在数字创新方面的表现相对落后。

在数字工作方面，新疆维吾尔自治区在企业每百人计算机使用数量方面相对于数字素养区域建设的其他方面具有相对不错的表现；但在企业网站建设方面存在比较明显的落后态势，企业网站数量存在不足。总体来看，新疆维吾尔自治区在数字工作方面的建设依旧有待提升。

在数字学习方面，新疆维吾尔自治区在互联网普及率、城市宽带接入普及率、家庭宽带接入普及率等方面具有一定的优势，表现相对不错。然而，新疆维吾尔自治区在数字学习的其他方面仍未形成优势。因此，新疆维吾尔自治区在数字学习的整体表现上依旧有待提升。

在数字生活方面，新疆维吾尔自治区在数字生活方面的优势主要集中在人均移动互联网接入流量、人均网络电视用户数量、人均FTTH/0用户数、人均100~1000M宽带用户数四个指标上。然而，新疆维吾尔自治区在数字生活的其他方面均没有突出表现，这导致新疆维吾尔自治区在该领域的整体表现相对落后。

在数字政府方面，新疆维吾尔自治区存在一定的劣势。新疆维吾尔自治区在政府一体化服务能力和数字政府建设程度方面，均低于国内平均水平。新疆维吾尔自治区的数字政府建设主要依托于新疆政务服务平台。截至2021年，该平台的注册用户已突破1700万人，全区累计81301个事项实现"最多跑一次"，全区不见面审批比例、全程网办比例均达到97%以上，即网办比例超过68%。总体来看，新疆维吾尔自治区的数字政务建设取得了一定进展，但与其他省市和自治区相比依旧存在一定的差距。

2. 西藏自治区数字素养区域建设形态

本节绘制出了西藏自治区数字素养区域建设各分项指标的雷达图，具体如图5-31所示。从图5-31中可以看出，西藏自治区在数字素养区域建设的各个方面与全国平均水平之间均存在比较大的差距。

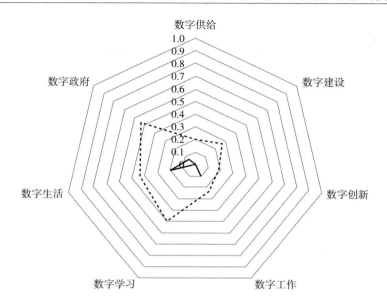

图 5-31　西藏自治区数字素养区域建设各分项指标雷达图

在数字供给方面，由于在工业和信息化部门的统计数据中，西藏自治区的相关数据存在缺失，故本节在此不对数字硬件供给方面的表现进行深入评价。在数字服务的供给方面，2021 年，西藏自治区的互联网和相关服务业的总收入规模达到 37.0 亿元，在各省市和自治区中不算突出。由于在工业和信息化部门的统计数据中，2021 年，西藏自治区的软件和信息技术服务业的总收入数据存在缺失，故本节对此不再进行深入评价。

在数字建设方面，在数字基础设施的建设上，2021 年，西藏自治区的互联网宽带接入端口数量达到 253.2 万个，互联网网站数量达到 1737 个，相比其他省市和自治区存在一定的差距；IPv4 比例达到 0.13%，存在一定的劣势；西藏自治区在域名数量、网页总数以及 5G 基站的建设数量亟待完善。在数字企业的建设方面，西藏自治区的各类数字企业数量以及产业数字化程度、大数据发展程度均比较落后，应当在后续的数字素养区域建设中对这些方面予以着重把握。总体来看，西藏自治区在数字建设方面的劣势比较明显，各方面呈现出落后态势，亟待发展完善。

在数字创新方面，西藏自治区的表现依旧有待提升。在数字创新人才队伍的建设方面，2021 年，西藏自治区在互联网和相关服务业的研发人员数量仅达到 283 人，处于比较落后的位置。由于在工业和信息化部门的统计数据中，西藏自治区的软件和信息技术研发人员数量、其他软件技术人员数量等数据存在缺失，故本节对此不再进行深入评价。在数字创新的支持方面，西藏自治区 2021 年在互联网和相关服务业的研发费用达到 3376.2 万元，在全国不算突出。总体来看，西藏自治区应当重点把握数字人才的培育和留存工作，积极推动数字创新的研究建设。

在数字工作方面，西藏自治区表现一般。西藏自治区的优势主要集中在企业每百人计算机使用量方面，具有相对突出的优势。然而，西藏自治区的企业网站数量依旧存在劣势。因此，在未来的数字素养区域建设中，西藏自治区应当重点把握企业数字文化氛围的引领，以弥补企业数字建设中的不足。

在数字学习方面，西藏自治区存在一定的劣势。西藏自治区的农村居民人均移动电话拥有量不高；在工业和信息化部门的统计数据中，城市宽带接入普及率具有十分突出的优势。然而，西藏自治区在数字学习的其他方面均处于相对落后的位置，特别是各类教育机构数量以及高等教育人才数量。因此，西藏自治区未来应当重点把握数字教育方面的建设。

在数字生活方面，西藏自治区在人均移动互联网接入流量方面，具有比较突出的优势。然而，除此之外，西藏自治区在其他指标上的表现均比较落后。

在数字政府方面，无论是在政府一体化服务能力方面，还是在数字政府建设程度方面，西藏自治区均亟待提升。西藏自治区的数字政府建设主要依托于"西藏政务"数字政务平台，该平台成立于 2019 年，截至 2021 年，该平台累计注册个人用户数 262.66 万人、法人用户数 26.6 万个，全程可网络办理的事项达到 202 项。相比于其他数字政务平台，该平台的整体建设水平依旧处于起步阶段。

第六章　中国数字素养区域建设的总体评述

　　总体来看，我国数字素养区域建设总体面临"东南沿海地区比较发达，西北内陆地区不太发达"的发展不平衡、不充分的问题，呈现出"自东南到西北"的阶梯式发展趋势。

　　为进一步反映出各类型的地理分布及差异，本章绘制出了我国东部地区、中部地区、西部地区和东北地区各个地理分区中各类型区域分布比重图（见图6-1），以描述每个数字素养区域建设类型的占比。首先，我国数字素养区域建设的全能均衡型发展地区和优势突出型发展地区主要集中于东部地区。其次，数字素养区域建设呈现出治理教育型和需求治理型发展态势的地区，主要集中在中部地

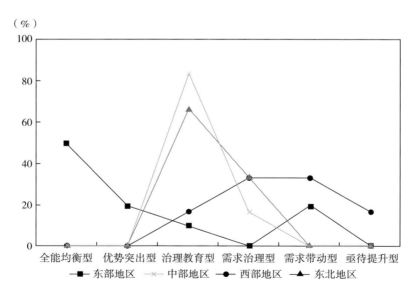

图6-1　我国各个地理分区中各类型区域的分布比重

区、东北地区以及部分西部地区，这类省市和自治区通常在数字素养区域建设中具有两种及以上表现比较突出的领域。最后，数字素养区域建设呈现出需求带动型和亟待提升型发展态势的地区主要集中在西部地区以及部分东部地区，这类省市和自治区在数字素养区域建设中通常只在单个领域具有突出表现，或者在各个方面均未能形成优势。

我国各个地理分区中各类型区域比重的差异通常受到地理条件、历史发展、资源分布、人文风貌等多种因素的综合影响。

首先，对于东部地区，这类省市通常具备规模较大的市场以及较为完善的经济基础，这能为数字产业和人才的集聚提供发展空间，进而带动数字技术创新、应用以及价值创造等一系列产业后续的发展。以数字素养区域建设呈现出全能均衡型发展的广东、北京、江苏、浙江、上海五个省市为例，这些省市分别在各自区域经济带中起到核心作用，并呈现出影响力向周围辐射蔓延的趋势。具体而言，我国主要经济带包括京津冀"首都经济圈"、长江经济带、粤港澳大湾区以及长三角经济带，北京市是京津冀经济带的核心城市，上海市、江苏省、浙江省则是长江经济带和长三角经济带的主要核心，而广东省是粤港澳大湾区的重要核心。这些省市在我国开放程度最高、经济活力最强、基础设施最发达的区域中占据关键地位，发挥着引领我国数字经济发展方向的重要战略作用。数字经济是现阶段有效推进地区发展动能转换的重要驱动力，通过产业数字化和数字产业化带动地区经济效益提升已然成为这些区域未来发展的必由之路。伴随数字经济在经济结构中越发凸显，居民收入水平、受教育以及网络消费意识、互联网使用程度将实现全方位提升，进而对相关数字产业的发展完善起到反哺作用。最终，这些区域将呈现出数字经济发展与人口数字素养培育双向促进的正反馈效应。特别是数字产业表现出强者恒强的"马太效应"，伴随数字人才和廉价资源向发达地区流动，发达地区与欠发达地区间的数字素养建设鸿沟容易被进一步扩大。

其次，对于中部地区和东北地区，这两类地区的省市虽然具有比较充足的能源资源，但依旧存在数字基础设施建设滞后、工业体系结构传统落后等问题。在数字技术应用和创新方面的滞后性严重阻碍了这类地区资源优势的充分释放。这导致现阶段中部地区和东北地区的数字素养区域建设普遍呈现出治理教育型和需求治理型发展态势，这些地区通常在个别领域具有突出表现，却难以形成类似全能均衡型和优势突出型的全方位领先优势。伴随发达地区的数字产业逐步向中西部地区辐射蔓延，近年来我国中部地区和东北地区的数字经济发展逐步迈向快速发展的阶段。在数字技术对产业赋能以及新业态发展加速的加持下，中部地区和东北地区省市的发展潜力被大量开发，尤其是原先在装备制造、新能源汽车、新材料、工程机械等领域的优势得以充分发挥。根据王雪莹等（2022）的研究，在此过程中，这类地区通常会经历城乡发展差距扩大、新旧产业结构更替等一系列转型阵痛期。对此，中部地区和东北地区的省市应当在后续建设中着重利用自身的资源以及"承东启西、左右逢源"的地理区位优势，进一步深化数字技术与实体经济的融合发展。

最后，对于西部地区，这类区域虽通常具有资源优势及低成本优势，但也面临比较严峻的发展挑战。一方面，从整体上看，西部地区的数字产业基础相对薄弱，在数字技术的应用和创新方面也相对落后，这成为该地理分区加强数字素养区域建设的重要障碍。我国于2022年启动的"东数西算"工程将成渝、内蒙古、贵州、甘肃、宁夏等西部地区列为全国一体化算力网络国家枢纽节点，然而，这些省市和自治区在核心算法研发创新、数据产业集群建设、数据要素治理等方面依旧处于初期探索阶段。另一方面，在局部差异上，西部地区各省市和自治区之间的数字发展水平差异较大，数字产业的建设环境千差万别，对跨区域协同发展和产业链建设造成了严重阻碍。当下以四川省、宁夏回族自治区为代表的西部省市在云计算产业、大型数据中心集群建设等方面取得了长足进步，充分实现了风电、光伏等清洁能源与数字产业的融合，显著提升了当地整体的数字素养水平。然而，要实现西部地区数字素养建设水平的整体提升，依然任重而道远。例如，西藏自治区、新疆维吾尔自治区等省份由于原先的基础比较匮乏，目前尚未能充分融入"东数西算"的工程建设中。与此同时，这些地区还呈现出地广人稀、人口分布"小、散、远"等特征，对数字产业集聚和人口数字素养的集中建设带来了巨大挑战。

综合来看，我国数字素养区域建设水平主要呈现为东部地区"成熟"、中部和东北地区"加速"、西部地区"起步"的三级分化态势。为遏制区域间发展鸿沟持续扩大，推动全国数字素养区域建设均衡发展，本章认为，应当从全国视角、东部视角、中部视角、西部视角四个层面采取相应对策。

一、基于全国视角，统筹数字人才协同部署

现阶段，我国各区域均存在高层次人才队伍紧缺的问题，无论是东部地区在信息通信和集成电路等领域的前沿研发，还是中部地区对传统工业的数字化转型升级，抑或是西部地区有序推进"东数西算"工程的战略部署，均对信息通信、大数据分析、算法等领域的数字人才具有大量需求。因此，应当加速推动数字人

才的全国性战略部署与数字产业的全局性战略布局间的配套发展，提升我国高层次数字素养人才占比，推动数字人力资本向高端化转型。

一方面，可以组建"数字人才强国委员会"，制定聚焦产业人才数字素养培育的"数字工作能力建设行动计划"，明确数字技能产教融合工程的战略议程，聚焦我国数字人才供给紧缺及分布不均衡的问题，实现数字人才培育引领产业数字升级。当前我国数字人才缺口达1100万，当前的人才储备难以在短期内充分满足数字产业高速发展的需要。尤其是在大数据与人工智能等前沿领域，我国的人才数量与美国、英国等发达国家存在较大差距。然而，目前我国全民数字素养培育仍停留在总体纲要层面，针对产业数字人才教育的行动路线较模糊，针对性不强，各部门行动步调也未能形成良好的协调作用。为此，各级人社管理部门、教育管理部门以及信息化建设管理部门可携手落实《提升全民数字素养与技能行动纲要》，组建联合工作组共同制定常态化、系统化的行动方案。参考欧盟的《欧盟教育工作者数字胜任力框架》《欧洲技能议程》《数字教育行动计划（2021—2027）》，牵头制定立足于我国本土人才建设的"数字工作能力建设行动计划"，对数字人才培育、区域人才部署等领域的发展进行协同决策和统一领导，从数字职业技能认证、新就业形态人才评选、开放国际技术移民、数字专业就业倾向性优惠、增设高等教育交叉学科等方面推动产教体系的数字人才供给能力建设。

另一方面，从"东数西算"的全局视野出发，探明东部、中部、西部及东北地区的人才布局差异，推动高层次人才的数字素养培育与区域性产业建设之间的配套发展。首先，应当探明各类地理分区在"东数西算"工程中的角色定位，绘制出有针对性的人才布局蓝图。东部发达地区聚焦于数据产品的智能型、开放型服务，人才需求主要集中于市场需求分析、业务流程开发、数字产品研发等领域；而中西部以及部分东北地区聚焦于算力产品的效率型、节能型服务，人才需求主要集中于算法技术研发、算力设施运维、再生能源开发等领域。因此，应根据"东数西算"工程的战略部署，针对东部、中部、西部、东北地区具体的人才需求，进行合理的人才培养布局。其次，应探明科技型人才的流动、留存机制，提出人才布局的具体方略。从政策制度来看，科技型人才布局涉及激励体系、培训体系、就业体系、认证框架、福利保障、人才集聚等诸多方面；从产业发展来看，科技型人才布局涉及城市创新、产业集聚、地理环境、基础设施建设、教育医疗体系建设等因素。因此，需全面考量多方面因素的交互组合效应，破解"东部人才聚拢、西部人才流失"的"马太效应"，提出人才布局的具体方略。

二、立足东部视角，实现数字红利向西延伸

东部地区应当继续保持其在我国数据要素市场流动中的战略核心地位，扩大自东向西的数据要素流动和价值传递的辐射范围及影响力，带动数字发展红利向其他区域蔓延。数据要素作为一种非竞争性、低边际成本的生产要素，需要通过大范围流通应用以实现价值的充分释放。现阶段，东部地区凭借较突出的数字产业和市场集约优势，形成了强大的数据要素产出能力。然而，囿于地理环境和资源条件，在东部地区开展大型算力基础设施建设容易产生高昂的成本。相比之下，中西部地区具有土地、能源和气候等多方面的天然优势。数据要素向西迁移能发挥兼顾算力成本和西部地区数字产业升级的"一举多得"的作用，推动东西部地区的区域协同发展。然而，目前我国数据要素尚未能形成成熟的市场架构，亟须就数据要素的产权、供求关系和市场价格建立统一标准。可以构建高层次的组织保障，联合各级市场管理部门共同制定有利于数据要素跨区域流通的市场准则，就数据要素市场的战略部署、工程试点、应用开发等难点达成目标共识。首先，全力破除在数据技术、市场协议方面的壁垒和垄断问题，打击目前个别企业利用数据、算法等技术手段进行不正当竞争的市场乱象；其次，全方位健全包括要素确权、要素定价、供需配对、服务交易、要素转让、争议仲裁等环节在内的市场制度体系；最后，建立数据要素流通的全局性云端网络，推动各类数据要素实现"全国一盘棋"的市场配置。

三、聚焦中部视角，把握数字产业转型机遇

中部地区、东北地区应当着重把握数字转型的机遇并发挥传统工业的优势，通过传统产业智能化改造来推动新技术、新产业、新应用的集中涌现，以产业数字化变革带动全民数字素养蜕变。相关部门可加强全民数字素养建设与企业数字化专项行动、数字技术创新应用等项目的战略性协同，实现产业数字升级带动人力资本转型，着力推动产业数字转化率低、数字应用低端化等问题的解决。当前，我国企业的数字人才体系、技术转型范式、科技转化能力均尚未成熟，同时外部干涉容易导致我国企业形成产业数字化的对外依赖，为"卡脖子"问题埋

下隐患。因此，我国应将产业端数字素养建设纳入我国重大科技专项的遴选标准，从最有利于构筑我国产业数字竞争优势的基点出发，谋划素质提升的整体性战略布局。基于此，本章提出如下建议：可以设立"产业数字战略委员会"，以人力资源社会保障部、工业和信息化部、科技部、商务部、中央网信办等主要部委和部门的部长或副部长或领导组成专职工作组，以产业界、智库、高校、科研机构等组成专家咨询组，推动华为、中兴、大唐等国内领军科技企业及三大运营商与我国企业、地方政府构建区域性联合组织；基于该组织以国资央企为试点建立专业数字化变革团队，逐步淘汰落后产能模式，以"新模式资源汲取、旧模式资源挤出"的手段实现人力资本从传统电子化向先进智能化的"平滑过渡"；进一步将5G、云计算、大数据等技术的应用指标列入高新技术企业认定、税收减免优惠、地方财政奖励的考核指标，促进企业上云、大数据创新应用的行业转型样板从试点企业向外围企业推广，加强行业数字人才队伍"从点到面"的建设。

四、着眼西部视角，探索数字振兴创新路径

西部地区的省市和自治区应当把握"东数西算"工程的战略机遇，以数据产业为支撑全面扭转数字素养建设的落后态势。不同于以往区域协同发展工程，"东数西算"工程具有较大的特殊性。以往"西电东送""西气东输"等区域协同工程，均秉持"东部创造需求、西部供给资源"的协同思路。与之不同的是，"东数西算"不再延续资源跨区域流动的传统做法，而是遵循"东部以市场优势构建数据基础、西部以资源优势开展算力服务"的原则，实现从"资源跨区域转移"向"业务跨区域协作"转换。这意味着"东数西算"工程的顺利开展需要以东西部科技型人才布局"两手抓"为前提，特别是构建西部算力网络需以高学历人才队伍为支撑。然而，现阶段西部地区的各省市和自治区依旧普遍面临数字人才资源短缺、科技研发基础薄弱等挑战，人力资本的整体结构亟待迎来数字化转型的"洗牌重塑"。为此，一方面，应当积极推动产业由劳动密集型向资本、技术密集型转化，着重培育算法技术研发、算力设施运维、再生能源开发等方面的科技人才，推动人力资本由低端向高端发展；另一方面，西部地区的政府、企业及社会各界应重新审视以往将自身作为绿色能源供给者的角色定位，积极提升西部地区在全国数字产业部署中的站位，以业务供给替代资源供给，创造更多的服务和价值。

针对部分西部地区地理位置偏远、数字基础薄弱、不适合数字产业集群发展

等问题，应当科学把握区域差异和发展走势分化等特点，探索数字经济发展新路径。因此，本章提出如下建议：设立"数字乡村文明建设工作组"，采取"乡村振兴"与"数字振兴"战略并行的策略，将"新农人"主体转型提升到"现代化乡镇"社区转型和"智慧农业"产业转型的同等战略地位，彻底补齐我国农村地区的数字素养短板。当前我国乡村振兴战略主要聚焦数字基础设施、智慧农业、数字治理等领域，这导致居民数字素养与农业农村现代化发展之间存在差距。另外，非城市地区数字素养建设面临区域分布"小、散、远"的环境挑战，这要求各部门、层级就信息流通、措施协调、监管协同等方面步调统一。可以加强各级农业管理部门、信息化建设管理部门以及乡村振兴管理部门间跨级别、跨部门的组织联动，通过积极开展政产学研合作、设立奖励激励机制、建立农业科技人才服务平台等，携手推动科技"新农人"队伍建设。一方面，秉持因地因时因势制宜的原则，适当赋权基层采取个性化措施来应对地区差异性和复杂性；另一方面，跟进农业数字技能教育配套措施，激活非城市地区的数字经济新需求。

第三篇　数字素养的工作场所实践

　　从宏观区域层面对我国数字素养的区域建设情况进行全面认识之后，进一步探究工作场所中微观个体的数字素养培育具有重要的意义。这是因为，以数字化转型为代表的新一轮科技变革最终还是要落脚在工作场所中，理解个体的数字素养在价值创造过程中所发挥的关键作用，对于提高个体职业竞争力、推动组织数字化转型、提升社会生产力水平均具有重要意义。

第七章　工作数字素养的研究背景及其发展中存在的主要问题

在新一轮全球技术革命与产业高质量发展的背景下，加强各个领域的数字化建设已经成为必然趋势。党的二十大报告提出，要在各个领域实现数字化建设，不仅要在经济方面加快发展数字经济，促进数字经济和实体经济深度融合，打造具有国际竞争力的数字产业集群，而且要实施国家文化数字化战略，健全现代公共文化服务体系，创新实施文化惠民工程。这些数字化建设的落脚点与根本推动力在于，社会公众具备较高的数字素养水平，个人数字素养尤其是工作场所中的数字化素养成为数字产业创新驱动与传统产业数字化转型的关键支撑。这是因为，只有具备一定基数的较高的工作数字素养水平的劳动力，才能构成各个领域数字化建设的人力资本，保障在新一轮全国科技竞赛中的硬投入与软实力形成要素平衡。为此，中央网信办、教育部等有关部门相继印发了《提升全民数字素养与技能行动纲要》《教师数字素养》等政策文件，以引导各个领域劳动者的专业数字素养快速发展。在这一背景下，本章聚焦于工作场所中的数字素养，这不仅是因为它在科技竞争与生产力发展中能起到重要作用，而且是因为其在发展过程中已经出现了一些关键问题亟待解决。

一、工作数字素养的关键作用

工作数字素养是个体在数字时代创造价值的关键胜任力，在当前这个历史阶段，工作数字素养对于国家、企业乃至个人均具有重要意义。

首先，工作数字素养作为人工智能新纪元与后工业革命时代的关键能力，能够帮助国家在世界科技竞争中取得优势地位。从历史发展规律来看，某个社会群体乃至全民的整体素养构成了国家在历次科技革命中的重要动力。手工业的迅速发展推动英国形成了大量的一线技术工人群体，其中部分专注于技术改进的熟练工人，凭借自身的实践经验参与到对于工业设备的研发与改进中去，进而形成了第一次工业革命中的一线工程师群体，他们通过反复的总结与实验，并通过同行的技术交流与传播使创新成果在全国范围内快速普及并应用，最终形成了英国在第一次工业革命中的竞争优势。然而，凭借直觉与经验形成的技术素养很快便难以适应前沿科技发展的需要，德国与美国在大力发展教育的同时致力于推动国内科学素养的发展。这使这些国家摸索出一条前沿科技发展−产业应用的科技发展之路。创新创造的关键来源不再是一线的技术工人而是接受高等教育的科研人才，他们的科学素养为德国与美国在第二次工业革命中的发展注入了动力，最终在第一次世界大战前后转化成为迅速赶超英国的领先优势。英国政府事后的调查结论也充分证明了一点，即产业力量的关注焦点没能从技术素质转移到科学素养上来。第二次世界大战后，美国总统问政于政策顾问如何在接下来的数十年里保持绝对且持续的发展优势，进而直接促进了《科学：无尽的前沿》报告的问世。这一报告间接影响了美国此后数十年的科技政策，即通过政策扶持打通前沿科技与应用技术之间的壁垒，有组织有重点地推动重大科技项目的部署与落地，有针对性地培养大批高素质的科技人才。这一政策导向无疑直接释放了美国的科技创造潜力，助力其在二战后的世界格局中占据重要地位。从我国改革开放以来的发展进程中也能看到，数字发展素养具有关键作用。在经济改革的推动下，我国经济增长的三个关键支柱在于：全要素生产提升、政策推动的固定资产投入、大量的劳动力市场。其中，政策推动的固定资产投入一度被视为我国经济发展的关键动力，全国范围内的大规模基础建设使我国成为全世界范围内工业建设的领先者，并借此抵抗了全球性的经济危机。然而近年来，越来越多的证据表明，粗放的固定资产投入对经济的刺激作用越发不明显，尤其是我国对中西部地区基建的投入甚至超过了经济增长所获得的回报。从劳动力市场来看，随着产业结构转型、物价升高及人口老龄化凸显，原有廉价劳动力在全球范围内的比较优势已经不再凸显。因此，未来我国经济发展的关键动力落脚在人力资本与全要素生产这两个关键方面。从人力资本来看，随着各个产业领域的全面数字化，劳动人口整体的工作数字素养水平便是数字时代生产力水平的体现；而从全要素生产的提高角度来看，其不仅依赖于持续且有效的经济改革，还依赖于科技水平的不断提高。全民数字素养的提高恰好是人工智能新纪元科技创新的先决条件。因此，必须认识到工作数字素养对人力资本与全要素生产的关键作用，以及其在经济增长中扮演的关键角色。2021 年，美国正式通过《无尽前沿法案》，试图在新一轮科技竞赛的背景下，应对世界各国尤其是中国的挑战中进一步取得优势地位。我国要实现 2035 年远景计划与"两个一百年"的奋斗目标，就需要全面提高全民的工作数字素养，进而在国际竞争中脱颖而出。

其次，从企业的角度来看，数字素养构成了组织高独特性与稀缺性的动态能力，能够帮助企业在市场竞争中脱颖而出。从我国企业的发展轨迹同样能够看到数字素养在其中起到的关键作用。改革开放以来，以乡镇企业为代表的民营企业成为我国经济力量中最活跃的力量。乡镇企业蓬勃发展的关键在于市场要素的释放与企业家精神的凸显。在后续激烈的市场竞争中，能够通过人力成本控制与技术应用达成低成本战略与差异化品牌战略的民营企业在这个过程中逐渐成长，并成为我国重要的市场经济主体。在世纪之交，具有海外经历的企业家将互联网产业引入我国进而形成了当前新兴产业的基本格局。在这个过程中，诸多明星企业一夕之间倒闭，表明强调规模的运营能力、财务能力等组织能力已经无法保障企业能够在当前这个高不确定性的时代生存，组织的动态能力成为组织生存与发展的核心能力。动态能力强调对环境的知觉、对外部知识的获取、组织内部的协调与整合。这些能力的提高均有赖于打通组织的内外部关节，实现全方位的连接。当组织成员的数字素养实现了全面提升，他们便能够充分有效地利用或部署数字技术，进而提升组织的动态能力。具体而言，具备较高的数字素养水平的员工能够通过数字技术实现对宏观环境、产业环境与合作伙伴发展态势的捕捉与分析，快速有效地吸收外部知识并将其整合为组织业务的有机成分；同时，组织成员数字素养的提升能够提高组织内部的建设能力，组织不仅能够通过工业互联网实现对生产效率的优化、对研发进度的有效管理，而且能够加强组织内部的信息交流与知识分享能力，推动组织效能提升。因此，在当前的市场形式下，组织成员的数字素养是企业适应动态商业环境的关键支撑。

最后，数字素养是个人胜任数字时代职业发展的关键能力，能够帮助员工不断胜任复杂任务与环境的挑战。从个人职业发展的整体环境来看，近年来，许多新的因素不断出现。无论是知识经济、新生代员工，还是无边界职业生涯、数字工作岗位，这些新因素的涌现无不在预示着个人能力在当前这个变革时代的关键作用。随着科技的不断发展，数字素养已经成为现代社会中必不可少的一项核心能力。在过去的几十年中，信息技术的快速发展带来了许多新的工作机会和挑战，而在当今的数字时代，数字素养已经成为人们在工作和生活中必备的一种能力。因此，数字素养对于个人的职业发展来说是至关重要的。在当今的职场中，数字素养已经成为衡量一个人能否适应现代工作环境的重要标准。一个拥有良好数字素养的员工，不仅能够更好地处理信息，还能够快速适应变化的工作环境。此外，数字素养还能帮助员工更好地利用数字工具和技术来提高工作效率和创造力，从而为个人职业发展打下坚实的基础。除了数字素养，现代职场还涌现出许多新的因素。例如，知识经济的兴起使人们需要具备更多的专业知识和技能；新生代员工的加入则推动了职场文化的变革和发展；而无边界职业生涯和数字工作岗位则为人们提供了更加灵活和多样化的职业发展路径。在这样一个充满变革和机遇的时代，个人能力的发展显得尤为关键。数字素养作为个人职业发展的关键能力之一，不仅可以帮助员工应对当前的工作挑战，而且能够为员工未来的职业发展打下坚实的基础。因此，无论是在个人职业发展中，还是在企业的人才培养中，数字素养都应该被重视并加以提升。

二、我国工作数字素养发展中存在的主要问题

随着经济的发展和数字化进程的加速，数字技术在工作生活中日渐发展并逐渐普及。根据国家统计局发布的数据，截至 2021 年底，我国互联网用户规模已经达到了 9.22 亿。这表明我国已经拥有了一定基数的数字素养较高的群体，这些人在工作和生活中已经开始使用数字技术，并具有一定的生活数字技能。然而，从生活数字素养到工作数字素养还存在需要跨越的门槛。这些问题迫使我们重新审视工作场所中数字素养的培养与发展。从我国整体情况来看，工作数字素养发展存在以下几个方面的问题：

首先，传统产业中的企业员工数字素养较低。在数字化时代，数字素养是企业员工在工作中必不可少的一项技能，能够帮助企业提高效率和竞争力。从整个行业来看，数字化程度较高的行业往往更能够适应市场和技术变化，进而成为经济发展的重要引擎。然而，传统产业由于其固有的特性和历史原因，产业的数字化程度相对较低，从业人员的数字素养水平也较为薄弱。这一现象在全球范围内普遍存在。员工在数字素养较低的情况下，往往不能及时跟上数字化时代的步伐，进而表现出较差的工作结果。即使组织制定了数字化战略和计划，也往往难以落实，最终无法充分利用数字技术带来的好处。因此在数字化时代，员工需要具备更高的工作数字素养以支持产业现代化进程。然而，数字素养的提高并不是一蹴而就的事情，而是需要长期的投入和培训，包括对员工进行数字技能的培训和提高、对企业进行数字化转型和战略的执行等方面。同时，政府和社会组织也应该通过政策和项目等方式来促进数字化和数字素养的提高。总体来说，传统产业从业人员工作数字素养普遍较低是一个亟待解决的重要问题。只有不断提高员工的数字素养，企业才能更好地适应数字化时代的工作环境和要求，更好地服务客户，并在数字时代保持竞争优势。

其次，群体间工作数字素养差距大，工作场所中的数字鸿沟凸显。数字素养

之间的差异随着数字技术的发展越发凸显：一是个体在数字素养方面的差异会转化为工作效率上的差异。具备数字素养的人更容易掌握新技能和新工具，能够更快速地适应工作环境的变化，更加高效地完成任务；而缺乏数字素养的人往往需要更多时间来掌握新的工具和技能，这不仅对员工的时间和资源提出了更高的要求，同时也降低了整体的工作效率。二是个体数字素养之间的差异还表现在对数字化工具和技术的使用方面，进而导致工作结果质量的差异。具备较高数字素养的个体能够更好地利用数字化工具和技术来解决工作中的问题，提高工作质量；然而，缺乏数字素养的人往往无法充分利用这些工具和技术，这会导致工作上的瓶颈和难以解决的问题。三是数字素养的不同也会导致个体职业发展上的差异。随着数字化时代的到来，越来越多的工作岗位需要具备数字素养的能力，这也决定了数字素养对于职业发展的重要性。拥有较高数字素养的人更容易获得更好的工作机会和更高的薪资待遇；而缺乏数字素养的人则很难跟上时代的步伐，这可能会影响他们的职业发展。因此，数字素养的差异会导致个体工作结果的差异，进而造成工作场所中的数字鸿沟。

最后，存在需求异质与供给同构的结构性矛盾。就数字素养的发展现状而言，需求与供给两端存在一种不匹配的结构性矛盾。这种不匹配并非简单的数量上的差异，而是数字素养人才的特定需求和特定供给之间的差异。从需求方面来看，现代企业和组织对数字素养人才的需求越来越高。在这里，数字素养不仅指专业技能，还包括沟通、领导力、创新思维等方面。这是因为，随着市场竞争的不断加剧，企业和组织需要具备更多的竞争优势。在这种情况下，数字素养人才的需求变得更加突出且要求更高。然而，从供给方面来看，我们发现，大多数组织仍然注重数字专业技能的培养，而对数字素养的培养则关注不够。需要注意的是，这种结构性矛盾并不是因为供给方没有意识到数字素养的重要性，而是因为他们无法满足特定数字素养人才的需求。总之，数字素养人才的现状存在需求异质与供给同构的结构性矛盾。解决这种矛盾的关键在于，加强供给方的培养和发展，以满足需求方对数字素养人才的特定需求。这可以通过改变教育体系、加强人才培养等多种途径来实现。

三、工作数字素养相关文献研究不足

虽然数字技术在工作中的重要性不断增强且在其发展中问题不断凸显，但对于如何提高和评估工作数字素养的研究却存在不足，具体包括：

首先，工作数字素养的概念及其内涵有待明确。在近年来的研究中，工作数字素养被广泛讨论和研究，但在实践中其定义和内涵仍然存在一定的模糊性。学者们主要从以下几个方面进行了探讨和总结：一方面，学者们提出了工作数字素养的概念框架（钱冬明等，2022）。例如，许多学者将工作数字素养定义为一个多元化的概念，包括数字技术的运用、信息管理的能力、数字沟通的技能等多个方面（王佑镁等，2013）。此外，有学者将工作数字素养定义为一个人在工作中有效应对数字化环境的能力。另一方面，学者们也从不同角度探讨了工作数字素养的内涵。例如，一些学者认为，工作数字素养不仅包括数字技术的使用，还应该包括信息管理、数字沟通等方面的技能和能力（高欣峰、陈丽，2021）。此外，还有学者强调了工作数字素养对工作场所中的创新能力和学习能力的重要作用（金冠妤，2023）。这些研究的不足在于，它们更多地强调某个具体职业的工作场景中的数字素养，如教师、农民工等。这使这些研究比较分散而且难以形成一个整合性的理论内涵。尽管学者们提出了不同的观点和定义，这些研究为我们了解工作数字素养提供了一定的参考，但同时也表明这个概念及其内涵仍有待进一步的明确和深入研究。因此，未来的研究应该继续探讨工作数字素养的内涵和实践应用，以提高我们在数字化环境下的工作效率和创新能力。

　　其次，缺乏一个整体的理论视角来理解工作数字素养产生的影响。一是工作数字素养的影响涉及多个层面，包括个体水平、团队协作和组织绩效等。在个体水平方面，具备较高的数字素养使员工能够更有效地应对数字化工作环境中的挑战。然而，目前的研究主要集中在技术技能和知识方面，而对数字素养对情感态度等心理层面的影响尚未深入探讨（徐路、张兴旺，2019；许欢、尚闻一，2017）。从团队协作的角度看，工作数字素养可能会对协作效率和信息共享产生积极影响，但它对团队动态、决策效果等方面的影响如何，已有文献对此尚未进行深入研究。然而，如何将员工的数字素养提升与组织绩效提升相联系，以及数字素养如何影响组织的创新能力等问题，也需要得到更深入的研究。二是已有文献缺乏一个统一的理论框架来解释工作数字素养对不同领域的影响。当前，关于数字素养的研究往往是零散的，缺乏一个统一的理论视角来指导后续的研究方向。例如，在教育领域，数字素养的研究主要关注教育技术的应用和学生的数字技能培养（汪庆怡，2023）。这种分散的研究格局导致我们难以深入理解工作数字素养在不同领域中的共性和差异，以及其对个体和组织的影响机制。三是研究方法的多样性也为理论建构带来了挑战。当前，数字素养的研究往往采用不同的测量工具和方法，使研究结果难以进行比较和综合（董岳珂，2016；黄敦平、倪加鑫，2022）。这种情况下，如何构建一个统一的、可操作的研究范式，以便更好地理解工作数字素养产生的影响，同样是一个亟待解决的问题。

再次，工作数字素养的工作场所结果及其主要机制亟待探究。有关数字素养的研究已经研究了许多方面，如教育、政府等（钱小龙、汪霞，2014；王海啸，2022）。然而，数字素养在工作场所的研究仍然相对较少。现有研究主要关注数字技术的使用情况、员工的数字技术技能水平，以及数字素养与绩效之间的关系（蔡凤，2023）。尽管少量研究已经开始关注数字素养在工作场所中的影响，但对工作数字素养的工作场所结果及其主要机制的研究仍然相对不足（许欢、尚闻一，2017；Corbel et al.，2022）。未来的研究应该深入探讨数字素养在工作场所中的作用，以及数字素养的提升对员工工作绩效、职业发展以及组织绩效的影响（Corbel et al.，2022；潘燕桃、班丽娜，2022）。此外，未来的研究还需要更加关注数字素养的培养方式和有效的提升途径，以帮助员工更好地适应数字化工作环境，提高数字素养水平。综上所述，工作数字素养的工作场所结果及其主要机制亟待进一步深入探究。未来的研究需要关注数字素养在工作场所中的作用，以及数字素养的提升对员工工作绩效、职业发展以及组织绩效的影响；此外，还需要在已有文献的基础上探索有效的数字素养培养方式，以帮助员工更好地适应数字化工作环境。

最后，工作数字素养培育路径不清晰，缺乏有效的培育与发展机制，这是一个迫切需要解决的问题。第一，诸多研究表明，当前教育体系和职业培训课程中缺乏对数字技术的深入学习和应用，这导致了工作数字素养培育路径不清晰。特别是在传统教育体系中，由于课程体系与培养方案更新较慢，往往难以回应数字素养培养的需要（Elizabeth and Corey，1999；Tour，2017）。教育体系的不足在于，它没有跟上数字技术发展的步伐。现代职场对数字技能的需求日益增加，但传统教育机构的课程往往无法满足这些需求。这导致了许多学生和职业人士在进入职场时缺乏必要的数字技能（Price-Dennis et al.，2015；Bajis et al.，2023）。因此，教育机构需要更加灵活和迅速地调整课程，以确保学生能够获得与时俱进的数字素养。第二，工作数字素养的培养方向也是一个重要的问题。尽管现有的职业培训和教育机构提供了一些数字技术方面的课程，但是这些课程通常是基于一些通用的标准和技能，而无法满足特定行业和职位的要求（马克·布朗、肖俊洪，2018）。数字技术在不同领域的应用差异巨大，因此，培养方案应该更具针对性，根据不同行业和职位的需求来定制。第三，许多企业也没有建立起完善的数字技术培育和发展机制，这导致了许多员工缺乏数字技术方面的专业培训和发展机会（仝曼曼、刘宝存，2023）。在数字化时代，企业应该认识到数字技能对于组织的竞争力至关重要。因此，企业应当投资于员工的数字技术培训，并建立起持续学习和发展的文化。这包括提供在线培训、技能认证和职业发展机会等方面，以帮助员工不断提升他们的数字素养水平。

四、主要研究问题

以上背景为本篇的研究设计提供了主要的研究问题及方向：

1. 什么是员工的工作数字素养

数字素养是当今信息时代中不可忽视的一个重要概念，其内涵与结构的明晰化对于我们理解和适应现代社会的数字化环境具有重要的理论意义。首先，明晰数字素养的内涵有助于我们确立对数字化世界的全面认知。数字素养不仅是熟练使用数字技术和工具，更重要的是培养人们在数字环境下的思维方式和解决问题的能力。通过对数字素养内涵进行深入研究，我们可以理解数字化世界的本质特征以及数字技术与人类活动的相互作用关系，从而更好地适应和应对数字化转型带来的挑战和机遇（张春华等，2019）。其次，明晰数字素养的结构有助于我们建立系统化的教育培养模式。数字素养的结构涵盖了多个方面，包括信息获取与评估、数字工具运用、信息创新与创造等。通过对数字素养结构进行研究，我们可以深入了解这些不同维度之间的相互关系和互动机制，为数字素养的培养提供科学的指导和有效的教学策略（Andreou and Anyfantaki，2021；Gray et al.，2021）。这对于教育界来说具有重要意义，有助于我们更好地设计和实施数字素养培养的课程和教育项目，培养学生全面发展的数字能力。最后，明晰数字素养的概念内涵与结构还有助于推动数字化社会的可持续发展。数字化社会对于数字素养的要求越来越高，它不仅关乎个人的技术能力，更重要的是关乎社会的可持续发展（Helsper and Eynon，2013）。通过深入研究数字素养的理论意义，我们可以为数字化社会的政策制定、社会治理和科技创新提供指导，推动数字化转型的良性发展，实现数字技术和社会需求的有机结合。

2. 如何培育员工的工作数字素养

培育员工的工作数字素养的路径具有重要的理论意义。在当今数字化时代，信息技术的快速发展对组织和个人的工作方式产生了深远影响。数字技术已经渗透到几乎所有行业和职业领域，成为现代工作环境中不可或缺的一部分。因此，理解和掌握数字工具、技术和数据的运用方式对员工的职业发展和组织的竞争力至关重要。首先，研究明晰培育员工的工作数字素养的路径有助于深入理解数字化时代的职业技能要求。工作数字素养不仅是指掌握使用各种数字工具和技术，还包括理解数字化工作环境中的数据分析、信息管理、创新思维和问题解决等方面的能力（Falloon，2020；Peart et al.，2020）。通过探索培育路径，我们可以揭示数字化时代的工作需求和技能要求，有助于为员工提供适应未来工作的能力和技能。其次，研究明晰培育员工的工作数字素养的路径还可以促进组织的创新和竞争力（Bejakovic and Mrnjavac，2020）。数字技术的广泛应用为组织带来了许多机遇，如数据驱动的决策、智能化的业务流程和创新型的产品和服务。通过培育员工的工作数字素养，组织能够充分利用数字化技术的潜力，并在快速变化的市场环境中保持竞争优势。研究这些培育路径的明晰性可以帮助组织制订有针对性的培训和发展计划，确保员工具备所需的数字技能和知识，为组织的创新和成功提供支持。

3. 工作数字素养带来何种结果

研究工作数字素养的积极结果与作用机制具有重要的理论意义。首先，工作数字素养是指员工在数字化环境下应用信息技术进行工作所需的能力和技能。随着数字化时代的到来，工作数字素养已成为现代职场中不可或缺的重要素质。研究工作数字素养的积极结果可以为我们深入理解数字化时代的职业发展提供理论指导（马克·布朗、肖俊洪，2018）。其次，通过研究工作数字素养的积极结果，我们可以揭示其对个体和组织的多方面影响。从个体方面来看，具备较高的工作数字素养可以提升员工的信息处理能力、创新能力和问题解决能力。这有助于员工更好地适应数字化工作环境，提高工作效率和质量，从而实现个人职业发展和成长（姚争、宋红岩，2022）。从组织方面来看，具备高水平的工作数字素养的员工能够更好地适应变化和创新，为组织提供创新思路和解决问题的能力。这对于组织的竞争力和可持续发展来说至关重要（吴砥等，2022）。最后，研究工作数字素养的作用机制可以帮助我们了解其形成和发展的过程。工作数字素养的作用机制可能涉及个人因素、组织因素和环境因素等多个方面。其中，个人因素包括个体的技术能力、信息素养和学习能力等（古天龙，2019）；组织因素包括组织的培训和发展机制、信息技术支持和文化氛围等；环境因素包括数字化程度、行业发展和技术创新等。深入研究这些作用机制有助于我们制定有效的培养方案和政策，促进工作数字素养的提升和发展（张新新、刘一燃，2022）。综上所述，研究工作数字素养的积极结果与作用机制对于深入理解数字化时代的职业发展以及提升个体和组织的竞争力具有重要的理论意义。这一研究领域的深入探索将为我们提供有力的理论支持和实践指导，从而促进数字化时代职场的可持续发展。

第八章　工作数字素养的研究框架

在以上研究的基础上，本章构建了对工作数字素养的统一研究框架，以全面阐释工作数字素养的前因、过程、结果及边界条件。

一、工作数字素养研究的基本出发点

在正式对工作数字素养的影响机制与培育路径展开研究之前，首先需要基于学科视野对研究取向进行基本的澄清，具体而言本章中研究的基本出发点如下：

前置假设 8-1：数字素养的差异不仅体现在员工之间，同一个员工在不同阶级的数字素养同样存在差异。 一方面，数字素养的本质决定了员工个体间存在差异。数字素养包括技能、知识和态度，而这些因素受到个体教育背景、工作经验和兴趣爱好等因素的影响（卜卫、任娟，2020）。不同员工在接受教育和培训的过程中，可能会获得不同程度的数字技能和知识（雷晓燕、邵宾，2023）。例如，一些员工可能在学校或工作中接受了与数字技术相关的专业培训，从而具备较高的数字素养水平，而另一些员工可能没有接受过类似的培训，数字素养水平相对较低。此外，员工的态度和意愿也会对数字素养产生影响。一些员工可能对数字技术抱有积极态度，并愿意主动学习和应用相关知识，而另一些员工可能对数字技术持消极态度，不愿意主动提升自己的数字素养（李秋实等，2022）。因此，基于个体差异的存在，员工个体间的数字素养存在差异是合理的推论。另一方面，数字素养的本质同样也支持员工个体内数字素养存在差异。数字素养是一个涉及多个领域的概念，包括信息获取与评估、数字工具运用、信息管理与处理、数字安全与隐私等。在每个领域中，员工可能有不同的专业背景和技能水平，导致数字素养在个体内存在差异（Kocak et al.，2021）。一个员工可能在信息获取与评估方面具备较强的能力，能够有效地从海量信息中筛选出有价值的内容；而在数字工具运用方面，同样的员工可能相对较弱，不熟悉或不擅长使用某些常见的数字工具。因此，数字素养的多领域特性决定了员工个体内数字素养存在差异的合理性。

前置假设 8-2：员工数字素养同时受到环境因素与个体因素两方面的影响。首先，环境因素对员工数字素养的影响是显而易见的。组织内部的数字化程度、技术设施的可用性以及组织对数字技术的支持程度都将对员工的数字素养产生影响。例如，一个拥有先进技术设备和培训计划的组织将更有可能培养出具备高水平数字素养的员工（Kendrick et al.，2022）。此外，外部环境的变化也会对数字素养产生影响。随着科技的不断进步和市场竞争的加剧，组织需要适应新的数字化工具和技术，这就要求员工具备相应的数字素养来适应变化。其次，个体因素也对员工数字素养产生重要影响。个体的教育背景、技术能力、学习能力以及对数字技术的态度和动机都会影响其数字素养水平（Tirado-Morueta et al.，2018；Han and Reinhardt，2022）。一个具备良好技术背景和学习能力的个体更容易掌握和应用数字技术，而一个缺乏相关能力和动机的个体则可能在数字素养方面存在不足（Goodfellow，2011）。然而，需要注意的是，环境因素和个体因素并不是相互独立的，它们相互作用并共同塑造着员工的数字素养。一个良好的环境可以提供必要的资源和支持，促使个体数字发展素养。相反，一个缺乏支持和培训的环境可能限制个体的数字素养发展，即使个体本身具备潜力。同样，个体的能力和动机也可以影响其环境选择和适应，他们可能会主动寻找适合提升数字素养的机会，并积极应用数字技术。

前置假设 8-3：员工数字素养能够通过习得行为提高。习得行为是指通过学习和实践来获取新的行为能力和知识。在数字素养的培养中，培训和教育是非常关键的手段。组织可以通过提供相关的培训课程和资源，帮助员工了解和掌握数字化工具和技术，提高其信息处理和分析能力（Nagel et al.，2023）。此外，组织还可以创建积极的学习环境，鼓励员工主动参与学习和知识分享，培养员工的自主学习和问题解决能力。通过不断的习得实践，员工的数字素养水平将逐渐提高（Liu and Zhou，2023）。然而，要实现员工数字素养的提高并不是一蹴而就的过程。在此过程当中，组织需要注意以下几个方面：首先，组织应该与时俱进，及时更新培训内容和方式，以适应新技术的发展和变化。其次，组织应该提供多样化的培训途径，包括线上和线下的培训形式，以满足不同员工的学习需求和偏好。同时，组织可以通过引入数字化学习平台和在线资源，使员工可以随时随地进行学习和知识获取。另外，组织还应该鼓励员工之间的合作学习和经验分享，通过互动交流的方式提高数字素养（李家新等，2021）。此外，组织还可以通过设立激励机制来推动员工的数字素养提升。例如，组织可以设置奖励制度，给予数字素养提升明显的员工一定的认可和激励。这样可以激发员工的学习动力，促使他们主动参与数字素养的培养和提升。最后，组织应该持续关注员工数字素养的提高，并进行评估和反馈。通过定期的评估和反馈机制，组织可以了解员工数字素养的现状和发展需求，进而针对性地提供支持和帮助。同时，员工也可以通过评估和反馈了解自己的进步和不足之处，进一步激发学习的动力和改进的意识。

前置假设 8-4：数字素养习得是具有策略性的过程。 首先，数字素养习得策略能够提供系统化和结构化的学习机会，使学习者能够有针对性地获取所需的知识和技能。通过有组织的教育和培训活动，学习者可以迅速了解数字工具的操作和应用，并且在实践中不断巩固和提升这些能力。习得策略还可以帮助学习者了解数字化时代的最新趋势和技术，使其能够及时跟上技术的发展，并在组织中发挥更大的作用。这样的系统化学习过程可以提高数字素养习得的效率和效果（兰国帅等，2020）。其次，数字素养习得策略能够通过提供实践机会和反馈机制，加速个体对数字素养的习得行为。通过模拟实验、案例研究、项目实践等方式，学习者可以在真实或类真实的环境中应用所学的知识和技能，提高其在数字环境中的实际操作能力（余慧菊、杨俊锋，2019）。同时，及时的反馈机制可以帮助学习者纠正错误和改进方法，从而更快地提高数字素养水平。最后，数字素养习得策略还可以通过培养积极的学习态度和持续学习的文化，加速数字素养的习得过程。学习者的态度和意愿对于习得效果至关重要。通过激发学习者的兴趣、提供学习的动机和目标，习得策略可以促使学习者更加主动地参与学习过程，并保持持续的学习动力。这种积极的学习态度和文化有助于学习者持续地提升数字素养，不断适应和应对数字化环境的变化。

前置假设 8-5：数字素养能够提高员工在工作场所中的积极表现，但这种结果受到情境条件的影响。 首先，数字素养可以提高员工的工作效能和生产力。具备良好的数字技能和信息处理能力的员工能够更快地获取所需信息、更高效地处理工作任务，并且更容易适应和利用新的数字工具和技术。这些能力的提升将促进员工在工作中取得更好的绩效和成果。其次，数字素养也对员工的创新能力和问题解决能力产生积极影响（王兆轩，2023）。在数字化时代，创新和问题解决能力对组织的竞争力至关重要。数字素养使员工能够更好地利用信息和数字工具，寻找新的解决方案和创新机会。这种能力的提升将带来更多的创新思维和新颖的解决方案，推动组织的发展和进步。然而，我们也必须承认数字素养的积极结果受到情境条件的影响。不同的工作情境和组织文化可能会影响数字素养的发挥效果。例如，一些组织可能缺乏对数字技术的投资和支持，或者存在刚性的工作流程和文化习惯，这可能限制了数字素养的应用和发展。在这种情况下，即使员工具备了较高的数字素养，也可能无法充分发挥其积极结果。此外，员工个体差异也会对数字素养的积极结果产生影响。不同的员工可能具备不同水平的数字素养，这取决于他们的个人背景、教育程度和经验。一些员工可能具备较高的数字素养，能够迅速适应和应用新的数字工具和技术，从而获得积极结果，而另一些员工可能缺乏相关的技能和知识，需要额外的培训和支持才能提高数字素养水平。

二、工作数字素养研究的基本框架

1. 模块一：数字素养的概念内涵与结构测量

模块一关注如何准确而全面地理解数字素养，并开发有效的测量工具来评估个体或群体在数字素养方面的水平。以下是对该模块主要研究内容的简述：首先，模块一致力于探讨数字素养的概念内涵。数字素养不仅是指基本的计算机操作技能，它还涵盖了更广泛的能力和知识，如信息获取、信息评估、信息利用、创新思维和问题解决能力等。在这方面，研究者通过综合文献回顾、专家访谈和实证研究等方法，逐渐形成对数字素养的全面理解，并对其内涵进行了界定和解释。其次，模块一关注数字素养的结构测量。为了准确评估个体或群体的数字素养水平，需要开发科学可靠的测量工具（赵晨等，2023）。在这方面，研究者进行大量的努力，以建立有效的数字素养评估体系。这包括制定测量维度、构建评估工具、设计评估任务和开发评分标准等。通过运用心理学的原理和方法，研究者努力确保数字素养测量工具的有效性和可靠性。最后，模块一还关注数字素养与其他相关概念之间的关系。数字素养与信息素养、科技素养等相关概念存在一定的重叠和交叉，但也有各自的独特性。本模块致力于探索这些概念之间的关系，并努力建立一个清晰的概念框架，使其在研究和实践中能够得到准确的区分和应用。

2. 模块二：数字素养习得行为的影响机制

模块二关注数字素养习得行为，即人们在不同背景条件下学习和掌握数字技术所展现的行为。首先，模块二将探究个人因素对数字素养习得行为的影响。个人因素包括认知能力、学习动机、自我效能感等，这些因素对于个体学习数字技术的意愿和能力具有重要影响。模块二将关注不同个体之间在数字素养习得行为上的差异，以及如何通过个人因素的调节来促进数字素养的习得过程。其次，模块二将研究社会环境因素对数字素养习得行为的影响。社会环境包括教育机构、组织和家庭等，它们提供了学习数字技术的机会和支持。模块二将关注这些环境因素对数字素养习得行为的塑造作用，探讨教育机构如何设计有效的数字素养培训课程，组织如何创造支持数字技术学习的文化氛围，以及家庭如何影响个体数字素养习得的过程。再次，模块二还将研究技术因素对数字素养习得行为的影响。技术因素包括数字工具的设计和用户体验，它们直接影响个体学习和使用数字技术的效果。模块二将关注如何通过优化数字工具的设计和交互方式，提高个体的数字素养习得效果，并探讨技术因素与个人因素、社会环境因素之间的相互作用。最后，模块二将探索数字素养习得行为对个体和组织的影响。模块二将关注数字素养习得行为与工作绩效、创新能力、职业发展等因素之间的关系，以及数字素养习得对组织变革和竞争力的影响。通过深入研究数字素养习得行为的影响机制，我们可以揭示数字素养对个体和组织的重要影响路径和机制。这有助于制定有效的数字素养培养策略和政策，提高数字素养的习得效果和应用水平。

3. 模块三：数字素养习得策略的影响机制

模块三的研究内容是关于数字素养习得策略的影响机制。数字素养习得策略是指个体在获取和提升数字素养过程中所采取的行为和方法。了解数字素养习得策略的影响机制对于促进个体和组织的数字素养发展具有重要的理论和实践意义。首先，模块三探讨了不同类型的数字素养习得策略对个体数字素养发展的影响。这包括主动学习策略、合作学习策略、自主学习策略等。主动学习策略强调个体积极主动地获取和掌握数字技能和知识；合作学习策略注重个体与他人的协作和互助；自主学习策略则侧重于个体的自我管理和自主学习能力。比较分析不同策略对数字素养发展的影响，可以揭示出不同策略的优劣和适用场景，为个体选择合适的习得策略提供理论指导。其次，模块三关注数字素养习得策略的影响机制，即探究为何某些策略对数字素养发展更为有效。这方面的研究可能从认知、情感和行为等多个维度入手。例如，认知维度可以考察个体对不同习得策略的认知偏好和效果评估；情感维度可以研究个体在不同策略下的情感体验和动机激励；行为维度可以分析个体在实施不同策略时的行为表现和实际成效。这些研究有助于深入理解数字素养习得策略的内在机制，为个体和组织提供更科学有效的习得策略选择和设计（吴建中，2022）。此外，模块三还关注数字素养习得策略的影响因素，即影响个体选择和采用不同习得策略的因素。这可以涉及个体特征、组织环境和社会文化等多个方面。个体特征包括个体的学习风格、学习能力和自我效能等；组织环境包括组织的培训支持、信息技术资源和文化氛围等；社会文化包括社会认知和价值观念对数字素养习得策略的影响。研究这些影响因素，可以帮助我们了解为什么个体会选择某种习得策略，以及如何创造有利于数字素养习得的环境和条件。最后，模块三还可以探索数字素养习得策略的效果评估和优化方法。评估不同策略的实际效果和成效，可以了解其对个体数字素养发展的贡献程度，并为个体和组织提供改进和优化的建议。

4. 模块四：习得行为与习得策略对数字素养的影响机制

模块四主要关注习得行为与习得策略对数字素养的影响机制，具体而言分为以下几个方面：首先，模块四探讨习得行为对数字素养的影响。习得行为是指通过实践和经验积累逐渐习得和发展出的行为方式和能力。在数字素养的发展过程中，习得行为发挥着重要的作用。研究者关注个体在实际数字环境中的行为表现，如信息搜索、数据分析、问题解决等，以及这些行为对数字素养的促进作用。分析习得行为与数字素养之间的关系，可以揭示出不同习得行为对数字素养的影响程度和机制，为培养和提高数字素养提供有效的策略和方法。其次，模块四关注习得策略对数字素养的影响。习得策略是个体在学习和习得过程中采用的具体方法和策略。在数字素养的培养中，选择合适的习得策略对于提高个体的数字素养水平至关重要。研究者探讨了不同习得策略对数字素养发展的影响，并分析了习得策略的有效性和适用性。研究习得策略与数字素养之间的关系，可以为个体提供更科学、高效的学习策略，促进其数字素养的提升。最后，模块四还关注习得行为和习得策略对数字素养的影响机制。研究者试图揭示习得行为和习得策略对数字素养发展的底层机制和因果关系。这可能涉及认知过程、信息加工、学习动机等多个方面的因素。深入探究这些机制，可以更好地理解数字素养的培养过程，为个体和组织提供更科学、有效的培训和发展策略。

5. 模块五：数字素养的任务性与发展性结果

首先，研究数字素养在任务性情境下的表现是模块五的重点内容之一。这包括数字素养在工作、学习、创新和问题解决等具体任务中的应用和效果。研究者通过实证研究和案例分析，探索数字素养对任务完成的影响和促进作用。例如，研究者可以关注在数字化工作环境中，具备较高的数字素养的员工是否能够更高效地处理信息、快速解决问题，并提供创新思路和解决方案。其次，模块五还关注数字素养的发展性结果。这意味着要深入研究数字素养在个体或组织发展过程中的变化和演变。研究者可以通过跟踪研究、纵向研究和实验设计等方法，探究数字素养的发展路径、影响因素和阶段性特征。例如，研究者可以关注数字素养的培养和提升对个体职业发展的长期影响，以及不同组织环境下数字素养发展的差异。在研究数字素养的任务性与发展性结果时，研究者还可以关注相关的影响因素和中介变量。这包括个体因素（如教育背景、技术能力、学习态度）、组织因素（如培训与支持措施、工作文化、信息技术基础设施）以及环境因素（如数字化程度、行业发展趋势）。通过探索这些因素和变量的作用机制，我们可以更好地理解数字素养在任务完成和发展过程中的表现和影响。

本章构建的理论模型如图 8-1 所示。

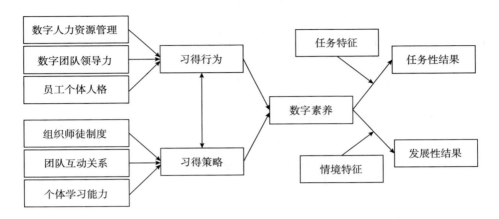

图 8-1　理论模型

三、工作数字素养研究的基本方法

1. 规范性理论分析

应然研究范式是一种理论分析方法，强调对现实问题进行理性解释和规范化指导，结合实证研究和规范研究的特点，这有助于深入理解工作数字素养的影响机制、制定培养路径。首先，使用应然研究范式有助于揭示工作数字素养的影响机制。该范式强调通过理论构建和概念模型的方式，分析和解释各个变量之间的关系。在研究工作数字素养的影响机制时，研究者可以明确主要变量，如个人技能、组织支持和环境因素，并建立相应的假设和关系模型，通过实证研究方法，收集和分析大量的数据，以验证假设和验证理论模型，从而深入了解工作数字素养的影响机制。其次，使用应然研究范式可以探索工作数字素养的培养路径。这种研究范式注重规范研究，即通过制定指导性的培养策略和方法，提升工作数字素养水平：一是通过文献综述和实证研究，了解当前培养工作数字素养的最佳实践和成功案例；二是基于现有理论和实证研究结果，设计和开展培养方案，包括培训课程、学习资源和辅助工具等；三是通过实践和评估，不断优化和改进培养路径，以实现工作数字素养的有效提升。研究者在展开应然研究范式的研究时，可以采取以下思路：明确研究目标和问题，如研究工作数字素养对个体绩效和组织创新的影响机制；进行相关文献综述，了解当前研究领域的理论框架、研究方法和主要研究成果；构建概念模型和假设，明确研究变量和关系。进行数据收集和分析，可以采用问卷调查、实地观察或实验等方法；通过实证结果的分析和解释，提出相关结论，并根据实证研究的结果，提出有针对性的培养路径和建议。例如，如果研究结果表明个人技能是工作数字素养的重要影响因素，可以建议组织提供相关培训和学习资源，帮助员工提升技术能力和信息素养；如果研究结果显示组织支持对工作数字素养的培养起到关键作用，可以建议组织制定支持政策，为员工提供必要的资源和支持，激发其学习和发展的动力；此外，还可以针对环境因素提出相应的改进措施，促进数字化环境的建设和技术创新。总之，利用应然研究范式分析探究工作数字素养的影响机制及培养路径是一种理论合理、方法可行的研究方法，这种方法通过理论构建、实证研究和规范研究相结合，深入研究工作数字素养的影响机制，并提出相应的培养策略和路径。这将为个体和组织在数字化时代中适应和发展提供重要的理论指导和实践参考，促进个体的职业发展和组织竞争力的提升。

2. 调查问卷收集

第一，利用调查问卷收集数据的理由之一是其广泛适用性和高效性。调查问卷是一种相对容易设计和分发的工具，可以迅速获取大量数据。通过在问卷中设置有关工作数字素养的问题，我们可以收集到广泛的观点和经验，了解员工在数字化环境下的技能水平、认知和行为等方面的情况。这些数据可以为我们揭示工作数字素养的影响机制提供重要线索。第二，调查问卷收集的数据可以提供大量的定量信息，使研究结果更具说服力和可信度。通过量化调查问卷中的问题，我们可以对工作数字素养及其影响因素进行量化测量和分析，从而获取相对客观的数据结果。这有助于揭示工作数字素养与个人因素、组织因素和环境因素之间的关系，深入理解其影响机制。在开展调查问卷研究时，我们需要考虑一些关键的思路和步骤：首先，明确研究目标和研究问题，明确要调查的工作数字素养的影响因素和培养路径。其次，设计问卷问题，包括关于个人技能、认知、行为、组织支持和培训等方面的问题。问题的设计应该具有一定的科学性和可操作性，以确保收集到的数据能够回答研究问题。在选择研究样本和受试者时，要确保样本的代表性和有效性。在数据收集完成后，我们需要进行数据分析和解释。通过统计分析方法，如描述性统计、相关性分析和回归分析等，我们可以识别出工作数字素养的关键影响因素，并探索它们之间的关系和作用机制；进一步地，我们还可以进行因果推断，通过结构方程模型等分析方法验证影响机制的有效性。最后，根据研究结果，我们可以提出有效的培养路径和政策建议。通过分析调查问卷数据，我们可以识别出工作数字素养的薄弱环节和需要改进的方面，并制订相应的培训和发展计划。这有助于提高员工的工作数字素养水平，增强其适应数字化职场环境的能力。此外，我们还可以根据调查问卷的结果，提供组织层面的建议，如改善信息技术支持、建立培训机制和营造数字化文化氛围等，以促进工作数字素养的培养和提升。

3. 结构方程模型

利用结构方程模型（SEM）分析工作数字素养的影响机制及培养路径具有理论契合性。第一，工作数字素养是一个复杂的概念，涉及多个维度和变量之间的相互关系，使用 SEM 可以帮助研究者建立一个整体的理论框架，将各个维度和变量进行量化和结构化的分析，揭示它们之间的关联关系，进而理解工作数字素养的影响机制。第二，SEM 能够提供对于因果关系的检验和建模，并且能分析路径系数和模型拟合度等指标，这样可以确定各个变量之间的直接和间接的影响效应。在研究工作数字素养的影响机制时，研究者可以通过构建一个基于先前理论或假设的模型，将工作数字素养作为因变量，其他可能影响工作数字素养的变量作为自变量，然后使用 SEM 进行验证和修正。这有助于揭示工作数字素养的关键影响因素，识别影响路径和机制。为了开展这样的研究，研究者可以采取以下操作步骤：首先，需要确定合适的测量工具和指标，以量化工作数字素养及其相关变量。研究者可以使用已有的工作数字素养评估工具，并结合实际研究对象的特点进行适当调整。其次，需要收集相关数据，包括工作数字素养及其影响因素的测量数据。这可以通过问卷调查、观察或者实验等方式获取。再次，还需要收集一些背景信息，如受访者的职业类型、教育背景等，以控制潜在的干扰因素。最后，在进行数据分析时，可以使用结构方程模型软件进行模型拟合和参数估计。通过估计路径系数和判断模型拟合度指标，我们可以评估模型的适配性，并得到各个变量之间的影响效应。如果模型拟合度不理想，我们可以通过逐步修正模型，增加或删除变量，改进模型结构，直至得到较好的拟合度。第三，研究者可以根据 SEM 的分析结果提出工作数字素养的培养路径和策略。通过研究工作数字素养的影响机制，我们可以发现提升工作数字素养的关键影响因素和路径，为个体和组织提供培养和发展的指导。这有助于设计和实施有效的培训计划、教育方案和政策，提高员工和组织在数字化时代的竞争力和适应能力。总之，利用结构方程模型分析工作数字素养的影响机制及培养路径具有重要的理论和实践价值。通过构建整体的理论框架、检验因果关系、量化变量、探索影响路径，我们可以深入理解工作数字素养的内在机制。研究者在使用结构方程模型开展研究时，需要确定合适的测量工具和指标，收集相关数据，并使用结构方程模型软件进行数据分析和模型拟合，最终，基于分析结果，研究者可以提出针对工作数字素养的培养路径和策略，为个体的职业发展提供理论指导和实践支持。

第九章　工作数字素养的概念内涵与结构测量

一、工作数字素养的概念内涵

在已有的文献中，研究者们对工作数字素养的内涵给出了多种不同的定义和理解。尽管存在一定的差异，但这些定义都强调了在数字化工作环境中所需的技能和能力。首先，工作数字素养被界定为应用信息技术的能力和技能。例如，资源观将工作数字素养定义为利用数字技术和信息资源进行工作的能力。这一观点强调了数字工具和资源的使用能力，以及在工作中应用这些工具进行任务完成和决策制定的能力。其次，工作数字素养被认为是信息处理和创新能力的体现。创新观将其界定为在数字化环境下获取、评估和应用信息的能力，并强调了创新和解决问题的能力。这意味着工作数字素养不仅包括简单地使用技术工具，而且更注重信息处理和创新思维的能力（文琴，2023）。同样，一些研究将工作数字素养视为适应和学习的能力，将其定义为在日常工作中适应和利用数字技术的能力。这一观点强调了个体在不断变化的数字工作环境中的学习和适应能力，包括快速掌握新技术、灵活应对工作要求和持续学习的能力。此外，一些研究还强调了工作数字素养与社交和协作能力的关联，将工作数字素养定义为在数字化工作环境中与他人合作和沟通的能力。这表明工作数字素养不仅包括个体技术能力的发展，还包括与他人合作、共享信息和协同工作的能力。不同的研究者在界定工作数字素养的内涵时，关注的重点有所不同（许欢、尚闻一，2017）。部分研究强调了工作数字素养与应用信息技术工具的能力和技能的联系，强调数字资源的利用和工作任务的完成。另一些研究将工作数字素养视为信息处理和创新能力的体现，注重个体在数字化环境下获取、评估和应用信息的能力。综上所述，虽然学者们对工作数字素养的界定存在一定的差异，但可以看出，工作数字素养涵盖了多个方面的能力和技能。它不仅包括了对数字工具和资源的应用能力，还强调了信息处理、创新、适应和学习以及社交和协作等能力。这些不同的定义为我们提供了多个视角来理解和培养工作数字素养，为在数字化时代提高个体和组织的竞争力和适应能力提供了理论指导和实践参考。

本章通过整合以上研究，认为工作数字素养可以被全面客观地定义为在数字化工作环境中所需的一系列技能、知识和能力，以有效地利用数字技术和信息资源，完成工作任务并适应不断变化的工作需求。这个定义强调了以下几个关键要素：

技能、知识和能力：工作数字素养包括掌握和熟练应用各种数字工具和技术的技能，了解数字化工作环境中的相关知识，以及具备适应和学习新技术的能力。

数字技术和信息资源的利用：工作数字素养要求个体能够有效地运用数字技术和信息资源，包括但不限于软件应用、数据分析、信息搜索与管理等，以提高工作效率、质量和创新能力。

任务完成和适应能力：工作数字素养涉及在数字化工作环境中能够高效地完成各种工作任务，包括数据处理与分析、数字化沟通与协作、在线协作等，并具备适应不断变化的技术和工作要求的能力。

综合性和客观性：工作数字素养需要综合多个方面的能力，包括技术技能、信息处理能力、创新能力、适应能力、协作能力等，并且这一定义应该具备客观性，能够被广泛认同和测量。

这样全面客观的定义可以帮助我们更好地理解和评估个体和组织在数字化工作环境中的能力水平，为培养和发展工作数字素养提供指导和参考。同时，这个定义也强调了工作数字素养作为一种关键的职业能力在提高工作效能、促进创新和适应性方面的重要性。

二、工作数字素养的量表开发过程

为了更好地开发工作场所中的数字素养量表，本章在量表开发的过程中先选取了一些工作场所中的员工样本，并通过问卷调查了他们工作数字素养的具体情况，然后根据这些内容汇总合并，在汇总的过程中将语义相近的描述归拢，从中抽取出核心语义作为量表的题项。为此，本章向 120 名员工发送了半开放式问卷，在问卷中我们要求被试能够描述其在数字环境下对于数字素养的具体看法。具体的问题如下：

在数字技术高度发展的今天，我们的工作场所中不断涌现出了远程工作、AI 助手、虚拟团队、算法系统、考勤机器人等数字技术。同样，我们的工作任务与工作内容也日趋数字化，我们不可避免地要完成各种数字任务。这些现象的出现意味着我们需要更高的数字素养才能胜任数字工作环境的需要。无论是为了完成当下的工作任务，还是为了寻求未来的发展，都需要我们在数字环境、数字任务中有更高的素养。从你的工作经历与切身体会来看，你认为在工作过程中哪些数字素养最关键？

在此基础上，本章得到了 873 条调查对象对于工作场所中的数字素养陈述，为此逐一阅读了这些描述并进行了内容分析，并且列举了一些代表性的案例，具体如表 9-1 所示。

表 9-1　代表性陈述

序号	代表性陈述内容
1	实践创新，主要是在日常活动、问题解决、适应挑战等方面所形成的实践能力、创新意识和行为表现
2	具体包括劳动意识、问题解决、技术应用等基本要点
3	创新，积极利用丰富的数字化资源、广泛的数字化工具和数字化平台，开展探索和创新
4	数字社会责任，在各种数字场景中不伤害他人和社会，积极维护数字经济的健康发展秩序和生态
5	我们可以通过图像来很快地掌握认知技能，最终做到本能无误地解读和理解视觉图形形式呈现的信息

本章按照规范的量表开发过程，首先剔除了描述中 110 条与数字素养无关的描述，如"要有吃苦耐劳的精神"等，这类距离数字素养主题较远的描述，虽然不能说与数字素养毫无关系，但这些观点不够聚焦且不符合数字情境，因此被剔除；其次，本章逐一合并了内容相似的文本并从中提炼出语义形成了若干个题项；最后，通过对语义的划分与识别，我们从中提炼出两个维度以表征工作场所中的数字素养。具体测量题项如表 9-2 所示。

表9-2　测量题项

序号	数字任务素养	数字发展素养
1	能够熟练使用相关的数字工具和软件	能够持续学习和了解新的数字技术和工具
2	能够有效地收集、整理和分析工作任务中的数字信息	适应不断变化的数字工作环境和工作方式
3	能够运用数字技能解决工作任务中的问题或挑战	能自主利用资源或平台来提高数字技能
4	能合理地利用数字资源来提高工作效率和准确性	会积极参与数字化的工作流程和项目
5	进行合理的数据处理，能处理大量数据或信息	能在团队中分享和传授数字技能和知识
6	能根据工作需要选择和使用适当的数字技术或平台	适应数字化工作的变化并灵活应对挑战

　　数字任务素养是指个体在工作环境中，运用数字技能和工具，高效地收集、整理、分析信息，解决问题，提高工作效率的能力。这一概念强调了在数字化时代，人们在完成工作任务时所需具备的一系列数字化技能和素质。它涉及个体掌握并熟练运用各种数字工具和技术，以完成特定的工作任务。任务型素养关注的是技能和知识的应用，包括对特定软件、应用程序或工作流程的熟悉程度，以及在日常工作中的操作能力。例如，熟练使用电子表格软件进行数据分析和处理、熟悉项目管理工具进行任务跟踪等。发展型素养则更强调个体的学习和适应能力，能在不断变化的数字环境中发展和成长，关注的是个体的思维方式、学习态度和能力，以应对日益复杂和新兴的数字技术和工作要求。首先，数字任务素养主要强调熟练的数字工具和软件应用能力。数字任务素养的核心在于对办公软件、数据分析工具、信息管理系统等数字工具的熟练使用。这为个体提供了操作数据、整理信息的手段，为有效处理任务提供了基础。其次，数字任务素养涵盖了信息生命周期的全过程。个体需要具备从多个渠道收集信息的能力，不局限于传统来源，还包括从网络、数据库等数字化资源中获取信息的技能。然后，将获取的信息进行整理和筛选，以保留对任务有价值的部分。最后，利用数据分析等方法，从海量信息中提炼出自己的见解，为解决问题提供支持。解决问题的能力是数字任务素养的重要方面。这需要将数字技能应用于实际情境，分析并解决工作中的问题。通过运用数字工具，个体能够更迅速地获取、分析信息，从而进行准确的决策，提高解决问题的效率。合理利用数字资源也是数字任务素养的核心之一。个体应该具备从网络、数据库等数字资源中获取所需信息的能力，以及善于使用数字化手段提升工作效率的技能。这有助于个体更加高效地完成任务，提

高工作质量。在处理大量数据或信息方面，数字任务素养强调了整合和分析的能力。个体需要具备处理大量数据的能力，将数据进行整合、分析，从中获取有价值的信息。这有助于做出基于数据的决策，提高工作效率和准确性。数字任务素养强调了选择合适的数字技术的能力。在不同的工作情境下，个体需要了解不同的数字技术和平台，并选择最符合任务要求的工具。这能够提升工作效率，达到更好的工作效果。

数字发展素养是指个体在数字化时代不断提升自身的数字技能、知识、工作方式以及对数字工具的理解的能力。这种素养涵盖了多方面的技能和态度，使个体能够积极参与和适应快速变化的数字化工作环境，不仅有助于个体在个人层面实现自我成长，还有助于个体在团队合作中分享和传授数字化技能，有效应对数字化工作的各种挑战。发展型素养涉及个体的创新思维、问题解决能力、信息处理和分析能力，以及持续学习和自我发展的意识。它强调的是个体的适应性和可持续发展，以跟上技术变革和职业发展的步伐。首先，数字发展素养要求个体具备持续学习和探索新的数字技术和工具的意愿和能力。在迅速变化的数字领域，了解并掌握新兴技术，能够快速适应并应用于实际工作中，是数字发展素养的重要方面。其次，适应不断变化的数字工作环境和工作方式也是数字发展素养的关键方面。数字化时代的工作方式不断演变，个体需要具备灵活性，能够随时调整工作策略，利用数字工具高效完成任务。此外，自主学习和提高数字技能的能力也是数字素养的体现之一。个体应当能够主动利用资源和平台，进行自我学习，不仅要掌握基本的数字技能，还要在实际工作中不断提升，保持技术更新。数字发展素养还需要积极参与数字化的工作流程和项目。个体不仅要在工作中应用数字技能，还应深入参与数字化工作，为团队的数字化流程和项目提供价值。在数字化工作中，与他人合作、分享经验和知识也是重要的，这对于整个团队的数字素养提升至关重要。同时，数字发展素养要求个体能够适应数字化工作的变化并灵活应对挑战。在数字化时代，技术和工作环境不断变化，可能会出现各种问题和挑战。拥有良好的适应能力和解决问题的技巧，能够更好地应对这些变化和挑战。

三、对工作数字素养不同维度的理解

将工作数字素养分为任务型素养和发展型素养有助于更全面地把握工作数字素养的内涵。任务型素养关注的是具体的操作技能和应用能力，而发展型素养则强调个体的学习、适应和成长能力。这两个维度相互补充，形成了一个更全面、更具体的框架，有助于理解和培养工作数字素养。

1. 从不同情境理解数字素养的双重维度

随着数字化浪潮的兴起，工作数字素养已经成为当今职场中的重要议题。这一概念涵盖了众多方面，其中任务型素养和发展型素养作为两个核心维度，从不同情境中诞生。任务型素养侧重于在具体任务执行中所需的技能和能力，而发展型素养则聚焦于个体的学习、适应和成长能力。这两个维度既有联系又有差异，相互交织形成了一个全面而富有深度的工作数字素养框架。

"任务型素养"这一概念，在字面上已经蕴含着其内涵。它强调的是在完成具体工作任务时所需要的技能和能力。这种素养体现在操作软件、应用工具、解决问题等具体的操作技能上。无论是处理数据、制作报告，还是进行项目管理，这些任务都需要一定的技能基础。任务型素养关注的是在职场中高效地应用这些技能，以确保任务完成的准确性和效率。它是职业生涯中的基石，对于完成日常工作任务至关重要。任务型素养并不只是简单的技能堆积，它更侧重于将技能应用于实际工作中。这需要熟练掌握工具和软件，能够快速准确地解决实际问题。在快节奏、高压力的工作环境中，任务型素养显得尤为重要。它不仅能够提高工作效率，还能够降低出错率，从而为个体和组织创造更大的价值。

然而，随着数字化时代的快速发展，仅仅具备任务型素养已经不足以适应快速变化的社会环境。数字技术的更新迭代速度惊人，新技术层出不穷。在这样的背景下，持续学习和适应变化成为一个关键能力，这便是发展型素养的核心所在。发展型素养追求的是个体的学习、适应和成长能力。它超越了简单的操作技能，更关注如何在不断变化的数字工作环境中保持持续的学习意识。这需要个体具备自主学习的能力，能够主动获取新知识、新技能，不断拓展自己的知识边界。同时，发展型素养还要求个体具备适应变化的心态，愿意尝试新的工作方式和工具，敢于面对挑战，勇于创新。数字化时代的工作不再是一个静态的状态，而是一个不断演化的过程。因此，发展型素养的重要性不容小觑。拥有这样的素养，个体能够更好地适应新技术、新工作方式的出现，保持竞争力，抓住机遇。它是个体在数字化浪潮中立于不败之地的关键要素。

虽然任务型素养和发展型素养是两个独立的维度，但它们在实际工作中并不是孤立存在的。相反，它们相互关联、相互影响，形成了一个有机的整体。任务型素养注重的是具体操作技能，它为发展型素养提供了基础。在掌握了必要的技能之后，个体才能更好地投身于学习、成长的循环之中。这种技能的积累使个体能够更加从容地面对新的知识、新的挑战。同时，任务型素养也为发展型素养的应用提供了土壤，个体可以在实际工作中应用新学到的知识，不断拓展自己的能力。然而，这两个维度之间也存在差异。任务型素养更偏向于应用层面，注重操作的准确性和效率。它适用于需要快速响应、高效完成任务的情境，强调的是具体技能的掌握。然而，发展型素养则更注重个体的学习、适应和成长能力。它强调的是持续学习的态度，能够使个体在不断变化的数字工作环境中始终保持竞争力。

工作数字素养并非单一的维度，而是一个由任务型素养和发展型素养交织而成的多维度概念。这两个维度相辅相成，共同构建了一个全面的数字素养框架。在现今数字化时代，仅仅具备操作技能已经远远不够。个体还需要具备持续学习、适应变化的能力，以及不断追求个人成长的精神。任务型素养为个体提供了在日常工作中高效应用技能的基础，确保工作任务完成的过程和结果更加准确、高效。发展型素养则促使个体将眼光投向更广阔的未来，鼓励其在不断变化的环境中保持学习的状态，不断拓展自己的能力和视野。在培养工作数字素养时，既要注重任务型素养的培养，也不能忽视发展型素养的重要性。培养任务型素养需要为个体提供丰富的技能培训，使个体能够熟练掌握所需的操作技能。培养发展型素养则需要引导个体从学习兴趣出发，鼓励其主动寻求新知识、新技能，营造一个持续学习的氛围。此外，组织和企业也可以为员工提供学习资源、培训机会，激发其发展型素养的潜力。综上所述，工作数字素养的任务型和发展型维度相互交织，构成了一个更加完整的概念。任务型素养强调操作技能的高效应用，适用于快节奏的工作任务；而发展型素养强调个体的学习、适应和成长能力，能够使个体在不断变化的数字环境中保持竞争力。在数字化时代，要培养出具备全面素养的人才，既要关注具体技能的掌握，也要引导个体持续学习、不断成长，从而在不断变化的工作环境中脱颖而出，为个体和组织创造更大的价值。只有在任务型和发展型素养的双重引领下，个体才能真正成为数字时代的领军人才。

2. 不同维度对工作结果的影响机制存在差异

在当今数字化时代，工作数字素养的重要性越发凸显，而将其分为任务型素养和发展型素养这两个维度，不仅有助于更好地理解其内涵，还能够为个体和组织提供更精准的素养培养指导。在这两个维度中，不同的侧重点与机制不仅在实际操作中发挥着不同的作用，还影响着工作结果的质量和效率。

任务型素养，作为工作数字素养的一个重要维度，注重的是具体的操作技能和应用能力。这种素养的核心在于个体是否能够高效地运用各种数字工具和技术，准确地完成既定任务。任务型素养的高低直接决定了任务的完成质量和效率。一方面，具备高水平的任务型素养使个体能够在繁忙的工作中游刃有余。例如，在办公软件的应用中，熟练的任务型素养能够让个体迅速完成文档的编辑、表格的制作等，从而提升了工作的效率，释放出更多时间和精力用于其他重要任务。另一方面，任务型素养还有助于减少操作错误，进一步提升了工作的质量。在数字化工作环境中，操作失误可能导致严重的后果，因此具备高水平的任务型素养能够有效地降低风险，保障工作的准确性和可靠性。

然而，在数字化时代，工作不再仅仅是简单的任务操作，更需要在面对复杂多变的工作情境时进行创新思考、解决问题和跨界合作。这就凸显了发展型素养的重要性。发展型素养着眼于个体的学习、适应和成长能力，旨在培养个体具备面对未知挑战的勇气和创新精神。发展型素养强调个体的持续学习能力，能够在快速变化的数字环境中不断获取新知识和技能。这种素养使个体能够更快速地适应新兴技术和工作方式，不被时代所淘汰。同时，发展型素养还培养了个体的自主学习能力，使其能够主动探索和深化知识领域，从而更好地满足工作的需求。更为重要的是，发展型素养培养了个体的创新能力和解决问题的能力。在复杂多变的工作情境中，个体可能面临各种未知的挑战和难题。具备发展型素养的个体更有可能运用已有知识和经验，寻找创新的解决方案，从而为团队和组织带来持续的创新和竞争优势。

尽管任务型素养和发展型素养各自侧重于不同的能力培养，但在实际工作中，它们并非孤立存在的，而是相互协同作用的。任务型素养为发展型素养提供了具体的操作基础。具备高水平的任务型素养的个体能够更快速地掌握新的工具和技术，为发展型素养的提升创造条件。同时，发展型素养也为任务型素养的持续进步提供了动力。持续学习和成长的个体更有可能不断地探索新的任务操作方法，寻找更加高效的工作方式。这种积极的学习态度和创新思维促使任务型素养在实际应用中不断提升。在数字化时代，工作数字素养已经不再局限于简单的操作技能，更需要个体具备学习、适应和创新的能力。任务型素养和发展型素养作为两个关键维度，影响着工作结果的质量和效率。任务型素养保障了任务的高效完成，而发展型素养使个体能够在复杂多变的工作情境中脱颖而出。这两个维度之间相互协同，为个体和组织创造了更有活力的数字工作环境。因此，在素养培养中，既要注重操作技能的提升，也要积极培养学习能力和创新精神，从而更好地应对未来数字化工作的挑战和机遇。

3. 不同维度的数字素养发展路径存在差异

随着数字技术的飞速发展，数字素养已经不再是一个陌生的词语，而是成为现代职场中不可或缺的一项核心能力。然而，数字素养并不是一个单一的概念，而是涵盖了多个维度的概念。其中，任务型素养和发展型素养作为数字素养的两个重要维度，在其发展路径方面存在着显著的差异，深入探讨这些差异，有助于更好地理解如何培养全面的数字素养。

任务型素养聚焦于实际操作技能和应用能力的培养，其发展路径主要围绕着具体技能的学习和实践。这类素养的培养往往需要有明确的目标和计划，以便于个体能够逐步掌握所需的操作技能，从而在实际工作中能够高效地运用。首先，任务型素养的培养通常以课程培训为主要途径。各类培训课程，无论是在线课程还是线下培训，都致力于传授特定的操作技能。这些课程可能涵盖了各种软件工具的使用方法、技巧和最佳实践，能帮助个体在短时间内快速上手。其次，实际应用也是任务型素养培养的关键环节。通过在实际工作中运用所学技能，个体可以加深对操作方法的理解，更好地掌握技能的核心要点。个体实践中遇到的问题和挑战也有助于巩固知识，促使个体在应用过程中逐步提升。然而，任务型素养的培养并不仅限于课程和实际操作。持续的自我学习和探索也是至关重要的。随着技术的不断更新和变革，个体需要保持警惕，持续关注新的工具和技术。这要求个体具备主动学习的习惯，善于自主搜索、阅读相关资料，以保持自身的竞争力。

与任务型素养不同，发展型素养更加注重个体的学习能力和思维方式的培养，以适应不断变化的数字环境。这一维度的素养培养路径更为多样，涉及更广泛的领域和层面。首先，自主学习是发展型素养培养的核心。个体需要具备独立获取知识和信息的能力，能够通过阅读书籍、参与在线研讨、观看网络教程等途径，自主获取所需的学习资源。这种自主学习的能力对于不断掌握新知识和技能至关重要，也有助于培养个体的学习兴趣。其次，跨界学习和思维也是发展型素养的重要组成部分。数字时代的工作常常涉及多个领域和层面，因此，个体需要具备从不同领域获取灵感和知识的能力。这种跨界思维可以帮助个体更好地解决问题，创造创新性的解决方案。最后，持续学习和成长的习惯也是发展型素养培养的关键。数字领域的变化日新月异，个体需要拥有积极应对变化、持续学习的心态，这意味着不断挑战自己的知识边界，勇于接触新技术和新思维，以保持自身在竞争激烈的职场中的竞争力。

在数字化时代，数字素养的发展路径因其不同的维度而呈现出差异。任务型素养强调操作技能和应用能力的培养，需要通过课程培训和实际操作来提高；而发展型素养注重学习能力和思维方式的转变，要求个体具备自主学习、跨界思维以及持续学习的习惯。这两种维度的素养培养相辅相成，共同构建了一个全面适应数字化时代的能力体系。因此，针对不同的维度，我们需要制定不同的培养策略，使个体能够在多样化的工作情境中充分发挥其数字素养的优势，为职业发展赋予更多可能性。

需要注意的是，任务型素养和发展型素养并不是完全独立的，它们之间相辅相成、互相影响。任务型素养的提升可以为发展型素养提供实践和经验基础，而发展型素养的提升则可以为个体在工作中更好地应对新任务和技术变化提供支持。因此，在培养和发展工作数字素养时，需要综合考虑和促进这两个维度素养的协同发展。

第十章　工作动机视角下数字素养习得资源及要求对数字素养提升行为的影响研究

一、工作数字素养提升的实践与理论背景

数字技术的快速演进对工作数字素养的提升提出了重要的挑战。新的工具、应用程序和平台层出不穷，个体要跟上这些变化需要持续学习和适应。第一，技术的快速演进意味着新的工具、应用程序和平台不断涌现。每天都有新的软件、新的技术概念和新的数字解决方案问世，使我们不得不不断学习和适应。从移动设备到云计算，从人工智能到大数据分析，新的技术变革不断推动着工作环境的演进。然而，对于许多人来说，这些新技术可能是陌生的，他们可能没有足够的时间和资源来跟上这些变化，可能需要花费大量的时间来学习新的技能和工具，甚至可能需要重新学习整个工作流程和方法。这对于那些已经熟悉特定技术或工具的人来说尤其困难，因为他们需要不断地更新自己的知识和技能，以跟上科技的步伐。第二，技术的快速演进也带来了使用和应用的复杂性。数字技术的生态系统变得越来越复杂，不同的工具和平台之间存在着互操作性和兼容性的挑战。例如，一个组织可能使用不同的软件来管理项目、沟通和处理数据，而这些软件可能不兼容或无法无缝集成。这种复杂性对于提升工作数字素养来说是一个巨大的挑战。员工需要同时掌握多个工具和平台，了解它们的功能和特点，并且能够在不同的系统之间无缝切换和协同工作。这不仅需要技术上的能力，还需要具备扎实的理解和应用能力，以及解决问题和适应变化的能力。第三，技术的快速演进也带来了信息过载的问题。在数字化时代，我们面临着大量的信息和数据，这些信息以不断增长的速度涌入我们的工作和生活中。然而，如何有效地筛选、整

理和利用这些信息是一个具有挑战性的任务。数字素养的提升需要我们具备良好的信息素养，能够分辨信息的真实性和可靠性，筛选出对工作有价值的信息，并将其应用到实际工作中。然而，由于信息的数量和速度都在快速增长，我们很容易陷入信息过载的困境，导致无法有效地处理和利用这些信息。因此，提升工作数字素养也需要我们培养信息处理和管理的能力，学会如何过滤、整理和应用信息，以便在工作中做出明智的决策和行动。第四，技术的快速演进还带来了安全和隐私的问题。随着数字化的深入，我们的工作和个人信息变得越来越容易受到网络攻击和侵犯。网络犯罪的手段和技巧不断更新和演进，使我们需要保护个人和组织的敏感信息免受风险和威胁。因此，提升工作数字素养还需要我们了解和应用网络安全和隐私保护的最佳实践，学会防范和应对各种网络威胁，确保工作和个人信息的安全性。第五，技术的快速演进也对组织和社会产生了深远的影响。许多行业和职位正在发生变革，一些工作岗位可能被自动化和机器取代。这意味着提升工作数字素养不仅是为了跟上时代的步伐，更是为了保持竞争力和就业的可持续性。然而，对于那些不熟悉技术或对技术不感兴趣的人来说，适应这种变革可能是一项巨大的挑战。他们可能感到不自信，害怕失去工作，或者认为学习新技术需要投入太多的时间和精力。这些心理障碍可能使他们对提升数字素养的努力感到不愿意或无法全力以赴。

提升工作数字素养需要适当的资源和支持。这可能包括培训课程、工作坊、在线教育资源和技术支持。然而，许多组织在提供这些资源和支持方面存在不足。有时候，员工可能没有足够的时间或机会参加培训，或者他们可能无法获得适当的指导和支持来解决他们在数字工具和技术上遇到的问题。第一，提升数字素养需要适当的培训和教育资源。员工需要接受与数字技术相关的培训课程、工作坊或在线教育资源，以帮助他们了解和掌握相关的工具和技能。然而，很多组织在提供这些资源方面存在不足。有时候，员工可能没有足够的时间或机会参加培训，或者他们可能无法获得高质量的培训资源。这可能是因为组织没有将数字素养纳入其培训计划中，或者没有足够的预算来支持这方面的培训活动。第二，缺乏技术支持也是提升数字素养的一个难题。在使用数字工具和技术时，员工可能会遇到各种问题和困难。这可能包括软件故障、技术配置问题或操作失误。然而，如果组织没有提供适当的技术支持，员工可能无法及时解决这些问题。缺乏技术支持不仅会降低员工的工作效率，还可能导致他们对数字技术感到沮丧和厌烦，从而影响其提升数字素养的积极性。第三，时间和机会也是提升数字素养的难点之一。在繁忙的工作环境中，员工通常面临着时间紧张的压力。他们可能被迫将大部分时间用于完成日常任务和项目，从而无法腾出足够的时间来学习和提升数字素养。此外，有些员工可能缺乏机会应用所学的知识和技能，因为他们的工作职责可能与数字技术的应用不太相关。缺乏时间和机会使员工很难将数字素养的学习转化为实际的工作能力，从而影响了他们的提升过程。

许多人在面对数字技术时感到不安、担心犯错或被取代，这些心理障碍和情绪上的抵触感妨碍了他们积极提升工作数字素养的动力和能力。这种心理障碍的原因可以有多种，包括自我怀疑、担心技术变革对工作岗位的威胁，以及学习新技术所需的时间和精力投入。首先，自我怀疑是许多人面对数字素养提升的心理障碍之一。他们可能觉得自己不够聪明或不具备技术能力，怀疑自己是否能够掌握复杂的数字工具和技术。这种怀疑感可能源于个人对自己能力的低估，也可能是由于过去的负面经验导致的自我限制信念。不自信的态度使他们对学习数字技能产生抵触情绪，因为他们害怕自己无法掌握，并担心自己的失败会受到他人的评判和批评。其次，许多人担心技术变革会对工作岗位造成威胁，这也是他们抵触数字素养提升的心理障碍之一。他们可能担心自己的工作被自动化或由技术取代，从而失去就业机会。这种担忧源于对未来不确定性的恐惧，以及对数字化工作环境中的竞争压力的担心。这种心理障碍使他们对学习新技术和数字工具持消极态度，因为他们认为这可能会加速自己被淘汰的进程。最后，学习新技术所需的时间和精力投入也是心理障碍和抵触情绪的一个重要方面。在繁忙的工作环境中，很多人感到无法找到额外的时间来学习和提升数字素养。他们可能担心学习新技术会占用太多工作和生活的时间，导致其他重要任务被搁置或者休息和娱乐时间不足。这种焦虑情绪使他们在学习数字技术时感到压力和不适，进而抵触提升工作数字素养的努力。

首先，技术生态系统的复杂性使学习和掌握多种工具和平台变得艰难。在数字化时代，一个人可能需要使用电子邮件、办公套件、项目管理工具、在线会议平台、社交媒体等多种工具来完成日常工作。每个工具都有其独特的功能和界面，需要花费时间和精力来学习和适应。同时，这些工具经常更新和升级，引入新的功能和界面，要跟上这样的变化需要持续的学习和适应能力。其次，技术生态系统中不同工具和平台之间的不一致性和互操作性问题也增加了数字素养提升的困难。不同的工具和平台可能有不同的操作逻辑、命令和快捷键，这使在切换工具时需要重新学习和适应。另外，这些工具和平台之间可能存在兼容性问题，数据在不同平台之间的传输和共享可能需要额外的步骤和配置。这对于用户来说增加了使用的复杂性和困扰，可能导致学习曲线陡峭。再次，技术生态系统的快速演进和多样性也增加了数字素养提升的挑战。新的工具和平台不断涌现，技术更新频繁，这意味着学会一项技术并不意味着就能应对所有的技术需求。技术的不断演进和变化使持续学习成为数字素养提升的必要条件。然而，在忙碌的工作环境中，很多人很难找到额外的时间和资源来学习新的技术，这使他们很难跟上技术更新的步伐。最后，技术生态系统中的安全和隐私问题也对数字素养提升造成了障碍。随着数字化的推进，数据的安全和隐私保护变得至关重要。员工需要了解如何正确处理、存储和共享敏感信息，以及如何应对网络威胁和数据泄露风险。这需要他们具备一定的数字安全和隐私保护的知识和技能，而这方面的培训和教育资源相对有限，而且安全和隐私问题的复杂性使数字素养提升更具挑战性。

在当今数字化时代，组织面临着前所未有的挑战和机遇。数字技术的迅猛发展为组织提供了许多新的工具和资源，这也给员工的工作环境和动机带来了重要影响。本章中的研究旨在探讨数字素养习得资源（数字人力资源管理、数字团队领导力、员工主动性人格）对员工促进性动机产生的积极影响。

本章的理论模型如图 10-1 所示。

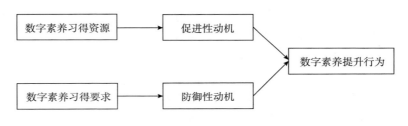

图 10-1　本章的理论模型

二、假设提出

数字人力资源管理（Digital Human Resource Management，DHRM）是指利用数字技术来管理和优化人力资源的过程（李家新等，2021）。随着数字化时代的到来，组织越来越重视数字人力资源管理的实践，以提高员工的工作效率和满意度，进而对促进性动机产生积极影响。本章接下来将详细探讨数字化招聘、培训、绩效管理和奖励对员工促进性动机的积极影响。首先，数字化招聘和筛选过程为组织提供了更准确地匹配人才与岗位要求的机会，能够提高员工的工作匹配度。传统招聘方法往往受限于时间和地域的限制，而数字化招聘通过在线招聘平台和人才数据库，能够使组织更广泛地搜索、筛选和评估候选人。数字化招聘不仅提供了更多的选择，还能够更全面地评估候选人的技能和背景，从而减少招聘过程中的信息不对称。当员工感到自己与组织的价值和目标相契合时，他们更有可能对工作投入更多的精力和积极性，从而增加他们的促进性动机。其次，数字化培训和绩效管理为员工提供了实时的反馈和学习机会，能激发他们的学习动机和成长意愿。传统的培训和绩效管理往往是定期举行的，而数字化技术使培训和绩效管理更加个性化和灵活。通过在线学习平台和虚拟培训工具，员工可以根据自己的需求和时间安排，随时随地进行学习和培训。此外，数字化技术还可以提供即时的反馈和评估，帮助员工了解自己的表现和发展需求。这种及时的反馈和学习机会能激励员工主动参与学习和提升，从而增强他们的促进性动机。最后，数字化的奖励和激励机制可以更加灵活地满足员工的个性化需求，增加他们的工作动力和满意度。传统的奖励和激励机制往往采用固定的薪酬和福利制度，而数字化时代提供了更多选择和定制化的奖励方式。例如，组织可以通过数字化的绩效管理系统实时记录和评估员工的工作表现，并根据其贡献和成果进行个性化的奖励和激励。这种个性化的奖励和激励机制能够更好地满足员工的需求和期望，增强他们的工作动力和满意度。此外，数字化技术还可以通过游戏化和竞争化的方式提供奖励和认可，激发员工的竞争心理和动力，从而促进他们的积极性和努力。

数字团队领导力（Digital Team Leadership）在数字化工作环境中扮演着关键的角色，它涉及领导者在数字化时代中引导和管理团队的能力（刘洁丽、唐琼，2021）。在这样的环境下，领导者需要具备灵活性、沟通能力和技术能力等多方面的素养。优秀的数字团队领导者能够激发团队成员的积极性和创造力，从而对员工的促进性动机产生积极影响。首先，数字团队领导者具备为团队成员提供清晰目标和方向的能力。在数字化工作环境中，信息和任务可能变得复杂多样，团队成员可能感到迷茫和失去动力。优秀的数字团队领导者能够通过明确和传达清晰的目标，帮助团队成员理解工作的意义和重要性。他们能够将团队成员的个人目标与组织目标相结合，使其意识到他们的工作对整个团队和组织的价值。这种明确的目标和方向能够增强团队成员的工作动力，使他们更加专注和投入工作。其次，数字团队领导者能够建立良好的沟通和协作机制。在数字化工作环境中，团队成员通常分散在不同的地理位置或部门，面临着信息传递和协作的挑战。优秀的数字团队领导者懂得倾听团队成员的需求和意见，并能够促进信息的共享和互动。他们能够建立开放和透明的沟通渠道，鼓励团队成员表达自己的想法和意见，分享最佳实践和知识。这种良好的沟通和协作机制能够激发团队成员的创造力和合作精神，促进团队的创新和共同成长。最后，数字团队领导者还能够利用技术工具和平台来优化团队协作和工作流程。在数字化时代，有许多数字化工具和平台可供团队使用，如项目管理软件、协作工具和在线会议平台等。优秀的数字团队领导者具备技术能力，能够了解并运用这些工具和平台，以提高团队成员的工作效率和满意度。他们能够选择适合团队需求的技术工具，并为团队提供培训和支持，使团队成员能够充分利用这些工具来优化协作和工作流程。通过提供高效的工作工具和平台，数字团队领导者能够提升团队成员的工作效率，减少烦琐的手动工作，使他们更加专注于有创造性和价值的任务，从而增强他们的促进性动机。

员工主动性人格是一种在工作中展现出主动、积极和自我激励的个性特征（商宪丽、张俊，2022）。具备主动性人格的员工更倾向于主动参与工作、追求自我成长和提升，并对工作表现和成果产生高度的责任感和自我激励。这种人格特质与促进性动机之间存在着积极的关联，对员工的工作表现和组织绩效产生重要的影响。首先，员工主动性人格使员工更加愿意主动承担挑战和责任，追求更高的绩效和成就感，从而激发他们的促进性动机。拥有主动性人格的员工具备积极的态度和主动解决问题的能力。他们寻求挑战，并乐于承担额外的责任，以展现自己的能力和价值。这种自我驱动的动机促使他们追求卓越，并不断超越自己的工作表现。员工意识到自己的主动性行为将带来更高的绩效评价和更大的成就感，从而进一步激发他们的促进性动机。其次，员工主动性人格使员工更加积极主动地寻求学习和发展机会，提升自己的技能和知识，以应对日益复杂和变化的工作环境。这种人格特质反映了员工对自我成长和提升的强烈渴望。他们不满足于现有的知识和技能，而是不断追求新的学习机会和挑战。员工自觉地投入到学习和发展中，不断充实自己的知识储备和技能水平，以适应快速变化的工作要求。这种积极主动的学习态度增强了员工的自信心和能力，进而提高了他们的促进性动机。最后，员工主动性人格与自主性和创造性思维密切相关，这对于促进员工的创新和改进行为具有重要意义。拥有主动性人格的员工更具有自主性，他们能够自我管理和自我激励，不依赖于外部的监督和指导。他们愿意主动尝试新的想法和方法，并勇于冒险，因为他们相信创新和改变是实现个人和组织成长的关键。这种自主性使员工更加灵活地应对变化，敢于冒险尝试新的方法和解决方案，从而促进创新的发生。此外，主动性人格还与创造性思维密切相关。拥有主动性人格的员工愿意主动探索新的领域和问题，寻找创新的解决方案，提出独特的观点和想法。他们具备敏锐的观察力和开放的思维方式，能够发现问题中的机会，并提供新的、富有创意的解决方案。这种创造性思维和行为不仅能推动员工个人的成长和发展，同时也为组织创造了更大的价值和竞争力。

基于上述分析，数字素养习得资源（数字人力资源管理、数字团队领导力、员工主动性人格）对员工的促进性动机能产生积极影响。数字人力资源管理提供了更好的工作匹配、学习和激励机制，能激发员工的工作动力和满意度。数字团队领导力能够引导团队成员明确目标、促进沟通和协作，激发团队成员的创造力和合作精神。员工主动性人格使员工更加愿意承担挑战和责任，追求个人成长和绩效提升，从而增强促进性动机。这些因素共同作用，为员工提供了积极的工作环境和动机激励，有助于提高员工的工作表现和组织绩效。

假设 10-1：数字素养习得资源（数字人力资源管理、数字团队领导力、员工主动性人格）会对员工促进性动机产生积极影响。

员工的数字素养提升并非一帆风顺的，他们可能面临职业不安全感、组织数字变革和同侪压力等要求，这些要求可能对他们的防御性动机产生积极影响，进而推动他们的数字素养提升行为。本章将探讨这一假设，并分析其中的关联机制和影响因素。

职业不安全感是指员工对于自己在工作中的稳定性和未来发展的担忧感受（罗强强等，2023）。在数字化时代，随着技术的快速发展和应用，许多传统的工作岗位可能会面临被自动化或替代的风险，这给员工带来了职业不安全感。面对这种不确定性和威胁，员工往往会产生防御性动机，即试图保护自己现有的工作和职业地位，避免被淘汰或替代。职业不安全感对员工的防御性动机产生积极影响的原因有多个方面。首先，职业不安全感激发了员工的自我保护本能。面对来自数字化变革的不确定性，员工会更加警觉和敏感，努力保护自己的工作地位和利益。这种自我保护的动机推动员工主动提升自己的数字素养，以增加自己的竞争力和适应能力。其次，职业不安全感引发了员工对未来发展的担忧和压力。员工意识到数字化转型对他们的工作和职业发展产生了巨大的影响，他们面临着需要不断学习和适应新技术的压力。为了应对这一挑战，员工会积极提升自己的数字素养，以增强自己的就业竞争力和适应能力。他们意识到只有通过不断学习和提升自己的数字技能，才能更好地应对数字化变革带来的职业不安全感。最后，职业不安全感还会引发员工的自我激励和自我管理能力的提升。面对职业不确定性的压力，员工意识到自己需要更加主动地掌控自己的职业发展，不再依赖于组织提供的稳定性和保障。这种自我激励和自我管理的动机促使员工更加积极主动地寻求学习和发展机会，主动地提升自己的数字素养。他们会主动参与培训、学习新的技术和工具，提升自己在数字化环境中的适应能力和竞争力。

组织的数字化转型对员工的防御性动机会产生积极影响。数字化转型意味着组织内部业务流程和工作方式的重大改变，员工需要适应新的数字化工作环境和技术工具。这种变革给员工带来了不确定性和挑战，可能引发防御性动机。首先，组织数字变革会激发员工的自我保护本能。员工意识到数字化转型可能会带来工作岗位的变动和调整，他们会更加警觉和敏感，积极采取行动以保护自己的利益和地位。这种自我保护的动机促使员工主动提升自己的数字素养，以应对数字化转型带来的变化和挑战。其次，组织数字变革会引发员工对工作方式和工作内容的担忧。随着数字化工具和技术的应用，员工可能需要适应新的工作流程和任务要求。这种变革给员工带来了不确定性和压力，他们可能担心自己无法适应新的工作要求，从而产生防御性动机。为了克服这种担忧，员工会积极主动地提升自己的数字素养，以适应新的工作环境和要求。最后，组织数字变革还会激发员工的竞争意识。在数字化转型中，组织需要拥有具备高度的数字素养的员工来推动变革的成功。这种要求增加了员工之间的竞争压力，激发了防御性动机的产生。员工意识到，只有通过提升自己的数字素养，才能在数字化转型中保持竞争优势，避免被其他具备更高数字素养的员工取代。因此，他们会积极主动地寻求学习和发展机会，以提升自己的数字技能和知识，增强自己在数字化环境中的适应能力和竞争力。

同侪压力是指来自同事或团队成员的期望、评价和比较所带来的压力（胡小勇等，2023）。在数字化转型的过程中，同事之间的数字素养差异可能会导致同侪压力的产生，进而对员工的防御性动机产生影响。首先，同侪压力激发了员工的竞争意识和求同存异的心态。当员工意识到周围的同事或团队成员具备较高的数字素养时，他们会感受到一种竞争的压力，希望能够与他们保持一致甚至超越。这种压力促使员工产生防御性动机，以保护自己的职业地位和能力，避免被同事们超越。其次，同侪压力还会促使员工主动学习和模仿优秀的同事。当员工看到身边的同事展现出较高的数字素养和应对数字化挑战的能力时，他们会受到启发和激励，希望能够追赶甚至超越他们。这种学习和模仿的动机推动员工主动提升自己的数字素养，以达到或超过同事们的水平。最后，同侪压力还可以通过比较和评价机制影响员工的防御性动机。当员工感受到同事们对数字素养的认可和评价时，他们会努力保护和提升自己的数字素养，以获得更多的认可和赞赏。这种评价机制促使员工产生防御性动机，推动他们积极提升自己的数字素养水平，以符合同事们的期望和标准。

假设 10-2：数字素养习得要求（职业不安全感、组织数字变革、同侪压力）会对员工防御性动机产生积极影响。

促进性动机是个体内在的驱动力，使个体主动追求目标、积极探索和成长。与其他类型的动机（如避免性动机）相比，促进性动机更加关注个体的成长和个人满足感。具有促进性动机的个体更加关注自我价值的实现和个人成长的机会，愿意主动面对挑战和追求更高的目标。首先，促进性动机激发学习动力。在数字化时代，个体的数字素养成为一项重要的能力。个体在追求数字素养提升时，需要学习和掌握新的知识和技能。促进性动机使个体愿意主动投入到学习中，积极寻求学习机会和资源，并保持持续的学习动力。这种学习动力驱使个体主动探索数字化工具和技术，不断提升自己的数字素养。个体通过积极的态度和主动的行为，参与培训课程、阅读相关资料、参与线上学习社区等，以不断增强自己的数字技能和知识储备。促进性动机使个体对自我成长和个人满足感的追求变得更加强烈，从而促使其主动追求数字素养的提升。其次，促进性动机增强适应能力。数字化时代的快速发展和变化要求个体具备适应新技术和工具的能力。促进性动机使个体更加愿意主动面对挑战和变化，并积极寻求适应性的解决方案。个体通过积极的态度和主动的行为，不断尝试新的数字化工具和技术，提升自己的适应能力。促进性动机激发个体主动寻求解决问题的机会，并通过实践和反思不断改进和优化自己的数字素养。个体意识到数字化环境的快速变化对其工作和生活带来的影响，因此积极主动地寻求适应新技术和工具的方法，不断更新自己的技能和知识，以更好地适应数字化环境的要求。这种主动适应的行为使个体能够更好地应对变化，提高工作效率和个人竞争力。再次，促进性动机强化创新能力。数字素养的提升需要个体具备创新思维和解决问题的能力。促进性动机使个体更加倾向于主动思考和探索新的创新方法。个体通过积极的态度和主动的行为，寻求创新的解决方案，并在实践中不断尝试和改进。促进性动机激发个体的创新意识和探索精神，从而提升个体的创新能力和数字素养。个体具有促进性动机时，他们更加关注个人成长和自我实现的机会，愿意面对新的挑战和问题，并积极寻求创新的解决方案。他们具备较高的自主性和主动性，能够独立思考和提出新的想法，勇于尝试新的方法和途径。这种创新思维和行为促使个体在数字化环境中寻找改进和优化的机会，为组织创造更高的价值。最后，促进性动机促进合作与分享。数字素养的提升需要个体与他人进行合作和分享经验。促进性动机使个体更加愿意与他人合作，共同探索和学习。个体通过合作与他人共享知识和经验，获得来自不同领域的反馈和启发，从而提升自己的数字素养。促进性动机激发个体的合作精神和知识分享的意愿，打破信息孤岛，促进数字素养的共同提升。

假设 10-3a：促进性动机对数字素养提升行为产生积极影响。

假设 10-3b：促进性动机在数字素养习得资源与数字素养提升行为之间起到中介作用。

数字技术的快速发展对组织和员工产生了深远的影响。在数字化时代，数字素养已成为一项关键的能力，对个人和组织的成功至关重要。数字素养提升行为指的是员工积极主动地参与数字技术学习、应用和探索的行为，以提高其数字技能和知识。防御性动机是一种基于避免威胁、减轻焦虑和保护自尊心的动机。当个体感受到来自内外部环境的压力、威胁或挑战时，防御性动机会驱使他们采取行动来避免或减轻这种威胁，以保护自己的自尊和安全感。在数字化时代，数字技术的迅速发展和广泛应用给员工带来了新的挑战和压力。面对这些威胁和挑战，员工的防御性动机被激发起来，驱使他们采取积极的行动来提升自己的数字素养水平。数字素养提升行为是指员工主动参与数字技术学习、应用和探索的行为，以提高其数字技能和知识水平。在数字化时代，数字素养已成为组织和员工成功的基石。数字素养提升行为的特征包括积极主动的学习态度、主动寻求学习机会、主动探索新的数字工具和技术、持续提升自己的数字技能和知识。防御性动机之所以能够激发员工更积极地参与数字素养提升行为，其中的原因主要包括：首先，威胁感激发数字素养提升行为。当员工感受到数字化转型带来的威胁和压力时，防御性动机会激发他们更加积极地参与数字素养提升行为。威胁感促使员工认识到数字技术的重要性和必要性，意识到不掌握足够的数字素养将面临竞争劣势和职业风险。为了减轻威胁感和提升自己的能力，员工将更倾向于采取行动，积极参与数字素养提升行为。他们会主动寻求学习机会、参与培训课程，并投入时间和精力来掌握和应用数字技术。防御性动机还激发了员工的自我保护机制，使他们更加关注和重视数字素养的重要性，并采取积极的行动来保护自己免受数字化时代的威胁和风险。其次，防御性动机与个体的自尊和自我形象密切相关。当员工感受到数字素养不足的自尊威胁时，他们会倾向于采取行动来提升自己的数字素养水平，以保护和提升自己的自尊心。在数字化时代，对数字素养的要求日益增加，员工意识到只有具备足够的数字素养才能在职场中获得认可和成功。因此，防御性动机驱使员工投入学习和提升自己的数字技能，以保护自己的自尊和职业发展。另外，数字化时代的竞争环境对员工的数字素养提出了更高的要求。防御性动机推动员工抵御竞争压力，以避免被竞争对手取代或淘汰。员工意识到数字素养的重要性，知道只有不断提升自己的数字技能和知识才能在竞争中保持优势。防御性动机驱使他们更加努力地学习、掌握新的数字工具和技术，以提高自己的竞争力和适应能力。最后，防御性动机还推动员工克服数字化时代带来的不安全感和不确定性。防御性动机源于个体对不安全和不确定性的感知。在数字化时代，技术的快速发展和变化给员工带来了不安全感和不确定性。防御性动机驱使员工采取行动来应对这种不安感，其中之一就是通过提升数字素养来增强自己的安全感。员工意识到只有具备足够的数字素养才能应对工作中的新挑战和变化，因此他们会更加积极地参与数字素养提升行为，以克服不安全感并确保自己在数字化时代的就业和职业发展中具备竞争力。总结起来，防御性动机对数字素养提升行为产生积极影响。员工在感受到数字化转型的威胁和压力时，防御性动机激发了他们更积极地参与数字素养提升行为。这种动机源于员工的自我保护和自尊心的需求。威胁感激发了员工对数字技术重要性和必要性的认知，促使他们意识到提升数字素养是保护自己免受竞争劣势和职业风险的关键。

同时，员工也意识到数字素养的不足可能对个人自尊心造成威胁，因此他们会积极采取行动来提升自己的数字技能，以保护和提升自尊。

假设 10-4a：防御性动机对数字素养提升行为产生积极影响。

假设 10-4b：防御性动机在数字素养习得要求与数字素养提升行为之间起到中介作用。

三、研究设计

1. 问卷调查

为了检验本章的主要假设，通过网络问卷对工作场所中的员工进行了调查，调查对象为工作场所中需要应用数字工具的员工。最终收集到 320 名员工的问卷，从性别来看，男性 104 人，女性 216 人；从年龄来看，平均年龄为 33.18 岁，标准差为 8.47；从学历来看，高中及以下 20 人，专科 12 人，本科 220 人，硕士 55 人，博士 13 人；从单位性质来看，国有企业 47 人，事业单位 53 人，民营企业 196 人。

2. 量表工具

数字人力资源管理包括"您在数字人力资源管理中使用的数字工具频率"、"您在数字人力资源管理方面的技能水平"和"数字人力资源策略对您组织的有效性"三个题项；数字领导力包含"对于数字化项目，我的领导能够明确传达团队目标和愿景，并激励团队成员努力实现这些目标"、"我的领导能够建立并维护积极的工作环境，鼓励团队成员的数字创新和合作"和"我的领导能够有效管理和分配数字团队的资源，确保项目按时完成"三个题项；主动性人格包含"我喜欢主动承担额外的责任和任务"、"在工作中，我通常会提出新的想法和建议"和"我倾向于主动学习和提升自己的技能"三个题项；职业不安全感包括"我对我的职业发展感到迷茫和不确定"、"我觉得我的工作未来可能面临不稳定性和不确定性"和"我担心我的工作技能和知识可能过时或无法满足未来的需求"三个题项；数字化转型包含"我所在的公司有全面的数字化文化和领导力"、"我所在的公司有先进的技术基础设施和能力"和"我所在的公司有数据驱动的决策和运营，并应用人工智能和机器学习技术"三个题项；同侪压力包含"数字化转型中，你感到同事的审视和评价有多大的压力?"、"数字化转型中，你在同事中感到自己需要达到的期望和标准有多大的压力?"、"数字化转型中，你感到同事对你的职业成就有多大的压力?"和"数字化转型中，你感到同事对你的情绪和心理状态有多大的压力？"四个题项；促进动机包含"我对于达成具有挑战性的目标感到非常满意"、"我对于自己在工作或学习中的表现要求很高"和"我对于争取卓越成就感到很有动力"三个题项；防御动机包含"我经常思考如何在生活中避免失败"、"我主要关注避免犯错"和"我通常忙于防止坏事发生"三个题项；技能提升行为包含"我利用一切机会积极发展数字技能"、"我始终进行自主学习，以跟上不断变化的数字趋势"和"我乐于接受数字流程的变化，并调整自己的工作流程"三个题项。

3. 研究结果

本章基于回归分析方法探究了研究假设，具体的回归分析结果如表 10-1 所示。首先，数字人力资源管理对促进动机有着显著的正向影响。数字人力资源管理的回归系数为 0.18，标准误为 0.05，T 值为 3.35，p 值为 0.00，表明数字人力资源管理与促进动机之间存在显著的正相关关系。其次，数字团队领导力也对促进动机产生了显著的正向影响。数字团队领导力的回归系数为 0.32，标准误为 0.05，T 值为 5.84，表明数字团队领导力对促进动机具有重要作用。再次，员工主动性人格同样对促进动机产生显著的正向影响。员工主动性人格的回归系数为 0.30，标准误为 0.05，T 值为 6.45，p 值为 0.00，表明员工主动性人格特质与促进动机之间存在显著的正相关关系。最后，性别、年龄和学历在这个模型中并没有显著影响促进动机的能力。性别的回归系数为 0.05，标准误为 0.06，T 值为 0.84，p 值为 0.40；年龄的回归系数为 0.00，标准误为 0.00，T 值为 -0.14，p 值为 0.89；学历的回归系数为 -0.02，标准误为 0.03，T 值为 -0.61，p 值为 0.54。这些结果表明，在这个研究中，性别、年龄和学历与促进动机之间没有显著关联。综合而言，数字人力资源管理、数字团队领导力和员工主动性人格对促进动机起着积极关键的作用，而性别、年龄和学历则在此方面没有显著影响。这些发现为我们更好地理解促进动机的因素提供了重要线索，有助于为组织和管理者提供参考，从而制定更有效的策略来提高员工的动机水平。

表 10-1 数字素养习得资源回归分析结果

	回归系数	标准误	T 值	显著性
数字人力资源管理	0.18	0.05	3.35	0.00
数字团队领导力	0.32	0.05	5.84	0.00
员工主动性人格	0.30	0.05	6.45	0.00
性别	0.05	0.06	0.84	0.40
年龄	0.00	0.00	-0.14	0.89

续表

	回归系数	标准误	T 值	显著性
学历	-0.02	0.03	-0.61	0.54
常数	1.28	0.29	4.39	0.00

本章利用回归分析探究了防御动机与多个变量之间的关系，具体的回归分析结果如表 10-2 所示。首先，职业不安全感的系数为 0.15，标准误为 0.11，T 值为 1.33，显著性为 0.19，表明职业不安全感对防御动机的影响不显著。其次，数字化转型的系数为 0.09，标准误为 0.17，T 值为 0.51，显著性为 0.61，表明数字化转型对防御动机的影响也未达到统计学显著水平。再次，同侪压力的系数为 0.23，标准误为 0.07，T 值为 3.35，显著性为 0.00，表明同侪压力对防御动机的影响是显著的。这表明个体在同侪压力下更有可能表现出较高的防御动机。最后，其他变量，如性别、年龄和最高学历的系数均未显示出显著影响。这些研究结果表明：同侪压力在这些因素中显示出了显著的影响，与防御动机之间存在显著的正向关联；然而，其他因素如职业不安全感、数字化转型、性别、年龄和最高学历未能在这些研究中显示出明显的影响。

表 10-2　数字素养习得要求回归分析结果

	系数	标准误	T 值	显著性
职业不安全感	0.15	0.11	1.33	0.19
数字化转型	0.09	0.17	0.51	0.61
同侪压力	0.23	0.07	3.35	0.00
性别	0.24	0.21	1.13	0.26
年龄	-0.02	0.01	-1.42	0.16
最高学历	0.17	0.13	1.31	0.19
截距	2.19	1.28	1.71	0.09

本章使用回归分析探究了数字素养提升行为与多个自变量之间的关系，具体的回归分析结果如表 10-3 所示。表 10-3 展示了各自变量的回归系数、标准误、T 值以及显著性水平。首先，促进动机的回归系数为 0.67，T 值为 17.21，显著性水平为 0.00，表明促进动机对数字素养提升行为具有显著的正向影响。这意味着提高促进动机会增强数字素养提升行为。其次，防御动机的回归系数为 -0.02，

T 值为 -1.41，显著性水平为 0.16，虽然回归系数为负数，但显著性水平未达到通常接受的 0.05 的水平，表明防御动机与数字素养提升行为之间的关系不显著。最后，性别、年龄和最高学历的回归系数分别为 -0.03、0.00 和 0.00，它们的 T 值都接近零，并且显著性水平均大于 0.05，表明这些自变量对数字素养提升行为没有显著的影响。因此，促进动机是数字素养提升行为的重要预测因子，而防御动机、性别、年龄和最高学历对数字素养提升行为的影响较小且不显著。

表 10-3　数字素养提升行为回归分析结果

	回归系数	标准误	T 值	显著性
促进动机	0.67	0.04	17.21	0.00
防御动机	-0.02	0.01	-1.41	0.16
性别	-0.03	0.06	-0.52	0.61
年龄	0.00	0.00	0.10	0.92
最高学历	0.00	0.03	-0.03	0.98
截距	2.15	0.27	8.10	0.00

本章利用回归分析探究了数字人力资源管理、促进动机、技能提升行为、数字团队领导力、员工主动性人格、职业不安全感、防御动机、数字化转型、同侪压力多个变量之间的相互关系，回归分析结果如表 10-4 所示。首先，数字人力资源管理、数字团队领导力以及员工主动性人格都对促进动机产生了显著的正向影响，其回归系数分别为 0.30、0.32 和 0.28，这表明强化数字人力资源管理、数字团队领导力，培养员工主动性人格特质，可以增强员工的动机，从而促使他们更积极地参与技能提升行为。其次，职业不安全感、数字化转型以及同侪压力与防御动机之间的关联非常微弱，其回归系数均接近于零，标准误也很小，这表明这些因素与防御动机之间的关系几乎可以忽略不计，它们对技能提升行为没有显著的影响。需要注意的是，数字化转型和同侪压力与技能提升行为之间的关系可能存在一定的不确定性，因为它们的回归系数接近于零，区间估计也包括了零。这可能需要更深入的研究来进一步探讨它们对技能提升行为的潜在影响。总体来说，这些结果为理解数字素养提升行为的影响因素提供了有力的证据，有助于组织和管理者更好地制定策略，以促进员工的技能提升和数字素养的提高。同时，这些研究结果也强调了数字人力资源管理、数字团队领导力和培养员工主动性人格特质在这个过程中的重要性。

表 10-4　回归分析结果

理论路径	回归系数	标准误	区间估计
数字人力资源管理→促进动机→技能提升行为	0.30	0.05	[0.21, 0.40]
数字团队领导力→促进动机→技能提升行为	0.32	0.05	[0.23, 0.42]
员工主动性人格→促进动机→技能提升行为	0.28	0.04	[0.20, 0.37]
职业不安全感→防御动机→技能提升行为	0.00	0.00	[0.00, 0.01]
数字化转型→防御动机→技能提升行为	0.00	0.00	[0.00, 0.00]
同侪压力→防御动机→技能提升行为	0.00	0.00	[-0.01, 0.01]

四、结论与讨论

1. 主要结论

本章通过研究发现，数字人力资源管理、数字团队领导力和员工主动性人格对促进动机具有显著的正向影响，这意味着加强数字化人力资源管理、领导力培训，培养员工的主动性特质，可以增强员工的动机，促使他们更积极地参与技能提升行为。这说明与促进动机相关的因素对技能提升行为产生了显著的影响，这为组织和管理者提供了重要的依据，有助于制定更有效的策略来提高员工的技能水平。另外，职业不安全感、数字化转型和同侪压力与防御动机之间的关系较弱，未能在统计学上显著影响技能提升行为。这表明这些因素对员工技能提升行为的影响较小。性别、年龄和学历在本章的研究中未显示出对促进动机或防御动机的显著影响，表明这些个人特征与技能提升行为之间没有统计学上的关联。

综合而言，数字人力资源管理、数字团队领导力和员工主动性人格对促进动机和技能提升行为发挥了积极关键的作用，而职业不安全感、数字化转型、性别、年龄和学历等因素对这些行为的影响较小。这些结果有助于组织和管理者更好地了解和引导员工的动机和技能提升行为，以实现更高的绩效和竞争力。同时，本章的研究结果也启发我们应继续深入研究数字化转型和同侪压力对技能提升行为的潜在影响，以更全面地理解这些因素的作用。

2. 理论贡献

在当今数字化时代，数字素养对组织和员工的重要性变得越加突出。尽管如此，迄今为止，有关数字素养与员工动机之间关系的研究仍存在一些待填补的空白。因此，本章的研究目标在于深入探究数字素养习得资源和数字素养习得要求对员工促进性动机和防御性动机的影响，并进一步考察这两种动机在数字素养提升过程中的中介作用。

首先，我们着重关注数字素养习得资源对员工促进性动机的影响。数字素养习得资源包括数字人力资源管理、数字团队领导力以及员工主动性人格等因素，通过研究发现，这些因素对员工的促进性动机产生积极影响。通过对大量员工的调查数据进行分析，我们得出结论，有效的数字人力资源管理有助于提高员工的数字技能和知识水平，从而激发了他们在数字化环境下表现出的积极动机。此外，数字团队领导力的发挥和员工主动性人格的培养也能够促进员工的自我激励和自我发展，增强他们参与数字素养提升行为的动力。这些研究结果为数字素养与员工动机之间的关系提供了新的实证支持，也为组织行为学领域的数字素养理论提供了更为深刻的见解。

其次，我们进一步探讨了数字素养习得要求对员工防御性动机的影响。数字素养习得要求包括职业不安全感、组织数字变革以及同侪压力等要素，本章通过研究发现，这些要素对员工的防御性动机产生积极影响。在现代组织中，数字化转型和变革已成为不可逆的趋势，员工面临着新技术学习和应用、工作方式变革以及同事间的竞争等压力。这些压力可能引发员工的不安全感和对未知事物的恐惧，从而激发了他们的防御性动机。然而，本章也发现，适度的数字素养习得要求对员工的防御性动机也具有积极作用。适度的职业不安全感可以激发员工的警觉性和求知欲，组织数字变革可以为员工提供发展机会，同侪压力则可以促使员工形成竞争意识。因此，数字素养习得要求对员工防御性动机的积极影响不容忽视。这一发现揭示了数字素养对员工心理动机的影响机制，为组织在数字化转型中更有效地管理员工的防御性动机提供了有益的指导。

最后，除了分析数字素养习得资源和数字素养习得要求对员工动机的影响之外，本章还进一步探讨了促进性动机和防御性动机在数字素养提升过程中的中介作用。通过研究发现，促进性动机在数字素养习得资源与数字素养提升行为之间起到中介作用。具体而言，数字素养习得资源能够提升员工的促进性动机，进而促使他们主动参与数字素养的提升行为。这意味着数字素养习得资源通过激发员工的积极动机，间接影响了他们的数字素养提升行为。本章通过研究还发现，防御性动机在数字素养习得要求与数字素养提升行为之间也起到中介作用。适度的数字素养习得要求能够激发员工的防御性动机，从而影响他们的数字素养提升行为。这一发现揭示了促进性动机和防御性动机在数字素养提升过程中的作用机制，为数字素养提升过程中的动机调控提供了新的理论解释。

综上所述，本章的重要贡献在于，深入探讨了数字素养与员工动机之间的关系，为数字素养提升机制和动机调控提供了深刻的理论探索。首先，通过验证数字素养习得资源对员工促进性动机的积极影响，本章为数字素养与员工动机的关系提供了新的实证支持，丰富了组织行为学领域的数字素养理论。其次，通过验证数字素养习得要求对员工防御性动机的积极影响，本章为深入理解数字素养对员工心理动机的影响机制提供了新的理论支持。

3. 实践启示

本章的研究结果对组织管理实践具有重要的指导意义，通过深入探究数字素养习得资源和数字素养习得要求对员工促进性动机和防御性动机的影响，为组织提供了一系列实践启示，可以帮助组织更好地管理和引导员工的数字素养发展。

首先，本章的研究结果强调了数字素养习得资源的关键性。数字人力资源管理、数字团队领导力以及员工主动性人格等资源在激发员工的促进性动机方面起着关键作用。因此，组织管理者应该优先考虑这些资源的培养和提供，以创造有利于员工数字素养习得的环境。通过制定相关政策和培训计划，组织可以为员工提供适当的培训和发展机会，鼓励员工自主学习和提升数字素养。这不仅有助于员工个人的成长和发展，还能提高组织整体的数字化能力和竞争力。

其次，本章的研究结果还凸显了数字素养习得要求对员工防御性动机的重要影响。职业不安全感、组织数字变革和同侪压力等要求可能会激发员工的防御性动机，影响他们在数字素养提升行为上的表现。因此，组织在推动数字素养发展的过程中需要关注员工所面临的这些要求，并积极采取措施来减轻其负面影响。组织管理者可以通过提供支持和资源、加强沟通与协作、建立积极的工作氛围等方式，帮助员工应对职业不安全感、适应组织数字变革，并减少同侪压力对员工的影响。这将有助于营造积极的工作环境，提高员工的工作满意度和绩效表现。

最后，本章的研究结果还揭示了促进性动机和防御性动机在数字素养习得资源与数字素养提升行为之间的中介作用。这一发现为组织提供了指导，使其能够更有针对性地设计和实施干预措施，以推动员工的数字素养发展。组织可以通过激发员工的促进性动机，促使他们更加积极地参与数字素养的提升行为。促进性动机的激发可以通过多种方式实现，如设置奖励机制、提供晋升机会、鼓励员工参与数字化项目等，以激发员工的学习兴趣和积极性。此外，组织还需要关注和管理防御性动机，以避免其对数字素养提升行为产生负面影响。对于防御性动机的管理，组织可以通过建立支持系统、提供培训和辅导、解决员工的职业不安全感等方式来减轻员工的防御性动机，从而促进他们更好地参与数字素养的提升行为。

综上所述，本章的研究结果为组织管理实践提供了重要的指导意义。通过有效的数字素养习得资源和数字素养习得要求的管理，组织可以积极促进员工的促进性动机，推动他们在数字素养方面的学习和发展。同时，组织还应关注员工的防御性动机，通过相应的支持和管理措施，降低其负面影响，营造积极的工作环境。此外，认识到促进性动机和防御性动机在数字素养习得资源与数字素养提升行为之间的中介作用，有助于组织更加有针对性地设计干预措施，以推动员工的数字素养发展。然而，需要注意的是，组织在实践中应考虑员工的个体差异和多样性。不同员工可能对数字素养习得资源和数字素养习得要求的感知和反应存在差异，因此，组织应根据员工的个体特点和需求，量身定制培训和支持措施，以最大程度地激发和满足员工的动机需求。此外，尽管本章对数字素养习得资源和数字素养习得要求与员工动机之间的关系进行了探讨，但在实际应用中，还可以进一步探讨其他可能的因素，如组织支持、工作设计等对员工动机的影响，以更全面地了解数字化环境下的员工动机形成机制。

第十一章　事件系统理论视角下组织数字变革特征对数字素养策略行为的影响研究

　　随着信息技术的快速发展和数字化浪潮的兴起，组织数字变革成为当今商业环境中的重要议题。组织需要适应数字化时代的挑战，并利用数字技术来提高效率、创新产品和服务，以保持竞争优势。然而，组织数字变革不仅是技术层面的转型，还涉及组织结构、文化、流程和员工行为的改变。在这个过程中，数字素养的重要性凸显出来。数字素养是指个体或组织在数字化环境中应用和利用数字技术的能力和知识水平。它包括了对数字工具、技术和数据的理解、应用和创新能力。在组织数字变革中，数字素养不仅是员工需要具备的基本技能，更是组织成功转型的关键要素。因此，了解组织数字变革特征对数字素养策略行为的影响是非常必要的。

　　在研究数字素养策略行为的影响因素时，事件系统理论为我们提供了一种有益的视角。事件系统理论认为，事件是由多个相互作用的因素组成的复杂系统。这些因素包括事件的特征、环境、个体和行为，它们相互作用并共同塑造事件的结果。将事件系统理论应用于组织数字变革的背景，可以揭示数字变革特征对数字素养策略行为的影响机制。

　　首先，组织数字变革特征对数字素养策略行为的影响是多方面的。组织数字变革特征包括变革的程度、速度、复杂性、资源投入等方面，这些特征会直接或间接地影响到员工对数字素养策略行为的态度、动机和行动。例如，当组织数字变革程度较高且速度较快时，员工可能面临更大的学习压力和适应挑战，他们可能需要更积极地参与数字素养提升的行为。另外，组织投入足够的资源和支持，也会对员工的数字素养策略行为产生积极影响。同时，了解数字变革特征对数字素养策略行为的影响对组织具有重要的意义。深入研究数字变革特征对数字素养策略行为的影响，可以为组织提供指导和建议，以更有效地推动数字化转型和数字素养提升（张红春、杨欢，2023）。在组织背景下，数字变革的特征可以影响到员工的数字素养策略行为的多个方面，如数字变革的程度和速度对员工的学习压力和适应挑战有直接影响。当组织的数字变革程度较高且速度较快时，员工需要更迅速地适应新的数字工具和技术，以保持竞争力。这将激发员工更加积极地参与数字素养提升的行为，包括主动学习、参与培训课程和探索新的数字工具。

其次，数字变革的复杂性也会影响员工的数字素养策略行为。复杂的数字变革可能涉及新的工作流程、系统集成和数据管理等方面的改变。在应对这种复杂性变革的过程中，员工需要具备更高水平的数字素养来理解和应用新的工具和技术。因此，组织在推动数字变革时应重视培养员工的数字素养，并提供相应的支持和资源，以帮助员工应对复杂的数字变革挑战。此外，数字变革所投入的资源和支持也是影响数字素养策略行为的重要因素。当组织在数字化转型过程中投入足够的资源时，包括培训课程、培训设施和技术支持等，将有助于激发员工的积极性和主动性，员工将感受到组织对数字素养提升的重视，从而更有动力参与学习和应用数字技术；相反，如果组织在数字变革中忽视了资源和支持的投入，员工可能会面临困惑和挫折，从而影响其数字素养策略行为。

综上所述，从事件系统理论的视角来探究组织数字变革特征对数字素养策略行为的影响具有重要的意义与很强的必要性。深入研究数字变革特征对数字素养策略行为的影响机制，可以为组织提供指导和建议，帮助组织更好地推动数字化转型，提升数字素养水平，并在数字化时代中保持竞争优势。

一、研究框架

本章的理论模型具体如图 11-1 所示。

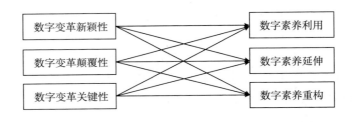

图 11-1　本章的理论模型

1. 数字变革新颖性对数字素养策略行为的影响

数字变革的新颖性对数字素养的利用产生了积极的正向影响（闫广芬、刘丽，2022）。数字变革的新颖性是当今社会不可忽视的趋势。随着科技的迅猛发展，数字技术不断更新换代，带来了诸多变化和创新。从人工智能、大数据分析到物联网等前沿科技，再到数字化的工作流程、业务模式和沟通方式，数字变革正深刻地改变着我们的社会、经济和文化环境。在数字化时代，数字素养的重要性越发凸显。第一，数字变革为个体和组织提供了新的学习机会。随着技术的更新换代，新的数字工具和技术不断涌现，这为个体和组织提供了学习和发展的机会。通过学习和掌握新技术，个体和组织能够提升数字素养水平，更好地应对数字化的挑战和机遇。例如，人工智能技术的发展为个体和组织提供了在智能化领域中探索和创新的机会。通过学习人工智能的基本原理和应用方法，个体和组织可以开发出更智能化的产品和服务，提高数字素养的创新能力。第二，数字变革拓展了个体和组织的信息获取渠道。传统的信息获取方式受限于时间和空间的限制，而数字变革打破了这些限制。个体和组织可以通过互联网等渠道获取到丰富多样的信息资源，这些资源为个体和组织提供了更广阔的知识视野和学习机会。通过利用数字工具和技术，个体和组织可以获取到全球范围内的最新信息和研究成果，从而提升数字素养的广度和深度。第三，数字变革促进了创新思维。数字化时代推动了商业模式和工作方式的转变，为个体和组织带来了激发创新思维的机会。新的数字工具和平台激发了个体和组织在解决问题和开发新产品或服务方面的创造力。通过数字变革，个体和组织能够更灵活地应对市场需求的变化，从而提高数字素养的创新能力。例如，通过利用大数据分析和人工智能技术，个体和组织可以深入洞察用户需求和市场趋势，从而更准确地把握创新机会，推出符合市场需求的产品和服务。第四，数字变革优化了协作与沟通方式。传统的协作和沟通方式受制于时间和地理距离，而数字变革带来了更高效和便捷的协作与沟通工具。在线协作工具和远程会议等数字化平台使个体和组织能够更好地共享信息、协同工作，提高沟通效率和团队合作能力。这种数字化的协作与沟通方式能够支持个体和组织更好地运用数字素养，实现协作和沟通的目标。第五，数字变革加强了数据驱动决策的能力。随着数字化时代的到来，大数据分析和数据驱动决策成为个体和组织的重要手段。通过数字工具和技术，个体和组织可以收集、分析和解读海量的数据，从而更准确地做出决策。数字变革的新颖性使个体和组织能够更好地利用数字素养来应对复杂的业务环境，并做出更明智的决策。例如，通过利用大数据分析，个体和组织可以对市场趋势进行深入分析，预测未来的需求和变化，从而制定出更具竞争力的战略和决策。第六，数字变革增强了个体和组织的自我学习能力。数字环境的不断更新迫使个体和组织持续学习和适应。在数字化时代，持续学习和自我发展成为个体和组织保持竞争力的重要因素。数字变革的新颖性促使个体和组织更加重视学习，提高自身的数字素养水平，以适应不断变化的数字化需求。通过学习和不断更新技能，个体和组织能够更好地适应数字化时代的挑战，并利用数字素养掌握新的工具和技术。个体和组织可以通过参加培训课程、参与在线学习平台、加入专业社群等方式来提升数字素养。这种自我学习的能力使个体和组织能够不断更新知识和技能，保持在数字化时代的前沿位置。

综上所述，数字变革的新颖性对数字素养的利用产生了积极的正向影响。数字变革通过提供新的学习机会、拓展信息获取渠道、促进创新思维、优化协作与沟通、加强数据驱动决策和增强自我学习能力等途径，促进了个体和组织的数字素养提升。数字变革的新颖性为个体和组织提供了更多发展和创新的机会，使其能够更好地应对数字化时代的挑战和机遇。然而，我们也要意识到数字变革的新颖性可能会带来一些挑战和问题。例如，新技术的引入可能会导致数字鸿沟的加深，个体和组织之间的数字素养差距进一步拉大。此外，数字变革也可能带来隐私和安全的风险，需要个体和组织加强对数字安全的保护意识和保护措施。因此，在迎接数字变革的挑战和机遇的同时，个体和组织也应该注重数字素养的全面发展，提高数字化时代的风险意识和应对能力。

总之，数字变革的新颖性对数字素养的利用产生了积极的正向影响。通过提供新的学习机会、拓展信息获取渠道、促进创新思维、优化协作与沟通、加强数据驱动决策和增强自我学习能力等途径，数字变革促进了个体和组织的数字素养提升。个体和组织应抓住数字变革带来的机遇，积极应对挑战，不断提升数字素养水平，以适应数字化时代的发展需求，实现个体和组织的持续创新和竞争优势。

假设 11-1a：数字变革新颖性会对数字素养利用产生正向影响。

随着科技的不断发展和应用，数字变革已经成为现代社会中不可忽视的趋势。在这个数字化的时代，数字素养的重要性日益凸显。数字素养不仅是对数字工具和技术的熟练应用，更是指人们在数字环境下获取、理解和利用信息的能力。数字变革的新颖性对数字素养的延伸产生了积极的正向影响，这一点不容忽视。数字变革所带来的新颖性对数字素养的发展具有多方面的推动作用。第一，新颖的数字化解决方案和应用方式激发了组织成员的学习动机。随着数字技术的不断创新和应用，组织成员对于掌握新技术的欲望和需求也日益增长。新颖的数字化解决方案和应用方式引起了组织成员的兴趣和好奇心，激发了他们主动学习的动力。他们渴望了解和掌握这些新技术的工作原理和应用方法，以充分发挥其潜力（Wohlwend，2015）。数字变革的新颖性为组织成员提供了一种持续学习的机制，推动他们不断追求知识和技能的提升，从而提高了他们的数字素养水平。

第二，数字变革的新颖性为组织成员提供了更多的学习机会和资源。随着数字化技术的普及和应用，组织可以通过各种培训、研讨会和在线学习平台等方式，为成员提供数字技术学习的机会。这些学习机会和资源的丰富性使组织成员能够根据自身需求和兴趣选择学习内容和学习方式，有针对性地提升自己的数字素养。通过不断学习和实践，组织成员能够更好地应对数字变革所带来的挑战和机遇，提高其数字素养的应用能力。第三，数字变革的新颖性还促进了组织内部的知识分享和交流。在数字化应用的过程中，员工可能面临新的挑战和问题，而这些挑战和问题的解决需要集体智慧和协作。数字变革的新颖性激发了组织成员之间的交流和互动，促进了知识的共享和传递。通过知识分享，组织成员可以相互借鉴经验、分享技巧，加速数字素养的延伸。这种开放和合作的文化氛围有利于组织成员共同成长，形成协同学习的机制，不断推动数字素养的提升。第四，数字变革的新颖性有助于塑造学习型组织文化。学习型组织鼓励员工不断学习和创新，积极参与学习新的数字技术应用。数字变革的新颖性激发了组织成员的学习意愿，推动组织朝着学习型组织的方向发展，进而促进数字素养的延伸和提升。学习型组织是一个持续学习和适应变化的组织，它重视知识的共享、创新的实践和个体学习的发展。数字变革的新颖性为组织提供了一个理想的平台来建设学习型组织。通过引入新的数字化解决方案和应用方式，组织成员可以不断学习、探索和尝试，从而形成学习的习惯和文化。他们愿意主动参与学习，积极反思和改进工作方式，不断提升自身的数字素养。这种学习型组织文化有助于促进知识的共享和协作，加强团队合作和创新能力，进一步推动数字素养的延伸和提升。第五，数字变革的新颖性要求组织成员具备更高的适应能力。新颖的数字化解决方案和应用方式需要组织成员不断适应和调整，以适应变革环境并提升数字素养。数字技术的快速发展和应用更新换代的特点使组织成员需要具备持续学习和适应变化的能力。他们需要具备灵活性和创新思维，能够快速掌握和应用新技术，迅速适应不断变化的工作环境。适应能力的提升使组织成员能够更好地应对数字变革带来的挑战，保持竞争优势，并实现数字素养的延伸和提升。

综上所述，数字变革的新颖性对数字素养的延伸产生了积极的正向影响。新颖的数字化解决方案和应用方式激发了组织成员的学习动机，为他们提供了更多的学习机会和资源。数字变革的新颖性促进了组织内部的知识分享和交流，塑造了学习型组织文化。同时，数字变革的新颖性要求组织成员具备更高的适应能力，以适应变革环境并提升数字素养。

假设 11-1b：数字变革新颖性会对数字素养延伸产生正向影响。

数字化时代的到来为商业社会带来了前所未有的变革，数字变革作为这一浪潮的核心推动力量，不仅影响了企业的经营方式和组织结构，还对员工的素养提出了更高的要求。在数字变革的不同维度中，新颖性作为创新方法和技术应用的重要方面，与个体的数字素养产生了紧密的关系。假设 11-1c 表达了一种观点，即数字变革的新颖性能够对个体的数字素养重构产生正向影响。本章将从理论层面对这一假设进行深入探讨，以揭示其中的逻辑关联和可能的影响机制。

数字变革的新颖性强调了创新和变革的理念，鼓励在数字化转型过程中采用以前所未尝试过的方法和技术。在数字化时代，技术的不断进步和涌现为企业提供了丰富的创新机会。新颖性的数字变革鼓励个体不局限于过去的经验和做法，而是勇于尝试新的思路和方法，以寻求更高效、更灵活的解决方案。这一变革导向的观念不仅涉及技术层面，还涉及组织文化、业务流程等多个层面的创新和重构。数字素养是个体在数字环境中应对各类任务和挑战的综合能力，它不仅包括熟练使用数字工具的技能，更关注个体的学习能力、创新思维和适应能力（Khan et al.，2020）。在数字变革的背景下，个体的数字素养需求也在不断演化。传统的数字素养强调的是对已知工具和方法的熟练掌握，然而，数字变革所带来的新技术和新方法，往往需要个体具备重新学习和尝试的能力。这就需要个体不断挑战自身的技能边界，愿意探索和接受新的挑战，从而实现数字素养的重构。

假设 11-1c 强调了新颖性的数字变革会对数字素养重构产生正向影响。这一观点的核心在于，新颖性的数字变革鼓励个体积极探索以前未尝试过的创新方法和技术。在这一过程中，个体会面临更多的学习机会和知识挑战。例如，一个员工在以前的工作中可能只需要使用某个特定的软件进行任务处理，然而在新颖性的数字变革中，他可能需要学习新的工具和技术，以适应新的业务需求。这种学习和尝试的过程，实际上是对数字素养的一种重构。个体需要从熟悉的领域扩展到新的领域，不断扩充自己的技能边界。在数字变革的新颖性中，个体被要求挑战现有的技能边界，以适应新的工作要求。这就要求个体不仅要拥有熟练使用特定工具的能力，还需要具备学习新工具和技术的能力。这种挑战能够激发个体的学习兴趣和动力，使其更加愿意不断学习和尝试。因此，个体的数字素养会得到全面的提升，他们不仅可以应对当前的数字变革，还能够更好地适应未来的技术变化和挑战。在新颖性的数字变革中，个体被鼓励尝试多样化的方法和技术。这可能使个体的技能广度得到扩展，不再局限于某个特定领域。例如，一名原本只擅长数据分析的员工，在数字变革中可能需要学习新的编程语言，以便更好地处理数据。这种广度的扩展为数字素养的重构提供了机会。个体不再只是在某个狭窄领域具备素养，而是在多个领域都能够应对任务和挑战。新颖性的数字变革常常伴随着新的工作要求和业务流程。在这种情况下，个体需要迅速适应新的要求，并且能够灵活地运用已有的技能和新学习的技能来解决问题。这要求个体具备跨领域的能力，能够将不同领域的知识和技能有机地结合起来，以适应复杂多变的工作环境。这种适应性的能力正是数字素养重构的核心内容之一。个体需要不断调整自己的思维方式和技能组合，以适应数字化时代工作的多样性和变化性。

面对新颖性的数字变革，个体可能会因为兴趣、好奇心或者需求而积极投身于学习新的方法和技术。在这一过程中，他们会不断积累新的知识和技能，不仅提升了自己的数字素养水平，同时也为数字素养的重构奠定了基础。学习的动力和乐趣将使个体在数字素养重构的道路上更加坚定。假设 11-1c 的观点揭示了数字变革新颖性与数字素养重构之间的积极关联。在数字变革的推动下，个体在面对新的工具、技术和方法时，不仅需要适应，更需要主动学习、创新和拓展。这一过程有助于推动数字素养的重构，使个体能够在变革中保持竞争优势。从理论角度来看，数字变革的新颖性促使个体在数字素养方面进行深入反思，从而积极地扩展和重构其数字素养。在实际应用中，企业和组织可以通过培训、学习平台、创新项目等手段，激发和支持员工的学习兴趣，从而更好地应对数字变革带来的挑战和机遇。

数字变革新颖性与数字素养重构之间存在着紧密的关联。新颖性的数字变革鼓励个体探索新的方法、技术和工具，挑战现有的技能边界，扩展技能广度，适应新的工作要求，并激发学习欲望。这些过程共同促使个体的数字素养得到深刻的重构，使其在数字化时代更具竞争力。个体应当充分认识到这种关联，通过积极的学习和创新，不断提升数字素养，实现个体与数字变革的良性互动与共赢。在未来的研究中，我们可以进一步深入探究数字变革的各个维度对于数字素养不同方面的影响机制，以期为更加全面和精准的数字素养培养提供理论指导。

假设 11-1c：数字变革新颖性会对数字素养重构产生正向影响。

2. 数字变革颠覆性对数字素养策略行为的影响

在当今飞速发展的数字化时代，数字变革已成为各行各业中的一股强大力量，重新塑造着商业和组织的面貌。其中，颠覆性的数字变革引发了诸多变化，从流程到文化，从业务模式到组织架构，都被彻底颠覆和重塑。假设 11-2a 提出了一个观点，即颠覆性的数字变革会对数字素养的利用产生正向影响。本章将深入探讨这一观点的合理性，从理论角度揭示数字变革颠覆性与数字素养利用之间的相互关系。颠覆性数字变革是指在数字化转型过程中，采用了全新的思维、方法和技术，以彻底改变企业的经营模式和竞争策略。这种变革往往引发了现有流程和方法的重大变化，推动企业进入全新的运营模式。例如，传统零售业在数字化转型中引入了电子商务、移动支付等技术，彻底改变了消费者的购物方式和交易习惯。这种颠覆性变革对企业员工的素养提出了更高的要求。数字素养是指个体在数字环境中应对任务和问题的综合能力，它不仅包括熟练使用数字工具的技能，更涉及信息处理、创新思维、数字文化等多个层面。在数字变革的背景下，员工的数字素养不仅是适应新工具和技术的基础，更是推动变革成功的关键因素之一。高水平的数字素养使员工能够更加有效地利用数字工具和技术，从而提升工作效率、优化流程和创造价值。

颠覆性的数字变革通常伴随着新的工具和技术的引入。在新的业务环境中，员工需要迅速掌握这些工具，以适应变化后的工作流程。这就要求员工具备快速学习和适应的能力，从而迅速将新工具运用到实际工作中。在这一过程中，数字素养的利用成为关键。只有具备高水平的数字素养，员工才能迅速地理解、操作和运用新工具，否则将导致变革推进缓慢甚至失败。颠覆性数字变革往往要求员工在实际工作中更广泛地使用数字工具。例如，在传统企业进行数字化改造时，可能引入了新的管理系统、沟通平台等，这就要求员工能够在日常工作中充分利用这些工具。在数字工具的实际应用过程中，数字素养的利用水平将直接影响到员工的工作效率和质量。只有通过高效地利用数字工具，员工才能更好地适应颠覆性的变革。在颠覆性的数字变革中，信息变得更加丰富和多样化，涵盖了业务、市场、客户等方方面面。员工需要从这些信息中提取有价值的信息，以支持决策和创新。因此，这要求员工具备信息处理和分析的能力，以从海量数据中获取有用的信息。高水平的数字素养使员工能够更好地整合和利用信息资源，从而做出更准确的判断和决策。

颠覆性的数字变革常常需要在短时间内实现重大变化。在这种情况下，员工的数字素养利用水平直接影响着变革的推进速度。具备高水平数字素养的员工能够更快地适应新的工作方式和流程，更好地运用数字工具来支持变革目标的实现。相反，数字素养利用水平较低的员工可能会陷入适应困难，影响变革的顺利进行。颠覆性的数字变革旨在优化流程、提升效率，从而实现更高的业务质量和创造价值，而数字素养的利用水平恰恰能够支持这一目标的实现。通过高效地利用数字工具，员工能够更快速、准确地完成任务，从而实现工作效率和质量的提升。这对于颠覆性数字变革的成功至关重要。在颠覆性数字变革的过程中，创新和变革的思维方式也得以强化。员工需要不断尝试新的方法、新的工具，以应对不断变化的工作需求。数字素养利用水平高的员工更容易接受新的挑战，勇于探索和创新，从而在组织中形成积极的创新和变革文化。这种文化的形成又会进一步促进颠覆性变革的成功推进，形成良性循环。颠覆性的数字变革常常是一个不断演进的过程，涉及的技术和方法也在不断更新和升级。员工需要具备自主学习和适应的能力，以不断跟进变革的步伐。数字素养利用水平高的员工更容易积极主动地学习和掌握新知识，他们乐于在学习过程中寻求解决问题的方法，从而逐步形成自己的学习习惯和适应策略（Brevik et al.，2019）。

为了更好地应对颠覆性数字变革，企业可以提供多样化的培训和支持，以帮助员工掌握新的工具和技能。这些培训可以涵盖基础的数字素养技能，也可以包括新引入工具的具体操作。通过培训，员工能够更快地掌握所需的数字技能，提升数字素养的利用水平。企业可以鼓励员工在数字化转型中互相学习和分享经验。员工可以通过内部培训、经验分享会等形式，将自己的数字素养经验传递给其他同事。这有助于促进员工之间的交流和互动，共同提升数字素养的利用水平。此外，企业还可以激励员工参与外部培训和学习，从更广泛的渠道获取新知识。在颠覆性数字变革中，企业可以建立数字化支持系统，为员工提供在线学习平台、知识库、问题解答等服务。这些系统能够帮助员工随时随地获取所需的信息和支持，从而提升数字素养的利用水平。通过数字化支持系统，员工可以根据自身需求，有针对性地进行学习和提升。企业可以通过激励措施，如奖励机制、晋升机会等，来激发员工学习新的工具和技能的兴趣和动力。员工在实际工作中的应用效果也可以成为激励的依据，企业可以通过认可和奖励，进一步提升员工的数字素养利用水平。

数字变革颠覆性与数字素养利用之间的关系在当今数字化时代变得更加密切和重要。颠覆性的数字变革不仅要求企业员工能面对重大变化，更需要他们迅速掌握新的工具和技能，以应对新的工作要求。数字素养的利用水平在这一过程中起到关键作用，它能够加速员工的适应过程，推动变革的落地和成功。企业和组织应当充分认识到数字素养利用的重要性，通过培训、学习、知识分享等方式，不断提升数字素养的利用水平，以更好地应对颠覆性数字变革带来的挑战和机遇。未来的研究可以进一步探究数字变革的不同特征对数字素养不同方面的影响，以提供更具体和深入的理论指导。

假设 11-2a：数字变革颠覆性会对数字素养利用产生正向影响。

在当今数字化时代，数字变革已成为企业和组织在竞争中获取优势的关键。本章将从理论角度揭示数字变革颠覆性与数字素养延伸之间的相互关系。颠覆性数字变革强调对新的创新方法和技术的积极探索，通过引入新的思维和工具来实现业务的重塑和提升。这种变革通常涉及新技术、新业务模式以及新的市场趋势，要求企业员工具备灵活适应的能力，以不断掌握和应用新知识和技能。颠覆性的数字变革创造了一个有利的环境，促使员工不断学习和延伸自己的数字素养。数字素养是指个体在数字环境中应对任务和问题的能力，它涵盖了多个层面，包括技术技能、信息处理、创新思维等。在数字化时代，数字素养不仅是适应新技术和工具的基础，更是推动个体在复杂多变的环境中持续学习和发展的能力。高水平的数字素养使个体能够更好地把握变革中的机遇，迎接挑战，并不断延伸自己的知识和能力。

颠覆性的数字变革带来了许多未知的领域和新技术，这激发了员工持续学习的欲望。在追求创新和应对变革的过程中，员工更愿意主动地寻求新的知识和技能。他们可能通过课程培训、在线学习等方式，不断扩展自己的技能边界，从而实现数字素养的延伸。这种持续学习的欲望使员工能够更好地适应数字化时代的变革需求。在数字变革的推动下，员工对数字技术和行业趋势的关注度大大增加。他们可能会主动地关注新技术的发展、市场的变化以及行业的趋势，以寻找可能的发展机会。这种关注有助于员工更早地掌握新的知识和技能，使其数字素养得以延伸。通过持续关注数字技术和行业趋势，员工能够更好地洞察变革带来的机遇，并积极应对挑战。颠覆性的数字变革鼓励员工尝试新的创新方法和技术，这培养了他们的创新思维和解决问题的能力。在探索新的工具和技术的过程中，员工可能会面临各种挑战和问题。通过不断思考、尝试和学习，他们能够培养出更强的解决问题的能力，这也是数字素养延伸的表现之一。创新思维和解决问题的能力有助于员工更好地适应变革，不断推动自己的成长。

数字素养的延伸使个体能够在不同领域获得更丰富的知识和技能。这有助于推动个体的全面发展，使其在多个领域都具备一定的能力和专长。例如，员工可能在数字技术、数据分析、创新思维等方面都取得了一定的成就，从而更好地适应多变的工作环境。数字素养的延伸使个体能够在不同领域之间建立联系，促进跨领域合作和创新。员工具备跨领域的知识和技能，能够更好地在团队中协作，共同解决复杂的问题。这种跨领域的合作与创新能力有助于推动企业在数字化时代的持续创新。数字素养的延伸使个体更具有持续学习的习惯。通过不断追求新的知识和技能，员工能够更好地适应变革和创新，始终保持在数字化时代的前沿。持续学习的习惯有助于个体在职业生涯中不断成长和进步，更好地应对未来的挑战和机遇。数字素养的延伸使个体更具有适应性和变革能力。他们能够更快速地适应新的工具、技术和环境，从而在变革中保持稳定和高效。这种适应性和变革能力是数字化时代员工必备的重要素质，能够帮助他们在快速变化的环境中不断获得竞争优势（Bartolome and Garaizar，2022）。

数字变革的颠覆性要求员工勇于创新和实验，尝试新的方法和工具。在这个过程中，员工可能会主动地学习和掌握新的知识和技能，以支持创新的实施。鼓励创新和实验的文化使员工更有动力去延伸自己的数字素养，从而更好地应对变革。企业可以通过提供学习和发展机会，促使员工持续地学习新的知识和技能。培训、课程和工作坊等方式可以帮助员工掌握新的领域知识，从而实现数字素养的延伸。员工在学习和发展的过程中逐渐形成了持续学习的习惯，使其数字素养不断得以充实和拓展。颠覆性的数字变革强调员工的自主学习和探索，使其能够主动地寻找新的知识和技能。员工在自主学习和探索的过程中，可能会遇到许多挑战和困难，但这正是促使他们不断提升数字素养的机会。强调自主学习和探索的文化有助于激发员工的学习热情，推动数字素养的延伸。面对快速变化的数字化时代，员工需要培养适应未来的意识，持续更新自己的知识和技能。数字变革的颠覆性强调了未来的不确定性，员工需要具备预测趋势和适应变化的能力，培养适应未来的意识，使员工更愿意主动地学习和延伸自己的数字素养，以应对未知的挑战。

　　数字变革的颠覆性与数字素养的延伸之间存在着密切的相互关系。颠覆性的数字变革鼓励员工探索创新方法和技术，推动他们不断学习新的数字技能和知识。员工在数字变革中持续关注数字技术和行业趋势，促使他们延伸数字素养，更好地适应变革和创新。企业和组织应当认识到数字变革颠覆性对数字素养延伸的积极影响，通过创新培训、建立学习文化等方式，促进员工的数字素养不断得以扩展。未来的研究可以进一步探究不同类型的数字变革对数字素养延伸的影响，以提供更具体和实用的理论指导。

　　假设 11-2b：数字变革颠覆性会对数字素养延伸产生正向影响。

　　颠覆性的数字变革强调了创新和变革的思维方式，要求企业员工勇于尝试新的方法和技术，以应对不断变化的环境。在数字变革中，员工可能面临各种前所未有的问题和挑战，需要创造性地寻找解决方案。这种创新能力是数字变革的关键驱动力之一，同时也对数字素养的重构产生了正向影响。数字素养重构是指个体在数字环境中不断调整和改进自己的数字技能和知识结构，以应对新的需求和挑战。重构不仅是简单的技能迭代，更涉及思维方式的改变、解决问题方法的创新以及对新技术应用的灵活性。在数字化时代，数字素养重构是不可或缺的，它能够帮助个体更好地适应变革，实现自我持续发展。

　　颠覆性的数字变革要求员工创新性地解决问题，这促使他们不断思考新的方法和途径。在解决问题的过程中，员工可能会重新审视自己的数字技能和知识，寻找更适合的工具和方法。这种创新思维和解决问题的能力有助于推动数字素养的重构，使员工能够更好地应对变革带来的复杂情况。颠覆性的数字变革可能要求企业重新设计业务流程以适应新的技术趋势。在这一过程中，员工需要具备重新设计数字工作流程的能力，以提高效率和质量。这要求员工在数字技能的基础上，进一步思考如何通过重新组织流程来实现更好的业务结果。这种重新设计的过程促使员工对数字技能的应用进行了重新审视和优化，实现了数字素养的重构。颠覆性的数字变革常常涉及多个领域的知识和技能。员工需要在不同领域之间进行知识的整合和应用，以解决复杂的问题。这要求他们具备跨领域的思维和能力，将不同领域的知识进行创造性的结合。通过多领域知识的整合，员工能够更好地应对数字化时代的复杂挑战，实现数字素养的重构。

数字变革的颠覆性要求员工创造性地解决问题，找到新的方法和途径。这种要求促使员工重新审视自己的数字技能，寻找更好的解决方案。为了更好地应对问题，员工可能会主动学习新的技能，进一步提升数字素养。数字变革带来了机遇和挑战，员工需要不断调整自己的技能和方法以适应新的环境。在这个过程中，员工可能会重新思考自己的数字素养，寻找更适合变革需求的能力和知识。面对变革中的机遇和挑战，员工有动力进行数字素养的重构。数字素养重构使员工能够更好地适应变革和创新，提升自身在职场中的竞争力。随着数字化时代的发展，企业更需要具备灵活应变和创新能力的员工。员工通过数字素养的重构，能够更好地满足企业的需求，获得更多的职业机会。

假设11-2c提出了一个有关数字变革颠覆性与数字素养重构的关系的观点。通过对颠覆性的数字变革、数字素养重构以及它们之间的相互关系进行深入分析，我们可以得出结论：颠覆性的数字变革鼓励创新和解决问题的能力，推动员工重新思考和优化自己的数字素养。数字变革中的创新需求、变革中的机遇和挑战，以及提升自身竞争力等因素共同推动员工进行数字素养的重构。企业和组织应当认识到数字变革颠覆性对数字素养重构的正向影响，通过培训、创新活动等方式，促进员工的数字素养不断得以重构。未来的研究可以进一步探究数字变革特征对数字素养重构的影响，以提供更具体和实用的理论指导。

假设11-2c：数字变革新颖性会对数字素养重构产生正向影响。

3. 数字变革关键性对数字素养策略行为的影响

在当今的商业环境中，数字变革已成为企业保持竞争优势和创新发展的重要路径。数字变革的成功不仅是技术的问题，更涉及整体战略的制定和执行。假设11-3a提出了一个观点，即数字变革的关键性会对数字素养的利用产生正向影响。本章将深入探讨这一观点的合理性，从理论角度揭示数字变革新颖性与数字素养利用之间的密切关系。

数字变革关键性强调对创新方法和技术的积极探索，通过引入新的思维和工具来实现业务的重塑和提升。关键性的数字变革通常涉及新的技术、新的业务模式以及新的市场趋势，要求企业具备灵活适应的能力，以不断掌握和应用新知识和新技能。关键性的数字变革鼓励企业对现有的流程和方法进行重新审视，以适应变革带来的挑战和机遇。数字素养是个体在数字环境中应对任务和问题的能力，它涵盖了技术技能、信息处理、创新思维等多个层面。在数字变革中，数字素养的利用直接影响着变革的成果。只有在员工能够充分利用其数字素养的情况下，数字化的新技术和工具才能发挥最大的效用。数字素养的利用涉及将数字技能应用于实际业务中，实现工作效率的提升和业务价值的创造。

　　关键性的数字变革要求员工积极探索创新方法和技术，这使员工更加关注数字素养的应用。在面对新的技术和工具时，员工会自觉地将自己的数字素养与实际问题联系起来，思考如何通过数字技能来解决问题，提升工作效率。数字变革的关键性鼓励员工从实际需求出发，更加积极地利用其数字素养。数字变革关键性要求企业员工创新性地解决问题和应对挑战。在这个过程中，数字素养的实际运用成为关键环节。员工可能会通过将数字技能应用于实际业务中，创造出新的解决方案和工作方法。数字素养的实际运用不仅是技能的展示，更是创新的源泉。关键性的数字变革通过推动数字素养的实际运用，为企业创新发展提供了有力支持。关键性的数字变革要求企业整体战略与变革方向保持一致，以确保变革的顺利推进，而数字素养的利用正是在这种一致性中发挥着重要作用。员工将数字技能应用于实际业务中，实际上是在支持和落实公司的整体战略。通过数字素养的利用，员工能够更好地在实际工作中体现公司战略的实际效果，推动变革达到预期目标。

　　数字素养的利用强调将数字技能应用于实际业务中，实现业务价值的创造。企业可能通过强调数字素养的实际业务价值，鼓励员工将数字技能与业务需求相结合，从而更好地支持企业的整体战略。员工意识到数字技能不仅是技术的运用，更是为企业创造价值的手段，从而更加积极地利用数字素养。数字素养的利用要求员工对自己的数字技能有清晰的认知，知道如何将其应用于实际工作中。在数字变革的背景下，员工可能需要反思自己的数字素养水平，弥补技能的不足，以更好地应对变革带来的挑战。这种自我认知的提升能够促使员工更加主动地利用数字素养，实现个人和企业的共同发展。企业可以通过鼓励数字技能的实际运用，逐渐建立起数字素养利用的文化。这种文化强调数字技能不仅是培训课程中的一部分，更是在日常工作中发挥作用的工具。员工在实际工作中充分利用数字素养，可以逐渐形成一种将数字技能融入工作的常态化思维，从而更好地支持数字变革。

　　假设11-3a强调了数字变革关键性对数字素养利用的正向影响。通过对关键性的数字变革、数字素养利用以及它们之间的相互关系进行深入分析，我们可以得出结论：关键性的数字变革推动员工关注数字素养的应用，促使其在实际业务中充分利用数字技能。数字素养的实际运用不仅支持了变革的创新，更强化了公司整体战略的一致性。企业和组织应认识到数字变革关键性对数字素养利用的积极影响，通过强调实际业务价值、提升自我认知以及建立数字素养利用的文化等方式，推动员工更加积极地应用数字技能，为企业的数字化转型贡献力量。未来的研究可以进一步深入探究不同类型的数字变革对数字素养利用的影响机制，以提供更具体和实用的理论指导。

假设 11-3a：数字变革关键性会对数字素养利用产生正向影响。

数字变革的关键性意味着引入了新的技术、方法和思维方式，从而影响了企业的运营模式和业务流程。在这个不断变化的环境下，员工需要不断学习新的数字技能和知识，以适应新的工作要求。假设 11-3b 提出了一个观点，即数字变革关键性会对数字素养的延伸产生正向影响。本章将探讨这一观点的合理性，从理论角度阐述数字变革关键性与数字素养的延伸之间的关系。数字素养延伸是指个体不断学习新的数字技能和知识，以应对不断变化的数字环境。数字素养延伸不仅是技术的学习，更涉及对新的工具、方法和趋势的了解和掌握。在数字化时代，技术的更新速度很快，员工需要保持持续学习的态度，以保持自己的竞争力和适应性。

数字变革的关键性要求员工不断探索新的数字技术和工具，以应对不断变化的工作环境。员工可能会定期关注数字技术和行业趋势，以寻找可能的发展机遇。这种学习和探索的态度是数字素养延伸的基础。数字变革关键性鼓励员工不断更新自己的知识和技能，从而推动数字素养的延伸。数字变革的关键性常常引入多样化的新技术和方法，要求员工具备更全面的数字素养。员工可能需要学习多个领域的知识，以适应多元化的工作要求。在这个过程中，员工的数字素养得以延伸，从而使其能够更好地应对数字化时代的复杂挑战。数字变革的关键性鼓励员工主动学习新的数字技能和知识，以适应变革带来的挑战。员工可能会意识到，只有不断学习和更新自己的数字素养，才能在变革中保持竞争力。这种主动学习的动机推动员工持续学习，从而推动数字素养的延伸。

数字化时代的工作环境变化迅速，新的技术和方法不断涌现。员工需要持续学习，以保持自己的适应性。数字素养的延伸使员工能够更好地应对工作环境的变化，保持自己在职场中的竞争力。拥有广泛的数字素养能力使员工能够在不同领域中工作，获取更多的机会和发展。持续学习新的数字技能和知识使员工更具多样性和灵活性，从而能够在不同的工作岗位中获得更多的机会和发展。持续学习和数字素养的延伸使员工能够在工作中更好地发挥作用，实现更高的工作效率和业务成果。这不仅增强了员工的自我价值感，还带来了更大的满足感和成就感。这种积极的情感体验又会进一步促使员工继续学习和提升数字素养。

假设 11-3b 强调了数字变革关键性对数字素养延伸的正向影响。通过对关键性的数字变革、数字素养延伸以及它们之间的相互关系进行深入分析，我们可以得出结论：关键性的数字变革鼓励员工持续学习新的数字技能和知识，以应对不断变化的工作环境（Bradley et al.，2022）。员工通过定期关注数字技术和行业趋势，实现数字素养的延伸。企业和组织应认识到数字变革关键性对数字素养延伸的积极影响，通过提供学习资源、鼓励持续学习的文化等方式，推动员工不断更新自己的数字技能和知识，实现个人和企业的共同发展。未来的研究可以进一步探究不同类型的数字变革对数字素养延伸的影响机制，以提供更具体和实用的理论指导。

假设 11-3b：数字变革关键性会对数字素养延伸产生正向影响。

在当今的商业环境中，数字变革已经成为企业蓬勃发展的关键动力。数字变革的关键性强调了创新性的解决方案和方法，鼓励员工创造性地应用数字技能来解决新问题或改进现有流程。假设 11-3c 提出了一个观点，即数字变革关键性会对数字素养重构产生正向影响。本章将探讨这一观点的合理性，从理论角度阐述数字变革关键性与数字素养重构之间的关系。数字素养的重构是指员工在数字化环境中创造性地应用数字技能，以解决新问题、改进现有流程或设计新的工作方式。数字素养的重构不仅是技术的应用，更涉及思维方式的转变和工作流程的重新设计。在数字变革的背景下，员工需要超越传统的技术应用，将数字技能与创新思维相结合，以应对变革带来的新挑战。

数字变革的关键性强调了创新性的解决方案和方法，鼓励员工不拘一格地应用数字技能。在面对新问题或改进现有流程时，员工可能会创造性地应用数字技能，以提出新的解决方案。这种创新的应用过程是数字素养重构的体现，员工在创新中不断拓展数字技能的边界，推动数字素养的重构。数字变革的关键性鼓励员工创造性地应用数字技能，同时也要求将创新思维融入数字化的工作中。员工可能会在实际工作中思考如何通过数字技能来实现更高效、更创新的工作方式。数字素养的重构强调了数字技能与创新思维的融合，使员工能够更好地解决复杂问题和应对变革。数字变革的关键性可能导致现有流程的改进或重塑。在这个过程中，员工可以通过创新性地应用数字技能，重新设计工作流程，以提高工作效率和质量。数字素养的重构使员工能够更好地评估现有流程的不足，并提出创新性的改进方法，从而推动业务的持续改进。

数字变革的关键性要求员工敢于尝试新的方法和技术，拥抱变革带来的机遇和挑战。拥抱变革的心态使员工更加愿意创新性地应用数字技能，将其应用于解决新问题或改进现有流程。数字素养的重构强调将数字技能应用于实际问题的解决，以及为企业创造价值。员工意识到，数字技能不仅是为了展示技术，更是为了解决实际问题和创造实际价值。这种强调问题解决和价值创造的思维方式推动员工创新性地应用数字技能。数字变革的关键性通常涉及不同领域的知识和技能。在解决新问题或改进现有流程时，员工可能需要与其他领域的专家合作。跨领域合作促进了不同领域知识的交流和共享，从而推动数字素养的重构。

假设 11-3c 强调了数字变革关键性对数字素养重构的正向影响。通过对新颖性的数字变革、数字素养重构以及它们之间的相互关系进行深入分析，我们可以得出结论：关键性的数字变革鼓励员工创造性地将数字技能应用于解决新问题或改进现有流程，引发数字素养的重构。员工通过创新性地应用数字技能，实现工作效率和质量的提升，推动企业持续创新和发展。企业和组织应认识到数字变革关键性对数字素养重构的积极影响，通过鼓励创新性的解决方案、加强问题解决和价值创造的意识，以及促进跨领域合作等方式，推动员工创造性地应用数字技能，实现个人和企业的共同发展。未来的研究可以进一步深入探究不同类型的数字变革对数字素养重构的影响机制，以提供更具体和实用的理论指导；同时，还可以从实际案例出发，深入探讨数字变革关键性如何推动数字素养重构，以及企业如何通过创新性的数字技能应用实现业务的持续发展，并且形成企业的竞争优势。

总之，数字变革的关键性强调了创新性的解决方案和方法，推动员工创造性地应用数字技能来解决新问题或改进现有流程。这种创新的应用过程可能引发数字素养的重构，使员工能够更加创造性地应用数字技能，提升工作效率和质量。企业和组织应充分认识到数字变革关键性对数字素养重构的积极影响，通过鼓励创新性的解决方案、强调问题解决和价值创造，以及加强跨领域合作等方式，推动员工创新性地应用数字技能，实现个人和企业的共同发展。这不仅有助于企业在数字化时代中取得竞争优势，更能够推动整个社会朝着数字化、创新化的方向迈进。

假设 11-3c：数字变革关键性会对数字素养重构产生正向影响。

二、研究设计

1. 问卷调查

为了检验主要假设，本章通过网络问卷对工作场所中的员工进行了调查，调查对象为工作场所中需要应用数字工具的员工。本章最终收集到 320 名员工的问卷，从性别来看，男性 110 人，女性 210 人；从年龄来看，平均年龄为 32.40 岁，标准差为 7.99；从学历来看，高中及以下 6 人，专科 19 人，本科 200 人，硕士 76 人，博士 19 人；从单位性质来看，国有企业 69 人，事业单位 38 人，民营企业 191 人，外资企业 19 人。

2. 测量工具

变革新颖性包含"在您的组织中，数字变革项目引入全新的技术或方法"、"这次数字变革与以往的项目相比，具有更高的创新性"和"参与数字变革的团队积极探索新的解决方案和思维方式"三个题项；变革颠覆性包含"数字变革对您的组织目前的业务模型产生了显著的颠覆性影响"、"这次数字变革导致了业务流程的根本性变化或重构"和"已建立的市场或行业标准因数字变革而被颠覆或重新定义"三个题项；变革关键性包含"数字变革在您的组织中是实现战略目标的关键驱动因素"、"数字变革项目得到了高级管理层的强烈支持和关注"和"数字变革的成功对于您的组织的未来发展至关重要"三个题项。数字素养利用包含"在您的工作中，您是否频繁地使用数字工具（如软件、应用）来完成任务"、"您是否能有效地整合各种数字资源来解决问题或完成任务"和"您是否能够将您掌握的数字技能直接应用于工作中的具体场景"三个题项。数字素养延伸包含"您是否愿意持续学习新的数字技能和知识，以应对不断变化的工作环境"、"您是否定期关注数字技术和行业趋势，以了解可能的发展和机遇"和"您是否积极地探索并学习您以前未接触过的数字技术"三个题项。数字素养重构包含"您是否能够创造性地将数字技能应用于解决新问题或改进现有流程"、"您是否会重新设计数字工作流程，以提高效率和质量"和"您是否参与或引导数字化创新项目，以改善公司业务或服务"三个题项。

三、研究发现

本章利用回归分析探究了组织变革事件特征对数字素养利用的作用，具体的回归分析结果如表11-1所示。通过回归分析发现：①变革新颖性对数字素养利用有显著的正向影响（$\beta = 0.412$，$T = 7.439$，$p < 0.001$）。这意味着，变革事件的新颖性程度越高，数字素养的利用程度也越高。②变革颠覆性对数字素养利用也有正向影响，但影响相对较小（$\beta = 0.08$，$T = 2.49$，$p = 0.01$）。这表明，变革事件的颠覆性对数字素养的利用有一定程度的积极影响。③变革关键性对数字素养利用有显著的正向影响（$\beta = 0.23$，$T = 4.52$，$p < 0.001$）。这表明，变革事件的关键性对数字素养的利用具有重要的正向影响。④性别对数字素养利用没有显著影响（$\beta = 0.04$，$T = 0.77$，$p = 0.44$）。性别因素似乎不是影响数字素养利用的重要因素。⑤年龄对数字素养利用没有显著影响（$\beta = 0.00$，$T = 0.09$，$p = 0.93$）。年龄似乎不是影响数字素养利用的重要因素。⑥学历对数字素养利用有正向影响，

且影响显著（$\beta=0.07$，$T=2.14$，$p=0.03$）。这表明，具有更高学历的个体更可能充分利用数字素养。总体来说，变革新颖性、变革关键性和学历对数字素养利用具有显著的正向影响，而变革颠覆性对数字素养利用也有一定程度的积极影响，性别和年龄因素似乎对数字素养利用的影响不大。这些结果可以帮助组织更好地了解数字素养的影响因素，从而制定相关策略来提高数字素养水平。

表 11-1　组织变革事件特征对数字素养利用的作用回归分析结果

	系数	标准误	T 值	显著性
变革新颖性	0.412	0.055	7.439	0.00
变革颠覆性	0.08	0.03	2.49	0.01
变革关键性	0.23	0.05	4.52	0.00
性别	0.04	0.05	0.77	0.44
年龄	0.00	0.00	0.09	0.93
学历	0.07	0.03	2.14	0.03
截距	1.54	0.30	5.13	0.00

本章利用回归分析探究了组织变革事件特征对数字素养延伸的作用，具体的回归分析结果如表 11-2 所示。本章通过回归分析发现：①变革新颖性对数字素养延伸有显著的正向影响，系数为 0.423，T 值为 7.026，p 值小于 0.05，表明变革新颖性与数字素养延伸之间存在显著的正相关关系。②变革颠覆性对数字素养延伸有正向影响，但影响程度较小，系数为 0.07，T 值为 2.10，p 值为 0.04，表明变革颠覆性与数字素养延伸之间存在显著的正相关关系，但影响不如变革新颖性显著。③变革关键性对数字素养延伸有显著的正向影响，系数为 0.23，T 值为 4.18，p 值小于 0.05，表明变革关键性与数字素养延伸之间存在显著的正相关关系。④性别对数字素养延伸没有显著影响，系数接近于零，T 值为 -0.06，p 值大于 0.05，表明性别与数字素养延伸之间没有显著的关系。⑤年龄对数字素养延伸没有显著的影响，系数接近于零，T 值为 0.67，p 值大于 0.05，表明年龄与数字素养延伸之间没有显著的关系。⑥学历对数字素养延伸没有显著影响，系数为 -0.03，T 值为 -0.89，p 值大于 0.05，表明学历与数字素养延伸之间没有显著的关系。根据分析结果，组织变革事件特征中的变革新颖性和变革关键性对数字素养延伸具有显著的正向影响，而变革颠覆性对数字素养延伸也有正向影响，但影响程度较小。然而，性别、年龄和学历与数字素养延伸之间没有显著的关系。

表 11-2　组织变革事件特征对数字素养延伸的作用回归分析结果

	系数	标准误	T 值	显著性
变革新颖性	0.423	0.06	7.026	0.00
变革颠覆性	0.07	0.03	2.10	0.04
变革关键性	0.23	0.06	4.18	0.00
性别	0.00	0.05	−0.06	0.95
年龄	0.00	0.00	0.67	0.51
学历	−0.03	0.03	−0.89	0.37
截距	1.67	0.33	5.13	0.00

　　本章利用回归分析探究了组织变革事件特征对数字素养重构的作用，具体的回归分析结果如表 11-3 所示。本章通过分析发现：①变革新颖性的系数为 0.377，标准误为 0.072，T 值为 5.271，p 值为 0.00，这表明变革新颖性对数字素养重构有显著的正向影响（p 值小于 0.05）。②变革颠覆性的系数为 0.36，标准误为 0.04，T 值为 8.86，p 值为 0.00，这说明变革颠覆性对数字素养重构也有显著的正向影响（p 值小于 0.05）。③变革关键性的系数为 0.14，标准误为 0.07，T 值为 2.11，p 值为 0.04，这表明变革关键性对数字素养重构有一定的正向影响，尽管 p 值略低于 0.05，但仍具有统计学意义。④性别的系数为 0.08，标准误为 0.06，T 值为 1.29，p 值为 0.20，性别对数字素养重构没有显著影响（p 值大于 0.05）。⑤年龄的系数为 0.01，标准误为 0.00，T 值为 2.18，p 值为 0.03，这表示年龄对数字素养重构有显著的正向影响（p 值小于 0.05）。⑥学历的系数为 0.12，标准误为 0.04，T 值为 3.05，p 值为 0.00，学历对数字素养重构具有显著的正向影响（p 值小于 0.05）。综上所述，本章研究发现，变革新颖性、变革颠覆性、年龄和学历对数字素养重构具有显著的正向影响，而变革关键性对其也存在影响但较弱，性别和截距项在此模型中未能显著解释数字素养重构的变异。

表 11-3　组织变革事件特征对数字素养重构的作用回归分析结果

	系数	标准误	T 值	显著性
变革新颖性	0.377	0.072	5.271	0.00
变革颠覆性	0.36	0.04	8.86	0.00
变革关键性	0.14	0.07	2.11	0.04
性别	0.08	0.06	1.29	0.20

续表

	系数	标准误	T 值	显著性
年龄	0.01	0.00	2.18	0.03
学历	0.12	0.04	3.05	0.00
截距	0.22	0.39	0.58	0.57

四、结论与讨论

1. 结论

本章研究发现，变革新颖性对数字素养利用和数字素养延伸具有显著的正向影响。这意味着，随着变革事件的新颖性程度的提高，员工更有可能充分利用数字素养，同时数字素养的应用范围也会更为广泛。变革颠覆性对数字素养利用和数字素养延伸也有正向影响，尽管影响相对较小。这表明，在面对较为颠覆性的变革事件时，员工的数字素养利用和延伸也会略微提高。变革关键性对数字素养利用和数字素养延伸具有显著的正向影响。这意味着，变革事件的关键性对于员工的数字素养应用至关重要，对数字素养的发展和延伸有积极影响。性别和年龄因素在数字素养利用和数字素养延伸方面没有显著的影响。这表明，性别和年龄不是影响员工数字素养的关键因素。学历对数字素养利用和数字素养延伸具有显著的正向影响，这意味着具有更高学历的个体更有可能积极应用数字素养并将其延伸至工作和学习中。

2. 理论意义

在本章的研究中，我们检验了数字变革新颖性、变革颠覆性和变革关键性对数字素养的影响，发现了一系列有意义的结果。这些发现不仅对数字变革的实践具有重要的指导意义，而且在理论上也做出了有益的贡献。以下是我们对这些发现的理论意义的总结：

首先，本章的研究结果为数字素养的多维度理解提供了深入的视角。以往的研究主要集中在数字素养对个体技能和知识水平的影响上，而本章则从策略的角度对数字素养进行了探讨，包括利用策略、延伸策略和重构策略。通过验证数字变革的新颖性、颠覆性和关键性对这些策略的正向影响，我们不仅扩展了数字素养的研究领域，还为数字素养的理论视角提供了更加全面和细致的认识。在以往的研究中，数字素养通常被定义为个体在数字环境中获取、评估和应用信息的能力。这种理解主要关注个体技能和知识的培养，以适应现代社会对数字技术的需求。然而，数字素养的概念并不仅限于个体的能力，还涉及在数字环境中采取不同策略的能力。本章从策略的角度对数字素养进行了探讨。我们将数字素养策略分为利用策略、延伸策略和重构策略。利用策略强调个体在数字环境中运用数字技能和知识解决问题的能力，延伸策略侧重于个体在数字环境中扩展和拓展自身能力的能力，而重构策略强调个体在数字环境中调整和改变自身能力的能力。通过验证数字变革的新颖性、颠覆性和关键性对这些策略的正向影响，我们进一步丰富和完善了数字素养的理论视角。数字变革的新颖性指的是数字技术的引入和运用具有创新性和独特性，颠覆性指的是数字技术对现有模式和方法的冲击和改变，关键性指的是数字技术在组织和社会中的重要性和必要性。本章的研究结果表明，数字变革的新颖性、颠覆性和关键性对数字素养的不同策略产生了正向影响。这意味着在面对不断变化的数字环境时，个体通过采用适当的策略来利用、延伸和重构自己的数字素养，从而更好地适应数字化时代的需求和挑战。数字变革的新颖性对数字素养的利用策略产生正向影响。随着数字技术的不断更新和演进，新颖性的数字变革为个体提供了更多的机会和资源来充分利用其数字素养。个体可以通过运用数字技能和知识，更加高效地获取、评估和应用信息，从而在数字环境中解决问题和实现目标。

其次，本章的研究发现丰富了数字变革与数字素养关系的理论框架。数字变革作为一种涵盖广泛意义的概念，对组织和个体都具有重要的影响力。通过验证数字变革新颖性、颠覆性和关键性对数字素养策略的正向影响，我们揭示了数字变革与数字素养之间的关联机制。这有助于深化我们对数字变革过程中数字素养发展的理解，为组织管理和战略决策提供了新的理论支持。

再次，本章的研究发现对数字变革管理实践提供了重要的指导意义。我们的发现表明，数字变革的新颖性、颠覆性和关键性对于塑造和促进员工的数字素养策略具有积极的影响。这为组织管理者提供了有力的启示，即在数字变革过程中，应注重创造新颖、颠覆性和关键性的环境，以激发员工的数字素养发展和应用。组织可以通过提供培训、资源和支持来促进员工的数字素养利用、延伸和重构策略，从而提升组织的数字化能力和竞争力。

最后，本章的研究发现为数字素养的培养和发展提供了新的视角。我们的研究结果表明，数字变革的不同特征对于员工数字素养策略的发展具有不同的影响。具体而言，数字变革的新颖性对数字素养的利用策略产生正向影响，这意味着在面对新颖的数字变革时，员工更有可能积极利用自身的数字素养来适应和应对变化。数字变革的颠覆性对数字素养的延伸策略产生正向影响，这意味着在面对颠覆性的数字变革时，员工更倾向于探索和拓展自己的数字素养，以适应新的工作要求和技术环境。数字变革的关键性对数字素养的重构策略产生正向影响，这意味着在关键性的数字变革中，员工更有动力去重新评估和重构自己的数字素养，以适应新的业务需求和工作流程。

3. 实践意义

本章的研究发现对数字素养的培养和发展提供了重要的启示。

首先，组织管理者应意识到数字变革的特征对于员工数字素养策略的形成和演变具有重要影响。在面对新颖性、颠覆性和关键性的数字变革时，组织应采取不同的策略来激发员工的数字素养发展。例如，在新颖性的数字变革中，组织可以提供培训和资源，鼓励员工积极利用数字素养来应对新的挑战和困难。在颠覆性的数字变革中，组织可以提供创新和探索的环境，鼓励员工主动延伸自己的数字素养，以适应变革带来的变化。在关键性的数字变革中，组织可以提供支持和引导，帮助员工重新评估和重构自己的数字素养，以满足新的业务需求和工作流程。

其次，组织管理者应重视数字素养的多维度发展，除了关注员工的技能和知识水平之外，还应关注他们的数字素养策略。数字素养策略的发展能力对于员工在数字化环境中的适应性和创新能力至关重要。因此，组织应提供培训和发展机会，帮助员工掌握不同的数字素养策略，并能够根据不同的数字变革情境做出相应的调整和选择。

再次，本章的研究发现对数字变革的实践具有重要的指导意义。数字变革已经成为组织发展和竞争的关键因素，而数字素养是数字变革成功的基石。通过理解数字变革的特征对数字素养策略的影响，组织可以有针对性地设计和实施数字变革策略，以促进员工的数字素养发展。组织管理者可以通过提供培训和支持，创造鼓励创新和探索的环境，以引导员工重新评估和重构数字素养，推动数字化转型和组织的持续发展。

最后，本章的研究发现拓展了对数字变革与数字素养关系的理解。以往的研究主要集中在数字素养对个体技能和知识的影响上，而本章从策略的角度探讨了数字素养的不同方面，包括利用策略、延伸策略和重构策略，并揭示了数字变革特征对这些策略的影响。这种扩展的视角丰富了数字素养研究的理论框架，并为数字变革与数字素养之间的关联机制提供了新的理论支持。

第十二章　个体学习理论视角下数字素养习得策略及行为对数字素养的影响研究

数字技术的快速发展和广泛应用带来了许多新的挑战和机遇。个体在面对数字化环境时需要不断学习和适应，以获取和利用数字技术的能力。个体学习理论为我们理解个体在学习过程中的认知、情感和行为提供了重要的框架。从个体学习理论的视角来研究数字素养的习得策略和行为，可以深入探讨个体在数字素养发展中的关键因素，为提高数字素养水平提供有效的指导和支持。个体学习理论视角下的数字素养习得策略涉及个体在学习数字技术和应用过程中的认知、情感和行为方面的因素：认知方面，个体需要通过自主学习、问题解决和反思等策略来积极获取和整合数字技术知识；情感方面，培养积极的学习态度和动机，增强对数字化学习的兴趣和自信心，可以促进数字素养的习得；行为方面，采取参与实践、合作学习和追求反馈等行为策略，有助于个体在实际应用中不断提升数字素养水平。个体学习理论视角下的数字素养行为包括对数字技术的应用和使用方式。个体的数字素养行为直接影响着其在实际工作和生活中的表现。良好的数字素养行为有助于提高工作效率、解决问题和发展创新思维。通过研究数字素养的重要性，我们可以揭示数字素养行为对个体和组织的影响。首先，个体的数字素养行为对个人职业发展和就业竞争力具有重要影响。随着数字化技术在各行各业的广泛应用，拥有高水平的数字素养成为雇主普遍看重的素质之一。个体通过展现出良好的数字素养行为，如高效的信息检索能力、熟练运用各类办公软件、数据分析和创新能力，可以获得更多的职业机会和晋升空间。其次，数字素养行为对组织的竞争力和创新能力产生积极影响。组织内部的数字化转型需要员工具备一定水平的数字素养，能够适应和应用新兴的数字技术和工具。具备良好数字素养行为的员工更能够快速适应新的工作要求，提高工作效率，有效利用数字工具进行创新和解决问题，从而增强组织的竞争力和创新能力。最后，数字素养行为还有助于促进组织内部的协作和知识共享，提升团队的整体绩效。

一、假设提出

在当今数字化的时代，数字素养已经成为个人和组织不可或缺的核心能力之一。数字素养涉及个体在使用数字技术和工具方面的知识、技能和态度，涵盖了对数字信息的获取、评估、组织和创造的能力。为了提高数字素养水平，个体需要采取有效的策略来利用数字技术和资源，以增强数字任务素养和数字发展素养。数字任务素养指的是在特定的任务环境中，个体能够熟练地应用数字技术和工具，解决问题、完成任务的能力。数字发展素养则更侧重于个体在数字环境中的学习、创新和适应能力，包括对新兴数字技术的理解和应用能力，以及对数字化变革的敏感性和适应性。个体通过选择和采用适当的数字素养利用策略，可以提升其数字任务素养和数字发展素养水平。

数字素养利用策略对数字任务素养的提升具有积极作用。首先，个体可以通过学习和应用高效的搜索技巧来增强信息检索的能力。在数字化时代，我们可以通过互联网轻松获取海量的信息资源，但我们要在众多信息中准确地找到所需的内容并不容易（Tomczyk and Potyrala，2021）。个体可以学习如何使用搜索引擎的高级搜索功能，如使用引号搜索精确词组、使用排除符号排除不相关的结果等。这些技巧能够帮助个体快速、准确地找到所需的信息资源，提高信息搜索的效率和质量。其次，数字素养利用策略还可以增强个体在数据整理和管理方面的能力。在数字化工作环境中，个体常常需要处理大量的数据，包括整理、分类、存储和备份等工作。通过学习和应用适当的数字素养利用策略，个体可以学会使用电子表格软件，进行数据整理和分析，掌握数据清洗和数据可视化的技巧，有效地管理和利用数据资源。这样，个体能够更好地把握数据的价值，从中发现有用的信息，支持决策和创新。最后，数字素养利用策略还有助于个体在数字工具和技术应用方面的能力提升。随着科技的发展，出现了许多新的数字工具和技术，如云计算、人工智能、大数据分析等。个体需要不断学习和适应这些新技术，将其应用到工作实践中。通过采用适当的数字素养利用策略，个体可以学习和掌握这些新技术的基本原理和操作方法，了解其在实际工作中的应用场景和效果。例如，个体可以通过参加相关培训和研讨会，使用在线学习平台进行自主学习，与同行进行经验分享和交流，不断提升自己在数字工具和技术应用方面的能力。

数字素养利用策略发挥着重要的作用，对数字发展素养会产生正向影响。首先，数字素养利用策略能够激发个体的学习动机。在快速变化的数字化环境中，个体需要持续学习和更新知识，以跟上时代的步伐。数字素养利用策略通过提供学习机会和资源，激发了个体主动学习的欲望。个体意识到只有不断学习和提升自己的数字素养，才能在数字化时代中保持竞争力。因此，他们积极参与各种培训、研讨会和在线学习平台，主动获取数字技术知识和技能，以提升自身的数字发展素养。其次，数字素养利用策略能够增强个体的适应能力。数字化环境的快速变化要求个体能够及时适应新的技术、工具和应用。数字素养利用策略通过提供实践机会和应用场景，帮助个体积极参与实际项目和创新实验，锻炼自己在数字环境中的能力和思维方式。个体在实践中不断调整和优化自己的数字素养，逐渐适应并掌握新的数字化工具和方法，提高自身的适应能力。同时，数字素养利用策略还鼓励个体与同行、专家和领导进行交流和合作，通过分享经验和合作探讨，加速个体的适应过程，促进数字发展素养的提升。最后，数字素养利用策略还能够培养个体的创新能力。在数字化时代，创新是推动社会和组织发展的重要驱动力。个体需要具备创新思维和能力，以应对不断变化的数字化环境。数字素养利用策略提供了创新的平台和机会，促使个体积极探索新的解决方案和方法。通过开展创新项目、参与团队合作和跨界合作等方式，个体能够不断挑战传统观念和方法，提出创新的想法和方案，并将其应用于实际情境中。这种创新意识和实践不仅促进了个体的数字发展素养，还对组织和社会的创新能力产生积极影响。在数字素养利用策略的指导下，个体能够实现数字发展素养的全面提升（Moore and Hancock，2022）。数字发展素养不仅是掌握数字技术和工具的能力，更包括了个体持续学习、适应变化、创新应用的能力。数字素养利用策略通过激发学习动机、增强适应能力和培养创新能力，为个体提供了提升数字发展素养的有效途径。然而，需要注意的是，数字素养利用策略对数字任务素养和数字发展素养的影响存在一定的差异。数字任务素养主要指个体在完成特定数字任务时所需的技术和操作能力，如使用办公软件、进行数据分析等。数字素养利用策略通过提供学习机会和资源，激发学习动机和提升技能，对数字任务素养具有直接的正向影响。个体通过学习和实践，不断提升自己在特定任务中的数字技能和操作能力，从而有效应对各类数字任务。数字发展素养则更注重个体在数字化环境中的学习、适应和创新能力。数字素养利用策略通过提供实践机会、培养适应能力和激发创新意识，对数字发展素养产生正向影响。个体通过参与实际项目、与他人交流和合作、开展创新实践等方式，不断学习和适应新的数字化工具和方法，提升自身的适应能力和创新能力，实现数字发展素养的提升。

综上所述，假设 12-1 认为，数字素养利用策略对数字任务素养和数字发展素养会产生正向影响。通过采用适当的数字素养利用策略，个体能够增强数字任务素养，提高信息检索能力、数据整理和管理能力，掌握数字工具和技术的应用方法，从而更好地完成工作任务。同时，数字素养利用策略也能够激发个体的学习动机和适应能力，促进数字发展素养的提升。个体通过学习和应用适当的数字素养利用策略，能够更好地适应快速变化的数字化工作环境，具备处理复杂问题、创新解决方案的能力，为个人职业发展和组织的数字化转型提供有力支持。然而，要实现数字素养利用策略对数字任务素养和数字发展素养的正向影响，个体需要具备一定的能力和意识。首先，个体需要具备信息获取和筛选的能力，能够快速有效地搜索、评估和选择适合自己需求的数字工具和技术。其次，个体需要具备信息加工和应用的能力，能够有效地整理和管理数据，进行数据分析和决策，将数字工具和技术应用于实际工作中。最后，个体还需要具备解决问题和创新的能力，能够灵活运用数字工具和技术解决工作中的难题，并提出创新的解决方案。

假设 12-1：数字素养利用策略对数字任务素养、数字发展素养具有正向影响。

在当今数字化的社会和工作环境中，数字素养的重要性日益凸显。作为个体和组织成功的基石，数字素养不仅是一种技术操作，更是一种综合能力，包括对数字工具的有效利用、持续学习的态度、创新思维以及适应快速变化的能力。为了深入理解数字素养的不同维度及其相互关系，我们需要将重点放在数字素养的延伸策略上，并探讨这种策略对数字任务素养和数字发展素养的积极影响。

数字素养的延伸是一种持续学习和自我提升的过程，旨在应对日益变化的数字化工作环境。这一维度强调了个体是否愿意不断地学习新的数字技能和知识，以确保自己能够适应新的挑战和变化。数字素养的延伸不仅包括对已有技能的巩固，更重要的是要有能力去探索并掌握以前未接触过的数字技术，从而不断拓宽自己的能力范围。数字任务素养强调个体在工作环境中如何应用数字技能和工具，高效地收集、整理、分析信息，解决问题，提高工作效率。这种能力在数字化时代显得尤为重要，因为工作的本质正在发生变化，更多的任务需要依赖数字技能来完成。数字任务素养的提升意味着个体能够更快速、更准确地完成任务，为组织的成功贡献力量。数字发展素养则更注重个体不断提升数字技能、知识、工作方式的能力。这种素养使个体能够积极参与和适应快速变化的数字化工作环境，不仅能使个体在个人层面实现自我成长，还能使个体在团队合作中分享和传授数字化技能，有效应对数字化工作的各种挑战。

数字素养的延伸策略对数字任务素养具有正向影响。这一假设的基本思想是，通过持续学习新的数字技能和知识，个体能够更好地应对日益变化的工作环境，从而提升数字任务素养。在现实的工作场景中，数字化的要求不断升级，新的数字工具和技术不断涌现。如果个体停留在过去的知识和技能上，将很难满足新的工作要求（Ciuchi，2020）。然而，通过数字素养的延伸，个体能够及时了解到最新的技术和趋势，更好地适应工作的变化。例如，定期关注数字技术和行业趋势，能够使个体更早地了解到新技术的出现，从而提前学习并应用，以实现工作效率的提升。此外，数字素养的延伸还有助于个体积极探索以前未接触过的数字技术。这种探索可能涉及各种新的工具、应用和平台，这些都有可能为解决工作中的问题提供全新的解决方案。通过学习新的数字技能，个体能够更富创造性地应用数字工具，从而在任务处理中表现出色。

数字素养的延伸策略也对数字发展素养产生积极影响。数字发展素养要求个体不断提升数字技能、知识、工作方式，以应对快速变化的数字化工作环境。这一维度的素养强调了个体的学习能力、适应能力和创新思维，以实现在个人和组织层面的持续发展。持续学习新的数字技能和知识是数字发展素养的核心要素之一。通过定期关注数字技术和行业趋势，个体能够保持对新知识的敏感度，及时获取最新的信息和趋势。这种学习态度有助于个体不断更新自己的知识体系，使其在工作中能够更好地应对复杂多变的情况。此外，数字素养的延伸策略也为个体提供了更多的机会去探索以前未接触过的数字技术。这种探索有助于拓宽个体的技能范围，提升其在数字化环境中的灵活性和创新能力。个体通过积极学习和掌握新的数字技术，不仅能够适应新的工作要求，还能够在团队合作中分享和传授数字化技能，促进整个团队的数字发展素养。

数字素养的延伸策略在促进数字任务素养和数字发展素养方面具有积极的影响。通过持续学习、关注趋势和探索新技术，个体能够更好地应对工作中的变化和挑战，提升任务处理的效率和创新能力，同时也增强了个体的适应性和学习能力，从而实现数字发展素养的提升。然而，数字素养的延伸并非一蹴而就的过程，需要个体具备自我驱动的学习态度，同时也需要组织提供持续学习的机会和资源。在数字化时代，组织应该建立一种鼓励学习和创新的文化，为员工提供学习平台、培训课程和交流机会，以便他们能够不断更新自己的数字技能和知识。未来，数字素养的重要性将持续增加。随着技术的不断演进和社会的快速变化，数字任务素养和数字发展素养将成为个体成功的关键影响因素。借助数字素养的延伸策略，个体能够更好地适应这种变化，保持竞争力，为自己和组织创造更多的机会。

综上所述，假设 12-2 认为，数字素养延伸策略对数字任务素养和数字发展素养具有明显的正向影响。通过持续学习、关注趋势和探索新技术，个体能够更好地应对工作中的变化和挑战，提升任务处理的效率和创新能力，同时也增强了个体的适应性和学习能力，从而实现数字发展素养的提升。这一理论推导为我们深入理解数字素养的不同维度提供了新的视角，也为个体和组织在数字化时代应对变化和挑战提供了有益的指导。通过不断延伸数字素养，我们能够更好地应对未来的变革和挑战，实现个体和组织的成功和持续发展。

假设 12-2：数字素养延伸策略对数字任务素养、数字发展素养具有正向影响。

数字素养的重构是一种深化和创新的过程，要求个体将数字技能应用于解决新问题或改进现有流程。这种创新的过程可以是在工作中创造性地应用数字工具和技能，也可以是重新设计数字化工作流程，以提高效率和质量。此外，参与或引导数字化创新项目，可以帮助个体积极参与组织的数字化转型，从而在数字发展方面得到锻炼。

数字素养的重构策略对数字任务素养具有明显的正向影响。通过创造性地应用数字技能解决新问题或改进现有流程，个体能够更好地应对工作中的挑战，提升任务处理的效率和创新能力。例如，当个体能够运用数字技能重新设计流程，简化复杂的操作流程，减少时间和资源的浪费，任务处理的效率将得到显著提升。这种能力不仅使个体在工作中更有竞争力，也有助于提升数字任务素养水平。数字素养的重构策略也对数字发展素养的培养产生积极影响。重新设计数字工作流程和参与数字化创新项目需要个体具备跨部门合作、创新思维和项目管理等综合素养。通过这些活动，个体能够更好地理解数字化转型的全局视角，了解不同领域的业务需求和技术趋势，从而拓展自己的知识和技能。同时，参与数字化创新项目还可以提升个体在团队中的影响力和领导能力，培养协作和领导团队的素养。数字素养的重构策略并非个体行为，更需要组织文化的支持和鼓励。组织应该创造一个积极鼓励创新和持续学习的环境，为个体提供探索、创新的机会和平台。数字化转型需要集体的智慧和合作，组织可以建立创新实验室、数字化创新团队等机制，促使员工参与到数字化创新中来。这种组织文化的营造将进一步加强数字素养的重构效果，促使数字任务素养和数字发展素养的提升。

综上所述，假设 12-3 认为，数字素养重构策略在提升数字任务素养和数字发展素养方面具有正向影响。通过创造性地应用数字技能解决问题、重新设计数字工作流程以及参与数字化创新项目，个体能够在工作中更加高效地运用数字技能，同时也培养了跨领域的综合素养。然而，数字素养的重构策略也需要组织文化的支持和配合，只有在组织的创造性氛围中，个体才能充分发挥创新和学习的潜力。未来，随着数字化时代的深入发展，数字素养的重要性将不断上升。数字任务素养和数字发展素养将成为个体成功的关键影响因素。通过数字素养的重构，个体将更加适应未来的工作挑战，推动自身和组织的发展。综上所述，数字素养重构策略对数字任务素养和数字发展素养具有积极的影响。通过创造性地应用数字技能解决问题、重新设计数字工作流程以及参与数字化创新项目，个体能够在工作中更加高效地运用数字技能，同时也培养了跨领域的综合素养。然而，数字素养的重构策略需要与组织文化相结合，只有在积极鼓励创新和学习的环境中，个体才能充分发挥创新和学习的潜力。通过数字素养的重构，个体将更加适应未来的工作挑战，推动自身和组织的发展。

假设12-3：数字素养重构策略对数字任务素养、数字发展素养具有正向影响。

习得行为强度可以理解为个体在学习和习得数字素养过程中所展现的行为的强度和积极性。它反映了个体对数字素养习得的投入程度和学习动力。习得行为强度对数字任务素养和数字发展素养具有正向影响，即个体在学习和习得数字素养过程中表现出更高的习得行为强度，将有助于提升数字任务素养和数字发展素养水平。为了推导这一假设，我们可以从以下几个方面进行分析：①学习动机与习得行为强度的关系：学习动机是个体参与学习活动的内在驱动力，与习得行为强度密切相关。个体对数字素养的学习动机越高，其在学习过程中表现出的习得行为强度也将越高。高习得行为强度意味着个体更加专注、投入和积极地参与学习活动，从而更好地掌握数字任务素养和数字发展素养所需的技能和知识。个体可能受到内在动机（如个人兴趣、自我实现）和外在动机（如工作要求、职业发展）的驱动，进而表现出不同程度的习得行为强度。②学习策略与习得行为强度的关系：学习策略是个体在学习过程中采取的特定方法和策略，对习得行为强度产生重要影响。个体采用更有效的学习策略，如有目标导向的学习、反思和总结等，将提升习得行为强度。对于数字素养的习得和发展，个体可以采取积极的学习策略，如制定学习计划、寻求帮助和反馈、与他人合作学习等，这些策略有助于增强习得行为强度，进而促进数字任务素养和数字发展素养的提升。个体的学习策略选择和运用受到多种因素的影响，包括个体的认知能力、学习经验、自我调节能力等。③自我效能与习得行为强度的关系：自我效能是个体对于自己完成特定任务的能力和信心的评价，较高的自我效能将促使个体表现出更强的习得行为强度。在数字素养的习得过程中，个体对自己的数字技能和能力有信心，相信自己能够掌握和应用新的数字技术，将更积极地参与学习活动，提高习得行为强度，从而增强数字任务素养和数字发展素养。④知识获取与习得行为强度：习得行为强度与个体获取知识的能力和途径密切相关。个体积极主动地获取相关知识，如通过阅读、参与培训和研讨会、利用在线学习资源等，将有助于提高习得行为强度。通过广泛获取知识和信息，个体能够更全面地了解和掌握数字任务素养和数字发展素养所需的内容，从而加强习得行为强度。数字素养的习得过程需要个体不断积累和更新知识，随着个体不断获取新的信息和技能，其习得行为强度也将逐渐增强。

综上所述，假设12-4认为，习得行为强度对数字任务素养和数字发展素养具有正向影响。习得行为强度受到学习动机、学习策略、自我效能和知识获取等因素的影响。个体表现出更高的习得行为强度意味着更高的学习动力、更有效的学习策略、更强的自我效能和更广泛的知识获取，从而促进数字任务素养和数字发展素养的提升（Cihak et al.，2015）。这一假设的推导具有重要意义。首先，深入了解习得行为强度对数字素养的影响，可以帮助组织更好地理解数字素养的习得过程，从而制定有效的培训和发展计划。其次，针对习得行为强度的提升，可以设计相应的激励机制和支持措施，以促进个体在数字素养习得过程中的积极参与和投入。最后，研究习得行为强度对数字任务素养和数字发展素养的正向影响，可以为组织提供有针对性的培训和发展方案，提升组织整体的数字化能力。

假设12-4：习得行为强度对数字任务素养、数字发展素养具有正向影响。

习得行为强度可以理解为个体在学习和习得数字素养过程中所展现的行为的强度和积极性。它反映了个体对数字素养习得的投入程度和学习动力。习得行为强度在数字素养的习得过程中起着重要的调节作用。较高的习得行为强度意味着个体更加专注、投入和积极地参与学习活动，从而更好地掌握数字任务素养和数字发展素养所需的技能和知识。习得行为强度调节了数字素养利用对数字任务素养和数字发展素养的正向影响。当习得行为强度较高时，数字素养利用策略对数字任务素养和数字发展素养的正向影响更强。我们可以从以下几个方面来分析习得行为强度调节数字素养利用对数字任务素养和数字发展素养的影响的过程：①学习动力和习得行为强度的关系：习得行为强度受到学习动力的影响，而学习动力是个体参与学习活动的内在驱动力。当个体对数字素养的学习动力较高时，他们更有可能表现出更高的习得行为强度。这种学习动力的提升可以激发个体在数字素养习得过程中的积极性和投入程度，使其更加专注于数字素养的学习和应用，从而增强数字任务素养和数字发展素养。②学习策略和习得行为强度的关系：个体在数字素养习得过程中采用的学习策略对习得行为强度产生重要影响。个体采用更有效的学习策略可以提高习得行为强度。对于数字素养的习得和应用，个体可以采取积极的学习策略，如制定学习计划、寻求帮助和反馈、与他人合作学习等。这些策略有助于增强习得行为强度，使个体更加专注和投入于数字任务素养和数字发展素养的学习过程。③自我效能和习得行为强度的关系：自我效能是个体对自己完成特定任务的能力和信心的评价。较高的自我效能将促使个体表现出更强的习得行为强度。在数字素养的习得过程中，个体对自己的数字技能和能力有信心，相信自己能够掌握和应用新的数字技术，将更积极地参与学习活动，提高习得行为强度。因此，个体的自我效能水平对习得行为强度的调节作用至关重要。④知识获取和习得行为强度的关系：习得行为强度与个体获取知识的能力和途径密切相关。个体积极主动地获取相关知识，如通过阅读、参与培训和研讨会、利用在线学习资源等，将有助于提高习得行为强度。通过广泛获取知识和信息，个体能够更全面地了解和掌握数字任务素养和数字发展素养所需的内容，从而提高习得行为强度。

综上所述，假设 12-5 认为，习得行为强度调节了数字素养利用对数字任务素养和数字发展素养的正向影响。习得行为强度通过影响学习动力、学习策略、自我效能和知识获取等因素，调节了个体数字素养的利用程度对数字任务素养和数字发展素养的影响程度。当习得行为强度较高时，个体表现出更高的学习动力、更有效的学习策略、更强的自我效能和更广泛的知识获取，从而使数字素养的利用程度对数字任务素养和数字发展素养的正向影响更为显著。具体而言，当个体在数字素养的习得过程中表现出较高的习得行为强度时，他们更加专注、投入和积极地利用数字素养来完成任务和推动数字发展。习得行为强度的提升可以激发个体对数字素养的学习动力，使其更加积极地参与学习活动。同时，高习得行为强度还意味着个体采用更有效的学习策略，如有目标导向的学习、反思和总结等，从而更好地应用数字素养解决实际问题和面对挑战。此外，习得行为强度的提升也与个体的自我效能密切相关。较高的自我效能水平将增强个体对数字素养利用的信心和自信心，使其更有动力和决心去应用数字素养。在具备高习得行为强度的基础上，个体更有可能通过积极的知识获取途径去获取更多的数字技能和知识，从而更好地利用数字素养。综合来看，习得行为强度在调节数字素养利用对数字任务素养和数字发展素养的正向影响中起着重要的作用。习得行为强度通过影响学习动力、学习策略、自我效能和知识获取等因素，调节了个体数字素养的利用程度对数字任务素养和数字发展素养的影响程度。因此，企业和组织重视和促进个体的习得行为强度，可以加强数字素养的利用效果，提升数字任务素养和数字发展素养的水平。

假设 12-5：习得行为强度调节了数字素养利用对数字任务素养、数字发展素养的正向影响。当习得行为强度较高时，数字素养利用策略对数字任务素养、数字发展素养的正向影响更强。

首先，习得行为强度对数字素养延伸的正向影响可以通过学习动机的调节作用来解释。学习动机是个体参与学习活动的内在驱动力，与习得行为强度密切相关。当个体具有较高的习得行为强度时，他们在学习过程中表现出更高的投入程度和积极性，更加专注和努力地学习。这种积极的学习态度和行为习惯将促使个体更积极地探索和应用数字素养，进而提升数字任务素养和数字发展素养的水平。其次，习得行为强度调节了数字素养延伸策略对数字任务素养、数字发展素养的正向影响。数字素养延伸策略是个体在实践中主动将数字素养应用于工作和生活中的行为策略和方法。当习得行为强度较高时，个体更有动力和能力主动采用数字素养延伸策略，将数字素养应用于实际工作中。他们更加积极地寻求新的学习机会和挑战，通过实践和反思不断提升自己的数字素养水平。这种高习得行为强度的个体更倾向于探索新的数字工具和技术，尝试新的数字化解决方案，并积极参与数字化项目和创新活动。因此，他们能够更好地应用数字素养解决实际问题，提高数字任务素养和数字发展素养的水平。最后，习得行为强度还通过影响个体的自我效能和自主学习能力，进一步调节数字素养延伸对数字任务素养、数字发展素养的正向影响。习得行为强度较高的个体更有信心和能力去探索和应用数字素养，他们相信自己可以克服困难和挑战，具备自主学习和自我调节的能力。

综上所述，假设 12-6 认为，在数字素养延伸过程中，他们能够更加有效地应用学习策略，自主地寻找和利用学习资源，提高自身的数字素养水平。这种自主学习能力和自我效能的提升进一步增强了数字素养延伸对数字任务素养和数字发展素养的正向影响。需要注意的是，习得行为强度的调节作用可能存在一定的条件和限制。一是个体的习得行为强度受到个体特质、学习环境和外部激励等因素的影响。不同个体之间存在着差异性，有些个体可能天生具备较高的习得行为强度，而有些个体可能需要外界的激励和支持才能表现出较高的习得行为强度。二是数字素养延伸的有效性也受到组织环境和支持的影响。组织应提供相应的学习机会和资源，鼓励员工参与数字素养延伸活动，并提供支持和反馈。只有在有利于习得行为强度提升的环境和条件下，数字素养延伸才能对数字任务素养和数字发展素养产生更强的正向影响。

假设 12-6：习得行为强度调节了数字素养延伸对数字任务素养、数字发展素养的正向影响。当习得行为强度较高时，数字素养延伸策略对数字任务素养、数字发展素养的正向影响更强。

首先，习得行为强度与数字素养重构紧密相关。习得行为强度是个体在学习和习得数字素养过程中所展现的行为的强度和积极性。它反映了个体对数字素养习得的投入程度和学习动力。数字素养重构是指个体在面对数字变革和新颖性的情境下，采取调整和重构自身数字素养的策略和行为。习得行为强度与数字素养重构密切相关，因为习得行为强度的高低将影响个体对数字素养重构的投入程度和决心。其次，数字素养重构对数字任务素养具有重要影响：数字素养重构策略有助于个体适应数字变革和新颖性的环境，进而提升数字任务素养。数字任务素养是指个体在完成特定数字任务时所需的技能和知识。通过采取数字素养重构策略，个体可以主动调整和发展自己的数字技能和知识，从而更好地完成数字任务。当习得行为强度较高时，个体将更加专注、投入和积极地采取数字素养重构策略，在提升数字任务素养的过程中更具决心和耐心，因此习得行为强度调节了数字素养重构对数字任务素养的正向影响。最后，数字素养重构对数字发展素养具有重要影响：数字发展素养是指个体在数字化环境下持续学习和发展的能力和意愿，数字素养重构策略有助于个体在数字化环境中持续学习和发展，进而提升数字发展素养。通过采取数字素养重构策略，个体可以不断探索和应用新的数字技术和工具，积极参与数字化学习和创新活动。当习得行为强度较高时，个体将更加投入和积极地采取数字素养重构策略，在提升数字发展素养的过程中更具动力和决心，因此习得行为强度调节了数字素养重构对数字任务素养、数字发展素养的正向影响。当习得行为强度较高时，数字素养重构策略对数字任务素养、数字发展素养的正向影响更强。

首先，习得行为强度对数字素养重构具有调节作用：习得行为强度影响个体在数字素养重构过程中的投入程度和决心。较高的习得行为强度意味着个体更加专注、投入和积极地参与数字素养重构，具有更强的学习动力和决心。这种习得行为强度的高水平将进一步增强数字素养重构策略对数字任务素养、数字发展素养的正向影响。个体将更加有耐心和恒心面对数字变革和新颖性的挑战，更积极地学习和掌握新的数字技能和知识，从而在数字任务素养和数字发展素养方面取得更显著的进步。其次，习得行为强度的影响机制主要包括：习得行为强度的高低可以受到多个因素的影响，如学习动机、自我效能、学习策略等。个体的学习动机越高，习得行为强度也越高。此外，个体对自己的数字能力和技能的信心程度（自我效能）以及采用的学习策略也会对习得行为强度产生影响。当个体具备较高的学习动机、自我效能，采用有效的学习策略时，其习得行为强度将增强，进而调节了数字素养重构对数字任务素养、数字发展素养的正向影响。

综上所述，假设 12-7 认为，习得行为强度调节了数字素养重构对数字任务素养、数字发展素养的正向影响，尤其是在习得行为强度较高的情况下。较高的习得行为强度意味着个体更专注、投入和积极地参与数字素养重构，从而加强了数字任务素养和数字发展素养的提升效果。习得行为强度受到学习动机、自我效能、学习策略等因素的调节和影响。

假设 12-7：习得行为强度调节了数字素养重构对数字任务素养、数字发展素养的正向影响。当习得行为强度较高时，数字素养重构策略对数字任务素养、数字发展素养的正向影响更强。

本章的理论模型具体如图 12-1 所示。

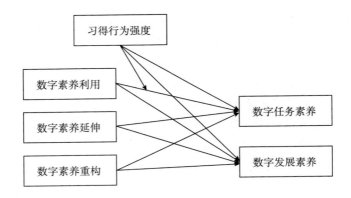

图 12-1 本章的理论模型

二、研究设计

1. 问卷调查

为了检验主要假设，本章通过网络问卷对工作场所中的员工进行了调查，调查对象为工作场所中需要应用数字工具的员工。本章最终收集到 320 名员工的问卷，从性别来看，男性 110 人，女性 210 人；从年龄来看，平均年龄为 32.40 岁，标准差为 7.99；从学历来看，高中及以下 6 人，专科 19 人，本科 200 人，硕士 76 人，博士 19 人；从单位性质来看，国有企业 69 人，事业单位 38 人，民营企业 191 人，外资企业 19 人。

2. 测量工具

数字素养利用包含"在您的工作中，您多频繁地使用数字工具（如软件、应用）来完成任务"、"您是否能有效地整合各种数字资源来解决问题或完成任务"和"您是否能够将您掌握的数字技能直接应用于工作中的具体场景"三个题项；数字素养延伸包含"您是否愿意持续学习新的数字技能和知识，以应对不断变化的工作环境"、"您是否定期关注数字技术和行业趋势，以了解可能的发展和机遇"和"您是否积极地探索并学习您以前未接触过的数字技术"三个题项；数字素养重构包含"您是否能够创造性地将数字技能应用于解决新问题或改进现有流程"、"您是否会重新设计数字工作流程，以提高效率和质量"和"您是否参与或引导数字化创新项目，以改善公司业务或服务"三个题项；习得行为强度包含"请评价您在提升自己的数字素养方面花费时间的程度"、"请评价您在提升自己的数字素养方面的努力程度"和"请评价您在提升自己的数字素养方面的投入程度"三个题项；数字任务素养包含"熟练使用相关的数字工具和软件"、"有效地收集、整理和分析与工作任务相关的数字信息"和"运用数字技能解决工作任务中的问题或挑战"、"合理地利用数字资源和工具来提高工作效率和准确性"、"进行合理的数据处理和数据可视化，处理大量数据或信息"和"根据工作需要选择和使用适当的数字技术或平台"六个题项；数字发展素养包括"持续学习和了解新的数字技术和工具"、"适应不断变化的数字工作环境和工作方式"、"自主地利用数字资源和学习平台来提高自己的数字技能"、"积极参与数字化的工作流程和项目"、"在团队中分享和传授数字技能和知识"和"适应数字化工作所需的变化并灵活应对相关挑战"六个题项。

三、研究结果

本章利用回归分析探究了习得策略对数字任务素养的影响，具体的回归分析结果如表 12-1 所示。本章通过研究发现：①数字素养利用的系数为 0.251，标准误为 0.039，T 值为 6.455，p 值为 0.00，这意味着数字素养利用对数字任务素养有显著的正向影响。系数为 0.251 表示每增加一个单位的数字素养利用，数字任务素养平均会增加 0.251 个单位。②数字素养延伸的系数为 0.32，标准误为 0.04，T 值为 8.00，p 值为 0.00，表明数字素养延伸对数字任务素养的影响也是显著正向的。系数为 0.32 表示每增加一个单位的数字素养延伸，数字任务素养平均会增加 0.32 个单位。③数字素养重构的系数为 0.22，标准误为 0.03，T 值为 7.22，p 值为 0.00，表明数字素养重构对数字任务素养也有显著的正向影响。系数为 0.22 表示每增加一个单位的数字素养重构，数字任务素养平均会增加 0.22 个单位。④性别的系数为 0.02，标准误为 0.04，T 值为 0.55，p 值为 0.58，表明性别对数字任务素养的影响不显著。p 值远大于 0.05，这表示性别在这个模型中可能不是一个重要的预测因素。⑤年龄的系数为 -0.01，标准误为 0.00，T 值为 -3.13，p 值为 0.00，表明年龄对数字任务素养有显著的负向影响。系数为 -0.01 表示年龄每增加一个单位，数字任务素养平均会减少 0.01 个单位。⑥学历的系数为 -0.01，标准误为 0.02，T 值为 -0.27，p 值为 0.79，表明学历对数字任务素养的影响也不显著（p 值远大于 0.05）。总结起来，根据本章提供的模型结果，数字素养利用、数字素养延伸和数字素养重构对数字任务素养有显著的正向影响，而性别和学历对数字任务素养的影响不显著。模型的 R^2 值为 0.65，这表示模型可以解释数字任务素养变异的 65%。

表 12-1　习得策略对数字任务素养的影响回归分析结果

	系数	标准误	T 值	显著性
数字素养利用	0.251	0.039	6.455	0.00
数字素养延伸	0.32	0.04	8.00	0.00
数字素养重构	0.22	0.03	7.22	0.00
性别	0.02	0.04	0.55	0.58
年龄	−0.01	0.00	−3.13	0.00
学历	−0.01	0.02	−0.27	0.79
截距	1.53	0.22	6.84	0.00

　　本章利用回归分析探究了习得策略对数字发展素养的影响，具体的回归分析结果如表 12-2 所示。通过研究发现：①数字素养利用对数字发展素养有显著的正向影响，系数为 0.254，这意味着提高数字素养利用水平会显著提升数字发展素养水平。②数字素养延伸对数字发展素养也有显著的正向影响，系数为 0.38，这意味着提高数字素养延伸水平同样会显著提升数字发展素养水平。③数字素养重构对数字发展素养的发展同样具有显著的正向影响，系数为 0.25，这表明提高数字素养重构水平也会显著提高数字发展素养水平。④性别对数字发展素养没有显著的影响，因为显著性水平为 0.51，系数为 0.03，说明性别与数字发展素养之间的关系不明显。⑤年龄对数字发展素养也没有显著的影响，因为显著性水平为 0.70，系数为 0.00，这表明年龄与数字发展素养之间的关系不具有统计学意义。⑥学历对数字发展素养同样没有显著的影响，因为显著性水平为 0.92，系数为 0.00，这表明学历与数字发展素养之间的关系不显著。综上所述，数字素养的利用、延伸和重构策略对数字发展素养具有显著的正向影响，而性别、年龄和学历则不会显著影响数字发展素养。这些结果可以帮助我们更好地理解习得策略对数字发展素养的影响，有助于为制定教育和培训策略提供参考。

表 12-2　习得策略对数字发展素养的影响回归分析结果

	系数	标准误	T 值	显著性
数字素养利用	0.254	0.042	5.982	0.00
数字素养延伸	0.38	0.04	8.92	0.00

续表

	系数	标准误	T 值	显著性
数字素养重构	0.25	0.03	7.45	0.00
性别	0.03	0.04	0.66	0.51
年龄	0.00	0.00	−0.39	0.70
学历	0.00	0.03	0.10	0.92
截距	0.76	0.24	3.10	0.00

　　本章利用回归分析探究了习得行为强度在数字素养利用与数字任务素养之间的调节作用，具体的回归分析结果如表 12-3 所示。研究发现，交互项的系数为 −0.06，标准误为 0.03，T 值为 −2.23，显著性为 0.03，这意味着习得行为强度与数字素养利用之间存在显著的负向交互效应。具体而言，对于数字素养利用水平较高的个体来说，习得行为强度对数字任务素养的影响较小；对于数字素养利用水平较低的个体来说，习得行为强度对数字任务素养的影响较大。这意味着数字素养利用水平较高的个体受到习得行为强度的影响较小，而数字素养利用水平较低的个体受到习得行为强度的影响较大。

表 12-3　习得行为强度在数字素养利用与数字任务素养之间的调节作用回归分析结果

	系数	标准误	T 值	显著性
数字素养利用	0.75	0.16	4.56	0.00
习得行为强度	0.65	0.17	3.89	0.00
交互项	−0.06	0.03	−2.23	0.03
性别	0.00	0.04	−0.05	0.96
年龄	−0.01	0.00	−2.78	0.01
学历	−0.02	0.03	−0.84	0.40
截距	0.18	0.92	0.20	0.84

　　本章利用回归分析探究了习得行为强度在数字素养利用与数字发展素养之间的调节作用，具体的回归分析结果如表 12-4 所示。研究发现，交互项的系数表示数字素养利用与习得行为强度之间的互动效应，这个系数为负数（−0.10），表明数字素养利用与习得行为强度之间的关系受到了调节。换言之，数字素养利用的影响在某种程度上受到了抑制。

表 12-4　习得行为强度在数字素养利用与数字发展素养之间的调节作用回归分析结果

	系数	标准误	T 值	显著性
数字素养利用	0.94	0.17	5.54	0.00
习得行为强度	1.02	0.17	5.93	0.00
交互项	-0.10	0.03	-3.53	0.00
性别	-0.01	0.04	-0.17	0.87
年龄	0.00	0.00	-0.86	0.39
学历	-0.02	0.03	-0.87	0.39
截距	-1.84	0.94	-1.95	0.05

本章利用回归分析探究了习得行为强度在数字素养延伸与数字任务素养之间的调节作用，具体的回归分析结果如表 12-5 所示。从数字素养延伸与习得行为强度之间的交互作用来看，交互项的系数为 -0.03，标准误为 0.02，T 值为 -1.08，显著性水平为 0.28。这表明数字素养延伸与习得行为强度之间的交互作用不显著，即它们之间的关系可能较弱。虽然数字素养延伸和习得行为强度各自对后者有影响，但它们的组合并没有显著影响习得行为强度。这可能表示这两者之间的关系需要更深入的研究，同时考虑其他因素。

表 12-5　习得行为强度在数字素养延伸与数字任务素养之间的调节作用回归分析结果

	系数	标准误	T 值	显著性
数字素养延伸	0.60	0.14	4.42	0.00
习得行为强度	0.36	0.14	2.54	0.01
交互项	-0.03	0.02	-1.08	0.28
性别	0.02	0.04	0.43	0.67
年龄	-0.01	0.00	-2.88	0.00
学历	0.02	0.03	0.90	0.37
截距	1.36	0.72	1.88	0.06

本章利用回归分析探究了习得行为强度在数字素养延伸与数字发展素养之间的调节作用，具体的回归分析结果如表 12-6 所示。研究发现，习得行为强度在数字素养延伸与数字发展素养之间发挥了一定的调节作用，交互项系数为 -0.07，表明这个交互项对数字发展素养有负面影响。这意味着数字素养延伸与习得行为强度之间的关系在考虑交互项后略微减弱，习得行为强度对数字发展素养的正向

影响在某种程度上被抑制。数字素养延伸和习得行为强度都对数字发展素养有正向影响，即它们都有助于数字发展素养水平的提高。但在这个关系中，交互项的存在表明，当数字素养延伸程度和习得行为强度同时增加时，它们之间的正向关系略微减弱，这可能是由于存在某些因素或特定情境的影响。性别、年龄、学历这些变量在这个模型中并没有显著的影响，因此可以认为它们不是解释数字素养的关键因素。

表 12-6　习得行为强度在数字素养延伸与数字发展素养之间的调节作用回归分析结果

	系数	标准误	T 值	显著性
数字素养延伸	0.81	0.14	5.85	0.00
习得行为强度	0.70	0.14	4.93	0.00
交互项	-0.07	0.02	-2.66	0.01
性别	0.01	0.04	0.22	0.83
年龄	0.00	0.00	-0.87	0.39
学历	0.02	0.03	0.69	0.49
截距	-0.64	0.73	-0.87	0.39

本章利用回归分析探究了习得行为强度在数字素养重构与数字任务素养之间的调节作用，具体的回归结果如表 12-7 所示。研究发现，交互项的系数为 -0.04，标准误为 0.02，T 值为 -1.81，显著性为 0.07。这表明数字素养利用和习得行为强度之间存在一定的交互效应，但显著性水平为 0.07，略高于通常的显著性水平 0.05。这意味着数字素养利用和习得行为强度之间的关系可能在统计学上不够强大，但仍值得进一步关注。

表 12-7　习得行为强度在数字素养重构与数字任务素养之间的调节作用回归分析结果

	系数	标准误	T 值	显著性
数字素养重构	0.55	0.13	4.36	0.00
习得行为强度	0.45	0.12	3.80	0.00
交互项	-0.04	0.02	-1.81	0.07
性别	-0.01	0.04	-0.20	0.84
年龄	-0.01	0.00	-4.17	0.00
学历	-0.04	0.03	-1.43	0.15
截距	1.86	0.64	2.92	0.00

本章利用回归分析探究了习得行为强度在数字素养重构与数字发展素养之间的调节作用，具体的回归分析结果如表 12-8 所示。研究发现，交互项系数为 -0.10，T 值为 -4.30，显著性水平为 0.00。这意味着习得行为强度在数字素养重构与数字发展素养之间具有显著的调节作用。交互项系数为负表明，习得行为强度对数字素养重构的影响在一定程度上削弱了数字发展素养水平。

表 12-8　习得行为强度在数字素养重构与数字发展素养之间的调节作用回归分析结果

	系数	标准误	T 值	显著性
数字素养重构	0.85	0.13	6.65	0.00
习得行为强度	0.87	0.12	7.25	0.00
交互项	-0.10	0.02	-4.30	0.00
性别	-0.02	0.04	-0.54	0.59
年龄	-0.01	0.00	-2.15	0.03
学历	-0.04	0.03	-1.60	0.11
截距	-0.54	0.64	-0.85	0.40

四、结论与讨论

1. 结论

　　本章探讨了习得策略对数字任务素养的影响，分别从数字素养利用、数字素养延伸、数字素养重构，以及性别、年龄和学历等多个方面进行了分析。研究发现：首先，数字素养利用、数字素养延伸和数字素养重构都对数字任务素养的发展具有显著的正向影响。这意味着提高这些数字素养策略的水平将有助于提高数字任务素养水平，每增加一个单位的数字素养策略，数字任务素养平均会相应增加 0.25~0.38 个单位。因此，在数字素养培养和教育中，重视这些策略的发展和应用是非常重要的。其次，性别、年龄和学历等因素在本章的研究模型中并没有表现出对数字任务素养的显著影响。这表明，性别、年龄和学历可能不是解释数字素养差异的主要因素，关注的焦点应当集中在数字素养策略的作用上。最后，习得行为强度在数字素养利用与数字任务素养之间发挥了重要的调节作用。具体来说，对于数字素养利用水平较高的个体而言，习得行为强度对数字素养利用的正向影响较小；对于数字素养利用水平较低的个体而言，习得行为强度对数字素养利用的正向影响较大。这意味着习得行为强度对数字素养的影响在不同的数字素养利用水平下存在差异。总体而言，本章中的研究强调了数字素养策略的重要性，尤其是数字素养利用、数字素养延伸和数字素养重构对数字任务素养的积极影响。这些发现对数字素养的培养和发展提供了有益的参考，有助于为制定教育和培训策略提供参考。同时，对于习得行为强度在数字素养利用中的调节作用，需要对此进行进一步研究，以深入理解数字素养复杂的发展机制。

2. 理论意义

本章的理论研究意义在于深入探讨了个体学习理论视角下数字素养习得策略及行为对数字素养的影响，为数字素养的培养和提升提供了有益的理论指导。本章的研究结果明确指出，数字素养的习得不仅是一种被动接受知识的过程，认为应当认识到习得策略和行为的重要性。通过对数字素养利用、延伸和重构策略的探究我们发现，这些策略对数字任务素养和数字发展素养具有积极的影响，为个体在数字化时代有效应对工作任务和适应未来发展提供了新的思路和方法。

此外，本章的研究结果还揭示了习得行为强度在数字素养习得策略与数字素养之间的调节作用。习得行为强度被证实在调节数字素养利用、延伸和重构策略对数字任务素养和数字发展素养的影响的过程中起到关键作用。这一发现加深了我们对个体在数字素养培养过程中自我调节行为的理解，也为数字素养培训和教育提供了新的视角。在实践中，我们可以鼓励个体提高习得行为强度，以更好地应对数字化时代的变化和挑战。

本章的研究结果对数字素养研究领域的发展具有重要的启示。以往的数字素养研究主要关注素养的内容和层次，而本章从习得策略和行为的角度深入分析了数字素养的培养过程，从而为数字素养研究提供了新的理论和方法。未来的研究可以在此基础上进一步探讨个体在数字素养习得过程中的心理机制、影响因素等方面的问题，拓展数字素养研究的深度和广度，为提高个体数字素养水平提供更加全面的理论指导。

3. 实践意义

通过本章研究，我们可以得出一系列实践启示，有利于帮助个体、教育机构和组织更好地培养和提升数字素养，以适应不断变化的数字化环境。

本章的研究结果表明，数字素养习得策略和行为对数字素养的影响程度受到习得行为强度的调节。这意味着在培养数字素养时，应该关注个体的习得行为强度，即个体对学习和应用数字技能的积极程度。教育机构和培训机构可以通过提供丰富多样的学习资源和活动，激发个体的学习兴趣和动机，从而增强其习得行为强度。个体应当根据自身的兴趣和需求，制定个性化的数字素养培养计划，充分利用数字素养利用、延伸和重构策略，以更好地应对工作挑战。

本章研究发现，数字素养延伸策略对数字任务素养和数字发展素养都具有正向影响。这说明持续学习和自我更新是培养数字素养的关键因素。在数字化时代，技术和工具不断更新，行业趋势不断变化，个体需要保持敏感和开放的态度，定期关注数字技术和行业动态，及时调整自己的数字素养习得策略和行为。教育机构和组织可以鼓励员工参加培训、研讨会和学习活动，以不断提升其数字素养，适应新的挑战和变化。

本章研究发现，数字素养重构策略对数字任务素养和数字发展素养具有正向影响，这说明创新和跨学科合作在数字素养的培养中具有重要作用。个体在解决新问题和改进流程时，应该充分运用数字技能，创造性地应用数字工具和方法，从而推动数字任务素养的提升。此外，数字素养的培养需要跨越不同领域和学科，以获取更广泛的知识和视野。教育机构和组织可以鼓励交叉学科的学习和合作，促进不同领域的知识和经验的交流，从而提升数字发展素养。

综上所述，本章的实践启示为个体、教育机构和组织提供了指导，有利于个体和组织更好地培养和提升数字素养。通过制定个性化的数字素养培养策略，强调持续学习和自我更新，促进创新和跨学科合作，我们可以使个体在数字化时代充分发挥其潜力，应对变化和挑战，为自身和社会的发展做出更大的贡献。未来的研究可以进一步深入探讨不同背景和情境下的实践效果，为数字素养的培养和提升提供更加全面的指导。然而，值得注意的是，数字素养习得策略和行为的影响机制可能受到个体特征、工作环境等多种因素的交互作用影响。未来的研究可以进一步探究这些因素对数字素养的影响，以提供更加全面和准确的理论解释。同时，我们也应该关注数字素养培养策略在不同文化背景、行业领域等情境下的差异，以便更好地理解各种复杂情况。

第十三章 工作特征视角下数字素养对员工工作绩效的影响机制研究

在当今数字化时代，数字技术的快速发展和广泛应用对组织和员工产生了深远的影响。数字素养作为一种重要的能力和素质，对员工在数字化工作环境中的适应和表现起着至关重要的作用。数字素养涵盖了对数字技术的理解、应用和创新能力，包括信息检索、数据分析、数字沟通等方面的技能和知识。在现代组织中，数字素养已成为员工绩效的重要评价指标之一。然而，尽管数字素养在理论和实践中被广泛讨论和重视，但在数字素养对员工工作绩效的具体影响机制方面仍存在许多未知和需要探索的领域。特别是工作环境和任务特征对数字素养与工作绩效之间关系的影响，需要学者们进一步的研究和探索。

研究工作特征视角下数字素养对员工工作绩效的影响机制，可以进一步拓展和深化组织行为学和人力资源管理领域的理论框架。传统的绩效管理和评价模型往往忽视了数字素养在数字化工作环境中的重要性，忽略了工作特征对数字素养与工作绩效之间关系的调节作用。因此，深入研究数字素养与工作特征、工作绩效之间的关系，有助于提供新的理论观点和解释，促进组织行为学理论的发展和完善。研究工作特征视角下数字素养对员工工作绩效的影响机制，对组织管理和人力资源开发具有重要的实践价值。首先，深入了解数字素养对员工工作绩效的影响机制，可以帮助组织更好地评估和选拔数字素养较高的员工，为组织的数字化转型提供有力支持。其次，针对性地培养和提升员工的数字素养，可以提高员工在数字化工作环境中的工作效率和质量，增强组织的竞争力和创新能力。最后，研究数字素养与工作特征之间的关系，还有助于揭示数字化工作环境对员工工作行为和心理健康的影响，为组织提供改善工作设计和管理的参考。目前，已有一些研究探讨了数字素养与员工工作绩效之间的关系，但大多数研究还停留在总体水平的讨论上，缺乏对工作特征的细致考量。因此，我们有必要从工作特征视角出发，深入研究数字素养对员工工作绩效的影响机制。

一、假设提出

数字化时代的到来给组织带来了许多新的挑战和机遇，数字技术在工作中扮演着越来越重要的角色。在这样的背景下，数字任务素养成为员工必备的核心能力之一。数字任务素养是指个体在应对数字化工作任务时所需要具备的技能、知识和能力，包括熟练运用数字工具、数字信息处理、数字沟通与协作等方面；而数字任务熟练度则是指个体在具体数字任务上的熟练程度和表现水平。本章将从组织行为学的角度出发，探讨数字任务素养对数字任务熟练度的正向影响，并从不同层面进行论证和解释。数字任务素养涵盖了许多必要的技能和知识，如对数字工具和软件的熟悉、信息的搜索和整理能力、数字沟通和协作能力等。这些技能和知识的掌握使个体在处理数字任务时更加得心应手，能够更快速、准确地完成任务。因此，数字任务素养的提升将促使个体在数字任务上表现出更高的熟练度。

数字任务素养的培养离不开个体的学习和适应能力。具有较高数字任务素养的员工通常具备更强的学习能力，能够主动学习和掌握新的数字工具和技术。他们也更具适应性，能够灵活应对工作中出现的新挑战。数字任务素养的提升可以增强个体的自信心和工作动机。当员工具备较高的数字任务素养时，他们对自己在数字任务上的能力和表现更有信心，从而更加积极主动地投入工作。他们对数字任务的熟练度和表现水平有更高的期望，并且愿意付出更多努力来提升自己的熟练度。这种积极的工作态度和动机将进一步促使他们在数字任务上展现出更高的熟练度。数字任务素养对数字任务熟练度的正向影响还可以通过协同效应得以放大。在现代组织中，数字化的工作往往需要员工之间进行协同合作。具有较高数字任务素养的员工在数字工具的使用和信息交流方面更加熟练，能够更好地与他人协作，提高团队的工作效能。通过团队的协同合作，个体的数字任务熟练度得到了进一步的提升，从而形成了正向的循环效应。

假设 13-1a：数字任务素养对数字任务熟练度具有正向影响。

随着数字技术的快速发展和广泛应用，数字素养已成为个体在工作和生活中必备的能力。数字素养不仅包括对数字工具和技术的熟悉程度，还涵盖了个体在数字环境中获取、评估和应用信息的能力。在数字化的工作环境中，数字任务熟练度是个体成功完成各种数字任务的关键要素。因此，理解数字发展素养对数字任务熟练度的影响机制具有重要的理论和实践意义。

数字发展素养是指个体在数字技术学习和应用中的学习、成长和发展能力。它包括对数字技术的理解和应用能力，以及不断学习和适应新的数字工具和技术的能力。数字发展素养的提升是一个动态的过程，个体通过不断学习和实践来提高自己的数字技能和知识水平。数字发展素养的提升需要个体具备积极的学习态度、适应变化的能力和持续学习的意识。

　　数字任务熟练度是指个体在完成各种数字任务时所展现的熟练程度和能力水平。在现代组织中，数字任务已经成为工作的重要组成部分，涉及数据处理、信息管理、数字沟通等方面。个体的数字任务熟练度直接影响着工作效率和工作质量。熟练的数字任务执行者能够更快速、准确地完成任务，提高工作效率和绩效。数字发展素养对数字任务熟练度具有重要影响：①在知识和技能的提升方面，数字发展素养的提升意味着个体对数字工具和技术的知识和理解能力的增加。通过学习和实践，个体可以掌握更多的数字技能和操作方法，从而提高在数字任务中的熟练度。例如，个体通过学习数据分析工具和方法，可以更好地处理和分析数据，在数据驱动的决策过程中展现出更高的熟练度。②在自信心和动机的提升方面，数字发展素养的提升有助于个体建立对自己数字技术应用能力的自信心和动机。个体对自己在数字领域的应用能力越有信心，就越愿意主动参与数字任务，并展现出更高的熟练度。自信心和动机的提升使个体更加乐于面对数字挑战，勇于尝试新的数字工具和技术，从而提高数字任务熟练度。③在适应变化的能力方面，数字发展素养培养了个体适应数字环境变化的能力。随着科技的不断进步，数字工具和技术也在不断更新和演进。具备良好的数字发展素养的个体更加灵活和敏捷，能够快速适应新的数字工具和技术，从而提高在数字任务中的熟练度。他们能够主动学习和掌握新的数字技能，不断调整和改进自己的工作方式，更好地应对工作中的数字挑战。④在协作和共享的促进方面，数字发展素养的提升鼓励个体与他人进行合作和知识共享。在数字化的工作环境中，协作和共享是提高数字任务熟练度的重要因素。个体可以与其他具有高水平数字发展素养的同事合作学习，分享经验和技巧，互相借鉴和学习，进一步提升数字任务熟练度。通过团队合作和知识共享，个体能够获得更多的学习机会和资源，加速数字任务熟练度的提升。

　　假设13-1b：数字发展素养对数字任务熟练度具有正向影响。

　　数字化时代的到来，使个体在工作环境中需要不断应对新的数字工具、软件和技术。在这种情境下，数字任务素养成为一种关键的能力，它涵盖了个体如何运用数字技能和工具，高效地处理信息、解决问题、提高工作效率。从个体的角度来看，数字任务适应性则表现为在面对新的数字任务时，个体是否能够迅速学习并适应，是否能够寻找机会来改进和优化数字工作流程，以及是否具备克服数字任务困难和障碍的自信和能力。我们可以从多个维度来推导假设 13-2a 的合理性。首先，数字任务素养强调了个体的数字技能和工具运用能力，使其能够熟练地处理数字化的工作任务。这意味着个体更有可能快速学习并适应新的数字工具和软件，从而在新任务面前具备更高的适应性。其次，数字任务素养强调高效地处理信息和解决问题，这种高效性在新的数字任务中同样具有重要意义。个体能够迅速将已有的数字技能转化为实际行动，从而更好地应对新的数字任务。最后，数字任务素养鼓励个体寻找改进和优化数字工作流程的机会，这种积极的态度也有助于个体在新的数字任务中更快地找到改进的路径，提高效率。

假设 13-2a 的合理性还可以从数字任务适应性的角度进一步解释。具备较高数字任务素养的个体，往往拥有更多的数字技能和工具应用经验，这使他们能够更敏捷地适应新的数字工具和任务。他们在面对新任务时，能够更快速地理解其背后的逻辑和要求，因此更容易找到解决方案。此外，数字任务素养也强调了问题解决的能力，个体在克服数字任务中的困难和障碍时，会表现出更高的自信和决心。这种积极的心态和自信性有助于个体更好地应对数字任务的挑战，提高其数字任务适应性。总之，基于数字任务素养强调的数字技能和工具应用能力，我们有理由相信假设 13-2a 是合理的：数字任务素养对数字任务适应性具有正向影响。这一假设不仅有助于个体更好地应对不断变化的数字化工作环境，也为教育和培训提供了有益的指导，有利于培养和提升数字任务适应性。

假设 13-2a：数字任务素养对数字任务适应性具有正向影响。

数字发展素养强调了个体在数字化时代不断提升自身数字技能、知识、工作方式以及对数字工具的理解的能力。这一素养涵盖了广泛的领域，包括技术、学习、创新等，使个体能够更好地适应日益复杂和多变的数字工作环境。数字发展素养与数字任务适应性之间的关系可以从多个方面来推导。

首先，数字发展素养意味着个体具备不断学习和适应的能力，这对于数字任务适应性至关重要。随着技术的不断更新和变革，个体需要持续地学习和掌握新的数字技能和知识，以保持竞争力。具备较高数字发展素养的个体更有可能在面对新的数字任务时，能够快速获取所需的知识和技能，从而更好地应对任务要求。这种积极的学习态度和适应能力有助于提升数字任务适应性。其次，数字发展素养涉及对数字工作方式和工具的理解与应用。个体掌握了多样化的数字技能和工具，并能够灵活地将其应用于不同的工作场景中，使其在数字化任务中更具优势。例如，一个具备较高数字发展素养的个体可能能够更快速地选择适当的数字工具来解决问题，更高效地整合数字资源来优化工作流程。这些能力将直接影响数字任务的适应性，使个体在数字化环境中能够更迅速地应对各种任务挑战。最后，数字发展素养强调创新和变革的态度。具备较高数字发展素养的个体更愿意尝试新的方法和技术，以寻求更好的解决方案。这种创新意识和适应能力使他们在面对数字任务时能够更具灵活性，更有可能在任务中迅速适应新的变化。同时，数字发展素养也意味着个体能够不断挑战自己，持续地改进自己的数字能力，使其在数字任务中能够更高效地应对各种情况。

基于以上分析，我们有理由相信假设 13-2b 是合理的：数字发展素养对数字任务适应性具有正向影响。数字发展素养涵盖了学习、适应、创新等方面的能力，这些能力在数字化时代对于个体适应不断变化的数字任务环境至关重要。通过提升数字发展素养，个体能够更好地适应新的任务要求，更高效地处理数字化工作，从而提高其数字任务适应性。

数字任务素养和数字发展素养作为个体在数字化时代的核心素养，对于其在数字任务适应性方面的影响至关重要。关于这些假设的研究不仅有助于更深刻地理解个体在数字化环境中的能力和表现，也为培养和提升个体的数字任务适应性提供了有益的启示和指导。

假设 13-2b：数字发展素养对数字任务适应性具有正向影响。

在当今数字化的工作环境中，数字任务熟练度已经成为一个关键的竞争优势。数字任务熟练度是指个体在数字技术和工具的使用方面的能力和熟练程度。本章将探讨数字任务熟练度与数字任务绩效之间的关系，即数字技能的熟练程度是否会影响个体在数字化工作中的表现。

首先，数字任务熟练度对数字任务绩效产生正向影响的逻辑在于，数字技能的熟练程度能够提升个体在完成数字任务时的效率和准确性。具备熟练的数字技能的个体能够更快速地运用数字工具解决问题，更准确地分析数据，更高效地处理信息。这些能力在现代工作中尤为重要，因为数字化的工作流程通常涉及大量的数据处理和信息交流。个体通过熟练的数字技能，可以迅速地完成任务，避免错误和重复的工作，从而提升数字任务绩效。

其次，数字任务熟练度还可以影响个体在面对新的数字任务挑战时的应对能力。随着科技的不断进步，新的数字工具和技术层出不穷。具备高度数字任务熟练度的个体更有可能快速地学习和掌握新的工具，适应新的工作流程，从而更好地应对工作中的变化和挑战。这种适应性有助于保持工作的连续性和稳定性，有利于提升数字任务绩效。

最后，数字任务熟练度还可以影响个体在团队协作中的作用。在数字化的工作环境中，信息共享和协作往往通过数字工具实现。具备熟练的数字技能的个体能够更有效地与团队成员合作，分享信息，解决问题。这种协作能力有助于提升整个团队的数字任务绩效。

综上所述，数字任务熟练度对数字任务绩效具有正向影响的假设是合理且有理论支持的。通过提升数字技能的熟练程度，个体能够更高效地完成任务，更好地应对变化和挑战，更有效地与团队合作，从而在数字化的工作环境中取得更好的表现。

假设 13-3：数字任务熟练度对数字任务绩效具有正向影响。

数字化时代的到来，不仅带来了工作流程的变革，还彰显了创新的重要性。在这个背景下，数字任务适应性成为一个关键的能力。数字任务适应性是指个体在面对不断变化的数字化工作环境时，能够灵活地适应和应对的能力。本章旨在探讨数字任务适应性与数字创新绩效之间的关系，即在数字化工作环境中，个体的适应性能力是否会影响其在数字创新方面的表现。

首先，数字任务适应性对数字创新绩效产生正向影响的逻辑在于，适应性能力使个体能够更快速地理解和掌握新的数字工具和技术，更灵活地应对新的工作流程和要求。在迅速变化的数字环境中，个体必须能够迅速适应新的工作方式、新的技术应用以及新的工作要求。一个具备良好数字任务适应性的个体能够更快速地应用新技能解决新问题，更灵活地调整工作策略以适应新的情境。这种适应性能力在数字创新过程中尤为关键，因为创新往往需要个体能够快速地适应新的工具和技术，从而提出创新的解决方案。其次，数字任务适应性还可以影响个体在跨领域合作和交流中的效果。数字化工作环境强调信息的共享和协作，往往需要个体能够与不同领域的人合作，涉足不同的工作范畴。一个具备良好数字任务适应性的个体更有可能快速地适应不同领域的工作要求，更好地与不同背景的人合作，从而促进创新的合作和交流。最后，数字任务适应性还可以影响个体在面对不确定性和变化时的心理应对能力。在数字化工作环境中，变化和不确定性是常态，个体必须具备稳定的心态来应对各种挑战。一个具备良好数字任务适应性的个体更有可能更好地应对压力和不确定性，从而更好地参与创新活动。

综上所述，数字任务适应性对数字创新绩效具有正向影响的假设在实践中是合理且有意义的。个体的适应性能力能够帮助他们更快速地适应新的工作方式和技术，更好地应对变化和不确定性，更有效地跨领域合作，从而促进数字创新的发展。这一假设对组织在数字化时代的人才培养和团队协作具有重要的实践启示。

假设 13-4：数字任务适应性对数字创新绩效具有正向影响。

本章的理论模型如图 13-1 所示。

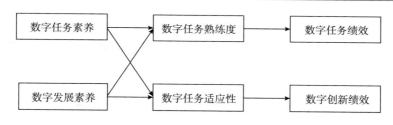

图13-1 本章的理论模型

二、研究设计

为了检验主要假设，本章通过网络问卷对工作场所中的员工进行了调查，调查对象为工作场所中需要应用数字工具的员工。本章最终收集到320名员工的问卷，从性别来看，男性110人，女性210人；从年龄来看，平均年龄为32.40岁，标准差为7.99；从学历来看，高中及以下6人，专科19人，本科200人，硕士76人，博士19人；从单位性质来看，国有企业69人，事业单位38人，民营企业191人，外资企业19人。

1. 测量工具

数字任务素养包含"熟练使用相关的数字工具和软件"、"有效地收集、整理和分析与工作任务相关的数字信息"、"运用数字技能解决工作任务中的问题或挑战"、"合理地利用数字资源和工具来提高工作效率和准确性"、"进行合理的数据处理和数据可视化，处理大量数据或信息"和"根据工作需要选择和使用适当的数字技术或平台"六个题项；数字发展素养包含"持续学习和了解新的数字技术和工具"、"适应不断变化的数字工作环境和工作方式"、"自主地利用数字资源和学习平台来提高自己的数字技能"、"积极参与数字化的工作流程和项目"、"在团队中分享和传授数字技能和知识"和"适应数字化工作所需的变化并灵活应对相关挑战"六个题项；数字任务熟练度包含"在您的工作中，您对基本的数字技能（如使用电子邮件、文档处理软件等）的掌握如何"、"您是否能够在工作中灵活使用高级数字工具和软件，如数据分析工具或项目管理平台"和"您在使用数字工具进行沟通时，能否清晰地表达自己的观点和意见"三个题项；数字任务适应性包含"当您需要应对新的数字工具或软件时，您是否能够迅速学习并适应"、"您是否积极寻找机会来改进和优化数字工作流程，以提高效率"和"面对数字任务中的困难或障碍，您是否有足够的自信和能力克服它们"三个题项；数字任务绩效包含"在处理数字任务时，您的工作是否经常准确无误地完成"、"您是否在规定时间内高效地完成数字任务"和"在数字工具和软件方面，您是否熟练掌握并能够有效应用"三个题项；数字创新绩效包含"您是否在数字任务中提出过创新的解决方案，以改进工作流程或优化业务效率"、"您是否积极尝试使用新的数字工具或技术，以提高任务执行效率"和"在面对数字相关的挑战时，您是否能够寻找并应用创新的方法来解决问题"三个题项。

2. 回归结果

本章通过回归分析探究了工作场所数字素养对数字任务熟练度的影响，具体的回归分析结果如表 13-1 所示。研究发现：①工作场所的数字素养对数字任务熟练度有着显著的影响，回归系数 0.56 表示了数字任务素养与数字任务熟练度之间的正相关关系，这意味着，提高数字任务素养可以明显地促进数字任务熟练度的提升。②数字发展素养和数字任务熟练度之间的影响系数为 0.24，这表明数字发展素养与数字任务熟练度之间也存在正相关关系。③性别、年龄和学历的系数均表现出较低的数值，而且显著性水平都较高，这意味着它们对数字任务熟练度的影响不显著，这表明在这个特定研究中，性别、年龄和学历与数字任务熟练度之间的关系较弱。

表 13-1　工作场所数字素养对数字任务熟练度的影响回归分析结果

	系数	标准误	T 值	显著性
数字任务素养	0.56	0.07	8.08	0.00
数字发展素养	0.24	0.06	3.82	0.00
性别	−0.01	0.05	−0.32	0.75
年龄	0.00	0.00	0.45	0.66
学历	0.04	0.03	1.50	0.14
截距	1.08	0.28	3.91	0.00

本章利用回归分析探究了工作场所数字素养对数字任务适应性的影响，具体的回归分析结果如表 13-2 所示。研究发现：①数字任务素养和数字发展素养对数字任务适应性的影响系数分别为 0.53 和 0.50，都是显著的正值，这意味着具备更高水平的数字任务素养和数字发展素养的员工在数字任务适应性方面表现更出色。这些数字素养技能包括掌握数字工具的能力（数字任务素养）以及适应

学习和创新的数字技能（数字发展素养）。因此，组织和企业可以通过提供培训和支持来增强员工的数字素养，从而提高他们的数字任务适应性。②性别、年龄和学历这些个人背景因素的系数都接近于零，而且在统计学上不显著，这表明这些因素对数字任务适应性没有显著的影响。换句话说，员工的性别、年龄和学历与他们在数字任务适应性上的表现之间没有明显的统计关联。

表 13-2　工作场所数字素养对数字任务适应性的影响回归分析结果

	系数	标准误	T 值	显著性
数字任务素养	0.53	0.07	7.52	0.00
数字发展素养	0.50	0.06	7.90	0.00
性别	0.01	0.05	0.19	0.85
年龄	0.00	0.00	0.24	0.81
学历	0.00	0.03	0.11	0.91
截距	-0.23	0.28	-0.83	0.41

本章利用回归分析探究了数字任务熟练度、数字任务适应性对数字任务绩效的影响，具体的回归分析结果如表 13-3 所示。研究发现：数字任务熟练度和数字任务适应性对数字任务绩效产生了显著的积极影响，而性别和年龄对数字任务绩效的影响不显著，任务熟练度、任务适应性和学历对数字任务绩效产生了显著的积极影响。①数字任务熟练度对数字任务绩效的影响：系数为 0.47，标准误为 0.06，T 值为 8.46，显著性水平为 0.00，此结果表明，数字任务熟练度对数字任务绩效产生了显著的正向影响。这意味着，随着数字任务熟练度的提高，员工在数字任务上的绩效也会增加。员工的技能和熟练度水平对于有效地执行数字任务至关重要。②数字任务适应性对数字任务绩效的影响：系数为 0.41，标准误为 0.05，T 值为 8.80，显著性水平为 0.00，此结果表明，任务适应性与数字任务绩效之间存在显著的正向关联。这意味着员工对数字化工作环境和变化具有较高的适应性，他们在数字任务方面表现更出色。③性别对数字任务绩效的影响：系数为 -0.01，标准误为 0.05，T 值为 -0.26，显著性水平为 0.79，该数据表明，性别对数字任务绩效没有显著的影响。性别因素在数字任务表现上似乎不具有差异性。④年龄对数字任务绩效的影响：系数为 0.00，标准误为 0.00，T 值为 0.20，显著性水平为 0.84，此数据结果表明，年龄对数字任务绩效也没有显著的影响。这意味着员工的年龄并不直接影响他们在数字任务方面的绩效表现。⑤学历对数字任务绩效的影响：系数为 0.10，标准误为 0.03，T 值为 2.96，显著性水平为

0.00。学历对数字任务绩效存在显著影响，当学历较高时，员工的数字任务绩效更强。

表 13-3　数字任务熟练度、数字任务适应性对数字任务绩效的影响回归分析结果

	系数	标准误	T 值	显著性
数字任务熟练度	0.47	0.06	8.46	0.00
数字任务适应性	0.41	0.05	8.80	0.00
性别	−0.01	0.05	−0.26	0.79
年龄	0.00	0.00	0.20	0.84
学历	0.10	0.03	2.96	0.00
常数	0.43	0.30	1.43	0.15

　　本章利用回归分析探究了数字任务熟练度、数字任务适应性对数字创新绩效的影响，具体的回归分析结果如表 13-4 所示。研究发现：①数字任务熟练度的影响系数为 0.27，标准误为 0.06，T 值为 4.32，显著性为 0.00，这表明数字任务熟练度对数字创新绩效有正向影响，且这种影响是显著的。换句话说，员工对特定任务的熟练度越高，他们在数字创新绩效方面的表现越好。这强调了在提高数字创新绩效方面，培养员工的特定任务技能和知识的重要性。②数字任务适应性的系数为 0.64，标准误为 0.05，T 值为 11.98，显著性为 0.00，这表明数字任务适应性对数字创新绩效也具有显著的正向影响。这意味着员工的任务适应性水平越高，他们在数字创新方面的绩效表现越出色。数字任务适应性指的是员工能够在不同任务和情境下迅速适应和应对的能力，这对于适应快速变化的数字工作环境至关重要。③性别、年龄和学历对数字创新绩效没有显著的影响，性别的系数为−0.05，年龄的系数为 0.00，学历的系数为 0.05，它们的 T 值都未达到显著水平。这意味着这些因素不会明显影响员工的数字创新绩效，至少在这个研究中不会影响。总体来说，这个数据分析结果强调了在提高数字创新绩效时，重点关注员工数字任务熟练度和数字任务适应性的培养是非常重要的。

表 13-4　数字任务熟练度、数字任务适应性对数字创新绩效的影响回归分析结果

	系数	标注误	T 值	显著性
数字任务熟练度	0.27	0.06	4.32	0.00
数字任务适应性	0.64	0.05	11.98	0.00
性别	−0.05	0.06	−0.82	0.41

续表

	系数	标注误	T值	显著性
年龄	0.00	0.00	0.63	0.53
学历	0.05	0.04	1.27	0.20
截距	0.30	0.34	0.90	0.37

　　本章利用回归分析探究了"数字任务素养→数字任务熟练度→数字任务绩效"和"数字发展素养→数字任务适应性→数字创新绩效"这两个重要的关系路径，具体的回归分析结果如表13-5所示。研究发现，这两个重要的关系路径都对数字任务绩效和数字创新绩效产生了积极的影响。首先，数字任务素养对数字任务绩效产生了显著的正向效应，效应值为0.37，具有统计学上的显著性。这表明，具备较高水平的数字任务素养的个体在执行数字任务时，更有可能表现出较高的任务熟练度，从而提高数字任务绩效。数字任务素养通常包括技能、知识和能力等多个方面，因此，对数字任务素养的综合培养可以对组织的数字任务绩效产生正向影响。这一发现为组织提供了明确的指导，即加强数字任务素养的培训和提升，可以增强员工在数字任务方面的绩效。其次，数字发展素养对数字创新绩效也有显著的正向影响，效应值为0.28，同样具有统计学上的显著性。这意味着在数字发展素养方面得分较高的个体更有可能展现出较高的数字任务适应性，从而在数字创新绩效方面表现更出色。数字发展素养通常包括适应学习、开放性思维和创新等能力，因此，加强数字发展素养的培养有助于提升员工在数字化环境下的适应性，进而增强他们在数字创新绩效方面的表现。这一发现对于组织来说具有战略性意义，因为数字创新在当今竞争激烈的市场中至关重要，而数字发展素养的提升可以提高组织的创新能力。总体来说，这些数据分析结果强调了数字任务素养和数字发展素养在数字任务绩效和数字创新绩效方面的关键作用。这些发现为组织提供了指导，即可通过加强数字素养的培养来提高员工的绩效水平，同时也强调了数字发展素养对创新能力的重要性，为组织在数字化时代中取得成功提供了关键支持。这些发现在组织战略和人力资源培训方面都有着深远的影响，值得深入研究和实践。

表13-5 中介效应

	效应值	标准误	下界	上界
数字任务素养→数字任务熟练度→数字任务绩效	0.37	0.06	0.26	0.48
数字发展素养→数字任务适应性→数字创新绩效	0.28	0.07	0.14	0.43

<h1 style="text-align:center">三、结论与讨论</h1>

1. 研究发现

本章在工作特征视角下，深入探讨了数字素养对员工工作绩效的影响机制，为数字化时代的工作环境提供了新的理论视角。通过研究数字任务素养、数字发展素养、数字任务熟练度、数字任务适应性之间的关系，我们揭示了数字素养与工作特征之间的复杂交互关系。具体地，我们发现：数字任务素养与数字任务熟练度之间存在正向的影响关系，数字发展素养与数字任务熟练度之间也存在正向的影响关系；同时，数字任务素养与数字任务适应性之间存在正向的影响关系，数字发展素养与数字任务适应性之间同样存在正向的影响关系。这一发现拓展了数字素养与员工绩效之间的关系解释，为组织的数字化转型过程提供了更为全面和深刻的认识。

2. 理论贡献

基于本章的研究发现，我们进一步构建了数字素养对工作绩效的中介作用模型，深入分析了数字任务熟练度和数字任务适应性在数字素养与工作绩效之间的中介作用。我们研究发现，数字任务熟练度在数字素养与数字任务绩效之间起到了部分中介作用，数字任务适应性在数字素养与数字创新绩效之间同样起到了部分中介作用。这一模型揭示了数字素养影响工作绩效的复杂路径，对于理解数字素养在工作绩效形成过程中的具体作用机制提供了深入的认识。

本章的研究发现丰富了数字素养与工作特征关系的实证研究，通过探索数字任务素养、数字发展素养、数字任务熟练度、数字任务适应性之间的影响机制，我们进一步加深了对数字素养在工作环境中的重要作用的认识。本章的研究结果有助于指导企业和组织更好地培养员工的数字素养，提升他们在数字化时代的工作绩效和创新能力。通过深入探究数字素养与工作特征之间的复杂关系，我们为实际应用提供了更加科学和准确的指导，能帮助组织更好地适应数字化转型。

3. 实践启示

本章的研究结果带来了非常重要的实践启示：

第一，组织应该致力于提升员工的数字任务素养，以进一步促进数字任务熟练度的提升。数字任务素养是员工在数字化环境中运用数字技能和工具完成任务的能力，而数字任务熟练度是对特定数字任务的高效执行能力。为了提高员工的数字任务熟练度，组织可以通过培训、学习和实践活动，帮助员工掌握更多的数字工具和技能，提升其在数字化工作中的执行能力。这将有助于员工更快速、更准确地完成任务，进而提升工作绩效。

第二，组织应该注重培育员工的数字发展素养，以促进其数字任务适应性的提升。数字发展素养是员工在数字化时代不断提升和适应自身数字技能、知识、工作方式以及对数字工具的理解的能力。数字任务适应性则强调员工在应对新的数字任务和工作要求时的灵活性和适应性。为了提高员工的数字任务适应性，组织可以鼓励员工持续学习和探索新的数字技能和知识，关注数字技术和行业趋势，以便更好地适应不断变化的工作环境。通过培养员工的数字发展素养，他们将能够更好地应对新的任务挑战，提高工作绩效。

第三，组织应该强化员工的数字任务适应性，以进一步促进工作创新绩效的提升。数字任务适应性与数字创新绩效之间存在正向的影响关系，说明适应性更强的员工更有可能在数字化工作环境中提出创新性的解决方案，推动工作创新。为了加强员工的数字任务适应性，组织可以提供多样化的数字工作任务，培养员工在不同情境下的适应能力，激发他们的创新潜能。此外，企业通过组织内部的知识共享和协作，鼓励员工分享自己的数字化经验和见解，有助于促进工作创新的产生。

综上所述，本章揭示了数字素养对员工工作绩效的影响机制，为实际应用提供了重要的实践启示。通过提升数字素养，培育数字发展素养以及强化数字任务适应性，组织可以有效地提升员工的工作绩效，提高数字任务熟练度、数字任务适应性和创新绩效，从而在数字化时代取得更大的成功。这些实践启示对于企业和组织在数字化转型过程中的人才培养和绩效提升具有指导意义，有助于企业和组织更好地应对数字化带来的挑战和变化。

第十四章　本篇结论与启示

一、核心结论

第一，本篇揭示了工作数字素养的复杂内涵，包括技能、知识和能力多个方面。这不仅涵盖了数字工具的应用能力，还包括信息处理、适应学习等软能力。这种多维性使工作数字素养成为一个综合性的概念，要求个体具备广泛的数字技能和认知能力，以在现代职场中成功应对多样化的任务和挑战。

第二，本篇进一步将工作数字素养划分为数字任务素养和数字发展素养两个维度。数字任务素养强调数字技能的应用，涉及完成具体工作任务所需的技术能力；而数字发展素养更加强调学习和创新，包括不断适应新技术和工具、积极参与创新和变革等方面。这种区分有助于个体和组织更好地了解并培养不同类型的数字素养，以满足不同职业需求。

第三，本篇研究发现，组织数字变革的新颖性和关键性对员工数字素养产生积极影响。当组织进行新颖和关键的数字转型时，员工更积极地采用数字素养策略应用，包括利用、延伸和重构数字技能。这表明，组织在推动数字变革时应强调变革的重要性和新颖性，以激发员工积极参与数字素养的提升。

第四，本篇从个体学习的角度进行了研究，强调了数字素养习得策略和习得行为强度对数字素养提升的积极作用。具体而言，个体的习得行为强度能够显著调节习得策略对数字素养的影响。这意味着个体在培养数字素养时，不仅需要选择适当的策略，还需要关注并增强学习的积极程度，以提高数字素养的习得效果。

第五，本篇研究发现，数字素养通过影响任务熟练度和任务适应性，对工作绩效和创新绩效产生正向影响。这一发现强调了数字素养在职场成功和创新方面的关键作用。个体和组织应该认识到提高数字素养不仅有助于提高任务执行效率，还有助于推动创新和变革，从而在竞争激烈的市场中脱颖而出。

二、实践启示

本篇中的研究发现为企业如何提升员工的数字素养习得积极性提供了重要的实践启示。

数字化工具和技术的广泛应用使员工需要掌握一定的数字技能，以适应快速变化的工作环境。然而，提升员工的数字素养习得积极性并非易事，需要企业关注员工的数字工作环境，并采取相应的措施来促进员工的数字素养提升。本篇从四个方面论证企业应当如何关注员工的数字工作环境，以提高员工的数字素养习得积极性。

第一，员工数字素养的提升需要培训和学习的支持，企业可以提供各种形式的培训机会，包括内部培训、外部培训和在线学习资源。企业的内部培训可以通过组织内部专家分享知识和经验的方式进行，外部培训可以邀请专业机构或咨询公司提供相关课程，此外，企业还可以购买在线学习资源，如数字技能培训平台或教育网站，让员工可以根据自己的需求和兴趣进行学习。通过提供适应数字化工作环境的培训机会，企业可以激发员工的学习兴趣和积极性，提高他们的数字素养水平。

第二，一个良好的数字工作环境对员工的数字素养习得至关重要，企业应该优化数字工作环境，为员工提供便捷的数字工具和技术支持，以降低员工使用数字技术的门槛。例如，提供易于使用的数字办公软件和协作工具，为员工提供数字化的工作平台，使他们能够更高效地完成工作任务。此外，企业还可以建立专门的技术支持团队，帮助员工解决数字工具和技术使用中遇到的问题。通过优化数字工作环境，企业可以提升员工对数字技术的接受度和使用效果，促进他们的数字素养提升。

第三，企业的数字文化和氛围对员工的数字素养习得同样具有重要影响，企业可以营造积极的数字文化和氛围，从而激发员工的学习和探索欲望，增强他们的数字素养习得积极性。首先，企业可以倡导学习和持续进步的价值观。通过鼓励员工不断学习和提升自己的数字技能，企业可以塑造一个学习型组织的形象，并激发员工的学习兴趣和动力。其次，企业可以建立知识分享和协作的平台。企业可以创建内部的数字社区或在线平台，促使员工分享自己的数字化经验和知识。这种知识分享的环境可以促进员工之间的合作和学习，加速数字素养的提升。再次，企业可以鼓励员工参与数字化项目和创新活动。企业通过给予员工参与数字化转型的机会，如参与数字化解决方案的开发或参与创新团队，可以激发员工的主动性和积极性，提高他们对数字工作环境的适应能力和数字素养水平。最后，企业应重视员工的反馈和意见。企业应该积极倾听员工的需求和问题，并及时回应和解决。员工在数字工作环境中遇到的问题或困难可能会影响他们对数字素养习得的积极性。通过重视员工的反馈和意见，企业可以改进数字工作环境，提供更好的支持和资源，从而增强员工的数字素养习得积极性。

第四，企业应当加强员工引导与培训，提升员工的数字素养，这是现代组织发展中至关重要的策略之一。随着数字技术的快速发展和普及，企业需要具备高度数字化的能力，以适应竞争激烈的商业环境。员工的数字素养水平直接关系到组织的创新能力、效率和竞争优势。因此，加强员工引导与培训，提升员工数字素养已成为企业提高整体竞争力的重要手段。首先，加强员工引导与培训可以帮助员工掌握必要的数字技能和知识。在数字化时代，员工需要了解各种数字工具和平台的使用方法，掌握数据分析和处理的能力，了解信息安全和隐私保护的基本知识。通过系统的培训和引导，员工可以更好地应对日常工作中的数字化挑战，并能够高效地利用数字技术来解决问题，提高工作效率。其次，提升员工数字素养可以促进组织的创新和变革。数字化提供了许多新的机会和工具，可以帮助企业实现创新和变革。然而，这些机会和工具只有在员工具备足够的数字素养时才能得以充分利用。通过培训和引导，员工可以更好地理解数字技术的应用场景和潜力，积极参与到创新项目中，并提出改进和优化的建议。这将促进组织的创新能力，推动业务的发展。再次，加强员工引导与培训还可以提升员工的信息安全意识和应对能力。随着信息技术的广泛应用，企业面临着越来越多的信息安全威胁和风险。员工的不慎操作或缺乏安全意识可能会导致数据泄露、网络攻击等问题。通过培训和引导，员工可以学习到信息安全的基本原则和措施，了解常见的网络攻击手段和防范方法，提高对信息安全风险的敏感性和应对能力，从而减少安全事件的发生。最后，加强员工引导与培训对员工个人的职业发展也具有重要意义。在数字化时代，具备良好的数字素养已成为员工的基本素质之一，它不仅可以提高员工的就业竞争力，也有助于提升他们在组织中的地位。具备较高数字素养水平的员工可以更好地适应工作环境的变化，掌握新技术和工具，从而提高工作能力和效率。这将为员工提供更多的发展机会和职业晋升的可能性，使其在职场中更具竞争力。

参考文献

［1］ Akayolu S, Satar H M, Dikilita K, et al. Digital Literacy Practices of Turkish Pre−Service EFL Teachers ［J］. Australasian Journal of Educational Technology, 2019, 36（1）: 85−97.

［2］ Al−Qallaf C L, Al−Mutairi A S R. Digital Literacy and Digital Content Supports Learning: The Impact of Blogs on Teaching English as a Foreign Language ［J］. The Electronic Library, 2016, 34（3）: 522−547.

［3］ Alakrash H M, Razak N A. Technology−Based Language Learning: Investigation of Digital Technology and Digital Literacy ［J］. Sustainability, 2021, 13（21）: 12304.

［4］ Alant B P, Bakare O O. A Case Study of the Relationship between Smallholder Farmers' ICT Literacy Levels and Demographic Data w. r. t. Their Use and Adoption of ICT for Weather Forecasting ［J］. Heliyon, 2021, 7（3）: e06403.

［5］ Allan M, Grudziecki J. DigEuLit: Concepts and Tools for Digital Literacy Development ［J］. Innovation in Teaching and Learning in Information and Computer Sciences, 2006, 5（4）: 249−267.

［6］ Alt D, Raichel N. Enhancing Perceived Digital Literacy Skills and Creative Self−Concept through Gamified Learning Environments: Insights from a Longitudinal Study ［J］. International Journal of Educational Research, 2020, 101: 101561.

［7］ Andreou P C, Anyfantaki S. Financial Literacy and Its Influence on Internet Banking Behavior ［J］. European Management Journal, 2021, 39（5）: 658−674.

［8］ Bajis D, Al−Haqan A, Mhlaba S, et al. An Evidence−Led Review of the FIP Global Competency Framework for Early Career Pharmacists Training and Development ［J］. Research in Social & Administrative Pharmacy, 2023, 19（3）: 445−456.

［9］ Barragán-Sánchez R, Corujo − Vélez M − C, Palacios − Rodríguez A, et al. Teaching Digital Competence and Eco−Responsible Use of Technologies: Development and Validation of a Scale ［J］. Sustainability, 2020, 12（18）: 1−13.

［10］ Bartolome J, Garaizar P. Design and Validation of a Novel Tool to Assess Citizens' Netiquette and Information and Data Literacy Using Interactive Simulations ［J］. Sustainability, 2022, 14（6）：3392.

［11］ Bawden D. Origins and Concepts of Digital Literacy ［M］//Digital Literacies：Concepts, Policies and Practices. New York：Peter Lang, 2008.

［12］ Bejakovic P, Mrnjavac Z. The Importance of Digital Literacy on the Labour Market ［J］. Employee Relations, 2020, 42（4）：921-932.

［13］ Bradley L, Bahous R, Albasha A. Professional Development of Syrian Refugee Women：Proceeding with a Career within Education ［J］. Studies in Continuing Education, 2022, 44（1）：155-172.

［14］ Brecko B, Ferrari A. The Digital Competence Framework for Consumers ［R］. JRC Working Papers, 2016.

［15］ Brevik L, Gudmundsdóttir G, Lund A, et al. Transformative Agency in Teacher Education：Fostering Professional Digital Competence ［J］. Teaching and Teacher Education, 2019, 86（1）：1-15.

［16］ Cartelli A. Frameworks for Digital Competence Assessment：Proposals, Instruments, and Evaluation ［Z］. Proceedings of Informing Science & IT Education Conference（InSITE）（2010）, Cassino, 2010.

［17］ Cetindamar D, Abedin B, Shirahada K. The Role of Employees in Digital Transformation：A Preliminary Study on How Employees' Digital Literacy Impacts Use of Digital Technologies ［J］. IEEE Transactions on Engineering Management, 2021（99）：1-12.

［18］ Cho G. The Australian Digital Farmer：Challenges and Opportunities ［J］. IOP Conference Series：Earth and Environmental Science, 2018, 185（1）：12036.

［19］ Choi G Y, Behm-Morawitz E. Giving a New Makeover to STEAM：Establishing YouTube Beauty Gurus as Digital Literacy Educators through Messages and Effects on Viewers ［J］. Computers in Human Behavior, 2017, 73：80-91.

［20］ Cihak D F, Mcmahon D, Smith C C, et al. Teaching Individuals with Intellectual Disability to Email across Multiple Device Platforms ［J］. Research in Developmental Disabilities, 2015, 36：645-656.

［21］ Ciuchi O M. Analysis Models of Pupil Class Collectives Focused on Efficiency of the Educational Process ［J］. Revista De Cercetare Si Interventie Sociala, 2020, 71：98-114.

［22］ Coklar A N, Yaman N D, Yurdakul I K. Information Literacy and Digital

Nativity as Determinants of Online Information Search Strategies [J]. Computers in Human Behavior, 2017, 70: 1-9.

[23] Corbel C, Newman T, Farrell L. Gig Expectations: Literacy Practices, Events, and Texts in the Gig Economy [J]. Written Communication, 2022, 39: 66-96.

[24] Durak H Y, Seferolu S S. Antecedents of Social Media Usage Status: Examination of Predictiveness of Digital Literacy, Academic Performance, and Fear of Missing Out Variables [J]. Social Science Quarterly, 2020, 101 (3): 1056-1074.

[25] Elizabeth W M, Corey C P. Taking Charge at Work: Extrarole Efforts to Initiate Workplace Change [J]. The Academy of Management Journal, 1999, 42 (4): 403-419.

[26] Eshet-Alkalai Y. Digital Literacy: A Conceptual Framework for Survival Skills in the Digital Era [J]. Journal of Educational Multimedia and Hypermedia, 2004, 13 (1): 93-106.

[27] Eshet-Alkalai Y. Thinking in the Digital Era: A Revised Model for Digital Literacy [J]. Issues in Informing Science and Information Technology, 2012, 9 (1): 267-276.

[28] Falloon G. From Digital Literacy to Digital Competence: The Teacher Digital Competency (TDC) Framework [J]. Educational Technology Research and Development, 2020, 68 (5): 2449-2472.

[29] Garcia-Martin J, Garcia-Sanchez J-N. Pre-Service Teachers' Perceptions of the Competence Dimensions of Digital Literacy and of Psychological and Educational Measures [J]. Computers & Education, 2017, 107: 54-67.

[30] Gilster P. Digital Literacy [M]. New York: John Wiley & Sons, 1997.

[31] Goodfellow R. Literacy, Literacies and the Digital in Higher Education [J]. Teaching In Higher Education, 2011, 16 (1): 131-144.

[32] Gray A C, Steel A, Adams J. Complementary Medicine Students? Perceptions, Perspectives and Experiences of Learning Technologies [C]//A Survey Conducted in the US and Australia. European Journal of Integrative Medicine, 2021, 42 (3): 101304.

[33] Guzmán-Simón F, García-Jiménez E, López-Cobo I. Undergraduate Students' Perspectives on Digital Competence and Academic Literacy in a Spanish University [J]. Computers in Human Behavior, 2017, 74: 196-204.

[34] Güneş E, Bahçivan E. A Mixed Research-Based Model for Pre-Service

Science Teachers' Digital Literacy: Responses to "Which Beliefs" and "How and Why They Interact" Questions [J]. Computers & Education, 2017, 118: 96-106.

[35] Hamutoglu N, Canan Güngören O, Kaya Uyanık G, et al. Dijital Okuryazarlık Ölçeği: Türkçe'ye Uyarlama Çalışması [J]. Ege Eğitim Dergisi, 2017, 18 (1): 408-429.

[36] Han Y, Reinhardt J. Autonomy in the Digital Wilds: Agency, Competence, and Self-efficacy in the Development of L2 Digital Identities [J]. Tesol Quarterly, 2022, 56 (3): 985-1015.

[37] Hargittai E. Survey Measures of Web-Oriented Digital Literacy [J]. Social Science Computer Review, 2005, 23 (3): 371-379.

[38] Hatlevik O E, Ottestad G, Throndsen I. Predictors of Digital Competence in 7th Grade: A Multilevel Analysis [J]. Journal of Computer Assisted Learning, 2015, 31 (3): 220-231.

[39] Hatlevik O, Christophersen K. Digital Competence at the Beginning of Upper Secondary School: Identifying Factors Explaining Digital Inclusion [J]. Computers & Education, 2013, 63: 240-247.

[40] Helsper E J, Eynon R. Distinct Skill Pathways to Digital Engagement [J]. European Journal of Communication, 2013, 28 (6): 696-713.

[41] Hobbs R, Coiro J. Everyone Learns from Everyone: Collaborative and Interdisciplinary Professional Development in Digital Literacy [J]. Journal of Adolescent & Adult Literacy, 2016, 59 (6): 623-629.

[42] Hobbs R, Tuzel S. Teacher Motivations for Digital and Media Literacy: An Examination of Turkish Educators [J]. British Journal of Educational Technology, 2017, 48 (1): 7-22.

[43] Huerta E, Sandoval-Almazán R. Digital literacy: Problems Faced by Telecenter Users in Mexico [J]. Information Technology for Development, 2007, 13 (3): 217-232.

[44] Jin K, Reichert F, Cagasan L, et al. Measuring Digital Literacy across Three Age Cohorts: Exploring Test Dimensionality and Performance Differences [J]. Computers & Education, 2020, 157: 103968.

[45] Kanafi M M, Nikou S, Reuver M D. Workplace Literacy Skills: How Information and Digital Literacy Affect Adoption of Digital Technology [J]. Journal of Documentation, 2022, 78 (7): 371-391.

[46] Karagul B I, Seker M, Aykut C. Investigating Students' Digital Literacy

Levels during Online Education Due to COVID – 19 Pandemic [J]. Sustainability, 2021, 13 (21): 11878.

[47] Kendrick M, Early M, Michalovich A, et al. Digital Storytelling With Youth from Refugee Backgrounds: Possibilities for Language and Digital Literacy Learning [J]. TESOL Quarterly, 2022, 56 (3): 961-984.

[48] Khan M L, Welser H T, Cisneros C, et al. Digital Inequality in the Appalachian Ohio: Understanding How Demographics, Internet Access, and Skills Can Shape Vital Information Use (VIU) [J]. Telematics and Informatics, 2020, 50: 1-18.

[49] Kocak O, Coban M, Aydin A, et al. The Mediating Role of Critical Thinking and Cooperativity in the 21st Century Skills of Higher Education Students [J]. Thinking Skills and Creativity, 2021, 42: 1-15.

[50] Lazonder A W, Walraven A, Gijlers H, et al. Longitudinal Assessment of Digital Literacy in Children: Findings from a Large Dutch Single – School Study [J]. Computers & Education, 2020, 143: 1-8.

[51] Li M, Yu Z. Teachers' Satisfaction, Role, and Digital Literacy during the COVID-19 Pandemic [J]. Sustainability, 2022, 14 (3): 1121.

[52] Liang Q, Torre J D L, Law N. Do Background Characteristics Matter in Children's Mastery of Digital Literacy? —A Cognitive Diagnosis Model Analysis [J]. Computers in Human Behavior, 2021, 122: 1-13.

[53] List A, Brante E W, Klee H L. A Framework of Pre-Service Teachers' Conceptions about Digital Literacy: Comparing the United States and Sweden [J]. Computers & Education, 2020, 148: 103788.

[54] List A. Defining Digital Literacy Development: An Examination of Pre – Service Teachers' Beliefs [J]. Computers & Education, 2019, 138: 146-158.

[55] Liu B, Zhou J. Digital Literacy, Farmers' Income Increase and Rural Internal Income Gap [J]. Sustainability, 2023, 15 (14): 11422.

[56] Martínez-Bravo M C, Chalezquer C S, Serrano-Puche J. Dimensions of Digital Literacy in the 21st Century Competency Frameworks [J]. Sustainability, 2022, 14 (3): 1867.

[57] Mehrvarz M, Heidari E, Farrokhnia M, et al. The Mediating Role of Digital Informal Learning in the Relationship between Students' Digital Competence and Their Academic Performance [J]. Computers & Education, 2021, 167: 1-12.

[58] Meneses J, Mominó J M. Putting Digital Literacy in Practice: How Schools

Contribute to Digital Inclusion in the Network Society [J]. The Information Society, 2010, 26 (3): 197-208.

[59] Mohammadyari S, Singh H. Understanding the Effect of E-learning on Individual Performance: The Role of Digital Literacy [J]. Computers & Education, 2015, 82: 11-25.

[60] Moore R C, Hancock J T. A Digital Media Literacy Intervention for Older Adults Improves Resilience to Fake News [J]. Scientific Reports, 2022, 12 (1): 6008.

[61] Mrnjavac E, Bejakovic P. The Importance of Digital Literacy on the Labour Market [J]. Employee Relations, 2020, 42 (4): 921-932.

[62] Murawski M, Bick M. Digital Competences of the Workforce—A Research Topic? [J]. Business Process Management Journal, 2017, 23 (3): 721-734.

[63] Nagel I, Guomundsdottir G B, Afdal H W. Teacher Educators' Professional Agency in Facilitating Professional Digital Competence [J]. Teaching and Teacher Education, 2023, 132: 1-14.

[64] Ng W. Can We Teach Digital Natives Digital Literacy? [J]. Computers & Education, 2012, 59 (3): 1065-1078.

[65] Nguyen L A T, Habók A. Digital Literacy of EFL Students: An Empirical Study in Vietnamese Universities [J]. LIBRI, 2021, 72 (1): 1-14.

[66] Oberländer M, Beinicke A, Bipp T. Digital Competencies: A Review of the Literature and Applications in the Workplace [J]. Computers & Education, 2019, 146: 1-33.

[67] Park E Y, Nam S J. An Analysis of the Digital Literacy of People with Disabilities in Korea: Verification of a Moderating Effect of Gender, Education and Age [J]. International Journal of Consumer Studies, 2014, 38 (4): 404-411.

[68] Park Y J. Digital Literacy and Privacy Behavior Online [J]. Communication Research, 2013, 40 (2): 215-236.

[69] Peart M T, Gutierrez-Esteban P, Cubo-Delgado S. Development of the Digital and Socio-Civic Skills (Digisoc) Questionnaire [J]. Educational Technology Research and Development, 2020, 68 (6): 3327-3351.

[70] Polizzi G. Digital Literacy and the National Curriculum for England: Learning from How the Experts Engage with and Evaluate Online Content [J]. Computers & Education, 2020, 152: 1-13.

[71] Price-Dennis D, Holmes K A, Smith E. Exploring Digital Literacy Practices in an Inclusive Classroom [J]. Reading Teacher, 2015, 69 (2): 195-205.

[72] Prodromou M, Lavranos G. Identifying Latent Needs in Elderly Digital Literacy: The PROADAS Study [J]. The European Journal of Public Health, 2019, 29 (Supplement_4): ckz186.092.

[73] Rokenes F M, Krumsvik R J. Prepared to Teach ESL with ICT? A Study of Digital Competence in Norwegian Teacher Education [J]. Computers & Education, 2016, 97: 1-20.

[74] Sharma R, Fantin A R, Prabhu N, et al. Digital Literacy and Knowledge Societies: A Grounded Theory Investigation of Sustainable Development [J]. Telecommunications Policy, 2016, 40 (7): 628-643.

[75] Shevchuk A, Strebkov D, Davis S N. The Autonomy Paradox: How Night Work Undermines Subjective Well-Being of Internet-Based Freelancers [J]. ILR Review, 2019, 72 (1): 75-100.

[76] Summey D C. Developing Digital Literacies: A Framework for Professional Learning [M]. Thousand Oaks: Corwin Press, 2013.

[77] Sánchez-Cruzado C, Campión R S, Sánchez-Compaña M. Teacher Digital Literacy: The Indisputable Challenge after COVID-19 [J]. Sustainability, 2021, 13 (4): 1858.

[78] Tabusum S, Saleem A, Batcha M S. Digital Literacy Awareness among Arts and Science College Students in Tiruvallur District: A Study [J]. International Journal of Managerial Studies and Research, 2014, 2 (4): 61-67.

[79] Tirado-Morueta R, Aguaded-Gómez J I, Hernando-Gómez Á. The Socio-Demographic Divide in Internet Usage Moderated by Digital Literacy Support [J]. Technology in Society, 2018, 55: 47-55.

[80] Tomczyk L, Potyrala K. Parents' Knowledge and Skills about the Risks of the Digital World [J]. South African Journal of Education, 2021, 41 (1): 1-19.

[81] Tomte C, Enochsson A B, Buskqvist U, et al. Educating Online Student Teachers to Master Professional Digital Competence: The TPACK-Framework Goes Online [J]. Computers & Education, 2015, 84: 26-35.

[82] Torres-Coronas T, Vidal-Blasco M. Adapting a Face-to-Face Competence Framework for Digital Competence Assessment [J]. International Journal of Information and Communication Technology Education, 2011, 7 (1): 60-69.

[83] Tour E. Teachers' Self-initiated Professional Learning through Personal Learning Networks [J]. Technology Pedagogy and Education, 2017, 26 (2): 179-192.

[84] Vodă A I, Cautisanu C, Grădinaru C, et al. Exploring Digital Literacy Skills

in Social Sciences and Humanities Students［J］. Sustainability，2022，14（5）：2483.

［85］Wohlwend K E. One Screen，Many Fingers：Young Children's Collaborative Literacy Play with Digital Puppetry Apps and Touchscreen Technologies［J］. Theory Into Practice，2015，54（2）：154-162.

［86］Yu Z. Sustaining Student Roles，Digital Literacy，Learning Achievements，and Motivation in Online Learning Environments during the COVID-19 Pandemic［J］. Sustainability，2022，14（8）：4388.

［87］Yuan Y，Liu C，Kuang S. An Innovative and Interactive Teaching Model for Cultivating Talent's Digital Literacy in Decision Making，Sustainability，and Computational Thinking［J］. Sustainability，2021，13（9）：5117.

［88］Zhao Y，Llorente A M P，Gómez M C S，et al. The Impact of Gender and Years of Teaching Experience on College Teachers'Digital Competence：An Empirical Study on Teachers in Gansu Agricultural University［J］. Sustainability，2021，13（8）：4163.

［89］包晓峰. 国家战略背景下的数字素养框架建构［J］. 中国广播电视学刊，2022（8）：9-12.

［90］卜卫，任娟. 超越"数字鸿沟"：发展具有社会包容性的数字素养教育［J］. 新闻与写作，2020（10）：30-38.

［91］蔡凤. 美国图书馆员数字素养教育内容特点及启示［J］. 图书与情报，2023（3）：13-21.

［92］陈怀超，田晓煜，范建红. 数字经济、人才数字素养与制造业结构升级的互动关系——基于省级面板数据的 PVAR 分析［J］. 科技进步与对策，2022，39（19）：49-58.

［93］陈利燕. 基于大数据环境下的图书馆员数字素养刍论［J］. 图书馆理论与实践，2021（6）：93-98.

［94］丁文姚. 四全媒体视域下虚拟知识社区知识贡献者数字素养能力框架构建［J］. 图书馆，2023（3）：33-40.

［95］董岳珂. MOOC 视角的信息素养教育探析［J］. 现代情报，2016，36（1）：131-134.

［96］杜连峰. 新就业形态下和谐劳动关系治理：挑战、框架与变革［J］. 河南社会科学，2022，30（2）：115-124.

［97］杜希林，孙鹏. 我国公共图书馆数字素养教育研究——基于数字时代全民数字素养教育的视角［J］. 图书馆工作与研究，2022（7）：19-26.

［98］付露瑶，刘文云，沈亚婕，等. 数字素养视角下高校图书馆知识服务

体系与策略研究 [J]. 图书馆，2023（1）：58-64.

[99] 高欣峰，陈丽. 信息素养、数字素养与网络素养使用语境分析——基于国内政府文件与国际组织报告的内容分析 [J]. 现代远距离教育，2021（2）：70-80.

[100] 耿荣娜. 信息化时代大学生数字素养教育的关键影响因素研究 [J]. 情报科学，2020，38（9）：42-48.

[101] 古天龙. 数字经济视野下的新工科建设 [J]. 中国大学教学，2019（6）：12-15.

[102] 管运芳，唐震，田鸣，等. 数字能力对公司创业的影响研究——竞争强度的调节效应 [J]. 技术经济，2022，41（6）：95-106.

[103] 郭瑞. 欧盟教育者数字素养框架下我国图书馆员数字素养培育研究 [J]. 图书馆，2022（3）：56-62.

[104] 胡斌武，林山丁，沈吉. 基于 KSAO 模型的教师数据素养培养研究 [J]. 教育探索，2019（5）：90-94.

[105] 胡小勇，李婉怡，周妍妮. 教师数字素养培养研究：国际政策、焦点问题与发展策略 [J]. 国家教育行政学院学报，2023，304（4）：47-56.

[106] 华维芬. 数字素养与英语自主学习研究 [J]. 外语教学，2020，41（5）：66-70.

[107] 黄敦平，倪加鑫. 返乡创业对农户多维相对贫困的影响研究——数字素养的中介效应检验 [J]. 西北人口，2022，43（6）：77-88.

[108] 黄燕. 大学生数字素养的现状分析及培养路径 [J]. 思想理论教育，2015（3）：82-85.

[109] 蒋敏娟，翟云. 数字化转型背景下的公民数字素养：框架、挑战与应对方略 [J]. 电子政务，2022（1）：54-65.

[110] 金冠妤. 多元主体参与的韩国农民数字素养教育实践及启示 [J]. 图书与情报，2023（3）：22-28.

[111] 孔令帅，王楠楠. 如何发展教师数字素养——联合国教科文组织的路径与启示 [J]. 中国远程教育，2023，43（6）：56-63.

[112] 兰国帅，郭倩，张怡，等. 欧盟教育者数字素养框架：要点解读与启示 [J]. 现代远程教育研究，2020，32（6）：23-32.

[113] 雷晓燕，邵宾. 大模型下人工智能生成内容嵌入数字素养教育研究 [J]. 现代情报，2023，43（6）：99-107.

[114] 李春秋，张萌，章芡，等. 数字乡村建设背景下农民数字素养框架的构成及其内涵 [J]. 图书情报知识，2023，40（3）：62-71.

［115］李德刚．数字素养：新数字鸿沟背景下的媒介素养教育新走向［J］.思想理论教育，2012（18）：9-13.

［116］李家新，谢爱磊，雷欣渝．大规模在线教学环境下教师"数字鸿沟"影响教师韧性的机理研究——基于粤港澳大湾区 1556 位城乡小学教师的调查［J］.现代远距离教育，2021（6）：65-76.

［117］李秋实，李雯，费康月，等．协同视角下高校图书馆大学生数字素养教育的需求分析及路径优化研究［J］.图书馆学研究，2023（3）：67-82.

［118］李秋实，刘瑾洁，黄一澄，等．效能导向下公共图书馆数字素养教育关键因素及创新路径研究［J］.图书与情报，2022（4）：102-114.

［119］李晓静，陈哲，夏显力．数字素养对农户创业行为的影响——基于空间杜宾模型的分析［J］.中南财经政法大学学报，2022（1）：123-134.

［120］李晓静，刘祎宁，冯紫薇．我国青少年数字素养教育的现状问题与提升路径——基于东中西部中学生深度访谈的 NVivo 分析［J］.中国电化教育，2023（4）：32-41.

［121］凌征强．我国大学生数字素养现状、问题与教育路径［J］.情报理论与实践，2020，43（7）：43-47.

［122］刘洁丽，唐琼．欧盟公民数字能力框架应用案例分析及启示［J］.图书馆杂志，2021，40（4）：28-36.

［123］柳学信，杨烨青，孙忠娟．企业数字能力的构建与演化发展——基于领先数字企业的多案例探索式研究［J］.改革，2022（10）：45-64.

［124］罗强强，郑莉娟，郭文山，等．"银发族"的数字化生存：数字素养对老年人数字获得感的影响机制［J］.图书馆论坛，2023，43（5）：130-139.

［125］马克·布朗，肖俊洪．数字素养的挑战：从有限的技能到批判性思维方式的跨越［J］.中国远程教育，2018（4）：42-53.

［126］马丽，杨艳梅．农民数字素养赋能乡村振兴的理论机制与路径研究［J］.农业经济与管理，2022（6）：46-54.

［127］马星，冯磊．大学生数字素养教育的价值、目标与策略［J］.江苏高教，2021（11）：118-124.

［128］孟玺．社交媒体用户虚假信息识别意向影响机制研究［J］.现代情报，2023，43（4）：39-50.

［129］孟轶，李景玉．基于创新视角的高质量出版人才能力体系建设——以数字经济和数字素养为视角［J］.出版广角，2022（2）：11-16.

［130］聂昌腾．网络基础设施与农村居民消费：理论机制与经验证据［J］.调研世界，2022（8）：78-88.

［131］潘燕桃，班丽娜．从全民信息素养到数字素养的重大飞跃［J］．图书馆杂志，2022，41（10）：4-9.

［132］裴英竹．大学生数字素养及其培养策略［J］．社会科学家，2022（9）：128-133.

［133］钱冬明，周雨萌，廖白舸，等．大学生信息素养评价标准研究——以上海市为例［J］．中国高教研究，2022（9）：53-59.

［134］钱小龙，汪霞．英国普通高中课程改革的基本特征研究［J］．外国教育研究，2014，41（2）：45-53.

［135］单德朋，张永奇，王英．农户数字素养、财产性收入与共同富裕［J］．中央民族大学学报（哲学社会科学版），2022，49（3）：143-153.

［136］商宪丽，张俊．欧盟全民数字素养与技能培育实践要素及启示［J］．图书馆学研究，2022（5）：67-76.

［137］施歌．中小学生数字素养的内涵构成与培养途径［J］．课程·教材·教法，2016，36（7）：69-75.

［138］宋灵青，许林，朱莎，等．我国初中生数字素养现状与培育策略——基于东中西部6省市25032名初中生的测评［J］．现代远程教育研究，2023，35（3）：31-39.

［139］苏岚岚，彭艳玲．农民数字素养、乡村精英身份与乡村数字治理参与［J］．农业技术经济，2022（1）：34-50.

［140］苏岚岚，彭艳玲．数字化教育、数字素养与农民数字生活［J］．华南农业大学学报（社会科学版），2021，20（3）：27-40.

［141］苏岚岚，张航宇，彭艳玲．农民数字素养驱动数字乡村发展的机理研究［J］．电子政务，2021（10）：42-56.

［142］孙鹏，王宇．我国高校读者数字素养鸿沟成因、危害及治理策略研究［J］．大学图书馆学报，2022，40（5）：58-65.

［143］仝曼曼，刘宝存．数字素养：我国小学教师专业成长的"必修课"［J］．中国教育学刊，2023（8）：86-91.

［144］汪庆怡．从欧盟数字素养框架（DigComp2.2）论全民数字素养的提升［J］．图书馆杂志，2023，42（3）：97-106.

［145］王春生．元素养：信息素养的新定位［J］．图书馆学研究，2013（21）：17-21.

［146］王海啸．大学英语教师信息素养框架与核心内涵初探［J］．外语电化教学，2022（6）：31-38+106.

［147］王杰，蔡志坚，吉星．数字素养、农民创业与相对贫困缓解［J］．电

子政务，2022（8）：15-31.

　　[148] 王娟．高质量发展背景下的新就业形态：内涵、影响及发展对策[J]．学术交流，2019（3）：131-141.

　　[149] 王乐，布占廷，王勃然．国际语言教育领域数字素养研究：回顾与展望[J]．外语界，2021（3）：82-89.

　　[150] 王淑娉，陈海峰．数字化时代大学生数字素养培育：价值、内涵与路径[J]．西南民族大学学报（人文社会科学版），2021，42（11）：215-220.

　　[151] 王雪莹，李梦雪，叶堂林．数字服务业能否助力推进共同富裕？——基于解决发展不平衡问题的视角[J]．经济问题探索，2022（10）：1-15.

　　[152] 王阳，沈军军，江震．数字素养全球框架视角下图书馆职业素养循证实践研究[J]．新世纪图书馆，2020（10）：42-47.

　　[153] 王佑镁，杨晓兰，胡玮，等．从数字素养到数字能力：概念流变、构成要素与整合模型[J]．远程教育杂志，2013，31（3）：24-29.

　　[154] 王兆平，叶茜．智能推荐策略下的数字素养教育课程设计[J]．高校图书馆工作，2020，40（6）：57-59.

　　[155] 王兆轩．微软对弱势群体数字素养与技能提升的贡献[J]．图书与情报，2023（3）：29-38.

　　[156] 王子艳，曹昂．乡村旅游发展与返乡青年数字素养[J]．中国广播电视学刊，2022（8）：18-22.

　　[157] 温涛，刘渊博．数字素养、金融知识与农户数字金融行为响应[J]．财经问题研究，2023（2）：50-64.

　　[158] 文琴．国外LIS学院数字素养课程内容体系的调查与映射研究[J]．图书馆杂志，2023，42（8）：89-99.

　　[159] 吴砥，朱莎，王美倩．学生数字素养培育体系的一体化建构：挑战、原则与路径[J]．中国电化教育，2022（7）：43-49.

　　[160] 吴建中．高质量发展有赖于全民数字素养的普及与提升[J]．图书馆论坛，2022，42（3）：7-8.

　　[161] 武文颖．大学生网络素养对网络沉迷的影响研究[D]．大连：大连理工大学博士学位论文，2018.

　　[162] 武小龙，王涵．农民数字素养：框架体系、驱动效应及培育路径——一个胜任素质理论的分析视角[J]．电子政务，2023（8）：105-119.

　　[163] 徐路，张兴旺．转型变革背景下高校图书馆发展趋势研究——基于2012-2018版《ACRL高校图书馆发展大趋势报告》的解读与分析[J]．图书情报工作，2019，63（12）：133-139.

［164］许欢，尚闻一．美国、欧洲、日本、中国数字素养培养模式发展述评［J］．图书情报工作，2017，61（16）：98-106．

［165］许志红．数字素养与网络健康使用——政策法规认知与情绪智力的作用分析［J］．中国广播电视学刊，2022（8）：13-17．

［166］闫广芬，刘丽．教师数字素养及其培育路径研究——基于欧盟七个教师数字素养框架的比较分析［J］．比较教育研究，2022，44（3）：10-18．

［167］杨爽，周志强．高校教师数字素养评价指标构建研究［J］．现代情报，2019，39（3）：59-68．

［168］姚争，宋红岩．中国公众数字素养评估指标体系的开发与测量——以传媒类大学生为考察对象［J］．中国广播电视学刊，2022（8）：26-31．

［169］余慧菊，杨俊锋．数字公民与核心素养：加拿大数字素养教育综述［J］．现代教育技术，2019，29（7）：5-11．

［170］张春华，韩世梅，白晓晶．面向未来发展的数字素养及其培养策略——基于《新媒体联盟地平线项目数字素养战略简报》的研究［J］．中国远程教育，2019（4）：9-16．

［171］张红春，杨欢．数字政府背景下的公务员数字素养框架：一个概念模型［J］．电子政务，2023，241（1）：110-124．

［172］张路路，孔成果，叶新友．国外高校图书馆用户数字素养研究现状及启示［J］．数字图书馆论坛，2020（1）：55-60．

［173］张新新，刘一燃．编辑数字素养与技能体系的建构——基于出版深度融合发展战略的思考［J］．中国编辑，2022（6）：4-10．

［174］赵晨，林晨，周锦来，等．新就业形态劳动者的数字素养：概念、内涵及培育路径［J］．图书情报知识，2023，40（3）：52-61．

［175］郑云翔，钟金萍，黄柳慧，等．数字公民素养的理论基础与培养体系［J］．中国电化教育，2020（5）：69-79．

［176］周强，李莎，姜钰．数字出版编辑的数字素养与培养建议——基于出版深度融合发展的实践思考［J］．出版广角，2023（3）：55-59．

［177］朱红根，单慧，沈煜，等．数字素养对农户生活垃圾分类意愿及行为的影响研究［J］．江苏大学学报（社会科学版），2022，24（4）：35-53．

［178］朱红艳，蒋鑫．国内数字素养研究综述［J］．图书馆工作与研究，2019（8）：52-59．